| 印度洋地区研究丛书 |

THE
MIDDLE EASTERN
GAMES
博 弈
大中东

齐云平◎著

社会科学文献出版社
SOCIAL SCIENCES ACADEMIC PRESS (CHINA)

目 录

前　言　中东地区动荡根源面面观 / 001

第一章　中东局势发展中的宗教因素与资源争端 / 001

第一节　中东充满着复杂的宗教和教派纠纷 / 001

第二节　领土、领水纠纷与民族矛盾盘根错节 / 013

第二章　布什政府的中东战略 / 019

第一节　21世纪以来美国与中东的关系 / 019

第二节　"大中东民主计划"的开幕与落幕 / 023

第三节　布什政府反恐得不偿失 / 029

第四节　2006~2007年：大中东战略败局渐显 / 041

第五节　布什执政后期：中东局势进入战略相持阶段 / 050

第六节　2008年：中东面临大变革、大转折 / 058

第七节　辨析大国的中东活动需两面视角 / 066

第三章　奥巴马时期的中东战略 / 073
  第一节　奥巴马的战略变革与中东时局发展 / 073
  第二节　美国从中东抽身与应对"阿拉伯之春"同步 / 087

第四章　追溯伊朗核问题的责任与发展 / 111
  第一节　伊朗核问题的各方考虑与发展 / 111
  第二节　制裁与僵持继续发展，但伊朗无战事 / 122

第五章　土耳其：独特的中东地区大国 / 135
  第一节　土耳其模式下的优势与困惑 / 135
  第二节　伊朗核问题僵局依旧，土耳其展现斡旋风采 / 143
  第三节　"阿拉伯之春"大潮中的土耳其 / 145

第六章　阿拉伯大变局：从北非到西亚 / 148
  第一节　奇人卡扎菲与利比亚时局：起伏跌宕 / 148
  第二节　突尼斯变局之后的阿拉伯时局：各方折中色彩渐浓 / 156
  第三节　天翻地覆多重天，中东反恐罩阴霾 / 160

第七章　文明古国埃及的前世今生 / 164
  第一节　穆巴拉克的是非功过 / 165
  第二节　政治剧变之后的埃及 / 169

第八章　叙利亚：中东地区的焦点国家 / 182
  第一节　"阿拉伯之春"大潮中的叙利亚 / 182
  第二节　地区变局当避免伤害平民 / 189

第九章　巴勒斯坦问题：中东乱局的核心问题 / 195

　　第一节　巴勒斯坦问题的源与流 / 195

　　第二节　奥巴马促和力度有限，效果平平 / 210

　　附　录　英雄年代的英雄史诗

　　　　　　——阿拉法特一生述评 / 219

第十章　中东的地区强国以色列 / 230

　　第一节　犹太人创造的神话与现实 / 230

　　第二节　以色列高技术"独领风骚" / 240

　　附　录　沙龙：以色列的铁血恺撒 / 246

第十一章　中国与中东国家的友好交往与合作 / 258

　　第一节　政治关系与道义基础 / 258

　　第二节　经贸合作：创新求进、深化拓展 / 263

　　第三节　超越外部围堵的能源安全战略 / 274

后　记　分析中东问题要避免跟风 / 290

前 言
中东地区动荡根源面面观

中东地区（本书的"中东"地理范围，主要涵盖西亚和北非，并涉及阿富汗等地区）局势长期为世界所关注。可以说，冷战开始之后超级大国的激烈争夺，以及冷战结束后域外力量的介入和干预是导致中东地区动荡不定的关键因素，但能源储量、地缘位置、政治运作以及领土领水争端、民族宗教矛盾等因素也是影响地区局势的重要内因。外部势力的长期介入加剧了内因的复杂性，而从某种程度上看，内因的存在、发酵与发展反过来给外部势力进一步介入中东提供了理由和借口。从长远看，中东地区的和平发展有赖于地区国家的深刻自省和联合自强。

一 中东地区的多个动荡点面

伊朗核问题时缓时急，目前仍处在高位。在克林顿执政时期，美国与伊朗的关系并不像现在这样紧张，特别是2000年，双方的关系已经明显改善并表现出商讨关系正常化的强烈意愿。2001年布什政府执政以后，美伊关系严重倒退。伊朗依然没有放弃同美国改善关系的愿望，在美国发动的阿富汗战争和伊拉克战争中持支持或默许态度，以向美国示好。但布什政府在2003年伊拉克战争之后就把伊朗列为新的打压对象，借核问题大做文章并几度发出武力威胁。伊朗认清了布什政府的真正意图后，随即抛弃幻想，准备斗争，针锋相对与美国周旋。即便如此，伊朗同时仍非常注意保持灵活但理性的斗争艺术。围绕伊朗核问题,美国、欧盟和伊朗进行了激烈的讨价还价。从几年来的较量结果看,伊朗占据一定的主动权,布什政府与奥巴马政府并不占多少优势,而动武解决该问题的可能性微乎其微,围绕该问题的战略博弈和僵持还将继续下去。

美国虽基本控制伊拉克大局,但伊拉克的安全状况恶劣。1980～1988年,历经八年的两伊战争后,伊拉克于1990年8月悍然入侵科威特,之后以美国为首的多国部队进驻海湾,海湾战争于1991年2月爆发。战争结束后,国际社会对伊拉克实行严厉制裁,美英战机持续几年空袭伊拉克。2000年8月以后,俄国、法国、德国以及广大阿拉伯国家则一度做出种种努力,力图早日促使美英解除对伊拉克制裁。但自2003年3月美国发动战争推翻萨达姆政权以来,伊拉克局势被彻底改写。截至2011年7月,美军在伊拉克的死亡人数已经达到4471人,据保守估计,伊拉克平民至少死亡10万人。美国一度靠17万人的驻军基本控制伊拉克总体局势,但面对严重的自杀性袭击,美国已经相当尴尬,深陷泥潭,被迫于2011年底撤出伊拉克。

阿以矛盾旷日持久,巴以争端久拖不决。从20世纪初犹太人不断返回巴勒斯坦开始,阿拉伯人与犹太人之间就频生纠纷。"二战"结束后,尤其是1948年5月14日以色列建国以来,阿以矛盾愈演愈烈,导致后来30多年内发生规模很大或较大的5次中东战争。自1991年马德里中东和会召开至2000年,在美国尤其是克林顿政府的大力撮合下,中东和谈几度取得重要进展。但即便有如此较为有利的国际背景,其间和平进程仍然一波三折,饱受巴以极端势力的干扰和冲击。克林顿离任之后,巴以和谈进入21世纪后实际上处于停滞和倒退状态。中东问题四方(美国、欧盟、俄罗斯、联合国)于2002年酝酿、2003年正式提出的"路线图"伴随布什政府卸任,早已不了了之,美国和以色列联合对哈马斯的连续打压以及2006年1月以来的巴勒斯坦内部变局,尤其是2007年6月的巴勒斯坦内部派别火并,已经使巴以谈判在短期内难有进展。从另外两条轨道看,叙以、黎以谈判僵持不前,叙利亚当局在2012年的"阿拉伯之春"中自身难保。中东和谈的三条谈判轨道早已全面受挫。而其中,巴勒斯坦问题作为中东各问题的核心,其发展演变将继续影响整个中东局势以及美国中东政策的实施效果。

恐怖主义和宗教极端主义活动持续发展。2001年"9·11"事件之前，一度影响较大的伊斯兰极端主义组织有阿尔及利亚的伊斯兰拯救阵线、埃及的伊斯兰集团和穆斯林兄弟会以及阿富汗的塔利班。截至20世纪末期，阿尔及利亚已有6万多人遭到极端分子杀害，一些外国人也遭绑架或遇害；埃及一度遭到极端分子杀害的本国居民达3000多人，外国游客数百人，其中包括震惊世界的卢克索外国游客被袭事件。2003年美国占领伊拉克以来，虽然伊拉克的一些极端组织不断发动自杀性爆炸袭击，其部分行为具有抵抗侵略的性质，但不少宗教极端组织不惜大肆滥杀无辜，实际上是严重的恐怖主义活动。时至今日，北非的宗教极端组织仍然比较活跃，曾在埃及、摩洛哥、阿尔及利亚等国制造多起恐怖爆炸事件。需要指出的是，巴勒斯坦的"哈马斯""杰哈德"以及黎巴嫩的"真主党"等都属于激进的政治组织，其活动实际上带有反抗外来占领的性质，在这一点上国际社会存在分歧。

2010年12月至今，中东地区（较为广义的西亚北非）经历了疾风骤雨式的剧变。剧变有其偶然性和导火索，也有其必然性。从体系论分析，中东国家尤其是伊斯兰国家与国际体系之间存在复杂的辩证关系。从发展水平看，多数国家在世界发展体系中居于边缘地位。但从中东的能源储量、地缘位置、文明模式及其对世界的影响等因素看，中东又绝不是世界的边缘地带，而是接近国际体系的中心地区。尽管面临许多困难和挑战，但中东伊斯兰国家的有识之士也正在做出努力，推动自身文明与国家的转型、改革与发展。在局势动荡背景下，中国可以借助与中东国家尤其是阿拉伯国家的良好关系，承前启后，以经贸合作为纽带，推动中阿关系发展与深化。

二 地缘位置与资源属性

（一）从发展水平和质量看，多数中东伊斯兰国家排名并不靠前

当今世界，科技呈几何级数爆炸式发展。从国际交流极为便捷的表象

看，世界似乎是平的，国家和民众之间似乎没有距离感和时间差。但实际上世界不是平的，不平等在许多领域不是在缩小而是在扩大，世界还存在着贫富、科技、生活等方面的巨大差距和鸿沟。从倡导世界体系观的几位著名学者的观点来看，不管是阿根廷的经济学家劳尔·普雷维什，还是祖籍埃及的萨米尔·阿明，抑或是美国的伊曼纽尔·沃勒斯坦，尽管其侧重点和表述各有不同、各有所长，但他们的观点在本质上异曲同工，都强调国际体系的不平等状态，指出国际体系存在中心与边缘、剥削与被剥削、富裕与贫穷之分。

普雷维什将发达资本主义国家和发展中国家的关系定位于中心和外围，中心国家通过向外围国家出口工业品和传递奢侈消费方式来榨取其剩余价值，导致两者差距越来越大。① 萨米尔·阿明的"依附理论"认为，中心国家攫取边缘国家的资源作为发展基础，导致南方国家发展不足，南方国家要挣脱这种宿命结构，就要进行自我中心化的发展，以摆脱北方资本主义国家的牵制。沃勒斯坦认为，到 16 世纪，以西北欧为中心形成"世界性经济体系"，它由中心区、半边缘区和边缘区组成。三个部分承担的经济角色不同：中心区利用边缘区提供的原材料和廉价劳动力，生产加工制成品向边缘区销售牟利，并控制世界体系中的金属和贸易市场运转。边缘区向中心区提供原材料、初级产品、廉价劳动力和销售市场。半边缘区既对中心区部分地充当边缘区角色，又对边缘区部分地充当中心区角色。该体系从来不是静止的，其边界范围由小到大，并始终充满压迫、剥削和不平等。②

显然，按照这些体系论的设计，中东在经济科技发展、发展模式影响等方面并不处于中心位置。自拿破仑进军并占领埃及、中东被纳入近代发展体系以来，中东伊斯兰国家的工业文明虽有所发展，但迄今它与世界的发展步履存在较大差距。由于近现代殖民统治，加之受到历史包袱局限，中东伊斯兰国家在近代、现代和当代的发展坐标中长期游离于边缘地带，即便个别国家拥有比较富足的石油美元也难以改变其整体的边缘位置。这

---

① 宋科然、史蓓蓉：《普雷维什经济思想评述》，《现代商贸工业》2009 年第 7 期。
② 舒晓昀：《16 至 18 世纪史研究的学派述评》，中国论文下载中心，http://www.studa.net/lishi/060429/17402793.html。

些国家大多缺乏激励发展的内生机能，创新能力不足，经济结构比较单一，缺乏发展后劲。而且一些国家的宗教信仰偏于保守，伊斯兰保守主义在感官上排斥源自西方的现代化，却又接受工具现代化，[①] 其主张难以取代实际生活中的政治学说和经济政策，更无法解决当代社会和经济发展中提出的许多新问题。[②] 面对全球化下的经济与科学加速发展态势，在寻找适当发展模式问题上，伊斯兰保守主义难有作为。

多数中东伊斯兰国家在经济发展、政治制度、宗教信仰、种族纠纷等方面存在不足或矛盾。在全球化大潮和大国干预面前，这些国家无法形成与大国进行讨价还价的实力与合力。虽然以伊朗为核心，伊斯兰教什叶派阵营在美国的高压下一度增强凝聚力，但美国的对伊朗政策存在重大调整的可能性，因布什政府的强烈敌视而结成的反美阵营不会长期维系。实际上，伊朗、叙利亚、苏丹等国也都希望与美国缓和关系，与之实现关系正常化，借机融入国际社会。阿拉伯国家联盟的存在和团结更多具有象征意义，22个阿拉伯国家的利益取向各异，内部存在不少矛盾，无法形成整体合力，伊斯兰会议组织的57个成员也存在类似情况。

（二）能源蕴藏丰富的客观属性使中东伊斯兰国家在国际经济与安全体系中具有举足轻重的影响，接近于体系的中心区

能源问题既是经济与发展问题，也日益成为牵动国际形势和大国战略的政治和安全问题。西方国家长期处于世界发展层次的顶端，近年来东亚也在整体上升，中东能源无疑是世界经济发展的"血液"。石油不仅是西方经济高速发展的重要支柱，是中东伊斯兰国家的经济命脉，也在很大程度上影响着本地区政局变化和国家间关系。在当前和今后较长时期内，石油和天然气仍将是最重要的能源资源，能源安全关系到一个国家乃至全球的生存和发展。虽然国际油气资源前景谨慎乐观，但因受大国干预、地区热点、国际投机等诸多因素的深刻影响，油气生产和运输等环节受到严重

---

① 王建平：《伊斯兰原教旨主义与全球化》，《阿拉伯世界》2002年第2期。
② 宁金和：《正视伊斯兰原教旨主义》，《西南民族大学学报》（人文社会科学版）2003年第11期。

制约，国际能源安全的脆弱性也很明显。

中东是当今世界最主要、最大的石油供应基地，其石油蕴藏量之丰、油质之好、开采成本之低、运输之便捷，令世界其他地区难以望其项背。中东石油的探明储量占世界总量的62%，世界石油储采比至少可维持50年以上（中东为90多年）。① 世界前10名能源富集国有6名在中东，沙特、伊朗、伊拉克、科威特和阿联酋五国的探明储量就分别占世界的22.0%、11.0%、9.7%、8.3%和8.2%。中东石油储量的98.3%集中在海湾及其周围100万平方公里范围内。中东95%以上的油田储量超过5亿桶，储量在10亿桶以上的大油田有38个，储量在50亿桶以上的特大油田有15个。全球天然气探明储量为180亿立方米，中东占40.6%。② 中东一些油气资源丰富国家的领导人更深刻地意识到把握能源主动权的战略意义，伊朗敢于与美国和以色列进行惊心动魄的周旋、沙特等海湾国家能够在风云变幻中稳坐"钓鱼台"，都与丰富石油提供的底气有关。

世界能源的不可再生性及其地缘分布的严重失衡，使能源因素成为各国制定对外政策的重要参考要素。美国很早就觊觎中东能源，1948年前后，每月约有150万桶来自中东的"黑金"在美国海军护送下从中东运至地中海或太平洋地区，最高峰时期达到500万桶。美国曾派出24艘舰船保证石油安全运输，闻名世界的中东舰队就是那时改编组建的。③ 近年来，美国、西欧和日本对海外石油的依存度分别为51%、60%和99%，其中美国25%、欧洲60%、日本80%的石油进口都来自中东。"9·11"事件以来，美国对外政策激变、地区形势动荡、世界经济发展强劲、产油国形势不稳、国际投机商炒作等诸多因素，一度使国际油价猛涨。尽管2008年底以来油价大幅回落，国际社会开发新能源的热潮不减，但大国不会因价格回落而放松对中东石油的高度关注，新能源发展前景并不明朗，短期内无法取代石油和天然气。中东丰富的能源蕴藏还将继续吸引外部大国介入。

---

① 徐小杰：《世界能源安全与大国能源外交》，http://www.jfdaily.com.cn/pdf/051218/jf08.pdf.
② 马永红、张葵叶：《我国油田企业提升国际竞争力的紧迫性》，《集团经济研究》2007年第1期。
③ 文天尧：《中东黑血》，凤凰出版社，2009。

三 外来干预与内部影响

（一）域外大国是影响中东局势进而影响国际体系演变的主导力量

冷战期间超级大国的激烈争夺以及冷战后大国的介入是导致中东动荡不定的关键因素。外部大国往往利用地区甚至挑起地区矛盾，借以长期操纵地区局势，引发地区热点此起彼伏。"二战"结束至今，美国的动向对中东局势尤其具有重大影响。冷战后，多数美国政府注意保持一定的政策弹性，在中东维持适度平衡，但2001年布什政府上台后，颠覆性地修改了前任克林顿政府相对成熟的中东政策，奉行单边主义和先发制人，推动全球反恐战争，推动"大中东民主计划"，忽视解决巴以核心问题，很快导致布什主义和中东地区的极端主义迎头相撞，给美国的中东战略蒙上强烈的意识形态和文明冲突色彩，事实上造成了美国与伊斯兰世界的严重对立。

奥巴马政府力图从整体上缓和与中东伊斯兰国家的关系，弥合分歧，借助埃及、土耳其、约旦等中东盟友的策应和支持，带动中东和谈取得实质性进展，谋求与伊朗关系的可控发展或战略缓和，稳健完成从伊拉克撤军并加强在阿富汗的"反恐"行动。奥巴马的中东政策变革性调整具有战略性意义，但从在中东一些无法回避的战略利益出发，美国难以改变其中东战略的实质取向。加之美国与伊斯兰世界积怨很深，重建信任并不容易。奥巴马的中东政策仍处于调整与磨合之中，对问题领域的具体规划和论述尚显不足。

从大国在中东的关系看，谋求能源利益并重视地缘重要性是各大国设法涉足中东的关键着眼点。美国、俄罗斯、欧洲各国、日本以及印度等大国均从中东攫取战略利益。利用地区盟国作为战略支点是各国共同的手段之一，美国长期以来在该地区培植以色列、土耳其、沙特、埃及、约旦等国家的亲美政权，叙利亚、伊朗等国与俄罗斯的关系有很好的历史基础，英法两国则试图影响其前殖民地地区。军火贸易是大国介入该地区的另一条重要渠道，直接冲突方以及地区国家往往依附于某大国并购买大量军火，巨额石油美元又回流到大国手中。

大国在中东既明争暗斗也保持适度合作。多年来，大国在中东的活动充满斗争，但看待大国在中东的活动，不能光看到其争夺和较量，还要看到其共同点与特征、大国之间的协调与合作，甚至大国的幕后磋商与交易。如果看不到大国之间的竞争与差异，就容易被一些大国的共同点所迷惑；而一味重视大国的矛盾与竞争，又容易忽视大国经常进行协调与合作的一面。

大国在中东避免彻底"摊牌"。美国的中东政策带动其他大国参照美国进行互动，并反过来影响美国。美国、日本和欧盟同属西方阵营，尽管其战略侧重点不同，但在中东却有相同或相似的能源、安全利益并推广西方价值观，美欧在伊朗核问题上的进退基本同步。美俄也有一些默契和协调，如在推动中东问题四方会谈等方面，俄罗斯一直与西方保持协调，避免"撕破脸"。俄罗斯不是反美和反西方，而更多的是争取话语权。尽管俄罗斯向伊朗和叙利亚出售武器和技术，但其一再声称不违反国际承诺，并坚决反对伊朗拥核。

（二）中东是国际实力较量并推动国际实力变化的重要舞台

从对国际关系与政治的实际影响看，中东不是世界体系的边缘，而是接近影响国际体系演变的中心地带，深刻影响着国际安全和世界轨迹。假如没有对中东的关注和分析，"二战"后的国际关系以及战争与和平史研究将是不完整的。冷战期间，美国和苏联长期在中东较量争夺，几次中东战争以及两伊战争、第一次海湾战争都有美苏两个超级大国幕后较劲和互动的影子，引发了大国实力的消长和霸权的兴衰，间接推动了战后雅尔塔体系的解体和世界多极化进程。

中东重要的地缘位置是影响国际体系发展的重要客观属性。地缘政治学是国际政治中关于地理位置对各国政治相互关系如何发生影响的分析研究，指出控制海上交通线、占据战略要地对国家战略利益的重要性。美国海军理论家马汉、英国地理学家麦金德、美国国际关系学者斯皮克曼以及布热津斯基等人都在某种程度上推崇地缘政治学说。中东是亚、欧、非三洲的接合部，素有"五海三洲之地"之称。中东周围环绕着黑海、地中海、红海、阿拉伯海、里海和波斯湾等国际海域，连接上述海域的博斯普鲁斯海峡、达达尼尔海峡、苏伊士运河、曼德海峡和霍尔木兹海峡等，是重要的国际航道，也是扼守这些航道的重要门户。中东地区这种适中、临海的地理位置，使之成为连接大西洋和印度洋、东方和西方的十字路口，是从欧洲经西亚到北非的联系纽带，从而在世界政治、经济、军事方面具有十分重要的战略地位，历来为兵家必争之地。

中东局势发展深刻影响国际形势与国际体系。能源蕴藏、地缘位置以及内外因互动等因素，不仅在中东催生了地区争霸和大国争夺，也不断挫折、消弭着地区霸权乃至世界霸权。中东内外因素的交织和挤压，产生了一系列棘手问题。殖民主义者曾在中东采取"分而治之"政策，给中东留下领土争端与民族矛盾等严重隐患。伊朗与伊拉克、伊朗与阿联酋、沙特与卡塔尔、卡塔尔与巴林、埃及与苏丹、摩洛哥与西班牙、希腊与土耳其以及阿拉伯国家与以色列等国家之间均存在领土纠纷，不少国家因此而兵戎相见。中东水资源只占世界总量的 0.4%。该地区有三个主要水系——两河水系、尼罗河水系和约旦河水系，伴随水源供需矛盾日益突出，水资源纷争进一步加剧。可以说，中东的领土、领水纠纷与民族矛盾、地区霸权盘根错节，巴勒斯坦问题、伊拉克局势、伊朗核问题、阿富汗局势等诸多热点此起彼伏。这些问题牵动大国关系互动，深刻影响着中东地区格局以及国际局势。

中东诸多问题的关键枢纽是巴勒斯坦问题。观察巴以局势发展一定要注意看其实质和历史，拘泥于一时一事的发展变化往往影响总体判断。巴勒斯坦难民回归、边界划分以及耶路撒冷最终地位、定居点拆除、水资源分配等一系列关键问题近乎无法妥协。从历史经验看，即使达成一些协议，协议实施起来依旧障碍重重，双方的极端势力总能找到理由或方法使之夭折。美国严重偏袒以色列的政策也是影响和谈的重要因素，中东和平进程在布什政府时期出现僵持或倒退。奥巴马充分意识到推动巴以和谈解决问题的重要性，开始努力推动"两国方案"，并适当调整对以色列的立场。他还认识到哈马斯的作用并打算认真考虑调整对其政策，强调缓和与叙利亚的关系，推动恢复叙以和谈。但受到一些内外因素的牵制，奥巴马在推动中东和谈方面仍在投石问路。

四　历史追溯与文化基因

（一）现代意义上的政治发育尚欠完整，经济和社会发展表现出明显差异和不平衡

中东伊斯兰国家的发展模式深受外来力量尤其是西方的牵制。近代以来，中东与西方的政治模式以及文化传统不断发生碰撞、交叉和嫁接，衍生出带有外来和本土双重特色的复杂政体。"二战"前，多数中东国家的政体是君主专制和君主立宪制。"二战"后，受西方政体影响，中东地区许多原来的君主制国家转而实行资产阶级共和制，但不少国家的共和政体仍带有比较浓厚的传统历史色彩、宗教色彩并实行事实上的总统终身制。政治体制比较完善的代议制民主国家如以色列和土耳其，其他政体还有君主立宪制、君主专制制及酋长制等。子承父业、弟承兄业的政权延续方式仍在许多中东国家存在。中东的近代和现代史多次表明，政治制度发育相对不成熟容易引发局势动荡，容易出现集权统治者个人。如果统治者治理成功，则在一定时期内推动国家发展和地区稳定，否则其统治方式易给国家带来发展延宕，历史上个别地区的霸权主义者曾多次给本国带来灾难，给中东带来动荡。除了石油富国有较多资金用以提高社会福利、改善民众生活外，中东许多伊斯兰国家发展任务繁重，依然处于贫困之中，不少国家社会问题严重，腐败成风，经济发展失衡，贫富悬殊，两极分化严重。在这种情况下，越来越多的人把伊斯兰保守主义视为实现"社会公正"的希望和出路，极端主义势力趁机煽动宗教狂热，不断采取暴力恐怖活动，导致国内政局不稳。

（二）伊斯兰文明模式、政治价值与宗教恩怨深刻影响着国际体系

历史上的"十字军东征"反映了基督教世界与伊斯兰世界的对立与矛盾。它是1096~1291年西欧封建主、大商人和天主教会以维护基督教为名，对地中海东岸地区发动的九次宗教性军事行动的总称。其主要目的是从伊斯兰教手中夺回耶路撒冷，很明显，也有经济扩展的动因。因为西

欧商业资本增长以及城市和商品货币关系的发展，加速了封建社会内部的社会经济分化，并推动统治阶级去掠夺经济发达的中东国家。① 近现代中东地区殖民者与被殖民者的斗争，在某种程度上是这一矛盾的延续与发展。当前和今后，伊斯兰文明是与西方文明、东亚文明、南亚文明、斯拉夫文明等文明体系并列的重要文明，其历史悠久，影响深远。伊斯兰政治与发展模式，在与西方模式、斯拉夫模式、中国模式以及世界其他发展模式的比较中，同样占有重要地位，具有重大影响。中东恰是世界伊斯兰政治与文化模式辐射的核心地区，西方文明与伊斯兰文明的交叉在中东更为明显和激烈。

中东的宗教纠纷根深蒂固、盘根错节、历史久远，深刻影响着国际时局与国际体系。中东是犹太教、基督教和伊斯兰教三大宗教的发源地，作为三大宗教的圣地，耶路撒冷地位问题已经超出了普通的领土范畴。伊斯兰教内部派别之间也矛盾重重。

极端的伊斯兰保守主义组织与伊斯兰温和派别之间的矛盾常常导致国内政局动荡。伊斯兰保守主义是对当今世界政治与经济、宗教与文化具有举足轻重影响的重要思潮，它要求严格遵循伊斯兰教初创时期的原旨教义和传统，以此推动宗教复兴和社会改良，使社会生活全面伊斯兰教化，清除西方腐朽文化、外来生活方式污染和国家腐败。② 伊斯兰极端主义是伊斯兰教政治化最突出的表现形式。它主张以伊斯兰教为旗帜，以穆斯林极端分子组成的社团或组织为基础，以极端的暴力手段达到净化信仰、排除异己、确立正义的目的，最终建立伊斯兰教法统治下的政教合一的"伊斯兰国家"和不受地域限制的统一的"伊斯兰社会"。③ 在当前全球竞争日益激烈、全球化进程汹涌澎湃的新时期，广大伊斯兰国家愈益面临被边缘化的危险境地，这些国家内部的阶层分化和政治纷争同时加剧，其在经济社会和意识形态方面与西方国家的冲突更加剧烈。④ 伊斯兰保守主义高调标榜维护本土传统文化和核心宗教价值观，注意迎合中下层穆斯林群众

---

① 百度百科：十字军东征，http://baike.baidu.com/view/161.htm?fr=ala0#2。
② 胡如葵：《伊斯兰原教旨主义在国际政治中的影响》，《当代世界》2004年第5期。
③ 蔡佳禾：《试论伊斯兰原教旨主义》，《南京大学学报》（社会科学版）2003年第4期。
④ 王艳雯：《伊斯兰原教旨主义起源探析》，《河南师范大学学报》2002年第5期。

要求改变不良现实、实现社会正义的愿望和要求,因而在伊斯兰世界具有广泛的群众基础。而只要政治腐败、领土纠纷、贫富悬殊、经济停滞和教育落后等问题没有解决,伊斯兰保守主义就会继续施加影响。

五 改革冲动与文化自觉

(一)伊斯兰教需要改革,但伊斯兰世界内部堪当宗教改革领袖的人物难以出现

中东伊斯兰国家呼唤具备崇高威信和能力的领袖人物,推动伊斯兰社会的宗教和社会改革,使之最终融入现代社会发展洪流,并最终具备自我发育和自我发展的能力。然而,中东伊斯兰国家的改革与发展依然任重道远。要出现类似超越国家和民族之上、具备远见卓识的伊斯兰宗教权威和前瞻人士绝非易事,靠外部强加和推动就更是不可能的。鉴于此类因素,国际社会只能正视和接受这一现实。尤其是伊斯兰保守主义属于社会现象、民众心理和政治问题范畴,必须相应采取政治和社会手段对症下药、标本兼治,逐步消除极端主义的滋生土壤,单纯采取军事手段只能激化矛盾。

(二) 政治与文化精英存在推动文明与发展转型的主观自觉

面对伊斯兰文明被歪曲、穆斯林形象被丑化、国家和社会承受巨大压力的现实,中东伊斯兰国家在不断抗议的同时,频频提出文明对话主张,[1]借助各种平台和场合,通过正面阐述伊斯兰教的宽容、和平、正义和兄弟情义等教义内涵,以争取国际社会特别是西方国家的理解和认同。[2] 它们强调指出,伊斯兰教的核心是和平。"中间主义"是伊斯兰思想的重要组成部分,中正和谐是伊斯兰教的基本原则和核心价值观,任何偏离中正原则的"过激"言行都有悖于伊斯兰教的神圣信仰,[3]以伊斯

---

[1] 朱威烈:《文明对话与大中东改革》,《文汇报》2006年9月9日。
[2] 朱威烈:《文明对话与大中东改革》,《文汇报》2006年9月9日。
[3] 刘月琴:《伊斯兰文化的和平思想》,《当代世界》2009年第9期。

教名义从事或支持恐怖主义的活动,从根本上违背了伊斯兰教的最终使命,遭到真正穆斯林的完全反对。①

形势比人强,中东国家面临完成转型和发展的双重任务。中东社会面临向现代化过渡、适应世界发展大潮的重任,转型是大势所趋,不可逆转。这些转型涵盖政治体制、经济体制、发展战略、思想文化等方面。② 中东国家的转型带有自身特点:发展与转型相互交织;十分突出的不平衡性;鲜明的"石油"与伊斯兰色彩;转型发展主体的自觉性显著增强;政府和市场的双重作用;等等。③ 中东伊斯兰国家广大的官员、学者和民众清楚他们的处境,有进行改革的愿望。改革已经是一个被广泛且高频率谈论的话题,并已涉及基本价值观和信仰等文化层面。④ 在转型过程中,拥护改革的精英和民众,将与宗教保守势力和极端主义进行反复较量,中间穿插着来自域外大国的影响。可以说,中东要真正完成发展转型无疑要经历很长的时期。

中东伊斯兰国家需要做的就是尽可能趋利避害,与极端主义拉开距离,大力弘扬和倡导伊斯兰教的中间主义与温和本质,积极融入现代发展大潮,推动中东地区国家的自身转型,并为国际体系转型做出贡献。在现代化和全球化语境下,中东伊斯兰国家接受民主的信念已不构成障碍,但它们关心民主的含义和标准,担心西方民主意味着要它们放弃伊斯兰信仰,放弃阿拉伯或波斯的民族属性,否定它们过去光荣的历史。⑤ 它们还异常关心如何在保持自身政权稳定以及维护自己民族、宗教属性的前提下,实现经济的快速增长,以缓和国内因贫富差距以及失业率、出生率居高不下等引发的社会主要矛盾。⑥ 无论如何,中东有关各方应秉承"和为贵"的原则,避免兵戎相见,避免给外部大国干涉的口实,通过谈判协商和理性妥协解决问题,推动地区和平、和谐与发展,并对国际体系转型施加积极影响。

---

① 刘月琴:《伊斯兰文化的和平思想》,《当代世界》2009年第9期。
② 陈德成:《中东社会转型发展论》,《西亚非洲》1998年第4期。
③ 陈德成:《中东社会转型发展论》,《西亚非洲》1998年第4期。
④ 朱威烈:《文明对话与大中东改革》,《文汇报》2006年9月9日。
⑤ 朱威烈:《文明对话与大中东改革》,《文汇报》2006年9月9日。
⑥ 朱威烈:《文明对话与大中东改革》,《文汇报》2006年9月9日。

第一章
中东局势发展中的宗教因素与资源争端

第一节 中东充满着复杂的宗教和教派纠纷

一 久远的宗教与教派差异

犹太教与伊斯兰教、伊斯兰教与基督教之间存在矛盾。中东是犹太教、基督教和伊斯兰教三大宗教的发源地。伊斯兰教内部如逊尼派、什叶派、苏菲派等派别之间也矛盾重重。在伊拉克,萨达姆统治以逊尼派为基础,其被推翻后什叶派获得参政和平等权利,两者今后的争端还将继续发展。多数阿拉伯国家的穆斯林是逊尼派。什叶派穆斯林在伊朗、伊拉克居多,但海湾国家也生活着大量的什叶派穆斯林,所以1979年以来海湾和其他阿拉伯国家对伊朗抱有警惕。伊斯兰教什叶派与逊尼派之间的矛盾是导致两伊战争的重要因素之一;极端的伊斯兰保守主义组织与伊斯兰温和派别之间的矛盾常常导致国内政局动荡。黎巴嫩的教派结构是一个非常典型的例证。黎巴嫩是阿拉伯国家中唯一由穆斯林和基督教徒两大类居民组成的国家,其中穆斯林又分为什叶派、逊尼派和德鲁兹派。黎巴嫩全国只有1.04万平方公里面积、400多万人口,在1975~1990年内战时期却曾有分属于两大宗教派别的 100 多个党派团体、30 多支民兵武装和数十家电台。该国的教派分歧依然非常明显，西方国家、伊朗、叙利亚等国在某种程度上也是通过支持与其相近的教派影响该国局势发展的，2006 年的黎巴嫩真主党与以色列之间的战争就是非常明显的例证。据分析，近年来黎巴嫩发生的一系列暗杀事件也与外部影响有关。

二　伊斯兰保守主义

当代伊斯兰保守主义的产生具有复杂的政治、经济与社会背景。它是对当今世界政治与经济、宗教与文化具有举足轻重影响的重要思潮，尤其是对国际政治产生的影响越来越大。以美国为代表的西方社会与伊斯兰保守主义之间的对立趋于严重。需要指出的是，一些伊斯兰保守主义者只是主张回归伊斯兰教本原教义，但反对极端主义和恐怖主义，实际上这是不同的概念，对此要注意区分。

（一）发生与发展

"二战"后，伊斯兰世界不仅面临来自东西方大国的控制和渗透，而且其内部世俗化、西方化的趋势也在迅速发展，这使得伊斯兰国家普遍感到失去自身伊斯兰特征的危险。斗争性明显且更富于政治色彩的伊斯兰保守主义便趁机传播开来，并吸引了大批支持者和追随者，成为当代伊斯兰复兴运动的主流。

伊斯兰国家反抗殖民统治、追求国家独立以及反对霸权主义、维护国家主权的斗争，在某种程度上催生了伊斯兰保守主义。许多中东国家在独立前长期遭受殖民主义的蹂躏和统治，反抗殖民主义和帝国主义、争取国家独立的斗争过程催生了广大民众的伊斯兰保守主义思潮，一些宗教理论家便趁机加以整理和引导。从某种意义上说，伊斯兰保守主义既是争取国家独立的一种工具，也是争取民族独立的客观结果。这些国家取得独立后，又面对霸权主义和强权政治的压力与威胁，从而引发其反抗外来侵略、维护主权独立和领土完整的激进主义洪流。美苏一度在中东地区进行激烈争夺，特别是美国长期奉行压制阿拉伯国家、偏袒以色列的不公正政策，激发了包括阿拉伯国家在内的许多伊斯兰国家的逆反和对立情绪，其中不乏巴勒斯坦和伊拉克等国激进组织的极端行动。另外，美国等超级大国为争夺世界霸权而采取实用主义政策，怂恿伊斯兰保守主义蔓延和泛滥，使之成为削弱对手、谋取霸权的重要手段，阿富汗前塔利班政权和本·拉登等标榜伊斯兰保守主义的极端政权和组织都曾获得美国支持。

独立后的伊斯兰国家在探索国家发展道路的进程中遭遇了种种挫折和问题，激发了广大民众的宗教保守主义情绪。这些国家受到资本主义和社会主义两条道路发展成就的吸引、启发和鼓舞，力求靠近西方国家和苏联的发展水准，以维护国家经济独立，实现国家现代化。但在很长一个时期内，许多国家未能处理好伊斯兰教与外来发展模式之间的关系，或多或少地犯了急于求成或盲目照搬他国模式的错误，从而遭受种种挫折与失败，造成经济增速下滑、依赖性严重、统治者腐败盛行、贫富分化严重、道德标准迷失、文化冲突等诸多经济和社会问题，从而表现为伊斯兰教本原性的主体文化与外来文化尤其是西方文化之间的冲突与不适应性。在当前全球竞争日益激烈、全球化浪潮汹涌澎湃的新时期，广大伊斯兰国家愈益面临被边缘化的危险境地，这些国家内部的阶层分化和政治纷争同时加剧，其在经济社会和意识形态方面与西方国家的冲突更加剧烈。一些国家当权者缺乏对广大民众不满情绪的正确引导，导致标榜回归宗教本原教义、实现社会公平与正义的伊斯兰原教旨思潮乘虚而入。在政权稳固且未受到威胁时，个别国家的统治者甚至把伊斯兰保守主义视作维护统治的一种工具，致其渐成气候，尾大不掉。

伊斯兰保守主义思潮历经形成、高涨和高潮三个阶段。第一，教义归纳和推广阶段。当代伊斯兰保守主义深受埃及穆斯林兄弟会和巴基斯坦伊斯兰促进会两个组织的影响。穆斯林兄弟会的哈桑·班纳和伊斯兰促进会的毛拉·阿卜杜拉·马杜迪赋予伊斯兰复兴主义的传统逻辑观点以新的解释，并将其应用于20世纪的伊斯兰社会，尝试解决现实问题。两人深信西方帝国主义对伊斯兰政治、经济和文化均构成威胁与挑战，西方化直接侵害穆斯林的独立、特征与生活方式。之后，埃及穆斯林兄弟会的代表人物赛义德·库特布继续发展了两人的思想体系，使之成为20世纪50～60年代中期信奉激进武装斗争的伊斯兰思潮，主张用武装斗争推翻世俗政权。他坚持非此即彼的逻辑，认为整个社会可以被划分为忠诚真主和反对真主的两大营垒，主张用武装斗争的圣战来保卫伊斯兰，反对不公正，认为圣战是重建伊斯兰秩序的唯一道路，拒绝参加圣战或临阵脱逃的穆斯林都是真主的敌人。第二，发展与高涨阶段。1979年，霍梅尼领导的伊朗伊斯兰革命取得胜利，伊斯兰保守主义者长期以来谋求建立政教合一的国家实体试验取得成功，这使得苏丹、阿尔及利亚等许多国家的伊斯兰保守主义运动获得巨大发展动力，埃及、突尼斯、摩洛哥、也门、黎巴嫩、印尼、巴基斯坦、菲律宾等许多国家的伊斯兰保守主义信徒和组织也深受鼓舞。第三，走向极端阶段。阿富汗塔利班政权和本·拉登"基地"组织的建立与发展，是极端的伊斯兰保守主义登峰造极的极端化阶段。塔利班是由在伊斯兰院校受训毕业后的学生组成的武装队伍，在抵抗苏军入侵、力求结束军阀混战局面的过程中得到发展壮大，奥马尔是其领袖和代表。本·拉登及其领导的"基地"组织也曾从外围参与阿富汗圣战组织的抵抗运动，并最终与塔利班政权走到一起。

（二）特征与主张

当代伊斯兰保守主义运动同历史上出现过的保守主义运动存在明显区别。从性质上看，它已从一般宗教复兴思潮发展为着眼于夺取政权的社会政治运动，并形成系统的理论主张；从规模上看，它已不限于局部地区，而是表现出泛伊斯兰运动倾向；从斗争方式上看，伊斯兰保守主义分为渐进温和与激进暴力两种派别。

强调遵循建筑在伊斯兰教法基础上的政治主张。国家和社会都必须以伊斯兰法作为合法性基础，除真主外没有别的政治合法性根源。伊斯兰保守主义以伊斯兰法为衡量一切的标准，要求严格遵循伊斯兰教初创时期的原旨教义和传统，将伊斯兰教的本原精神视作推动宗教复兴和社会改良的动力，使社会生活全面伊斯兰教化，最终消除腐败和各种外来异端邪说，清除西方腐朽文化和生活方式的污染，重建以伊斯兰教法为基础、以古代麦地那哈里发国家为楷模的理想伊斯兰国家、社会和秩序。认为穆斯林对真主的虔诚不仅体现在个人的宗教与社会活动方面，也必须体现在政治活动方面。真正的穆斯林必须在现实社会生活中以行动来追随真主,而不仅仅在精神上信奉伊斯兰教。强调要发动伊斯兰革命,建立伊斯兰政体,即建立神权高于一切的、政教合一的伊斯兰国家,恢复伊斯兰教在组织、经济、社会、文化中的统治地位。伊斯兰保守主义的更高目标和追求是建立理想的、统一的国际伊斯兰,是一种不受地域限制的、统一的穆斯林政治实体——"乌玛"。

实现伊斯兰教法统治的道路与方式。劝导与革命是温和与极端的两个伊斯兰保守主义派别实现伊斯兰教法统治的两种道路。温和的伊斯兰保守主义派别一般主张通过公众的压力促使统治者做出让步,进而推动伊斯兰教改革。作为保守主义的极端派别,伊斯兰极端主义是伊斯兰教政治化最突出的表现形式。它主张以伊斯兰教为旗帜,以穆斯林极端分子组成的社团或组织为基础,以极端的暴力手段达到其净化信仰、排除异己、确立正义的目的,最终建立伊斯兰教法统治下的"伊斯兰国家"和"伊斯兰社会"。极端派别提倡"圣战"。一般信徒必须履行立誓信教、礼拜、完纳天课、斋戒和朝觐五项义务,极端派别认为圣战是极端的保守主义者必须遵循的第六项义务,甚至将其奉为最高义务,认为对所有力求消灭愚昧有罪社会并复兴伊斯兰的真正穆斯林来说,圣战是唯一的解决方式,武装斗争则是唯一可接受的圣战方式。极端的保守主义派别并不太看重圣战的目的和后果,而更强调圣战与牺牲的忠诚行为和过程体验。一般意义上的伊斯兰教具有普世主义特点,主张在一定条件下对异教徒的宽容精神。但伊斯兰保守主义认为相对于忠诚真主而言,自己的生命并不重要,异教徒的生命更不重要;信徒可以在任何地方、任何制度中进行圣战,无须固定在具体国家范围之内。需要指出的是,许多极端行为与极端的保守主义相关,但并非所有诉诸暴力的组织都属于极端的保守主义运动范畴。

伊斯兰保守主义具有比较强烈的反世俗化和反西方倾向。它反对任何非伊斯兰教思想的意识形态和现代主义,提出"不要东方,也不要西方,只要伊斯兰"的口号。现代伊斯兰保守主义者认为西方资本主义是无视社会正义的腐化消费主义和放纵的物质享受主义,西方霸权、西方思想与制度是实现其统一理想的主要外部阻力,同时也反对社会主义和共产主义。一个矛盾的现象是，伊斯兰保守主义主张完全否定西方的政治思想和政治制度，但并不拒绝现代化和工业化本身，只是坚持伊斯兰化是唯一的实现道路。伊斯兰保守主义尤其不排斥衍生于西方的现代科学技术和工具，对其深信不疑并努力加以利用来达到暴力目的。伊斯兰保守主义还认为世俗主义违背伊斯兰经典，并使伊斯兰的历史误入歧途。由于其主张的国际性和统一性以及强烈的反世俗化倾向，伊斯兰保守主义甚至反对民族主义，主张同外部敌人的斗争只能在伊斯兰的旗帜下进行，不能通过民族主义的建国目标来实现。但考虑到短期内难以建立统一的世界性伊斯兰政治实体，一些折中观点认为可以对民族主义目标加以利用，将暂时建立民族主义的伊斯兰国家看作整个保守主义运动的阶段性成果，最终实现建立"乌玛"的目标。

（三）冲击与影响

伊斯兰保守主义强烈的反西方倾向和"以破求立"的思想主张具有破坏性。伊斯兰保守主义是当代文化现代化、世俗世界观与伊斯兰传统文化、宗教世界观之间紧张状态的产物，它在感官上排斥源自西方的文化现代化，却又接受工具现代化，并采用现代化工具和单方制定的游戏规则来打击现代化、反对西方化，其行事理念和方式自相矛盾。尤其是伊斯兰保守主义主张不分时间和空间，不顾特定的历史文化和条件而固执地贯彻其宗教教义，必然会犯教条主义和机械主义的严重错误，窒息现代社会的创造精神，延缓国家经济与社会发展，给国家、民族和社会带来伤害与灾难。虽然伊斯兰保守主义高扬捍卫伊斯兰的宗教旗号进行斗争，但其实质仍是追逐世俗利益的政治斗争。尤其是极端的伊斯兰保守主义是一股破坏现存秩序和社会发展的力量，经常以暴力和恐怖手段作为解决问题的主要方式，倾向于以暴力手段对付其他文明，并在国内引发或加剧教派纠纷与社会动乱。尤其是其"圣战"主张对世界和平与发展构成威胁，往往成为国际事变的导火线和催化剂，成为触发国际政治冲突的重要根源，最终无益于任何国家、政治团体和个人。

伊斯兰保守主义具有一些复古和倒退色彩，并不符合人类社会进步的前进主流，至多算是一个发展道路主张上的另类和支流。它并不代表先进生产方式，恰恰代表被现代大生产和全球化边缘化的少数群体，其目标是以缘木求鱼的方式建立一种不可能实现的乌托邦。它反对作为现代化起点的世俗化，割裂了现代化、世俗化以及西方政治思想之间的必然联系，其极端保守主张代替不了实际生活中的政治学说和经济政策，更无法解决当代社会和经济发展中提出的许多新问题。面对全球化下的经济与科学加速发展态势，在为国家发展寻找适当发展模式的问题上，伊斯兰保守主义无所作为。它不但难以承担领导和建设国家、实现国家和民族现代化的历史任务，反而在许多国家为达到推翻政府的目的，不惜破坏所在国的支柱产业。由于伊斯兰文化传统中没有建设现代化国家的理论原则和实践经验，更没有针对当代世界新问题的论述，所以即使在伊斯兰保守主义掌权的国家，搞好经济、促进社会发展、解决社会矛盾和冲突，依然是其面临的艰难问题。在个别政教合一的伊斯兰国家，伊斯兰保守主义唯一能做的，不过是把现代的内容硬套上伊斯兰传统的形式而已。

伊斯兰保守主义冲击并影响国际秩序和地区与国际安全。当前，在西亚、北非、巴尔干半岛、外高加索、中亚、南亚、东南亚以及世界其他地区，伊斯兰保守主义思潮和运动有汹涌澎湃之势，正以空前的广度和深度四散蔓延。由于其本原主张和教义是回归伊斯兰，建立伊斯兰国家，因而其掀起的政治伊斯兰化洪流对各伊斯兰国家的现政权和社会稳定构成威胁。伊斯兰保守主义往往单方制定游戏规则，对现行国际社会的游戏规则提出挑战，从而加剧原有的国际冲突，扩大核扩散的危险，成为冷战后影响世界组织格局的新的不稳定因素。许多热衷于"圣战"的极端分子只是简单地以是否穆斯林画线而决定支持与否，不问事情本身的是非曲直，如波黑、车臣、阿富汗等地区发生的外来极端分子插手当地冲突事件都反映了这一点。如果说伊斯兰保守主义过去曾在反对殖民主义、反对霸权主义、争取民族解放和捍卫国家独立方面起过一些积极作用的话，那么近年来尤其是"9·11"事件之后，其言行和主张则已经对国际政治、经济和文化造成重大影响，破坏了国家安定、区域安全与世界和平。在和平与发展仍是世界主题的今天，伊斯兰保守主义在反对霸权主义和强权组织等方面的些许积极作用已日益为国际社会所怀疑和否定，其负面影响不断被国际社会所认清。

(四)发展趋势

继续影响甚或冲击国内与国际政治、经济和社会生活。从表面上看,伊斯兰保守主义的出现和发展是全球化进程中令人困惑的现象和非理性结果之一。当前和今后,伊斯兰保守主义将继续传播并影响广大穆斯林的思想、生活和行为,进而影响所在国的国内政局、经济与社会发展,冲击国际政治和国际安全。所以,只有深刻反思并切实处理好不同民族、不同文化传统之间的诸多矛盾与问题,建立一个相对平衡和公正的国内经济与社会体系,建立公平合理的国际政治、经济新秩序,伊斯兰保守主义才最终不再成为一个问题,而逐步退出历史舞台。

伊斯兰保守主义作为困扰世界和伊斯兰内部的巨大难题,还将长期存在。既然伊斯兰内部暂时无法出现具备崇高威信和能力的改革领袖,靠外部强加和推动改革就并非好的选择。布什政府试图在几年内催生"民主、自由"、实现彻底的宗教融合并不现实,甚至是遥不可及的缘木求鱼式的设计。涉及宗教和文化方面的热点问题在未来很长时期内会持续影响地区局势,特别是美国不合时宜、没有理由地抛出所谓"文明冲突论"并在一定程度上付诸实施,将导致美国与该地区国家的文明对立和军事对抗长期持续。

三 美国与伊斯兰世界

两种极端的保守主义思潮与运动的斗争短期内依然激烈和紧张。伊斯兰保守主义将固守其主张,美国尤其是新保守主义者则对伊斯兰世界存有严重偏见。极端的伊斯兰保守主义将是伊斯兰世界与美国进行冲突和对立的直接力量,美国则是以新保守主义和冷战思维为代表的保守力量,即以布什总统为代表的基督教原教旨主义势力。实际上,美国与伊斯兰世界长期以来潜藏着一些对立因素,布什政府的政策激化了这些因素,加剧了冲突的必然性。美国政府大力倡导的所谓"大中东民主计划",不仅难以扭转这一趋势,反而加剧了形势的复杂性。

联系伊朗核问题、伊拉克局势、巴以局势以及苏丹、叙利亚、阿富汗局势等问题的发展趋势,可以发现,霸权主义、黩武政策和双重标准等美国的反恐政策将导致美国与伊斯兰世界之间产生更为严重的对立和冲突。巴以冲突是激发对立和冲突的直接导火线，美国在中东和平进程中不公正地斡旋和谈立场将更加激发对立。这种博弈将对美国、伊斯兰世界和地区以及国际安全产生重大影响。美国在借机实施扩张政策、整合战略资源、扩大军事力量、提高军事科技水平、占据某些地缘政治优势的同时，也将面临软实力严重受损的境况，从长远来看，得不偿失。由于实行双重标准、单边主义等错误的反恐政策，美国主导的反恐效果不彰，陷入"越反越恐"的怪圈。从某种意义上讲，"美伊冲突"已经被布什政府认为是所谓的"文明冲突"，这样的基调也逐步成为一些西方国家和民众的潜意识。而这将继续恶化国际反恐的软环境。因为虽然反美极端势力只是伊斯兰文明体系中的一小部分，它代表的却是存在于伊斯兰世界中的一种情绪。极端的宗教势力受到打压时更具有惊人的反弹力，对此情绪宜疏不宜堵，冤仇宜解不宜结。

双方的矛盾延续时间长短和剧烈程度主要取决于美国对外政策的修正程度。当前的美伊矛盾是被美国政府人为刺激和推动的，"解铃还须系铃人"，两者关系的松紧还取决于美国政府的对外政策尤其是对中东战略和对伊斯兰教本身的政策取向。以此来看，美伊关系存在三种发展前景：更加剧烈和对立；紧张相对平稳持续；关系在高度紧张后出现缓和平寂。2008年之后的美国政府对伊斯兰世界的政策是重大的影响因素，布什之后的美国政府努力修正错位政策，修补与伊斯兰世界的关系。

伊斯兰教需要改革，但伊斯兰世界内部堪当宗教改革领袖的人物难以出现，国际社会必须采取恰当对策。伊斯兰教自诞生至今并未接受过深层次的宗教改革，历史经历与现实发展充分证明，包括伊斯兰保守主义在内的伊斯兰社会需要从内核上主动进行类似于16世纪欧洲基督教推行的宗教改革，进一步融入适应现代社会发展的新理念。未来伊斯兰教的生命力在很大程度上要看其理论家、思想家和宗教上层领袖能否以高屋建瓴的锐利视角和胆识，开创性地对伊斯兰教经典做出新的解释，增添新的现代社会内容。如推动土耳其世俗化与现代化先河的国父凯末尔，再往后有埃及的纳赛尔、萨达特。叙利亚、伊拉克尽管仍面临诸多问题，但这些国家的世俗化已经做得较好，东南亚的马来西亚等伊斯兰国家的世俗化走上了更高层次。现代土耳其是凯末尔按照西欧国家社会模式建立的，实行政教分离，同时保留文化传统，允许伊斯兰教在私人生活领域发挥作用。从国家建立至今，一方面，现代文明和欧洲民族主义思想加快了土耳其民族认同和现代化进程；另一方面，伊斯兰文明又在占人口绝大多数的群众中产生了巨大影响。长期以来土耳其就是一个复杂的对立统一体，但土耳其在处理现代与传统、宗教与改革之间的多样性问题上较好地保持了统一性和稳定性，保持着它"世俗的国家、信教的民族"的平衡特征：努力促进民族传统文化的认同，同时又以西方改革模式加入全球政治、经济和社会发展进程。在世俗化和现代化的主流发展方向指引下，土耳其取得了良好的经济和社会发展业绩而成为中上等发展中国家。国父凯末尔奠定了土耳其的世俗化基石和现代化方向，军方也努力维护凯末尔思想，国家发展大势不会轻易被撼动。

伊斯兰要迎头赶上现代文明，类似土耳其国父凯末尔这种有清醒头脑的现代精英是必不可少的。伊斯兰教呼唤威信和能力类似于凯末尔甚至远在其之上的英雄人物出现，以高屋建瓴的视角、高瞻远瞩的见识和大刀阔斧的胆魄，推动伊斯兰社会的宗教和社会改革，使之最终融入现代社会发展洪流，并最终具备自我发育和自我发展能力，而不是一味地排斥现代文明、寻求幻想和复古。但当前的伊斯兰世界要出现类似超越于国家和民族之上、具备远见卓识的伊斯兰宗教权威和前瞻人士绝非易事。现有的伊斯兰思想家更多地强调当代社会对伊斯兰教的背离，在一些妇女地位、人口控制等涉及人类和社会发展重大问题上的态度非常保守。[1]

---

[1] 本部分参阅材料：
胡如葵：《伊斯兰原教旨主义在国际组织中的影响》，《当代世界》2004年第5期。邓碧波：《宗教世俗化与伊斯兰原教旨主义的产生》，《阿拉伯世界》2004年第2期。宁金和：《正视伊斯兰原教旨主义》，《西南民族大学学报》（人文社会科学版）2003年第11期。王艳雯：《伊斯兰原教旨主义起源探析》，《河南师范大学学报》2002年第5期。蔡佳禾：《试论伊斯兰原教旨主义》，《南京大学学报》（社会科学版）2003年第4期。蔡华：《试析伊斯兰原教旨主义的崛起和影响》，《西南民族大学学报》（哲学社会科学版）2002年第5期。王建平：《伊斯兰原教旨主义与全球化》，《阿拉伯世界》2002年第2期。肖宪：《论美国与伊斯兰世界的冲突》，2004年度全国世界民族学术讨论会论文集，2004。胡爱军、刘广军：《当代伊斯兰思潮及对我西北地区的影响》，2004年度全国世界民族学术讨论会论文集，2004。

四 伊斯兰力量在中东地区崛起了吗

有人认为伊斯兰的色彩是绿色，进而将伊斯兰极端主义看作深绿。几十年来，国际社会一直在争论伊斯兰保守主义、伊斯兰极端主义以及恐怖主义的概念差异，以及其外延与内涵的不同。西亚北非局势剧变以来，人们对该地区内外的变化高度关注，关注地区大国、阿拉伯国家与非阿拉伯国家，关注地区外部的大国干预，等等。而美国、欧盟、以色列以及国际社会不少国家和民众对西亚北非地区可能向伊斯兰回归感到担忧，认为中东在推行民主选举的过程中，地区思潮可能向保守方向回归，名义上是推行民主，实际上伊斯兰政治和其他力量会借机掌握权力，不排除极端势力可能在一些国家继续发展，其发展前景和方向存在不确定性。

的确，这种担心不无道理，也并非空穴来风。人们看到，在2011年6月土耳其第24届议会选举中，时任总理埃尔多安领导的正义与发展党以49.9%的得票率，继2002年和2007年后第三次赢得选举。突尼斯、埃及、利比亚、叙利亚、也门五个已经或正在经历剧烈演变的中东阿拉伯国家，实质上是被家族或集权统治几十年的世俗化程度很高的国家，均存在伊斯兰政治力量抬头的现象。

剧变后的突尼斯在2011年10月底的议会大选中，具有伊斯兰色彩的、在本·阿里政权时期曾被禁止的伊斯兰复兴运动得票率排名第一；利比亚执政当局宣布在社会领域回归传统的伊斯兰沙里亚法，如理解并赞成一些男人做出的一夫多妻制选择；2011年11月底摩洛哥结束了新宪法框架下首次议会选举，同样具有伊斯兰色彩的公正与发展党得票率稳居第一，赢得众议院简单多数席位，将与其他政党联合组阁执政。据分析，在叙利亚和也门的乱局与动荡中，也有激进的政治派别参与其中，向当局施加强大压力。

穆斯林兄弟会在埃及选举中崛起，令自由派和军政权的支持者感到紧张，他们担心该组织会试图依照伊斯兰教义改造埃及社会。在2011年11月底举行的埃及议会选举中，由穆斯林兄弟会改头换面而建立的政党得票率同样高居第一。埃及最高选举委员会在2011年12月2日公布了埃及议会选举第一阶段的投票结果，埃及人民议会（议会下院）选举第一阶段的投票率达62%，这一比例是埃及历史上最高的，穆斯林兄弟会在第一阶段获四成选票。穆斯林兄弟会"自由与正义党"的得票率为40%，比该党还要激进的"萨拉菲派光明党"的得票率为20%。

整个选举平稳进行，当然也有少数违规现象，但整个选举过程顺利、有序，显示了埃及广大选民迫切希望选出一个他们肯定和认可的议会并组建政府，也显示了长期以来穆斯林兄弟会在埃及的影响力。当时曾有不少分析认为，埃及新议会产生并组建新政府后，可能在权力方面挑战影响举足轻重的埃及军方，这将导致埃及权力结构重新洗牌，军方已经被指责在继承穆巴拉克的核心权力地位后试图延续军方特权。

一方面，未来一个时期，伊斯兰在西亚北非政治谱系中的影响力很可能会上升，并可能与西方国家在该地区努力推进民主选举的初衷存在较大差别，甚至背道而驰。考虑到该地区的历史传统、宗教底蕴和文明积淀，在该地区实行西方式的选举政治可能更多地具有形式特征，其实质内核方面难以改变，民主要在该地区真正生根发芽，可能会面临不少反复，还有很长的路要走。另一方面，国际社会也不必对伊斯兰色彩在西亚北非地区政治中回归这一现象过于担惊受怕和紧张。要看到这些国家的伊斯兰政党都没有在议会选举中赢得过半数选票，这说明选民对其仍心存疑虑。

选民不满以往长期的独裁专制统治，但这并不意味着他们赞同重回严格的伊斯兰教教义和法律统治下的封闭保守体系。就此而言，说明在西亚北非地区仍有比较好的世俗化基础与潮流，在各国政治舞台上存在来自世俗政党以及多数选民的警觉与制衡，迫使赢得选举的伊斯兰政治力量必须以温和的姿态和政纲示人，并且不会轻易滑向激进或极端的思想体系。

人们注意到，最近的一系列选举中，赢得第一的多数政党名称中都含有正义、公正、发展、自由等字眼，这些与伊斯兰的教义是吻合的，同时更呼应了各国民众多年来的期待。尤其是这些政党似乎在模仿土耳其已经执政10年有余的正义与发展党，要在本国成功开创一种温和的伊斯兰政治模式，大力推进社会公正，将现代与传统的思想、宗教与世俗的力量进行有机融合。例如，正义与发展党成立以来一直致力于改善老百姓的生活状况，提高在救济、医疗、教育等社会保障领域的预算，使普通民众生活水准不断上升,树立了该党在民众中的威信并增强了亲和力。尤其是在不发达的中部和东部等部分选区,其支持率高达60%以上。2014年8月10日,埃尔多安在土耳其首次总统直选中以51.79%的得票率远超另两名候选人,当选土耳其第12届总统,并于8月28日宣誓就任。埃尔多安的亲密盟友、前外交部长艾哈迈德·达武特奥卢接替他就任总理。

需要指出的是,伊斯兰化政治倾向存在很多制约因素,一时无法占据政治主体和思潮的主流,伊斯兰极端主义在一定时期内更不会轻易出现在合法的政治舞台上。例如,突尼斯的伊斯兰复兴运动高层多次承诺,将推动突尼斯建立一个现代化的、世俗的多党民主制国家。当然,从长远看,穆斯林兄弟会等长期被世俗化政权排斥和打击的偏激进性组织,有可能借助其长期的坚韧经营与发展而不断壮大,这一态势幕后究竟隐藏着什么目标,来自地区国家和国际社会的关注和担心还是有一定根据的。

第二节 领土、领水纠纷与民族矛盾盘根错节

一 领土争端严重并与民族矛盾交织

殖民主义者曾在其殖民统治区采取"分而治之"等政策,给中东留下了严重隐患。伊朗与伊拉克、伊朗与阿联酋、沙特与卡塔尔、卡塔尔与巴林、埃及与苏丹、摩洛哥与西班牙、也门与厄立特里亚、叙利亚与以色列、黎巴嫩与以色列等国家之间均存在领土纠纷,不少国家曾经因领土问题而兵戎相见。目前,也门与厄立特里亚等少数领土争端已基本解决,部分悬而未决但有所缓和,还有部分仍处于僵持状态。巴勒斯坦人与犹太人、塞浦路斯岛上希腊与土耳其两族之间、库尔德族与其他民族之间以及苏丹达尔富尔地区不同种族之间的矛盾也都与领土要求交织在一起,解决起来异常困难。阿拉伯人与犹太人的矛盾实质上是领土问题,领土问题贯穿巴以争端、叙以争端和黎以争端。约旦与以色列于1994年签署和平条约后,双方已经进行了边界划分。巴以边界划分相当棘手,由于领土划分

直接涉及两族在巴勒斯坦土地上的生存或生活，双方斗争异常激烈，谈判异常艰辛。叙以之间的领土争端相对简单，主要涉及戈兰高地的归属问题，但两国谈判自 2000 年中断后一直未恢复。鉴于黎巴嫩与叙利亚的特殊关系，黎以谈判与叙以谈判仍基本保持同步。以色列巴拉克政府于 2000 年 5 月执行联合国第 425 号决议，以军从黎巴嫩南部撤军后，黎以领土争端基本得到解决，但萨巴阿农场归属问题未确定，以色列坚持认为该地属于叙利亚，要将其移交叙利亚，而黎巴嫩坚持对该地的主权归属。塞浦路斯问题是英国殖民主义造成的历史遗留问题。在英国殖民者统治塞浦路斯岛的 80 多年里，利用了岛上希腊和土耳其两族的矛盾，两族的分歧也反映了希腊和土耳其两国在塞浦路斯问题上的矛盾。多年来，经多方斡旋，两族举行了多轮会谈，但双方在安全、领土、财产及权力分配等问题上依然存在很大分歧，该问题短期内无法解决。库尔德问题近来明显升温，土耳其在此问题上的态度趋于强硬。库尔德民族分布在土耳其、伊朗、叙利亚、伊拉克等国，涉及库尔德人、波斯人、阿拉伯人及突厥人等多个种族，库尔德人一直想在其聚居地区建立独立的民族国家，但由于复杂的历史与现实原因，这一愿望难以实现。苏丹边界是 19 世纪欧洲列强瓜分非洲和实行殖民统治时人为划定的，苏丹达尔富尔地区的不少部落曾被划到不同的国家。20 世纪 70 年代，达尔富尔地区发生干旱，来自该地区北部甚至乍得等邻国的阿拉伯游牧部落大批迁徙至达尔富尔中南部地区以寻找草场和水源，致使当地人口过度膨胀，阿拉伯移民与当地非洲黑人部落之间因争夺土地和水源而发生的冲突明显增多。近年来，伴随该地区的石油开发，部族之间争夺资源的斗争日趋激烈，一些邻国也以各种形式卷入其中。可以说，达尔富尔问题背后涉及因素复杂，它是水土资源匮乏、部族冲突、宗教矛盾、地区被边缘化、中央与地方的关系和受南方内战影响等多方面因素共同作用的结果。

二 透过联合国重要决议看中东领土问题

联合国成立以来，曾就中东地区领土争端问题通过了一系列重要决议，试图推动巴以争端、伊拉克问题等重大领土问题。其中比较重要的有第 181 号、第 242 号、第 338 号、第 598 号、第 687 号和第 1441 号决议。

第 181 号决议。1947 年 11 月 29 日，联合国大会以 33 票赞成、13 票反对、10 票弃权通过了《关于巴勒斯坦将来治理（分治计划）问题的决议》。决议规定：英国应于 1948 年 8 月 1 日前结束对巴勒斯坦的委任统治，并撤出军队；英国撤出后 2 个月内在巴勒斯坦建立阿拉伯国、犹太国和耶路撒冷市国际特别政权。按决议划分的阿拉伯国面积为 11000 余平方公里，犹太国面积为 14000 余平方公里，耶路撒冷市面积为 176 平方公里。当时巴勒斯坦的阿拉伯人约有 130 万人，犹太人约有 60 万人，占 2/3 以上人口的阿方仅分得 44.2% 的土地，而人口尚不足 1/3 的犹方却分得 55.8% 的土地，这是很不合理的。分治决议的通过反映出犹太复国主义者的压力和大国施展强权政治的背景。分治计划通过后，犹太人表示接受，阿拉伯国家和巴勒斯坦的阿拉伯人则一致反对，最终触发了阿犹全面冲突。

第 242 号决议。1967 年第三次中东战争结束后，为"公正和持久"地解决中东问题，安理会于 1967 年 11 月 22 日通过了一项由英国提出的决议案，即著名的第 242 号决议。决议提出了在中东建立"公正和持久的和平"的两项原则：以色列军队撤离它于最近冲突中所占领的领土；停止一切关于交战的主张或终止交战状态，尊重并承认该地区所有国家的主权和领土完整、政治独立以及各国在安全和得到承认的边界内不受武力威胁或武力行动影响的和平生活的权利。决议还重申：必须保证中东地区国际水道的自由通航；达成难民问题的公正解决；通过包括建立非军事区在内的各项措施来保证该地区每个国家领土的不可侵犯性和政治独立。决议还请秘书长指定特派代表 1 名前往中东与有关国家建立并保持联系。第 242 号决议的通过具有重大意义，由于它对影响中东局势动荡不安的根本性问题确定了公正与和平解决的原则，从而成为联合国与国际社会推动和平解决中东问题的依据和基础。双方皆对协议做了有利于自己的解释，尤其是以色列方面强词夺理，拒绝执行该决议，致使该决议长期以来难以落实。

第 338 号决议。1973 年 10 月第四次中东战争爆发后不久，在美苏两国的紧急要求下，安理会于 1973 年 10 月 21 日晚至 22 日凌晨举行会议，讨论它们联合提出的关于中东问题的决议草案，该草案随后在未经各成员充分协商的情况下匆忙通过，即成为联合国第338号决议。决议的主要内容有：①要求现在战斗的一切方面，在它们占据的阵地上立即停止一切射击并终止所有的军事活动，最迟不得超过本决议通过后24小时；②要求各有关方面于停火后立即开始执行安理会第242号决议的所有内容；③决定由各有关方面于停火之日起，在适当方面的主持下，立即开始谈判，目的是在中东建立公正和持久的和平。但以色列在宣布接受决议的同时继续发动进攻，安理会紧接着通过第339号和第340号决议后，战争才完全停下来。安理会第338号决议没有对以色列的侵略做出任何谴责，也没有明确规定以色列必须从其侵占的阿拉伯领土上无条件地全部撤军。这实际上是美苏两国把"不战不和"的局面重新加在阿拉伯人的头上。埃及和叙利亚当时是在苏联的诱逼下才接受这一协议的。

第598号决议。国际社会对两伊战争表示严重关注。1987年7月20日，安理会一致通过了第598号决议。决议的主要内容有：①两伊双方立即停火，停止陆、海、空的一切军事行动，并立即把所有军队撤到国际承认的边界内，作为走向谈判解决的第一步；②请秘书长派遣一组联合国观察员，以"核查、证实和监督停火与撤军"，并请秘书长与当事各方协商，做出必要的安排；③请秘书长与两伊协商，探讨"委托一个公正的机构去调查冲突责任的问题"，并尽快向安理会提出报告；④安理会敦促按照1949年8月12日《日内瓦公约》规定，在敌对行动停止后，立即释放和遣返战俘；⑤安理会促请两伊双方与秘书长合作，协助他执行本决议并进行调解努力，以期按照联合国宪章的各项原则，"就一切待解决问题达成双方都能接受的全面、公正和体面的解决办法"；⑥促请所有其他国家"力行克制"，不采取可能导致冲突进一步升级和扩大的任何行动；⑦安理会确认这场冲突造成了重大的破坏，"一旦冲突结束"，必须在"适当的国际援助下"进行重建。决议最后规定，如果双方或任何一方拒绝执行该决议，安理会决定"必要时再次开会，审议确保本决议获得遵守的进一步步骤"。这一决议是联合国历史上为数少见的动用了宪章规定的所有手段的决议，也是安理会第一次做出强制性停火和撤军决定的决议。第598号决议对迫使两伊停战具有重大意义。

第687号决议。海湾战争结束后，1991年4月3日，安理会以12票赞成、1票反对、2票弃权通过了由美国提出的关于在海湾地区正式停火的决议草案，即第687号决议。决议的主要内容有：要求伊拉克承认同科威特签订的1963年边界协议；要求秘书长提出一项部署联合国军事观察员部队在即将建立的非军事区内监督停火的计划；要求伊拉克在国际监督下销毁、拆除所有生化武器以及射程超过150公里的弹道导弹，要求国际原子能机构视察伊拉克的核能力并在45天内向安理会提交一份销毁所有这类武器或使之无害化的计划，伊拉克不准研制核武器以及拥有制造核武器所需的材料，并将其拥有的核材料完全置于国际原子能机构的控制之下；伊拉克必须对因侵占科威特而对外国政府、国民和公司所造成的任何直接损失和伤害以及环境破坏和自然资源消耗进行赔偿；决定取消对伊拉克的食品和其他生活必需品的禁运，对该决定的执行情况每隔60天审查一次；继续禁止向伊拉克出售武器以及有关的材料与军事技术；要求伊拉克通知安理会，它不侵犯也不支持任何国际恐怖主义行为。决议最后规定，在伊拉克正式通知秘书长和安理会表示接受第687号决议的所有条款后，伊拉克同科威特以及与科威特合作的国家之间的正式停火将生效。

第1441号决议。2002年11月8日，联合国安理会一致表决通过对伊拉克武器核查的新决议，即第1441号决议。这一决议是美英两国应俄罗斯、法国和中国的要求，在对原决议草案进行修改后提交联合国安理会讨论通过的。决议一方面强化了对伊拉克武器核查机制，另一方面也为阻止美国单方面对伊拉克动武、维护以安理会为核心的集体安全体系以及在联合国框架内政治解决伊拉克问题带来了新的希望。决议的要点如下：尊重伊拉克、科威特及其邻国的主权和领土完整；对联合国秘书长安南、阿拉伯国家联盟及其秘书长穆萨在有关问题上做出的努力表示赞赏；敦促伊拉克全面履行安理会有关决议，同时警告伊拉克如再不履行决议或不与联合国充分合作，将面临"严重后果"；重申安理会2001年通过的第1382号决议精神，表示要致力于伊拉克问题的全面解决；要求伊拉克政府在决议通过7日内明确表示接受决议，并在30日内完成并提交其大规模杀伤性武器发展报告。"任何虚假报告或隐匿、遗漏报告内容将被视为伊拉克对其销毁武器承诺的新的实质性违反，将可被报告至安理会，以便就有关情况进行评估"；联合国武器核查人员应在决议通过45日内恢复对伊拉克武器核查，并在核查恢复后 60 日内向安理会提交有关情况报告；伊拉克政府应允许监核会和国际原子能机构人员无阻碍、无条件和无限制地视察他们想要视察的任何地方、设施、建筑、设备、记录和运输工具，无限制和无障碍地单独接触任何人员，并同他们在伊拉克境内外进行面谈。

三 水资源争端也非常复杂

中东是世界上最富石油资源的地区，也是水资源最奇缺的地区之一。水资源的分布曾创造了中东地区各国的文明历史，但也是诱发该地区国家间政治、军事及外交诸方面产生矛盾乃至冲突的重要原因之一。

中东地区地域辽阔但严重缺水，水资源只占世界总量的 0.4%。该地区有三个主要水系：两河水系、尼罗河水系和约旦河水系。伴随该地区水源供需矛盾日益突出，水资源纷争进一步加剧。两河均发源于土耳其东部山地，流经土耳其、伊朗、叙利亚和伊拉克四国，四国关系一直很微妙，土耳其在该问题上占据主动。非洲的尼罗河流经 9 个国家，埃及和欲与其共享该河水资源的上游国家之间矛盾丛生，其中与埃塞俄比亚和苏丹之间的矛盾一度比较突出。约旦河的水量虽然只有尼罗河的 1%，但它是巴勒斯坦地区唯一的水源，也是阿以冲突的焦点之一，巴勒斯坦、黎巴嫩、约旦同以色列围绕该河水源利用问题进行过殊死斗争和艰苦谈判。叙以谈判最为棘手的问题也包括太巴列湖水资源争执。苏丹达尔富尔是苏丹经济发展水平最落后的地区，当地居民多从事家庭畜牧业。达尔富尔地区的气候由北向南呈现由热带沙漠气候向热带草原气候过渡的特征，降水量也是从北向南逐渐递增，这是当地居民争夺水土资源的重要自然因素。

第二章
布什政府的中东战略

第一节　21世纪以来美国与中东的关系

回顾从2001年1月克林顿卸任、小布什上台至今，美国的中东政策经历了战争、僵持、缓和与变革等几个阶段。中东局势发展有其本身的运转规律，但美国政府的对外政策及其变更对中东局势有着重大的决定性影响。

得不偿失的反恐战争。2001年，由于布什政府处置巴以问题严重不公等因素，美国遭遇了本·拉登领导的"基地"组织发起的惨烈的"9·11"事件，以阿富汗和伊拉克战争为标志，美国以反恐为名在中东和中亚南翼发起大规模的反恐战争。经过数年鏖战，中东地区的脆弱平衡已被布什政府试图"破旧立新"的战略所打破。美国发起大规模反恐以来，其战略中心一直在中东，伊拉克、伊朗和阿富汗则是其战略重点。中东能源充足、位置重要，但政治生态极为复杂脆弱，宗教纠纷、民族恩怨和领土争端盘根错节。布什政府不顾中东特点，谋求短期内按照美国的理念"破旧立新"，借反恐之名在中东谋霸，推行单边主义和先发制人，不当使用武力并实践"文明冲突论"的预设陷阱。美国具有高度进攻性、颠覆性的改造战略，打乱了中东的脆弱生态，而新的机制和生态难以确立，这种态势到布什执政后期愈加明显。

2005年布什发表的国情咨文显示，中东地区将继续成为美国的对外战略重点。在接下来的4年里，美国的中东政策带来的所失远大于所得，其在推进中东"民主改革"、武力对付个别国家、推动巴以和谈以及控制伊拉克局势等方面，都面临着重重挑战和困难。结合过去数年中东局势的发展可以看出，美国本可以采用非战争手段在中东达到其诸多战略目标，但布什政府的中东政策有些易放难收，选择了不恰当的战争之路。

客观上，布什政府两任执政期间，美国的软硬实力受损，并逐步引发一段时期内美国国力和影响力的衰落。美国直接的军费支出达到1万多亿美元，间接经济损失达数万亿美元，这些债务也是导致国际油价上涨、引发美国金融危机的重大因素。

强弩之末的战略僵持。反恐战争持续到2005年前后，美国逐步在伊拉克、阿富汗陷入被动，在实施中东地区战略中备受伊朗因素牵制，自此至奥巴马总统上任之前，美国与中东的关系陷入一种胶着与僵持状态。作为影响中东局势的主要外在力量，美国几年来的进攻势头已经严重受挫，在多个战略支点上处于僵持状态，极力寻求摆脱战略困局而不得。

美国除了在远东地区受制于朝鲜半岛局势外，在更大程度上深陷以伊拉克时局发展为标志的中东泥潭而进退维谷，难以自拔。美国政府深感应对诸多中东问题非常棘手。从兵力、财政、国际道义、国内支持程度等方面分析，布什政府的困境越陷越深，些许的策略转机难以扭转战略的严重被动。

美国一直没有放弃颠覆伊朗现政权的打算，凭借武力占领阿富汗和伊拉克之后，把进攻矛头指向伊朗。但几经较量，美伊双方日益明晰的战略定位和需求促成了双方的战略相持。布什政府对伊朗动武的可能性减小，伊朗以及地区极端势力的对美斗争也保持在一定限度之内。

中东的各地区力量也多主张中立与促和，推动了地区局势的均衡化发展，促进了矛盾各方相持态势的形成。广大阿拉伯国家在两伊问题上的中立态度明显，在处理美国与伊朗关系方面言行谨慎。以伊朗为首的阵营还包括叙利亚、黎巴嫩真主党、巴勒斯坦哈马斯等方面，它们能够把布什政府与美国人民、美国国会等进行区分，本质上并不愿与美国对立。俄罗斯、欧盟等从自身利益出发，行动非常谨慎。

可以说，在此阶段，美国无可匹敌的硬实力因运用不当和战略失误，而使美国在中东面临巨大的战略困难，并直接影响美国在全球的战略部署和回旋余地。中东局势及地区内外的关系向动态性的战略相持阶段发展，发生新战争的可能性基本排除。

审时度势的战略缓和。2009年奥巴马入主白宫后，发起对伊斯兰世界的缓和战略并收到成效，美国与包括阿拉伯国家在内的伊斯兰国家关系出现较为明显的缓和。

美国民主党新政府更侧重多边主义和"巧实力"战略，反对单边主义并主张慎用武力，力图从整体上缓和与伊斯兰世界的关系，弥合与伊斯兰世界的分歧。奥巴马总统以及国务卿希拉里多次发表讲话，释放善意，广泛寻求缓和同伊斯兰世界的关系，为美国中东政策的战略调整做出先导和铺垫。奥巴马政府试图推动巴以恢复和谈并取得进展，适度调整过度偏袒以色列的政策，并向其施加一定压力。美国借助中东盟友的策应和支持，在带动中东和谈取得进展的同时，谋求与伊朗关系的可控发展，开始从伊拉克撤军并加强在阿富汗的"反恐"行动，最终完成对布什政府中东战略的修正。

奥巴马政府加大了从伊拉克抽身的力度和速度，加快培训伊拉克安全力量。奥巴马曾几次表示，美国将在2010年8月31日前从伊拉克撤出大部分军队，结束在伊拉克的作战任务，其余部队也将在2011年底前全部撤出伊拉克，把军事战略重点从伊拉克转移到阿富汗以及巴基斯坦部分地区。2011年5月初，奥巴马政府秘密派出突击队进入巴基斯坦，在伊斯兰堡郊外击毙了追寻多年的"基地"组织头目本·拉登。从名义和形式上，美国发起的反恐战争告一段落，也有了初步交代。

美国已经如期完成从伊拉克的撤军，并通过先增兵、后撤军的方式，推动2014年如期从阿富汗撤军。尽管美国在阿富汗仍受到各种因素牵制，但奥巴马政府决意推动从阿富汗撤军的战略意图不会改变，一是因为美国需要在亚太地区投入更多的战略性关注；二是为应对金融危机等困难，美国也需要有选择地推动战略性收缩。

变革冲动下的稳健战略。自2010年底突尼斯发生政局突变起，中东内部的变革冲动与美国的顺水推舟相互叠加，"阿拉伯之春"运动席卷西亚北非地区并持续至今，美国与中东关系进入了变革阶段。起初，美国乐见中东地区轰轰烈烈的地区性变革，将其视为继1991年苏联解体后，在阿拉伯世界、伊斯兰世界甚至发展中国家可能掀起的第二次大规模"颜色革命"浪潮。布什政府自2004年起努力推行的"大中东民主计划"，此时以另一种契机和方式席卷西亚北非地区。

奥巴马政府经过稍许观望之后，即宣布支持中东民众的变革诉求，并通过互联网、非政府组织以及外交前线努力，主动顺应和推动发生在突尼斯、埃及的革命，不惜抛弃与美国自身关系不错的本·阿里和穆巴拉克政权，也门总统萨利赫在内外压力下实现和平交权。2011年，利比亚卡扎菲政权在欧美武力干预下在不长时间内被暴力更迭。在西亚北非这场大规模的政治变革中，美国的推动战略起到了重大作用，促使中东的集权政体、强人政治和老人政治告一段落。

但美国推进民主浪潮和街头运动也有实用主义并兼顾安全利益的一面。美国看到如果任由地区民众发起的变革风潮蔓延，那么巴林、科威特、卡塔尔乃至沙特等海湾国家政权可能难以保全，约旦、摩洛哥等亲西方国家也岌岌可危，这些动向将严重损害美国的中东战略支柱，全面威胁美国在中东地区的战略利益。此时，美国开始把握节奏，默许沙特等海湾国家派兵使巴林等国的局势软着陆，并撮合也门权力实现和平交接。

美国对叙利亚政策比较慎重，避免动用武力，通过各种手段加大制裁和施压，力促叙利亚政权和平更迭。经历了多次严重流血冲突和人员伤亡之后，叙利亚当局与国内政治派别的角力仍在继续，阿拉伯国家联盟、联合国、美国、欧洲、俄罗斯、伊朗、土耳其等从外部施加不同影响。局势跌宕起伏的叙利亚处境依然不容乐观，尽快推动政治包容性改革与和解仍是有效而唯一的解决之路。

在对待伊朗方面，奥巴马政府也采取了恩威并用的策略，采取加大制裁力度、试图剪除叙利亚这一重要外围等举措，加大对伊朗的压力。但美国最终判断伊朗在可预见的将来不会拥有核武器，因此延续了布什政府对伊朗慎用武力的立场，同时继续推动伊朗核问题六方与伊朗举行多轮会谈，并避免在中东陷入更大的战争泥潭。

中东地区的变革阶段仍在持续，鉴于中东地区政治传统、民族与宗教纠纷、地区国家博弈等因素，美国在引导地区性变革方面的难度很大。未来的中东局势与美国政策继续深刻地相互影响。不论如何，中东内外有关各方将继续激烈博弈，中东地区局势发展、美国与中东的关系走向依然需要持续观察。

第二节 "大中东民主计划"的开幕与落幕

2004年2月以来，美国政府提出并极力推销"大中东民主计划"草案，但中东和欧盟有关方面对该计划微词颇多。中东局势严重恶化，美国面临在伊拉克饱受多方夹击的困境和越来越紧张的巴以局势等诸多棘手问题，其推广该计划不可能绕开这些关键问题。美国的"大中东民主计划"从一开始就带有不可克服的硬伤，不尊重地区具体情况和文明传统，结果往往是南橘北枳。今天的时局发展已经充分证明了其先天不足和最终结局。

一 布什拨打如意算盘

布什政府适时推出"大中东民主计划"主要着眼于赢得国内大选和推进全球反恐等因素，力图按照美国模式，从政治、经济、文化等方面对所谓的大中东地区国家进行立体改造。"大中东民主计划"系布什执政以来其中东战略的纵深发展，此时推出基于多方考虑。

第一，美国大力推进全球反恐战略至今，在所谓的大中东地区有得也有失。美国先后武力推翻阿富汗塔利班政权和伊拉克萨达姆政权并初步掌控两国大局，利比亚、伊朗、叙利亚、苏丹等地区反美国家不同程度地向美国示好。但美国也遭遇中东和平"路线图"计划严重受挫、伊拉克安全局势严峻、恐怖主义活动猖獗、大中东地区穆斯林反美仇美情绪强烈等棘手困局，亟须进一步整合中东政策，从源头上铲除该地区极端主义和恐怖主义土壤。第二，中东号称"五海三洲"之地，地处全球战略要冲，加之石油资源极为丰富，美国在该地区的战略利益举足轻重，历届美国共和党或民主党政府都着意经营该地区，"大中东民主计划"同样服务于美国这一长期战略。第三，布什执政以来单边主义倾向凸显，美国与部分大中东地区国家和欧洲盟国的关系不同程度恶化，国际环境大不如前，布什在国内外频遭抨击，民意支持率下滑，已直接威胁其争取连选连任的目标，推广"大中东民主计划"可巩固并扩大美国反恐成果和地区霸权，并在协调中拉近受损的美欧关系，突出布什运筹帷幄、温和民主的领袖形象。

出于以上考虑，美国要按照自身模式，对中东22个阿拉伯国家以及土耳其、伊朗、阿富汗和巴基斯坦进行全方位立体改造。政治上，美国将扶持这些国家的改革派领导人推进政治改革，从技术和资金上支持其推行自由选举，帮助建立独立的选举机构和独立社团，加大舆论和监督力度，提高民众参政议政意识，扩大妇女权利，同时采取措施加强对民众的司法协助。经济上，联合西方大国共同创立"大中东金融公司""大中东发展银行"，向该地区国家注入发展资金并引导其金融政策，为私营企业主尤其是女性提供5亿美元贷款。推动大国与该地区根据地的经贸往来与合作，帮助和引导该地区国家营造金融、经济和贸易自由化环境，最终将其纳入西方资本主义经济体系。社会文化上，引导该地区国家进行伊斯兰教温和化、世俗化改革，淡化伊斯兰教原教旨理念和信仰，大力弘扬西方的自由、民主和人权理念，加大投入，提高公众尤其是妇女的教育水平和知识修养，力争2008年前培养10万名女教师，2010年前扫除一半文盲，还包括把西方名著译成阿拉伯文、扩展网络教育等。

二 有关各方反应冷淡

国际社会有关各方从不同利益角度出发，对美国"大中东民主计划"或抵制反对，或言辞谨慎，或静候观望，总体反应并不积极，布什"热脸贴在冷背上"。

（一）多数地区国家从维护政权稳固、自身国情和宗教传统出发，明确反对和抵制美国"大中东民主计划"

埃及、沙特、叙利亚、黎巴嫩、约旦均已明确表示，阿拉伯国家并不拒绝改革和进步，但改革必须由其自身主导，阿拉伯国家反对未经与其磋商而强加的外来改革计划。作为阿拉伯世界"领头羊"的埃及极力抵制该计划，2004年3月初访问欧洲的埃及总统穆巴拉克多次旗帜鲜明地表示反对，绝大部分阿拉伯国家领导人支持其表态。先后于2004年3月初召开的阿拉伯国家联盟外长理事会和阿拉伯各国议会联盟大会也都反对该计划，阿拉伯国家在该问题上的原则分歧也是导致2004年3月底阿拉伯国家首脑会议推迟召开的重要原因。之后，阿拉伯国家继续对该计划持争论和抵制态度，许多阿拉伯媒体也予以批驳。

地区国家官民双方抵制美国"大中东民主计划"主要出于以下考虑。第一，许多地区国家政权世袭制统治色彩浓厚，美国"大中东民主计划"中许多内容和理念远超出这些国家统治阶层的承受和认可程度，他们普遍担心美国推广该计划会危及其政权稳固。第二，阿拉伯国家强烈要求美国首先必须重视推动解决巴以冲突、伊拉克权力交接和地区无核化问题，反对美国避重就轻、抛开关键问题而推行改革计划。第三，阿拉伯国家强调改革计划要针对地区国家宗教信仰和历史文化传统等特殊国情，反对把伊斯兰教等同于恐怖主义，改革进程要由地区国家自己主导，反对外部力量按照自身模式对别国改革量身定做，并强加于人。第四，伊斯兰国家中思想开化的知识阶层和有识之士也早意识到国家改革的必要性，但他们历来主张改革要考虑各国传统思维和宗教信仰在民众中根深蒂固的具体情况，反对不加考虑而全盘西化，否则将重蹈非洲民主改革失败的覆辙。第五，地区国家历来反对美国偏袒以色列的立场，更不愿看到以色列通过实施该计划顺理成章地实现与地区未建交国家关系正常化。第六，美国多年来在中东的霸权主义政策和不公正立场早已引起地区多数民众的强烈不满，虽面临美国反恐的高压，但民众中的反美仇美情绪依旧暗流汹涌。当然，面对外部高压、相对落后的发展现实和接连不断的极端恐怖活动，阿拉伯国家也意识到改革的必要性，埃及等几个阿拉伯国家还分别提交了阿拉伯国家自主改革计划，并强调其与美国"大中东民主计划"并不冲突，其主要目的无非是施展"拖字诀"而已。

（二）美国推行"大中东民主计划"要倚重欧洲盟国，但考虑到自身利益、外交取向和地缘政治等因素，欧盟国家一开始就十分谨慎

欧盟表示中东改革势在必行，但德、法、意等国均表示，不能割裂中东和谈与中东民主化，必须着力公正解决巴以冲突，避免忽视巴勒斯坦人的利益，否则中东改革计划就难以成功；改革计划要针对地区国家的具体情况，要与其国家领导人进行磋商，不能强加于人；不能将伊斯兰教看成恐怖主义的根源，避免损害伊斯兰教。英国虽在伊拉克问题上紧跟美国，但在中东民主化问题上更接近欧盟共同的立场。欧盟采取相对折中的立场主要出于双重考虑。首先，欧盟与美国在不少战略利益定位上存在明显分歧，伊拉克战争以来，欧盟内部在政治、外交、经济甚至军事上联合自强、寻求一致、独立行事的势头强劲，2004年上半年，法、德、英三国首脑多次就欧盟前途等重大问题会晤。在中东民主改革问题上，欧盟担心被美国裹胁利用，因而坚持自己的观点。其次，欧美之间也存在共同利益，双方都认识到必须通过民主改革逐步消除伊斯兰保守主义对西方文明的威胁，这就是欧盟对美国"大中东民主计划"支持有限但表面上不明确反对的原因。要充分认识欧盟的这种两面性，欧盟经过内部磋商并与阿拉伯国家对话后，美国也开始重视欧盟的反应并对其计划做了一些修改，欧盟在2004年6月的几次首脑峰会上实际上是支持美国的计划的。

（三）地区内外不少有关国家迄今或姿态低调，或静观事态发展而保持缄默

以色列作为美国"大中东民主计划"的最大受益者，当然乐观其成，但鉴于时局敏感而不便表态。一向活跃的利比亚此时正承受美国的高压而态度低调。与美国关系不错的土耳其、巴林等国也反应冷淡。阿富汗、伊拉克、巴勒斯坦等国内改革力量有求于美国，但由于国家身处逆境，加之政局敏感，因而对美国"大中东民主计划"少有姿态。由于美国界定的大中东地区涵盖范围主要是伊斯兰国家，未被纳入其中的其他地区伊斯兰国家也在静观其变，三缄其口。战略利益与之相关的国际社会同样在密切注视美国改革动向的发展。

三 总体前景很不乐观

从 2004 年到 2005 年，美国加大力度推广"大中东民主计划"，并一度取得了一定进展，但仍面临诸多困难和阻力。2006 年，美国开始认识到其中一些难以克服的困难，对该计划逐步放低调门，于是该计划不了了之。

（一）美国继续努力推广"大中东民主计划"并将有所收获

针对有关各方的消极反应和戒心，2004 年，美国国务卿鲍威尔等政要多次强调"大中东民主计划"的好处与合理性，称美国无意把改革强加给任何阿拉伯国家，尊重该地区国家和人民的愿望，该计划并非针对伊斯兰，也不会忽视巴以冲突、伊拉克主权移交等重大地区问题。美国做了大量解释、说服和试探工作，充分获取各方反应并对该计划做了一定调整，在 2004 年 6 月提交八国集团首脑会议、美国与北约和欧盟之间的首脑会议讨论中，达到了联合各方共同推出该计划的目的，尽可能增加计划的代表性、合法性和说服力，减少美国单独推进计划的风险。布什政府也确实可以从中捞取一些实惠，如利用该计划引导国内希望推进有效反恐、维护安全的民意，提高布什声望以为其竞选增色；从地区外围对大中东地区国家施加强大压力，增强其政权进行政治、经济和社会改革的紧迫感，从而使其在抵制美国"大中东民主计划"的同时，不得不变相、折中地考虑美国改革的思路，在一定程度上达到美国的目标；鉴于欧盟与美国在中东民主化问题上也有共同利益，美国对该计划做出让步和修改后，获得了欧盟的支持，因伊拉克战争而受损的美欧关系也得到一定改善。

（二）美国推广"大中东民主计划"将面临重重困难和阻力，该计划无法避免失败命运

第一，布什政府着眼于为赢得 2004 年总统大选而推出该计划的权宜

性和实用性动机非常明显。布什从 2001 年执政以来,在中东问题上出台了米切尔报告、特尼特方案、"路线图"计划等不少斡旋方案,但最终大多虎头蛇尾,不了了之,而"大中东民主计划"所涉猎广度、深度以及所需连续性和时间都远超以前,布什在面临伊拉克局势等诸多难题并四处点火的情况下,能否采取得力措施,倾注相当精力予以坚决贯彻,从一开始就存在很大疑问。第二,美国在推行中东民主问题上很难说服欧盟和地区国家认可其观点,在执行方面就更困难,事实发展也证明了这一点。2003 年布什曾试图以在伊拉克和巴勒斯坦推进民主改革为契机带动中东地区民主化,但恰是这两者成为棘手问题,伊拉克局势持续动荡,巴勒斯坦的民主选举导致哈马斯上台并引发持续至今的内部冲突。尽管美国一开始就特别强调推行"大中东民主计划"与解决巴以冲突和伊拉克权力移交等问题并行不悖,但这掩盖不了美国想越过两者而先行推动改革计划的本质意图,招致阿拉伯国家和欧盟国家的一致反对。同时,欧盟和中东国家都对美国一手炮制改革计划,不顾地区特殊国情和他方意见,将计划强加于他国的言行非常不满,大中东国家将对该计划进行抵制。第三,该计划缺少切实有效的监督落实机制。美国拟模仿 1975 年以色列以建立自由贸易区的名义,推动美国、苏联和几乎所有欧洲国家共同签署《赫尔辛基协议》的先例,该协议附加了监督苏联、东欧国家执行保障人权、自由和民主条款的关键机制,最终从内部促使苏联、东欧发生演变。美国此次也想借机对伊斯兰世界进行民主改革,消除伊斯兰极端势力威胁,但美国要极力避免使伊斯兰世界感到被外力监督强制改革,因此美国不准备建立任何机制监督该计划的执行,而缺乏监督机制最终导致该计划失败。

(三)形势发展严重威胁"大中东民主计划"的前景

2004 年 2 月,美国提出把大中东民主化问题列为今后八国集团、北约和美欧首脑会议的年度议题。但局势发展已经打乱了布什布局,2004 年 3 月,原定于 6 月举行的阿富汗总统选举因阿富汗局势问题而被迫推迟到 9 月举行。巴以方面,继以色列定点清除亚辛和兰提斯等哈马斯领袖后,2004 年 5 月,以色列沙龙政府为报复巴勒斯坦激进组织杰哈德炸死

13名以军士兵,对加沙地区发动了近年来少有的大规模军事行动,打死几十名巴勒斯坦人,并拆毁大量巴勒斯坦民房,使上千人无家可归,引起国际公愤,加剧了巴以仇恨和冲突,布什政府支持沙龙政府单边行动计划的行为也进一步使巴勒斯坦和阿拉伯国家对美国深感失望。更令布什政府恼火和为难的是,2004年5月,在伊拉克发生的美军大范围蓄意虐待伊拉克囚犯事件被揭露,后美军轰炸伊拉克平民婚礼现场,造成40多人死亡,这使布什政府更加狼狈不堪,处境极为被动。在这种情况下,美国却从2004年6月起,继续按原计划相继参加八国集团首脑会议、北约首脑会议和美欧首脑会晤,讨论并寻求正式推出"大中东民主计划",其难度可想而知。2004年5月下旬,针对美国的盛情邀请,也门和巴林计划参与此次会议,但多数阿拉伯国家对此态度冷漠,5月23日在突尼斯结束的第16届阿拉伯国家首脑会议对"大中东民主计划"的立场没有改变。在2004年6月的八国首脑会议上,其他国家仍有不同的声音。例如,法国总统希拉克就嘲讽美国"大中东民主计划"说:"现在还没有可以用来移植的民主的既定模式。民主不是一种方法,它是一种文化。为了让民主能够在阿拉伯世界长久地生根,它必须首先是一种阿拉伯民主。"

布什政府明显缺乏成功推进其中东政策的远见,其在巴以问题和伊拉克困局中已经失去了阿拉伯国家和国际社会的信任,布什政府2004年支持沙龙单边计划和默许以色列定点清除"哈马斯"领导人的严重不公正立场为美国历届总统所仅有,布什政府以大规模杀伤性武器为借口推翻萨达姆政权的表现让国际社会感到被欺骗。布什政府提出的"大中东民主计划"未能避免不了了之的命运。2010年底开始的"阿拉伯之春"始发于阿拉伯国家内部,并非美国直接推动的结果,而且其后果也与美国的民主设计与期待存在较大差异。

第三节　布什政府反恐得不偿失

自布什政府2001年10月发起反恐战争以来,全球反恐声势高涨,但反恐效果令人沮丧。世界面临的恐怖威胁不是小了,而是大了,恐怖和反恐战火甚至蔓延到了非洲;虽经多次大规模围剿和狂轰滥炸,但主要恐怖组织头目并未被消灭;美国及其盟国在伊拉克、阿富汗等大中东地区大范围反恐的后果之一就是伊拉克成为世界恐怖事件的新渊薮;恐怖主义继续在全球制造主要针对美国和亲美国家的恐怖活动;塔利班和"基地"组织正在重新整合并卷土重来;随着"基地"高级领导层作用的弱化,越来越多的外围恐怖组织成为发动恐怖袭击的主力军;中亚、东南亚地区也正在形成恐怖高发带;恐怖主义出现许多新动向,世界面临大规模恐怖的现实威胁。

一 反恐形势依然严峻,处于艰苦的相持阶段

(一)全球恐怖主义活动活跃,恐怖主义与反恐严重影响公众生活

2001年"9·11"事件发生后,美国极力推进反恐战争,国际社会尽管做出种种反恐努力,但效果仍旧令人沮丧。传统安全与非传统安全问题相互交织,霸权主义和恐怖主义难以得到根本遏制,国际社会依然面临反恐与反霸的双重重任,国际社会实际面临越反越恐的悖论和困境。有分析认为,从中东到中亚、南亚、东南亚、美欧和俄罗斯,都面临着随时发生恐怖袭击的现实危险。恐怖主义主要针对的美欧国家尤其紧张,遂采取诸多安全措施防范和打击恐怖主义威胁,凸显了国际反恐形势的严峻性。几年下来,国际大规模反恐的教训是深刻的。地区与国际安全也将陷入恶性循环式的长期紧张与动荡中,饱受荼毒的是广大无辜平民,有成千上万的无辜百姓和士兵付出了伤亡代价,比如伊拉克,一些大国的公司赚了不少钱,也有4700多名美军士兵同时付出了生命代价,更有10万多名伊拉克平民死亡。令人悲哀的是,世界许多民众被操弄"反恐"的工具主义者和实用主义者所引导或蛊惑,失去了独立而理性的分析能力。西方国家纷纷加强警惕和采取防范措施,在高度戒备的情况下,恐怖事件会有所控制,但从生活层面看,发达国家公民日常生活的个人隐私和自由权利所受到的客观侵犯也将越来越多。长期生

活在这样高度紧张和防范的社会里,民众的生活质量是提高了还是下降了?

(二)国际反恐进入艰难的相持阶段,恐怖活动处于时好时坏的高位间歇平台期

间歇时期往往是恶性恐怖活动爆发的前夜。一有时机导火索会被引爆。国际社会处于与恐怖主义艰难较量的相持阶段。美英等国在阿富汗和伊拉克经历了大规模反恐战争后,已暂时无力发动新的大规模反恐军事行动。激进恐怖势力似乎要释放平静期间积累的对西方的不满和愤恨,这表现在他们在巴以问题和伊拉克问题上坚持反西方政策立场,并反对一些西方国家政要所谓的坚定反恐和有关伊斯兰教的不恰当言论。在这一阶段,由于在某些地区具有有利于恐怖活动的特定土壤和群众基础,极端分子或恐怖分子神出鬼没,难以鉴别和打击。如伊拉克的境外极端分子与境内反美力量快速整合,伊拉克安全局势异常恶劣。美欧还面临恐怖分子本土化的棘手问题,欧洲发生的恐怖袭击事件清楚地表明,现在不仅存在外国极端分子潜入欧洲的危险,而且还出现了恐怖分子本土化问题,欧洲已成为伊斯兰恐怖主义的滋生地。美国报纸担心美国社会可能在反恐进程中因对穆斯林的歧视和戒备而"自家孕育"许多本土的恐怖分子。就欧洲而言,欧洲的穆斯林人口在"二战"后便迅速增长,约达1000万人,占欧洲总人口的4%左右。伦敦的恐怖未遂事件可能带来的种族仇恨将冲击许多人的生活,可能继续在西方社会尤其是美英等国引发对巴基斯坦裔和穆斯林的反感与排斥。欧美的广大穆斯林能否与当地社会成功融合、不被排斥和歧视,的确是一大隐忧。

(三)国际反恐合作依然面临许多局限

几年来,各国努力寻求联合国框架内通过反恐合作打击恐怖主义,并在协同切断恐怖分子资金、加强海关防范、信息共享、引渡罪犯等方面取得了一些进展。许多国家和国际组织高度重视反恐的形式多于实质,区域性反恐合作虚多实少,世界性反恐合作远未实现。美国在国际

反恐中居主导地位，各类联合国决议执行成效有限，恐怖主义活动资金并未被彻底截断，恐怖主义定义依然没有统一的标准，国际反恐进程中的双重标准依然横行。恐怖和反恐的定义问题成为一些国家达到本国目标的工具。美国的立场和态度干扰了联合国活动，联合国依然没有摆脱被边缘化的境地。2005年的第59届联合国大会文件草案没有对恐怖主义进行政治定义，说明各方依然存在分歧。各国的反恐法律不尽相同，中间的繁文缛节使反恐协调存在诸多漏洞。出于各国自身利益考虑，各国对恐怖主义的定义和着眼点也不相同，有关各方对恐怖主义和反恐必要性的理解相差很大，如一国认定的恐怖分子时而被另一国政府或民众看作英雄。世界许多国家、地区组织之间的各种合作多是迎合美国反恐需要，避免得罪美国，其私下言行与公开表态相差甚远。在中东和其他地区的伊斯兰国家，只要不损及统治者地位，当权者对西方界定的恐怖分子和恐怖活动的态度并不积极，多数民众则带有倾向性地予以同情或支持所谓的恐怖分子。

（四）恐怖主义活动出现一些新特点和新动向

除继续突出清晰强烈的政治针对性外，恐怖活动趋向扩大化、高科技化和组织严密化，活动高度灵活机动。恐怖主义不断从组织上进行快速整合与演变，原有的恐怖组织如本·拉登和塔利班人马在美国猛烈的军事打击下，虽然仍有零星活动，但程度有所减弱。在伊拉克，形形色色的圣战组织和反美武装等新生反美力量层出不穷，与伊拉克的教派和民族矛盾结合在一起，以反抗美国侵略和战略为主线，境外的扎卡维（2006年6月被美军跟踪定位炸死）等极端主义分子与境内的反美力量实现整合，使伊拉克天天有死伤，安全形势恶劣。极端主义和恐怖主义组织的情报搜集和递送能力、袭击计划严密程度都继续提高，凸显其灵活性、隐蔽性和威慑性，使袭击针对国政府疲于防备而无法予以致命打击，反而直接影响其国内的民众政治和社会权利。世界尤其是西方一些国家仍然面临恐怖袭击的现实危险，美国难以摆脱梦魇。而一旦恐怖组织掌握了大规模杀伤性武器，对西方和世界而言，无疑具有无比巨大的威慑力。而技术的散播在全球化的今天使这一预言并非不可能。

二 关于国际反恐的几个思辨

"9·11"事件以来,世界变得更加动荡不安,而不是"比以前更安全了"。国际社会尤其是布什政府要对反恐问题做出深刻反思。

联合国与美国之辨。国际反恐形势发展迫切要求进一步强化联合国的主导作用和权威地位。在联合国框架内,在政治、经济、法律、技术等各方面展开全面合作,加强和完善国际法律体系建设,解决如引渡、司法审判、越境打击如何不违反国际法等具体法律问题;客观、公正、准确地统一制定反恐合作规则,制定和发布正式文件规范以及约束恐怖主义、恐怖组织和恐怖分子的定义与界定标准;进一步探索如何强化反恐机构的职能和合作机制;等等。要继续大力倡导双边和多边合作,推动世界多极化、国际关系民主化和法制化,国际反恐要在联合国框架内、在国际法和国际关系准则指导下进行,遵循互信、互利、合作、公平、协商的原则。联合国主导国际反恐合作有利于保持各国利益的平衡,进而促进和加强合作。在这方面,布什政府在第二任期内,部分意识到了单边反恐的局限性,开始在一定限度内重视多边合作和国际机制在反恐中的作用,并思考和重视对恐怖主义进行标本兼治的重要性,但布什政府难以根本放弃一些单边反恐本质的内核理念,因为这与其执政思想体系和背后支撑密切相关。

单边与多边之辨。早期殖民主义、霸权主义干涉和强权政治制造了不少领土、宗教和民族纠纷,这是导致现代恐怖活动不断的重要根源。个别国家的单边霸权主义与伊斯兰极端恐怖活动长期以来是一对相互刺激的孪生兄弟,"9·11"恐怖袭击事件的发生在一定程度上是因为个别国家政府先前的一系列单边霸权举动刺激了国际恐怖势力,给其发动大规模恐怖袭击制造了借口。否则,就不能解释"古老"的恐怖主义为什么单单选择大规模袭击一个大国,为什么单单选择现任总统而不是历届总统任内,为什么恐怖袭击达到了蕴藏着巨大仇恨的、前所未有的攻击烈度。而从逻辑上分析,当时的这些情况最初是完全可能在任何国家、任何时间、任何总统任内发生的。这一切都不是偶然的,回顾一下 2001 年 1 月 20 日到同年 9 月 11 日,答案不言自明:巴以冲突严重升级,美国政府却一直在保持相对冷漠和超脱的不公正，无视一直以来巴以冲突严重升级给巴以人民尤其是阿拉伯世界带来的创痛，没有及时预见巴以冲突带来的灾难性威胁。而同时美国却决意要退出反导条约，加速部署导弹防御系统，加速研制尖端小型核武器，摆出一副"四面出击，谁奈我何"的姿态，凸显强硬单边势头，而"月盈必亏，水满自溢"是一条亘古以来的定律。"9·11"事件发生后，美国国内90%的民众不是反思原因，而是支持政府借机大规模组建国际反恐联盟，转移反恐方向，扩大打击范围。国际社会也受到这种舆论裹胁而支持美国政府大规模反恐，美国的单边主义和先发制人一度甚嚣尘上，有增无减。美国国内的许多民众已经觉悟，开始反思究竟是谁的失职和失责导致了恐怖事件越反越多。另外，国际社会还必须对一国行为失当加剧全球恐怖浪潮而试图让他国一同承担后果的行为保持高度警惕。

军事反恐与标本兼治之辨。美英等国并未走出技术和军事反恐误区。恐怖主义作为一种非传统安全方式，单纯用军事手段反恐，呈现明显的不对称性，有点"大炮打蚊子"的意思。据报道，美国国防部曾于2005年起草了一份文件，提出美国采取先发制人核打击行动的可能。从先发制人的战争，到先发制人的核战争，说明美国没有放弃依赖技术和军事手段反恐的指导原则，并对反恐越来越没有耐心。法国媒体反思说，军事行动和追捕专业恐怖分子无法赢得反恐战争胜利。越是从技术层面寻找恐怖主义的因素并用高技术严密防止和打击恐怖主义，就越来越远离、越来越少地反思导致恐怖主义的根源性问题，以致陷入为防恐而反恐的悖论性陷阱。国际反恐几年来，恐怖主义发生的土壤和根源没有被触动和解决。国际恐怖主义是个体国家内部复杂矛盾的反映，必须从政治、经济、教育、国际援助和军火贸易控制等方面展开立体合作，通过促进经济社会发展、谋求社会公正、提高社会教育水平等途径逐渐消除恐怖主义的生存土壤。在这一点上，美国和联合国、欧洲国家之间存在严重分歧。欧洲国家更加强调在反恐合作中的执法合作与综合治理，反对单纯军事反恐的观点，更反对把反恐战争与伊拉克战争相提并论；美国从各方面衡量，依旧认为伊拉克战争是反恐战争的基石，坚持认为反恐战争就是一场持久战争。在军事反恐之外，当下发达国家要担负起对参与反恐合作的发展中国家或不发达国家的援助使命，加大支持力度。发达国家必须在遵循国际法和国际关系准则的前提下，从技术和资金上对发展中国家进行反恐合作援助，加强其反恐设施，训练其反恐力量，而不要附带任何先决条件。还要区分产生恐怖主义的具体原因和不同背景，对症下药。许多爆炸事件表明，仅靠战争手段不能解决恐怖问题，但美英在很大程度上尚未认识到从长计议、对恐怖主义和极端主义进行标本兼治的必要性。

"文明冲突"与霸权私欲之辨。尽管美国表面上声称尊重伊斯兰文明、反恐并不针对伊斯兰世界，但骨子里并没有改变对伊斯兰文明的偏见与对立，未客观正确地看待和分析国际反恐合作中的宗教与民族因素，而是继续谋求推动对伊斯兰文明进行改造、推行西方民主与自由的"大中东民主计划"，以西方文明核心价值弱化甚至取代伊斯兰文明的内核。国际反恐合作中的宗教与民族因素不容忽视，部分恐怖活动产生于宗教压迫、宗教极端主义、民族压迫和种族歧视，但从源头上看，恐怖主义的产生并不代表把反恐合作针对某种民族、宗教或文明本身，杜绝先入为主、主观臆断地将某种文明或宗教作为假想敌，人为扩大打击范围和夸大反恐程度。人为制造"文明冲突"假象将激发广泛的对立和反感情绪，将为恐怖组织提供更多的发展机会和土壤，致使反恐合作陷入越反越恐的怪圈，完全背离合作反恐的初衷和方向。美国亟须改变在伊拉克问题等一些国际问题上的政策和立场，改变歧视和针对某种宗教与民族的看法，重视伊斯兰世界发出的合理诉求。对于这一点，法国的《世界报》《费加罗报》等给予了深刻的批评，认为应对恐怖主义挑战，西方要尊重其他价值体系。柏林墙倒塌后，取代意识形态斗争的是"社会生活各方面"的战争，是价值观领域的斗争。个别所谓的专家夸大文明间的差异与冲突，加剧了价值观领域的争执混乱，并由此引出错误的反恐思路。对恐怖主义来说，宗教只不过是个借口，真正的争执依然是政治方面的。所谓的"文明冲突论"是站不住脚的，西方文明涵盖的国家有几十个，为什么恐怖分子就只盯着其中几个呢？其中的逻辑关系想必经不起起码的推敲。必须尊重各民族的独立自主，尊重传统文明的多元性以及发展模式的多样性，以一种文明代替另一种文明是行不通的。只有平等、互利才能共享机遇，战胜困难。要争取各种有影响力的非政府组织（包括宗教机构）参与其中，削弱和打击极端宗教思想和邪教的影响。但布什政府并未做出反思，反而于2006年下半年提出"反对伊斯兰法西斯主义"的论调，实际上进一步激化了伊斯兰世界与美国的矛盾，客观上为"文明冲突论"推波助澜。

统一标准与"双重标准"之辨。美英等反恐主要发起国在反恐中并未摆脱"双重标准"。美国的实用主义政策和"双重标准"长期以来是催生国际恐怖主义的重要根源。恐怖主义至今仍没有完整准确的定义，这让个别国家钻了空子，在定义恐怖主义方面实行"双重标准"，偏离反恐轨道，背离反恐初衷，导致恐怖活动愈演愈烈，尾大不掉。伊拉克战争就是个别大国在没有证据的情况下，转移反恐方向、绕开联合国决议、铲除对手、谋取大国霸权的典型案例。"9·11"事件发生以来，国际社会依然面临反恐与反霸的双重重任。埃及、伊拉克、巴勒斯坦和黎巴嫩发生的一些所谓的恐怖活动带有一定的反侵略性质，在某种程度上是弱势方面对西方强权和以色列推行国家恐怖政策的反应。但美国无视巴以冲突的根源，一味地偏袒以色列，指责巴勒斯坦没有约束"恐怖分子"，在某种程度上无视以色列对巴勒斯坦方面的激进组织发起"定点清除"行动，许多外报把这类行动称为国家恐怖主义。2006年7~8月，美国更是在黎以冲突中极力偏袒以色列。此外，美国拒绝向中国引渡羁押的"东突"分子。国外有报道指出，美国暗中联络一些中亚的分裂武装头目实现"颜色革命"。这些都表明美国并未从当年培养本·拉登、萨达姆等地区势力而最终受害的事例中吸取教训。法国的《快报》《费加罗报》以及德国、墨西哥等国的媒体反思认为，美国的霸权主义政策并没有根本改变，"双重标准"依然盛行；有些国家以反恐之名而行霸权之实。法国学者深刻地指出，伊拉克战争已经被证明根本不是反恐战争，以反恐名义进行的战争实际上助长了恐怖主义的发展。要以充分发挥个体国家主观能动性、充分尊重个体国家主权为基础，在国际法和国际关系准则指导下进行反恐，绝不能超越国家个体，漠视甚至侵犯他国主权。国际反恐既要针对个体恐怖活动，也要针对一国对他国、强权对弱国的"国家恐怖、集体恐怖"行径，客观上要对带有反侵略、反占领动机的恐怖活动加以注意，以便为综合治理恐怖主义提供依据。

短期斗争与长期准备之辨。恐怖主义并非始于"9·11"事件以后，联合国和国际社会也并非在这之后才展开反恐合作。伴随着经济和科技发展的全球化趋势,恐怖主义活动也出现许多新的复杂态势。红火的国际军火贸易和无节制的武器扩散等使恐怖分子的作案成本相对低廉,但作案目标却空前广泛,破坏后果非常严重。国际社会越来越面临核技术、生化技术等带来的大规模恐怖袭击的现实危险,生物毒气袭击案已经在美国和日本发生多起,"基地"组织头目扎卡维甚至扬言已经掌握了核武器。现代信息技术和网络技术的飞速发展也使恐怖活动如虎添翼。从2001年"9·11"恐怖袭击到2004年西班牙"3·11"爆炸案,国际恐怖主义的政治目的空前明显,各国大选、世界性盛会等都可能成为其袭击的目标。所以,国际社会的反恐斗争是长期而艰巨的,但只要尊重民族与宗教,采取多边合作方式,恐怖活动是可以减少的,可以避免陷入越反越恐的困境。

三 本·拉登之后美国反恐面临不确定性

美国"反恐"前后的实用主义例证。美国一直根据战略需要,在中东采取实用主义政策培植代理人或拉拢盟国。当事过境迁,其代理人没有利用价值后就抛开或与之反目成仇。从美国与伊朗、伊拉克的关系历程,到美国与本·拉登和塔利班的幕后渊源,均说明了这一点。被美国憎恶的巴勒斯坦抵抗组织(哈马斯)成立之初是受到以色列支持和美国默许的,用以对付当时与以色列处于敌对状态的巴勒斯坦民族解放运动(法塔赫)。美国虽然标榜在全世界推广民主,但在意识形态和国家利益面前,美国首选前者。美国长期与沙特、科威特等实行君主统治,以美国标准衡量缺乏民主的海湾阿拉伯国家,并与埃及、约旦等同样"缺乏民主"的国家保持密切的盟友关系。

本·拉登原是为其沙特权贵家族做买卖的商人。20世纪80年代初美国决定利用伊斯兰狂热分子的力量渗透中亚,削弱苏联,1982年由中央情报局出面,组织本·拉登在伊斯兰教圈内招募国际敢死队(此批人多为知识分子)前往阿富汗接受游击、爆破训练。此后,本·拉登便开始运用美国、英国、沙特、巴基斯坦情报组织提供的经费及武器,在巴基斯坦和阿富汗建立了数十个军事培训营。从20世纪80年代初到1986年，本·拉登得到了美国的大力援助，包括专门对付直升机的"毒刺"便携式导弹。据说本·拉登团伙在阿富汗抵抗苏联期间获得的美国军事援助高达2.5亿美元。类似的培训营甚至也一度存在于美国弗吉尼亚州。波斯湾战争结束和苏联自阿富汗撤军后，本·拉登突然发现其母国沙特竟为美军30万大军变相"驻扎"，因此便转而对美国和所有的其他假想敌发动进攻。据报道，本·拉登的培训营前后训练了35000名恐怖分子（包括近千名"东突"分子），中东、中亚、外高加索、南亚、东南亚等地区的许多国家都曾发现"基地"分子的参与。1993年，直到纽约世贸大厦第一次受到美国培训过的"恐怖分子"的定时炸弹攻击之后，美国才开始减少对本·拉登的支持，但美国中央情报局与本·拉登的直接接触仍维持到2001年7月初。

塔利班政权于1996年在阿富汗旋风般崛起，2001年12月塔利班又在国内外强大势力的打击下迅速崩溃，美国在其中始终扮演着重要角色。"塔利班"在阿富汗普什图族语中是"学生"的意思，最初是一支由神学院学生组成的武装力量，它的最高领导人穆罕默德·奥马尔是一个流亡到巴基斯坦的普通阿訇。当初塔利班在阿富汗的崛起是有一定群众基础的，但仅有群众基础，在那种群雄割据、战局纷乱的情况下，仅靠一批学生在如此短的时间里是无法夺取政权的。塔利班崛起时，北方联盟便得到了来自俄罗斯、印度甚至伊朗和土耳其的鼎力支持。美国当然不甘落后，中央情报局一手创建了"塔利班运动"。苏联解体后，美国的中亚战略目标有三个：鼓励独联体中亚国家摆脱俄罗斯的控制；扼制伊朗对中亚的渗透；主宰中亚油气资源的开发利用。美国认为，在阿富汗培植一个亲美政权符合美国的利益。但塔利班掌权后，美国逐渐发现事态的发展超出预想和控制。塔利班力图建立政教合一的所谓"真正的伊斯兰政府"，推行极端宗教主义政策。美国一直没有承认这个政权。更令美国光火的是，其死对头本·拉登把阿富汗当作从事国际恐怖主义活动的大本营。"9·11"事件后美国组织了国际反恐统一战线，将塔利班一举推翻。

伊拉克前总统萨达姆的初期发迹和地区野心膨胀，这与美国的长期支持和纵容是分不开的。在1979年伊朗伊斯兰革命前，美国与其一手扶植的巴列维国王独裁政权保持了20多年的友好关系。

2011年5月之后，西方国家尤其是美国政府和许多民众积极评价"基地"组织的标志性领导人本·拉登被美国海豹突击队击杀事件，美国认为实现了10多年来的重要反恐目标和心愿，奥巴马称正义终于取得胜利，美国无所不能。法国总统萨科齐认为这是美国反恐的重要胜利，澳大利亚总统吉拉德、英国首相卡梅伦以及许多欧盟国家领导人也表示祝贺。与此同时，许多西方国家也认为反恐形势依然严峻，恐怖袭击不会停止。美国等国家提高了国内外警戒级别，美国国务院已经发布海外公民预警警报，严防极端恐怖组织发起大规模的报复浪潮。美国选择在24小时内紧急海葬本·拉登，而不是留下可能被极端分子视为圣战的坟墓，也说明了美国深有忌惮。

在伊斯兰世界以及西方国家，许多穆斯林发起集会，抗议美国进入一个主权国家抓捕并打死本·拉登，他们喊出言辞激进的口号，一些极端分子发誓要向美国及其盟友发动袭击，多个国家的穆斯林还为本·拉登举行追悼会，赞扬他是为伊斯兰圣战而奋斗终生的英雄。面对伊斯兰世界被激发出来的汹涌反美情绪，美国在是否公布一些行动视频和事实真相方面显得高度慎重，这鲜明地反映了美国政府的担忧与拿捏不准、信心不足。

种种迹象显示，本·拉登之死的确带来许多不确定性。"基地"组织、恐怖主义不会因此而停歇，恐怖主义骨干力量所受损失不大，其他国家和地区的"基地"组织分支依然蛰伏或蠢蠢欲动。有分析认为，本·拉登是"基地"组织内部的过气领导人，其真正实权人物是扎瓦赫里，今后美国将面对来自扎瓦赫里带领"基地"组织发动恐怖袭击的可能。还有分析认为，美国选择此时打死本·拉登，有为尽快从阿富汗和伊拉克撤军做高调铺垫、营造功成身退形象的意图。

美国反恐有许多值得反思之处，它一开始就掺杂了复杂因素和多重标准。沙特富商本·拉登的"基地"组织最初成立时得到了美国的资助和扶持，用以抗击苏联入侵阿富汗，武器、弹药源源不断，美国军事顾问还为其提供军事训练。1989年苏联撤出阿富汗后，"基地"组织利用巴勒斯坦问题和阿拉伯世界的反美情绪，与在阿富汗迅速崛起的极端宗教保守政权塔利班合流，以阿富汗为大本营，向美国等西方国家发起一波又一波的恐怖袭击，直至发生2001年的"9·11"事件。美国盛怒之下于当年底攻入阿富汗并推翻塔利班政权，"基地"组织随即转入地下并持续斗争至今。

在美苏对抗时期，美国将"基地"组织誉为自由战士，之后则毫不迟疑地给其贴上恐怖主义标签予以坚决打击。类似情况还有巴勒斯坦的哈马斯等组织，当初其成立或多或少都得到美国和以色列的默许与支持，用以抗击阿拉法特领导的巴勒斯坦解放组织。巴以和谈开始后这些失去利用价值的组织转而扛起反抗占领和打击以色列的大旗，美国和以色列也转而将其视作恐怖组织而予以坚决打击。另外，布什政府还以萨达姆政权支持恐怖主义为由，对伊拉克发起大规模反恐战争，借机推翻了萨达姆政权，活捉并绞杀了萨达姆，导致伊拉克局势更为混乱，死伤更为惨烈。

与此同时，美国却有利用分裂和极端势力牵制其他大国之嫌。不少评论指出，美国为牵制俄罗斯与中国的发展和影响，在俄罗斯打击车臣恐怖势力和分裂势力、在中国打击"东突"恐怖势力方面态度暧昧，美国有关部门曾暗中对其提供资助和支持。种种事件反映了美国在定义恐怖主义方面的随意性、实用主义以及多重标准，服从并服务于美国的国内外政治需要，很早就引发国际社会的质疑和反对。

从历史视角看，伊斯兰世界与西方国家结怨已久。西方资本主义兴起后，对西亚北非地区发起大规模殖民侵略，建立其残暴野蛮的殖民剥削体系，直至19~20世纪，该地区被殖民民族强行拉入惨烈的帝国主义战争，给当地人民带来深重灾难和巨大牺牲。"二战"后几十年，慑于国内犹太人势力和影响、美国社会同情犹太人的"二战"遭遇等因素，美国无论在历次中东战争中还是后来的巴以谈判中，均明显偏袒以色列，巴勒斯坦人民争取民族独立解放的进程在美国和以色列的联手下屡屡碰壁，令巴勒斯坦和阿拉伯阵营深感屈辱和愤怒，埋下了种族仇恨的种子。俗话说，"解铃还须系铃人"，美国尤其需要尽快、尽可能地秉承公正原则推动解决巴勒斯坦问题。

客观而言，冷战后，从北非到巴勒斯坦、伊拉克、阿富汗、巴基斯坦，再到外高加索、中亚和东南亚地区，存在恐怖主义活跃的现实。多数恐怖主义手段残忍、滥杀无辜、不得人心，为世界各国爱好正义的人民所反对和唾弃。虽然极端主义和恐怖主义被一些国家的政治势力和媒体贴上宗教标签，但实质上恐怖主义问题并非一个特定的宗教问题，而是政治、社会和发展问题。打击恐怖主义必须坚持标本兼治的综合治理原则，必须正视其政治根源、国际秩序根源和霸权主义根源，也不能忽视其中的反对侵略和占领、反对腐败并寻求社会公平等社会因素，而且必须统一对恐怖主义的定义制定标准。单纯的军事打击乃至借反恐之名行谋霸之实，都是缘木求鱼和南辕北辙之举，只会加剧仇恨累积，越反越恐。

第四节　2006～2007年：大中东战略败局渐显

在美国的概念中，大中东地区包括西亚北非地区的阿拉伯国家和伊朗、土耳其、以色列等非阿拉伯国家，并延伸至阿富汗、巴基斯坦和中亚一些伊斯兰国家。由于地缘政治、能源供应、宗教纠葛、民族矛盾、发展模式、历史恩怨等因素，大中东政治生态脆弱而复杂。外在因素一向严重影响大中东局势发展。几年来，整个大中东地区局势出现结构性动荡，地区反美力量与美国及其盟友之间出现激烈碰撞。

一　大中东地区的结构性动荡与困难

（一）大中东多个热点接连迸发，此起彼伏，严重紊乱

布什政府一手主导的国际反恐进程，整体推进效果不彰，陷入越反越恐的泥潭，已近虎头蛇尾，顾此失彼；伊拉克安全局势严重恶化，反美武装不断制造血腥爆炸事件，美国深陷其中，进退两难；阿富汗局势一度平稳，但2006年以来塔利班和"基地"组织活动日益频繁，驻阿联军被迫增派兵力多次围剿。2000年9月巴以爆发冲突以来，其接触徒具形式，哈马斯合法上台后巴以关系更趋复杂，美国、以色列与巴勒斯坦激进派别之间的对立加剧，特别是巴勒斯坦内部法塔赫和哈马斯两大派别之间的矛盾加剧，局势堪忧。巴以问题依然棘手的同时，2006年7月，黎以战火突然爆发并一度扩大，牵动着大中东地区、美国以及整个国际社会的神

经。美国在其中的严重偏袒立场加剧了大中东局势动荡,加速了地区各种力量之间的分化组合。

(二)激进主义势力活跃发展,反美力量日益壮大

当前,本·拉登的"基地"组织,黎巴嫩的真主党,巴勒斯坦的哈马斯、杰哈德,埃及的穆斯林兄弟会及众多国家政党,中亚、南亚、东南亚的激进组织遥相呼应,对美国、以色列以及个别西方国家构成威胁和压力。在部分激进组织背后,有美国敌视的国家的支持。而什叶派阵营处于历史上空前的发展时期,两伊人口的多数、叙利亚掌权的阿拉维派、黎巴嫩南部真主党及其基层民众等,都属于什叶派,而什叶派长期被美国及其伊斯兰逊尼派盟友政权所忌惮和警惕。

(三)两大不对称的对立阵营更加清晰,大中东以及局外反美国家与美国、以色列之间的矛盾日趋尖锐

2006年8月结束的黎以冲突实质上是一场有限规模的代理战争。此次双方都利用绑架事件借题发挥,背后有更深的背景和考虑。它表面上是以色列与真主党、哈马斯之间的斗争,实质上却是美国、以色列与穆斯林激进派别、伊朗、叙利亚等两大阵营之间的较量,更是美国与伊朗在伊朗核问题上相互施压的"第二战场"。委内瑞拉总统查韦斯访问伊朗、俄罗斯、白俄罗斯、苏丹、津巴布韦等八个国家,声言要建立国际反美联盟。伊朗和朝鲜还发表声明表示要进行战略合作。

(四)连绵的冲突和仇恨累积,中东和平进程实际上已经死亡

中东和谈曾在20世纪90年代取得重大进展,但2001年以来出现严重倒退。虽然巴以双方以及和谈四方(美国、欧盟、俄罗斯、联合国)没有正式宣布,但巴以和平进程已因近年来巴以持续冲突与仇恨、以色列单方面行动、巴以各自的政局变化而死亡。叙以谈判2000年中断至今,因美国与叙利亚关系紧张而一直陷于僵局;黎以谈判受制于黎以关系等因素,长期冻结。2006年的黎以冲突不仅使得黎以谈判无从谈起,更加剧了整个中东和谈各方的仇恨与对立。

二 "破旧立新"战略打破脆弱平衡

(一) 2004~2005年,布什政府的中东政策取得一些进展

第一,一些所谓的敌对国家相继对美国俯首。经过几年的威逼利诱,利比亚作为美国长期敌视的对象已经向美国妥协,并基本与美国保持合作。曾是"恐怖分子"大本营的阿富汗为美国所用。叙利亚尽量避免与美国迎头相撞,但美国仍步步紧逼。伊朗在被迫做背水一战打算的同时,仍在谋求与美国接触和谈判,避免战争发生。第二,美国在大中东地区的战略推进取得一些意料之外、情理之中的收获。2005年,阿富汗、巴勒斯坦、伊拉克的大选进展相对顺利。2005年2月中旬哈里里被害以来,在美国的强力影响下,黎巴嫩发生美国求之不得的"雪松革命",叙利亚不断做出战略让步,承诺从黎巴嫩撤军。布什政府在这些"强心针"的刺激下,表示要继续从政治、经济、文化、科技、教育、重视妇女、宗教温和化改革等方面全面、强力推进"大中东民主计划"。第三,萨达姆政权被推翻以来,尽管伊拉克的安全形势持续紧张,但伊拉克的政治进程仍然深受美国影响。美国从财政、经济、军事等各方面加大力度,支持和推动伊拉克重建,在伊拉克过渡议会、过渡政府组成、制宪进程以及伊拉克政府正式组建等方面谋求发挥关键影响。

(二) 总体看,布什政府的大中东战略归于失败

第一,克林顿政府以维持中东基本稳定为主线,防止打破该地区独特的政治生态。冷战后,地缘政治、能源供应、宗教及教派纠葛、民族矛盾、发展模式、历史恩怨等诸多因素,导致中东地区的政治格局复杂多变。而从域外因素看,大国博弈尤其是美国的中东政策对大中东地区局势一向具有重大影响。一旦大国介入不当,很容易打破大中东地区的政治平衡,不同程度地冲击该地区稳定,进而波及世界其他地区形势,影响世界的和平与发展。针对这一特点,美国总统克林顿执政时期,努力维护地区局势的基本稳定和平衡,伺机为美国的国家利益服务。其政策核心是

"西促和谈、东遏两伊",以大力度斡旋中东和平为正面切入点,赢得民心,同时对伊朗和伊拉克进行遏制但避免彻底推翻其政权,对萨达姆政权保持连续围堵和适度打击;对伊朗则经历了从遏制到关系转暖、商谈关系正常化等阶段;反对所谓的文明冲突,推行多边外交,多方拉拢亲美势力,多渠道大量获取廉价油气,如通过石油换商品协议,伊拉克的许多石油份额轻易进入市场。可以说,1992~2000年,大中东地区局势保持了总体稳定与平衡。

第二,布什政府不顾大中东局势,谋求短期内破旧立新,按美国理念强行改造中东,结果适得其反。历史经验表明,处理大中东地区事务要注意避免政策大幅起落和毕其功于一役的思想。布什政府倚重军工利益集团、石油财团和右翼保守势力,奉行新保守主义,并未吸取前任的有益经验和执政成果,没有认识到谋取战略利益未必非要通过战争手段和单边政策,反而借国际同情之势和反恐之名积极谋霸,推行单边主义和先发制人,不当使用、过度使用武力;在处理巴以问题上,立场严重不公正,激化了激进势力对美国和以色列的仇视;在伊朗核问题方面,针锋相对,一味施压并附加前提条件,拒绝与伊朗直接对话,加剧了伊朗民众整体的对立心态;坚持双重标准和实用主义,并落入文明冲突和宗教冲突的陷阱不能自拔。美国这种具有高度进攻性、颠覆性的改造战略,打乱了大中东原本的脆弱生态,同时新的机制和生态难以确立和衍生,从而引发大中东地区的严重失序,这种态势到布什执政后更加明显。

第三,美国强行推广民主模式,引发了广泛的抵制和反对,激进组织趁机合法上台,从而陷入选举悖论。在推广民主模式和机制方面,布什政府过于理想化,忽视大中东国家的社会现实和历史传统,不时推出新构想、新计划,力图在短期内取代伊斯兰社会发展模式。而外来强加的民主改造,很容易引起包括亲美伊斯兰国家政权在内的众多当权者和民众的警惕与反感。在许多亲美国家,尽管缺乏民主或民主不充分,但这些国家可以大体保证世俗政权和社会稳定,维持与美国的友好同盟关系;彻底的民主改造模式却容易催生合法的反美反以政权,导致反美力量或派别借西方民主之壳合法上台,进而合法地反美反以,类似情形在巴勒斯坦、伊拉克等国家中比较典型;埃及的穆斯林兄弟会在议会大选中的地位显著上升,其他国家的激进派别也跃跃欲"进"。布什政府一时不敢继续推行类似民主，也拒绝承认选举结果，如此叶公好龙的行径难以自圆其说，让全世界看穿其双重标准。继中亚的"颜色革命"失效后，美国一度寄予厚望的黎巴嫩"雪松革命"也因支持以色列对黎巴嫩大打出手而难以为继。总体上，美国在大中东地区的民主示范接近尾声，"大中东民主计划"实际归于失败。

第四，布什政府6年来改变了中东，也最终为中东所改变、所钳制，美国的大中东战略失大于得。布什政府并未充分认识到，美国作为世界超级大国和地区强国，想达到军事意图并不难，但难在收拾战后残局，靠军事手段难保长久和平。战后的伊拉克、阿富汗，其动荡时局无不验证了这一点。美国曾有通过操纵国际油价来打击对手、牟取暴利的意图，但疯狂的国际油价使布什政府一直高度警惕的俄罗斯、伊朗、委内瑞拉等国获益匪浅，净赚巨额石油收益，并用于增强国力和军力。美国的这种进攻性战略和强加的民主模式，导致亲美的阿拉伯国家政权既要应对民众的反美情绪，又要维持与美国的关系，左右为难，布什政府的政策可能葬送这些政权自身。美国引领国际反恐，从赢得国际广泛同情到引发广泛厌恶、漠视和警惕；赤裸裸的武力征服和双重标准，严重激化了与伊斯兰世界的矛盾。美国的国际形象严重受损，软实力遭遇重挫，曾经在伊朗、黎巴嫩等一些国家的"和平演变"基础也荡然无存。

三 布什政府继续与大中东地区进行战略博弈

（一）美国的经济和军事实力仍然超强，系美国2005年和2006年对其大中东战略仍抱幻想的有力支撑

尽管美国面临"多头灭火"的被动境地，但美国的整体实力没有被削弱，近年来经济持续发展，军工企业繁荣，石油利润丰厚。美国的军事和外交在拉姆斯菲尔德和赖斯的思路引领下获得变革性发展，尤其是美国国防部长近年来坚持精心打造美国军队，更新美国军事战略和军事编制，配合实战演练，美国军队灵活反应能力提高，其刚性战略威慑能力和总体

战斗力不容忽视，在世界范围内尚无对手。对美国的客观实力和主观应对能力不能低估，美国仍是一只"真老虎"，是唯一的世界超级大国，要在短期内实现一些军事企图并不困难。比如，黎以冲突就是美国要借以色列之手，向伊朗、叙利亚及黎巴嫩真主党、巴勒斯坦哈马斯等反美阵营施加军事重压。美国和以色列掌握着战争的主动权，美国清楚以色列的战略优势，战争持续一段时间符合其需要。鉴于伊拉克困局，美国再发起新的大规模战争力不从心，也开始吸取教训，出手谨慎，适度利用多边渠道处理伊核问题等难题。

（二）美国与伊斯兰世界的关系将继续恶化

"9·11"事件5周年前夕，布什政府要员均声称要继续推进所谓反对的"伊斯兰法西斯主义"斗争，推进民主自由，推进反恐，加之此前美国在黎以冲突中的不公正立场，正在伊斯兰世界引发新一轮反美浪潮，伊斯兰世界再度看清了美国本质的双重标准。例如，黎巴嫩的真主党就一度从麻烦制造者转而成为伊斯兰世界的反美英雄，屹立于反美潮头。伊朗拒绝接受联合国关于伊朗核问题的第1696号决议，并一度宣布扩大铀浓缩计划，为此，伊朗与欧盟展开了密集的谈判磋商，美国和伊朗都不愿让步。黎以冲突虽然结束，但问题的症结仍在，大中东地区两大对立阵营的矛盾将继续发展。今后一个时期，以美国、以色列为一方，黎巴嫩真主党、巴勒斯坦哈马斯及叙利亚、伊朗为一方，两大不对称的对立阵营将明里暗里进一步展开军事较量和政治博弈。反美阵营以国家政权和激进组织为骨架，借助基层民意，将使美国的战略运筹空间受到更大掣肘。美国和以色列在2006年7~8月的行动激化了矛盾，整个伊斯兰世界的反美情绪进一步高涨，如果不时刻加以防范，美国内外随时都可能再次遭遇恐怖袭击。

（三）阿拉伯国家阵营自身也进一步分化

处于亲美前沿的埃及、约旦、沙特等国的现政权在平衡民众反美情绪、处理对美国关系方面也面临诸多困难和挑战，面对国内来势汹汹的反美反以民意、阿拉伯民族主义和伊斯兰宗教情绪，处理不好会危及自身统治。大多数阿拉伯国家将和布什政府保持距离，但也不会直接冲撞美国。

总体看，在不危及自身利益的情况下，阿拉伯国家缺乏真正制约美国和以色列的强烈意愿与有力武器。在相当长的时间内，阿拉伯国家的内政外交将深受美国中东政策的干预和影响，难以主宰自己的命运，对以色列也基本无可奈何。

（四）中东局势同时受到域外因素的影响，反过来也影响世界局势和发展

历史和现实多次证明，外来因素不断冲击并引发了大中东地区的局势动荡，大中东局势也有严重的外溢效应。作为世界能源供应基地，动荡的大中东局势持续从正负两个方面影响世界能源价格、经济发展和相关科技发展。一段时间以来，从中东到中亚、南亚、东南亚、东亚和拉美，大中东地区内外的反美国家和反美组织有联合之势。但要清醒地看到，一些国家提出的所谓战略反美联盟多为创造一种牵制美国的呼应声势，其实际效果有限。而激进组织在世界范围的串联作为一种非传统安全威胁，却使美国实实在在、随时可能面临新的恐怖袭击。

总体看，布什政府试图破旧立新、谋求按照美国意愿改造中东的政策打破了该地区的脆弱平衡。但美国的大中东战略所获寥寥，未来大中东局势仍不容乐观。短期内，布什政府不会根本改变其中东政策的本质，美国将继续深陷大中东地区困局。长期内，大中东难以走出动荡，并波及世界其他地区。美国政府政策的调整已经势在必行，只是布什政府要维持政权合法性，进退不得。2008年美国大选之后，民主党政府执政，布什政府的对外政策遭遇重大修正。通过这一点，可以看出美国政府更迭后的政策调整往往给美国和世界带来巨大影响。

四 布什政府大中东战略得不偿失

自2001年1月20日布什就任总统，特别是"9·11"事件以来，布什政府的对外政策基调是强硬，虽有一些策略性调整，但拒不在一些关键问题上妥协。美国在中东面临战略困局，短期看，布什外交失远大于得。但在军事革新、控制地缘要地等方面，美国是有一些收获的。美国的软实

力受到重挫,战争耗费成为引发金融危机的重大因素。但总体看,美国实力依然超强,未来也未必长期陷在中东。

谁能从布什政府的错误中获益?军工和石油集团大发横财。美国西部的加利福尼亚财团和南部的得克萨斯州财团是"二战"后崛起的两个新财团,它们从军火工业中获得巨额利润。美国几次发动战争,尽管损害了美国的软实力,牺牲了不少士兵的生命,但赚取了很丰厚的经济利益。同时,军工集团积极参与美国内政外交决策,扶植政治代理人。布什父子都有浓厚的军工和石油集团支持背景,副总统切尼、国防部长拉姆斯菲尔德、国务卿赖斯等重要阁僚都有石油财团的背景,切尼曾经供职过的美国石油巨头哈里伯顿公司从伊拉克战争中赚得"盆满钵满"。美国的私人保安公司也从中牟取暴利。

冷静地看,几年来真正在背后扎实坚韧做大事的、不容忽视的、克服各种阻力苦练军事基本功的、咬牙坚持提高美国硬实力支撑的,是国防部长拉姆斯菲尔德。他的新军事变革战略,大大提升了美国军队的软件和硬件水准,美国军队的战略思想、军事装备以及军事机动能力和应变能力,均有里程碑意义的提高。尽管拉姆斯菲尔德个性很强,用中国话说是"各应"得很,且对中国并不是那么友好,但客观而言,他的工作和功效是布什政府中为数不多的亮点,他的治军谋划和成果,相比某些大外交家的外交试验和纸上谈兵,显得真正突出,真正令对手三思而行。这保持了美国依然令世界畏惧的资本,这也才是狐狸背后的真老虎。

总体看,美国的战略链条和国家安全显得空前脆弱。难怪2006年下半年的一期《时代周刊》说布什政府的"牛仔外交"已经提前宣告终结甚或失败。其实,大国的许多所谓战略利益未必要通过战争手段和单边政策来获取。克林顿执政的8年中,照样促使中东局势保持了总体稳定和基本平衡,对伊拉克实施包围但不全面打击;积极斡旋巴以冲突,巴以和平进程取得重要进展和成果;大量获得中东的廉价石油,伊拉克的石油也没有被阻挡进入美国;与俄罗斯的关系没有现在这样对立和僵持;与伊朗和朝鲜的关系更有不同,2000年底美国与伊朗和朝鲜的关系明显转暖,甚至已经开始探讨关系正常化问题;美国经济持续健康发展,政府财政盈余数千亿美元;美国的软实力和国际形象高涨……而今,美国占领了伊拉克，获得了中东石油控制权吗？没有。强力打压伊朗，使伊朗核问题尖锐化，中东地区局势稳定了吗？伊朗的政权在美国的打压下更迭了吗？没有。恐怖主义活动下降了吗？没有。相反，前任总统留下的执政基础和轨迹被彻底打乱和改写。

一个有趣的现象是，自2005年下半年以来，俄罗斯对美国的外交斗争力度明显加大。俄罗斯为什么敢于对美叫板，底气越来越足？因为不管是无意还是有意的，美国政府几年来把国际油价提上去了，国际能源价格飙升，众所周知，俄罗斯具有巨大的能源潜力和石油生产能力，这就是俄罗斯当前最有力的也是最现成的能源武器、战略储备和外汇储备。假如说，美国力图靠油价上升把持国际舞台，打击一些新兴经济体成长，却始料未及，客观上大大加强了美国本届政府最警惕的对手——俄罗斯的战略实力，俄罗斯每年净进账几百亿美元的石油收入，普京的腰杆硬多了，这恐怕是个很主要的背景因素。几年来，国际社会不知多少次看到美国的强硬表态，国务卿的狠话也不知放过多少次，但最后都是虎头蛇尾，不了了之，"光打雷不下雨"。新保守主义酿造了这杯苦酒。

要客观看待美国。不必对美国崇拜、畏惧，因为任何国家都不是完美的，况且美国自身尤其是在布什执政的八年，有其固有的明显缺陷。美国就像一头公牛，闹腾的时候惊天动地，引起世界注目，其中不乏赞叹和畏惧；而它闹完了也往往就是好好喘息一番，很多时候是锋芒毕露而常常接招不慎，伤及自身，这时世界的眼神就少了几分惊诧和崇拜，多了几分现实和不屑。鲁莽不是勇敢，霸道难成英雄。真正的强硬者未必非要将其写在脸上，未必非要搞出冷峻的酷态，那样反而显得幼稚了。刻意的强硬只能糊弄一时，却糊弄不了一世；糊弄了好多人，但终究糊弄不了人类全部。2001年以来，保护色彩浓厚的美国政府、军界以及持保守主张的专家学者，其实面临自己造成的内外困难，难以兼顾，身心疲惫，进退不得。正应了俗话所说的，"物极必反，盛极而衰"。美国几年来一味地强力反恐、改造中东的宏图，都是南辕北辙、缘木求鱼，最终黯然化为历史烟云散去。承担不利后果和苦难并为其埋单的，却往往是广大的民众和士兵，而背后的始作俑者，在私人利益方面已经赚得"盆满钵满"了。

中国既不要自视甚高，也不必妄自菲薄。不能高估自己，沾沾自喜，毕竟中国的综合国力和发展质量还差之甚远；但也不必低估自身的实力和智慧，不要低估中国维护世界和平与推动区域合作的智慧，以及维护国家形象和国家利益的智慧。所谓"风物长宜放眼量"——动静结合，动静自如；任重道远，历久弥坚；凡事未必强要出头争锋，闷声未必发不得大财。从长远看，中美之间的合作和互利契机不断增多，因为相互密切的经济等方面的关系交流已经使双方不可割舍了，又岂是哪个想离间、想割断就可以断得了的？对国际交往的把握，也许毛泽东提出的"战略上藐视、战术上重视"仍有参考意义。从中国学者的视角出发看美国，需要理性的客观的态度。对美国一味地渲染或贬低，都要不得，要客观公正地看待。

第五节　布什执政后期：中东局势进入战略相持阶段

从2001年到2007年，布什政府一路冲锋，严重后果开始不断显现。大中东地区局势的原本脆弱平衡已经被布什政府试图"破旧立新"的改造战略所打破。经历剧烈动荡之后，美国在应对两伊、反恐等问题上面临的困境加剧，进退两难。布什政府对伊朗动武的可能性实际上在减小，伊朗以及该地区极端势力对美国的斗争也保持在一定限度之内。大中东局势及地区内外的关系正向动态性的战略相持阶段发展，僵持或缓和都可能是下一步的选项，发生新战争的可能性基本可以排除。

一　大中东内外的主要矛盾方寻求战略均衡

布什政府八年的战略的确改变了中东，但也使其最终为中东所钳制、所改变，陷入几个方面的战略被动。2001年初，90%的美国民众支持布什，而2008年这一支持率迅速下降到20%。从伊拉克到伊朗、阿富汗、叙利亚、黎巴嫩、巴勒斯坦，再到真主党、哈马斯，直到"基地"组织，美国在中东的对手个个都不是省油的灯，而且这些国家或组织有相当的关联和互动，导致布什政府疲于应对且效果不佳。曾几何时，当美军于 2002 年顺利"拿下"阿富汗，2003 年 5 月初步"拿下"伊拉克之后，布什政府的班底是何等的风光潇洒和意气风发！那时的民意支持率何等之高！一度达到 90%，布什被誉为美国历史上最伟大的总统之一，号称强有力的"战时总统"。而仅仅几年之后，从美国的普通民众到民主、共和两党，对布什政府的厌倦和批判之声不绝于耳。面对诸多棘手问题，布什政府已经坐视对手挑战而无可奈何，与当初的咄咄逼人、先发制人的确形成了鲜明对比。

布什政府以子虚乌有的理由于 2003 年发起的伊拉克战争损害了美国经济，短期内使美国伤了元气。诺贝尔经济学奖得主约瑟夫·斯蒂格利茨指出，美国经济带有累累的伊拉克战痕。人们以往认为战争有利于经济，但这场战争对经济尤其不利。它造成油价飙升，高油价意味着美国必须向石油国支付巨额美元，而不是把这些钱用在国内。花费在战争上的钱，不像花在国内建造道路、医院或学校那样能够刺激经济，也不利于长期经济增长。美国已经在战争上花费巨资——每月高达 120 亿美元，而且战争还没有结束，更多的账单还没有支付，如从战场返回的 40% 残疾老兵的补偿和医疗费用。美国的国家债务在 8 年内增加了 50%，其中的 1 万亿美元是战争带来的——可能在 10 年内增加至超过两倍。斯蒂格利茨说，当伊拉克战事比预期好，而经济却比预期差的时候，经济问题掩盖了战争问题，但事实上两者都差强人意。在某些意义上，议题其实只有一个，那就是加剧了美国经济问题的伊拉克战争。有分析认为，美国进攻伊拉克是为了石油。此言不虚，但战乱的伊拉克并没有给美国带来多少石油，输油管线的不通畅以及石油生产的不正常，使得美国所谓的"为石油而战"的理由显得苍白无力，伊拉克实际上成了布什政府的中东"鸡肋"。

美国无可匹敌的硬实力因运用不当和战略失误已经使美国在中东地区面临巨大的战略被动和战略困难，并直接影响美国在全球的战略部署和回旋余地。作为影响大中东局势的主要外在力量，美国几年来的进攻势头已经严重受挫，被迫在多个战略支点上处于僵持态势，极力寻求摆脱战略困局而不得。从 2001 年底美国发起大规模反恐以来，其战略中心一直在大中东地区，伊拉克、伊朗和阿富汗则是其战略重点。美国一直没有放弃颠覆伊朗现政权的打算，凭借武力占领阿富汗和伊拉克之后，把进攻矛头指向伊朗。但几经较量，美伊双方日益明晰的战略定位和需求促成了双方的战略相持。美国自身面临越来越多的主客观因素制约，在以何种方式达到这一目的方面，布什政府一直犹豫不决，但最终在动武问题上还是做出了慎重抉择。美国以伊朗试图研制核武器、支持恐怖主义为由持续对其强力打压，但制裁、封锁以及战略威慑等手段对伊朗的影响有限。伊朗在核问题上的强硬言行既是斗争目的也是斗争手段，它一方面针锋相对，多次顶风而上，另一方面也避免与美国的关系完全破裂，一直寻求通过谈判和对话与美国缓和关系，力图维持局势斗而不破。此外，美国在伊拉克处于严重的战略僵局，进退不得。布什政府领衔发起并推进国际反恐几年来，反恐形势没有根本改观，持续牵制美国的内外政策，美国与国际恐怖势力也进入持久较量的相持阶段。美国高调倡导的"大中东民主计划"忽视大中东地区的社会现实和历史传统，力图在短期内取代伊斯兰社会发展模式。美国强加的民主模式引发广泛抵制，激进组织也趁机合法上台，美国的"大中东民主计划"已渐无声息，近乎破产。因过多关注两伊，美国无法腾出精力推动中东和谈，中东和平问题处于停滞与倒退之中。

大中东地区内力量也多主张中立与促和，进一步推动了地区局势的均衡化发展，促进了矛盾各方相持态势的形成。海湾国家、埃及、约旦等广大阿拉伯国家在两伊问题上的中立态度明显，尤其在处理美国与伊朗关系方面言行谨慎，既反对伊朗拥核危及地区安全、打破地区力量平衡，也反对美国对伊朗动武殃及其自身安危。2007年3月举行的阿拉伯首脑会议邀请伊朗与会，就说明了阿拉伯国家慎重对待伊朗核问题，慎重处理与伊朗的关系，海湾阿拉伯国家则不止一次坚决反对动武，并排除作为美国攻击基地的可能性。以伊朗为首的阵营还包括叙利亚、黎巴嫩真主党、巴勒斯坦哈马斯等方面，尽管这些国家或组织在政治上对美国的立场存在差异，但大多能与伊朗的基本立场保持一致，能够把布什政府与美国人民、美国国会等很好地区分和把握，以利于对美国斗争，它们本质上并不愿与美国对立。在伊拉克、阿富汗等冲突当事国，除激进组织和暴力活动支持者外，广大民众早已厌倦血雨腥风而渴望和平，美国扶植下的当地政府也迫切希望实现和平。巴基斯坦、印尼等中东以外的许多伊斯兰国家也多保持中立，不愿过分表态以免得罪对立双方，它们在声称维护国际核不扩散体制的同时，强调反对美国对伊朗动用武力。这些也是推动大中东局势保持相持态势的有力平衡因素。

大中东地区外力量从自身利益出发，对大中东地区的介入程度和立场存在诸多差异，但均非常谨慎，避免牵涉过深。总体看，除美国以外的大中东地区外力量反对以武力解决伊朗核问题，力求以斡旋促中东和平，同时高调维护《不扩散核武器条约》，警惕并指责伊朗试图发展核武器。欧盟对处于自身南翼的中东地区局势一直非常敏感，尽管英、法、德等欧盟大国各自存在一些分歧，但它们的总体立场相对中立，利益诉求渐趋一致，希望通过谈判和平解决伊朗核问题，尽快恢复并推动中东和谈，帮助实现伊拉克局势稳定，并敦促美国改变中东政策。俄罗斯在中东诸多问题上习惯于以两面姿态出现。俄罗斯虽反对美国对伊朗动武，但也估计到动武将使美国遭遇更大的战略困难，国际石油价格肯定大幅度上涨，这对经济和安全严重依赖能源出口的俄罗斯而言并非都是坏消息。因此，在伊朗核问题上，俄罗斯或许同时存在一定的作壁上观心理。联合国依然没有摆脱几年来被美国边缘化的地位，虽然它在舆论等方面可对中东局势施加影响，但其作用有限。同时，大中东地区的域外大国均不愿与美国发生对立或冲突，其立场对美国的政策有影响，但难以撼动美国在该地区的地位。美国在寻求与各大国合作的同时，也对各大国的介入抱有高度戒心，担心影响美国在中东的地位和作用的发挥。

二 美国在中东的运作空间饱受伊拉克困局掣肘

布什政府内部的强硬势力日渐式微，而伊朗国内的强硬势力风头看涨。相比 2003 年布什政府发动伊拉克战争前的精心策划和准备，当前和今后一段时期美国对伊朗动武的主客观条件都受到很大削弱。客观上，布什政府的进攻政策和在中东"以破求立"的改造战略已经严重受挫，而伊朗本身的综合实力和战略意志也不容小觑。主观上，布什政府内部的新保守主义势力锐减，布什主义日渐式微。曾经在伊拉克战争前很长时间就开始精心谋划的前国防部副部长奥尔夫威茨、国防部长拉姆斯菲尔德，以及美国前驻联合国大使博尔顿等强硬人物均已经转任或去职，政府内部只剩下副总统切尼立场强硬，但孤掌难鸣。布什本人实质上极力避免再次在中东发动一场新的地区战争。现实主义立场鲜明、比较能左右逢源的国务卿赖斯一度非常强硬，紧紧跟随布什，唯其马首是瞻，力主以谈判解决伊朗核问题，维持现行伊拉克政策，适度推进巴以谈判。新任国防部长盖茨一直反对以武力解决伊朗核问题，一度被认为主战的美国驻中东中央军区司令法伦在关键时刻也表示，美军不主张战争解决伊朗核问题。前驻伊拉克大使内格罗蓬特出任美国常务副国务卿后言辞谨慎，表示愿意在两伊问题上听取各方的声音和意见。可以说，美国政府内部已经形成了以现实谈判应对中东诸多问题的日趋一致的意见，那就是面对现实、避免动武，力求以战略威慑不战而屈人之兵。考虑到切尼等强硬保守势力的掣肘，以及对政府对外政策理念的维护，在是否与伊朗实现战略缓和方面，布什本人还犹豫不决，政府内部也争论不休。

美国国内的反战呼声强烈，各界威望人士及民众要求政府想方设法缓解伊拉克困局，并尽早撤军。尽管美军能总体控制伊拉克局势，但伊拉克安全形势恶劣，美军进退两难。布什对伊拉克增兵并实行新的维持安全计划以来，伊拉克局势没有好转，美军单日死亡人数有所上升，美国国内厌战和反战情绪继续上涨。美国各界人士也对政府无视伊朗和叙利亚在解决伊拉克局势方面的重大作用而一意孤行的僵化政策表示强烈质疑和不满，尤其是民主党控制的国会已经加大制衡政府错误政策的力度，公开对布什叫板。在阻止继续向伊拉克增兵、尽早制定从伊拉克撤军时间表等提议被总统否决之际，国会开始主动出击，尽可能挽回不利局面，如修正布什政府倡导的"全球反恐战争"提法、威胁使用国会掌握的"钱袋权"、切断在伊拉克的资金等。2007年4月，以众议院议长佩洛西为首的国会代表团自主访问叙利亚，并有意要访问伊朗。同时，共和党部分要员、前外交元老、军界高级将领、学者及民众等都开始指责和抨击布什政府严重走偏的中东政策，如前总统老布什、克林顿，前国务卿基辛格、贝克、奥尔布赖特、鲍威尔等，均要求布什政府尽快在应对两伊问题上改弦更张，特别强调要借助伊朗和叙利亚帮助美国摆脱伊拉克困局。这使布什政府更加为难，促使其在对伊朗进行战略威慑的同时也预留了弹性空间。2007年4月，美国政府希望寻找一位有名望的将军，统筹协调美国在伊拉克和阿富汗的战事，并授权其向国防部和国务院发布指令，但几位有名的退役将军均对政府的邀约表示婉拒，不愿接下这块日益烫手的"山芋"，这也足以表明美国军界对政府的政策持怀疑态度并缺乏信心。但布什政府很难对其政策做出根本性调整，否则将推翻其执政理念和新保守主义立场。可以说，布什政府在中东维持战略相持实乃基于现实的无奈之举。

巴以问题由于受到2001年以来布什政府摇摆性很强且明显偏袒以色列政策的伤害，已经愈加复杂和混乱，并非一时或一个方案可解决。2001年以来，布什政府对巴以政策的权宜性和实用性一直非常明显，一直没有把该问题作为美国中东政策的战略重心予以推动解决，而是把对两伊政策、反恐政策、冒进推动民主等作为重心。这就导致政府往往在困难时期把适当推动巴以和平作为辅助性手段，缺乏像前总统克林顿那样真心推动巴以、叙以、黎以和平的决心以及连续机制和切实举措，而且偏袒以色列的言行极为露骨。1993~2000年，克林顿在中东曾经倾注大量精力推动中东问题解决尚且遭遇诸多困难，更不用说布什政府蜻蜓点水式的象征姿态了。2003年布什政府联合中东问题其他三方一度推动的中东和平"路线图"计划已经不了了之。客观地看，巴以内部的阿拉法特、沙龙等政治强势领导人相继退出政治舞台，双方领导人掌控局势的威望和能力都有明显欠缺，因美国"大中东民主计划"推行而催生的哈马斯在巴勒斯坦的崛起又使局势再添复杂因素。历史地看，巴以问题的解决一直面临一个很大的矛盾和悖论：它的根本解决有赖于美国政府的坚定决心和相对公正的大力推动；而受制于地缘、院外犹太人集团等因素，美国历届政府往往无法做到这一点，布什政府更是明显。在美国袒护下的以色列更加有恃无恐，拒绝退出到手的领土和诸多实质利益，拒绝做出切实让步。巴以局势背后仍然隐藏着巨大的不对等、不公正和民族积怨，暂时的稳定相持态势难以长久，但也不会大乱。至于阿拉伯外长会议和首脑会议，以及美国国务卿赖斯、众议院院长佩洛西对中东和平的呼吁和推动，其象征意义大于实质意义。

三 相持阶段变数仍多,但可望维持"斗而不破"

美国与伊朗之间的较量仍将继续,但依然维持"斗而不破"的僵持态势,也不排除战略缓和的可能,动武的可能性很小。美国咄咄逼人的政策可能加速伊朗的核研究和开发进程,导致如朝鲜核试验一样,其进展可能比人们想象得要快。2007 年 3~4 月,伊朗已经高调针锋相对、迎难而上,不仅通过英国水兵事件主动摸清了美国政府的政策底线和忍耐力,而且宣布加开 3000 台离心机进行铀浓缩生产,声言坚决捍卫伊朗民族合法利用核能的权利,并威胁退出《不扩散核武器条约》,在军事上则严阵以待,做好了防范美国发动战争的准备。伊朗总统艾哈迈迪·内贾德于 2007 年 4 月 9 日宣布,伊朗的铀浓缩生产已经进入"工业化阶段",开始大批量生产浓缩铀。伊朗高层官员还声称已经做好准备对阿拉伯国家在核技术领域的发展方面提供必要的帮助。反观美国政府,除了试图对伊朗进一步进行制裁和武力威胁外,对伊朗的反制手段有限。几年来,美国的战略图谋明显是通过强硬战争施压,力图不战而屈人之兵,但这一战略已经被伊朗通过英国水兵事件等举措识破并实施一些反制措施。尽管美国政府多次申明不放弃使用武力,但语调明显留有余地,同时更强调通过谈判解决,对立双方都不会把局势推向破裂而致兵戎相见。美国政府一时难以下决心在不设置先决条件的前提下与伊朗谈判。但时局的发展终将证明这样做的多项利好,这样的战略退却实际上是一举多得。双方之间可能发生对立和僵持,也可能进行接触和谈判,但相持态势可望维持到布什任期结束。伊朗也有寄希望于美国新总统的考虑和意向,力保相持态势拖延到新政府上台后采取新的对伊朗政策。伊朗的战略目的是以核问题为手段,与美国展开周旋,力图实现关系正常化、建立外交关系、融入国际社会,因而伊朗首先寻求的是与美国的直接对话并获取对伊朗现政权的安全承诺。而美国对伊朗政策的症结不在于伊朗的核活动,而在于布什政府敌视并谋求更迭伊朗现政权,美国的预设前提是伊朗必须停止铀浓缩生产,放弃拥核图谋。一旦双方尤其是美国做出切实让步,伊朗核问题和双方的关系都将出现大幅度缓和。

与美国对伊朗政策紧密相关的伊拉克局势仍然很不稳定，该问题实际上是美国与伊朗暗中较量的另一焦点，也是继续考验美国和伊朗关系的重要晴雨表。在美国不会改变现政策的情况下，伊朗抓住美国难以对其动武的制约因素，不会停止幕后对美国政策的干扰和牵制，在伊拉克问题、阿富汗问题、叙利亚、真主党、巴勒斯坦等多个点上继续对美国暗中施加影响，并可能继续制造一些事端。被解散的前萨达姆时期的复兴党成员和共和国卫队士兵依然是强大的反美力量。伊拉克宗教派别对立情绪严重。而在全方位运作方面明显被美国操纵的伊拉克现政府无力维持国家安全，但伊拉克政府内的政治人物及其政治观点又难免受到伊朗的影响。其实质还是美国在伊拉克局势方面有求于伊朗，并已经多次表示希望通过与伊朗对话和合作解决伊拉克问题，双方暗中的接触其实并未中断。在2007年3月10日召开的伊拉克问题国际会议前夕，伊拉克政府经过美国默许邀请伊朗参加。驻中东地区美军司令法伦已经再次表示希望伊朗合作解决伊拉克问题。但在布什政府敌视伊朗现政权的矛盾政策下，伊朗政府不会帮助美国解套。尽管美国邀请伊朗参加2007年5月的第二次伊拉克问题国际会议，法伦也表示希望伊朗合作解决伊拉克问题，美国与伊朗代表在会上做了短暂交谈和接触，并于5月底举行了1980年断交以来的第一次大使级会谈，但双方仍不愿意在实质问题上做出让步。对伊朗政策是影响美国下一阶段中东政策取得成效的关键之一。美国与伊朗关系的战略缓和，以及美国在伊拉克局势的大幅改善，有赖于美国在大中东地区对伊朗政策的大幅度缓和与调整。

大中东地区局势总体上要么维持战略相持和对峙，要么趋向战略缓和，武力相向基本上都非各方所愿。该地区面临的结构性动荡以及对立力量之间的动态相持态势必要延续一段时期。大中东的政治生态极为复杂脆弱，该地区能源充足、位置重要，但国情千差万别，政体复杂多样，宗教纠纷、民族恩怨和领土争端盘根错节。然而，布什政府不顾大中东地区的局势特点，谋求短期内按照美国的理念破旧立新，结果适得其反。几年来，布什政府倚重军工集团、石油财团和新保守势力，借反恐之名积极在中东谋取霸权，推行单边主义和先发制人，推行双重标准和实用主义，不当使用或过度使用武力，自觉或不自觉地实践"文明冲突"的预设陷阱。

美国具有高度进攻性、颠覆性的改造战略,打乱了大中东地区原本的脆弱生态,而新的机制和生态却难以确立,这种态势到布什执政后期已经愈加明显。尽管布什政府为捍卫执政理念,轻言退却或实施战略转型仍有难度,但考虑到2008年的美国大选,布什政府没有过多精力关注中东诸问题。美国未来政府仍是影响中东地区局势的主要因素,地区的温和伊斯兰政权均盼望美国采取缓和政策。美国未来政府采取什么立场和措施推动解决中东诸问题,能否倾注力量予以关注和推动,在某种程度上影响美国从中东脱困的进程和步伐。

2007年,民主党的几名总统候选人如希拉里、奥巴马、爱德华兹等的选情气势如虹、一路走高,无论是在筹款能力还是民望方面都要盖过共和党。而共和党的朱利安尼、麦凯恩等深受布什严重错误的中东政策的戕害和影响,其声势无法赶超民主党,也无法确立明确的政策立场和方向。但无论哪个政党当选上台,美国政府的中东政策之战略调整已经势在必行。2008年美国总统大选的前一年,已经可以感受到这一重大调整步骤的前夜之声息。也正因为此,需要对影响中东局势发展的美国因素予以更细致和更深入的关注与分析。

第六节 2008年:中东面临大变革、大转折

中东作为全球瞩目的热点地区,以美国大选为重要节点,总体局势与各个热点面临调整的重大契机,长期的紧张令美国、中东和世界都承受不起。美国新政府采取何种对外战略、何种中东政策,将是影响中东局势发展的关键因素。

一 美国或要从新角度发挥"鲇鱼效应"

外因继续搅动中东政策。美国的中东政策直接影响局势发展,影响中东几大热点问题的进展。如果美国新政府的中东政策出现大转折,中东总体局势有望好转,中东和平进程也有望进入好的轨道。美国与伊朗、伊斯

兰世界的关系有望大幅度缓和，与极端组织势力的关系也不会如此紧张，双方会通过各种渠道寻求某种程度的和解。以美国为活动开展的主轴，大国在中东展开竞争，但也要看到大国的竞争是有限度的，合作与协调同时存在。中国在中东局势发展中的地位日渐上升，作用日益增强，各国的期待也有所加强。

2008年上半年，布什和赖斯均两次出访中东，希望在推动巴以问题、解决伊拉克问题方面取得进展乃至突破，并寻求对伊朗进行打压和孤立，但效果很有限。在美国总统大选之年，美国的中东政策面临调整的前夜和契机，有关方面等待美国未来政策调整的心态日益突出。民主党的奥巴马上台后，政策调整力度和深度是战略性的，因为布什政府的中东政策失大于得，给美国带来的困境已经使美国在中东乃至全球的运筹空间受到很大掣肘，美国中东政策的调整势在必行。

二　伊朗核问题有惊无险，缓和可待

伊朗核问题急缓错落态势明显，尽管几度剑拔弩张，美国、以色列与伊朗表现出互不相让的态势，但都存在很大的顾忌，在最终是否选择动武问题上非常谨慎，没有兵戎相见，也没有2007年那样一触即发的态势。继联合国第1737号、第1747号决议之后，美国于2008年3月联合欧洲国家推动安理会通过了进一步制裁伊朗的第1803号决议。但伊朗言行强硬，表示在核问题上没有改变基本立场，不会因任何制裁和制裁威胁而改变立场，决不放弃核权利，并继续增开离心机，并在海湾地区险些与美军军舰发生近距离摩擦。从伊朗内部看，其政治高层是稳固的，在核问题上也基本保持一致政策。2008年8月，西方国家表示要推动联合国发起对伊朗的新一轮制裁。但美国的制裁以及更强硬制裁的威胁对伊朗影响有限，伊朗几度以军事演习、导弹试射、外交声明等形势示强，并表示已做好应对时局发展的软硬两手准备，言行留有余地，一再希望与美国缓和关系，并继续以谈判进行周旋。伊朗看准了美国和以色列对动武的忌惮，遂与其展开心理战，力图维持斗而不破态势，以拖延战略等待美国新政府上台并希望其调整对伊朗政策。

回顾美国对伊朗政策，其重要目标是推翻伊朗政权，将核问题作为借口比较合适，核问题也只是美国与伊朗进行斗争的表象和工具而已，它在很大程度上可能是个伪问题，布什政府和伊朗政府对此都心知肚明。实际上，伊朗长期以来对美国提出的条件很简单直接：承认伊朗，与美国实现关系正常化。核问题也是伊朗争取这一目标的手段而已。伊朗核问题在克林顿时期根本没有现在这样激烈和尖锐，甚至在两国关系中可以忽略不提，2003年之后伊朗核问题才真正成为一个"问题"。但布什政府的大员们就是不愿意这样做，至今仍怀疑和质疑伊朗对美国伸出的橄榄枝的诚意。他们推倒前任的对伊朗政策，另起炉灶，其目的和用意就很值得揣摩了。如果翻开历史看看，朝鲜核问题也是一样的，与美国建交、获取承认是其根本目标。朝鲜2000年就与美国开始谈论关系正常化和建交问题，但新的美国政府一口回绝了。朝鲜没有了退路，伊朗也是被逼迫到了墙角。从最高领袖哈梅内伊到总统内贾德，伊朗在高调强硬的同时，依然做出一些缓和姿态，布什政府也几度接招，如考虑在伊朗设立外交代表机构、举办大使级或副外长级会谈等，但布什政府难以进行战略性调整。然而伊朗已经把准了布什政府的脉搏，进一步讲，即便伊朗没有做出缓和姿态，继续强硬，美国也仍然无可奈何，那种布什政府下台前对伊朗放手一搏打一把的期待基本上是天方夜谭。

因为伊朗内部是稳固的，伊朗总统的立场基本能反映伊朗民意和执政高层的整体主张。在核问题上，哈梅内伊的言辞与内贾德的言行并不矛盾。伊朗总统的地位次于精神领袖哈梅内伊和确定国家利益委员会主席拉夫桑贾尼，是伊朗第三号人物，在国家安全问题上的决策权有限。如果没有幕后执政高层的大力支持，其刚柔并济、以刚为主的立场和举措无法实施。在借重核问题展开对美斗争方面，并非总统一人一意孤行、孤军奋战。伊朗总统反映的其实是整个国家的立场和意志。西方传媒关于内贾德执政地位不稳的诸多评论，不乏夸大和炒作成分。美国也不否认一直设法策动伊朗的反政府力量发起配合行动，并煽动伊朗国内的民族对立（伊朗国内的库尔德人、亚美尼亚人等数量也不可忽视），但这些活动收效微乎其微。伊朗的核开发具有两方面的交叉考虑。它既是战略目的也是对美斗争手段，伊朗根据情势的发展而调整两者的着眼分量。一方面，伊朗借助核问题,根据美伊关系的冷暖缓急,抓住美国的困境和弱点,与美国进行周旋,力求从美国那里获得安全保障,与美国展开直接对话,进而实现关系正常化,完全融入国际社会。历史回顾也表明,核问题作为伊朗对美斗争工具的一面非常明显。在克林顿执政后期,美伊关系转暖的势头强劲,核问题几乎可以忽略不计。尽管 2001 年 1 月布什政府执政后大幅度调整对伊朗政策,但之后两年多,伊朗一直没有放弃寻求同美国缓和关系的愿望。在美国对阿富汗战争中,伊朗实际给予阿富汗的北方联盟(美国的倚靠力量)很大支持;伊朗对美国推翻萨达姆政权是拍手称快的。但也就是在 2003 年,当伊朗看到布什政府铁了心要推翻伊朗现政权后,也针锋相对、虚与委蛇,在核开发方面坚持强硬言行至今。

美国与伊朗的关系不会以武力告终。布什政府的策略性调整只能缓和一时,难改僵持大势,也不会动武。对伊朗政策是美国中东困局的重要钥匙,也是缓解中东紧张局势尤其是伊拉克局势的重要因素,并直接关系到叙利亚、黎巴嫩、阿富汗、巴勒斯坦、以色列的局势,以及美国与这些国家的关系发展。美国许多战略专家都已经呼吁多次,但布什政府为本人、本党和派别利益不愿意采纳这些建议,拒绝对其伊朗政策进行战略性调整。对伊朗的战争,不是布什政府不想打,实在是因为打不动了。布什政府对伊朗政策依然只有两个选择:要么维持战略僵持态势,要么大幅度缓和与伊朗的关系。

三 伊拉克局势面临两种前景

尽管伊拉克仍不时发生爆炸事件,但美军经过增兵以及策略调整之后,从宏观上控制伊拉克安全局势的能力有所增强,伊拉克局势有所好转,重建进程继续取得进展。

美国与伊拉克政府谈判美军驻扎伊拉克期限问题。2007 年 11 月,伊拉克总理马利基和美国总统布什共同签署了一份不具约束力的原则性文件,计划在 2008 年 7 月底完成谈判并签署相关协议。美国希望通过缔结长期关系协议使美军在联合国授权到期后继续在伊拉克驻扎合法化,以确保其在伊拉克的长期利益和影响力。2008 年 7 月 31 日是美国和伊拉克长期关系协议谈判原定的截止日期，但双方并未能如期完成谈判。美国和伊拉克在驻伊美军地位、撤军时间表等诸多问题上的严重分歧导致谈判陷入僵局。伊拉克政府日益体现出独立性的一面，密切注意国内各派政治势力以及伊朗等周边国家的反应，表示不希望美军永久或长期留驻伊拉克，拒绝有损伊拉克主权的美国要求。什叶派武装"萨德尔运动"领导人萨德尔说，如果政府不与美国签署该协议，他将准备与政府合作。

尽管美国国内仍有延长在伊拉克驻军或增兵的强硬声音，布什政府于2008年7月底同意考虑进一步减少驻伊美军人数和缩短留驻期限，但拒绝给美军撤离设定硬性的时间表，这说明布什政府有边走边看的心态，美伊政府在驻军与撤军问题上仍存在较大分歧，实质性的伊拉克政策转机可能要看美国新政府上台之后的动作。美国《华盛顿邮报》也认为，美伊双方正在讨论制定一份过渡性文件，而完成长期关系谈判和正式签署驻军协议的工作将由新一届美国政府来完成。

奥巴马反对伊拉克战争。奥巴马表示，美国必须以负责任的方式结束伊拉克战争，同时重新确立美国的领导地位，以应对新的全球性挑战并抓住种种新契机。如果美国新政府尤其是奥巴马政府采取对外多边与和解为先的政策，在大国关系稳定以及周边国家和阿拉伯温和国家的帮助下，尤其是在美国缓和与伊朗关系的情况下，伊拉克局势有望出现大幅度缓和，美国不用武力占领同样可以取得石油利益。2008年7月，美国民主党总统候选人奥巴马访问伊拉克，强调驻伊美军应在16个月内撤出，并可抽调其中部分兵力增援局势趋于不稳定的阿富汗。

四 中东和谈无法取得实质进展

巴以和谈不可能取得实质进展，巴方内部派别的分歧难以化解，团结更多是姿态，实质分歧太大，阿巴斯处境依然尴尬，以色列政府极不稳定，内部党派斗争激烈。中东和谈轨道难以割裂进行，尽管叙以谈判恢复并取得一定进展，但在实质问题上以色列能做出多大让步仍是个疑问。由于巴勒斯坦内部法塔赫控制约旦河西岸、哈马斯控制加沙的事实分裂局面没有改变，在没有哈马斯参与的情况下，巴以谈判难以取得进展。以色列奥尔默特政府地位不稳固，政府多次威胁对伊朗动武更多的是转移国内注意力，但奥尔默特仍不得不表示欲于2008年9月辞职，以色列政坛进入新的不稳定时期，并直接影响阿以谈判，尤其是巴以双方不可能在2008年底按照2007年底在美国举行的中东和会日程达成一揽子协议。

以色列与叙利亚在土耳其的斡旋下展开非直接谈判，试图离间叙利亚与伊朗的盟友关系，减弱叙利亚对黎巴嫩局势的干预，同时推进巴以谈判。叙利亚也表现出改善与以色列和西方关系的愿望，此举引起伊朗的不满。以叙谈判没能解决实质问题，叙利亚顾忌伊朗，没能走得太远，总统巴沙尔在核问题紧张的情况下于2008年8月初访问伊朗。中东和谈的根本好转，有赖于未来美国新政府的政策回归和转向。

五　美国未必会长期陷在中东

2003年3月伊拉克战争以来，尤其是2004年战争出现长期化态势以后，媒体和学界认定布什政府已经陷入以伊拉克为代表的中东困局而不能自拔，其中东政策已经遭遇比较彻底的失败。多数人已不相信美国政府还要对伊朗发起攻击的危言耸听，美国政府已经难以发起一场新战争。笔者一直赞同这样的说法。相信已经没有多少人质疑这样的说法和布什所面临的困境。但包括美国自身的许多学者在内，国内外许多观察评论都指出，美国从2008年起将长期陷在伊拉克，无法摆脱中东困局。笔者当时就认为这一论断未免有些跟风和草率，未必经得起美国国内形势与世界形势发展的检验。我们常说的"计划不如变化快"也许要再次应验在这一假设上面。

为什么要这样说？不是出于刻意的标新立异而博取眼球，而是要基于历史和现实的判断。从历史上看，拿冷战期间美国发动的两次地区热战——朝鲜战争和越南战争看，两次局部战争都给美国造成了深深的创痛，那才叫打疼了美国，两次热战中美国军人均损失5万~6万人。美国将军曾痛苦地指出，朝鲜战争是美国在一个错误的地方、一个错误的时间打了一场错误的战争，想必读者对这一老生常谈的语句并不陌生。

越南战争也一样，美国感受到了痛苦的折磨。美国影视界在越战后不时翻出这本老账，回忆并放送许多有关越战的伤痕电影。20世纪60年代美国轰轰烈烈的反战运动深深地镌刻在美国历史和世界历史上，导致国会对总统滥用权力的愤怒并寻求限制总统权力，民权运动也如火如荼地发生、发展。当时的参谋长联席会议主席、从外行的商人转往这一重要岗位的麦克那马拉，后来撰写了带有忏悔性质的回忆录，承认了当时贸然推动越战扩大化的一系列鲁莽举动。这些无不说明越南战争的确是一场对美国人心理构成严重创伤的梦魇。

两次地区热战都拖了不短的时间，这是事实。朝鲜战争虽然很快结束了大规模战斗，但零星的冲突和交火并没有很快终结。越南战争从20世纪60年代肯尼迪总统上台之后发起，到约翰逊副总统转正后的战争严重扩大化，再到尼克松上台之后的果断收官，也绵延了10年有余。在这心理折磨的漫长时间里，相信当时的民众、学者、政客都会悲观地预测美国将长期陷入这样的战争梦魇而不能自拔。但历史发展证明，面对伤亡如此严重、形势更加糟糕的两次战争，美国并没有陷在困局中没完没了。美国新的政府上台后，只要下决心另起炉灶，调整或纠正前任的严重错误，美国就能够很快摆脱泥潭，而不会像许多人起初感性预测的那样看不到尽头。艾森豪威尔上台后，在对战争进程进行适当控制和应对的同时，开始大幅度纠正杜鲁门那种对"民主推广"和遏制共产主义的过度偏执和不顾一切的非理性，美国以较大的幅度和较快的步履从朝鲜抽身，完成了战略退却并在韩国保留驻军至今。

也许军人出身并有卓越战功的艾森豪威尔更懂得战争的代价和战略的适度进退，越是军人越是对战争持谨慎态度。就如伊拉克战争之前美国国务卿鲍威尔一度极力反对战争一样，他之后一直反对攻打伊朗，并为2003年支持新保守主义势力炮制的伊拉克战争理由而懊悔。同样反对布什攻打伊朗的美军驻中东中央司令部司令法伦也宣布辞职，不再陪布什政府瞎折腾了。还有当初受命指挥伊拉克战役的克拉克将军以及当时的国防部长盖茨，他们对美国再度发起新的战争都抱有极力抵制的态度，反对美国再度于中东惹上大麻烦，应该说他们是非常清醒的。所以说，如果近期美国要进攻伊朗，不知要由谁指挥，总不能是口头强硬且不认输的布什或切尼亲自出马吧?

再说越南战争。约翰逊总统任内越南战争严重扩大化,从肯尼迪当初发起的有限特种战争(只有5万多人介入越南)迅速增加到20世纪60年代末的55万军队介入越南,但不断遭遇挫折和失败。美国沉浸在痛苦和躁动之中。约翰逊遭遇国内的强大压力和抨击,比小布什政府要严重得多,毕竟布什2008年还声称要在空中度过,要飞来飞去进行外交斡旋,谋求外交遗产,他还蛮轻松的。那时的约翰逊可谓心情沉重并且有了自知之明,自动放弃谋求1968年的总统竞选连任。1968年尼克松竞选成功上台,迅速调整美国的战争政策,在适度支撑战争进程的同时,急谋抽身之策。尼克松1972年连任总统,在他和基辛格的运筹下,美国侧路寻求战略突破和解围,成功地对华示好并打开对华关系大门。20世纪70年代初,美国已经逐步与越南脱离接触,军队陆续撤离,到1973年彻底结束越南战争。

而相比朝鲜战争和越南战争,美国在中东陷入的伊拉克困局,以及在巴勒斯坦问题、伊朗核问题、与叙利亚对立等方面的僵局还算不上那样严重。美军死亡人数刚超过4000人。可以说,美国在中东面临的持续冲突的烈度和深度并不高,下届美国政府,只要下定决心大幅度调整中东政策、弥合与伊斯兰世界的关系、发动"温和阿拉伯国家"以及借助西方盟友和多边外交的策应力度,美国就有能力、有战略实现从中东较快脱身!凭借美国今天仍然超强的硬实力,以及能较快弥补的强大软实力,这种前景只是个政府战略意志的问题。

布什政府不想撤军,一再声称撤军将导致中东地区局势失控、美国利益受损。其实,如果美国在较短时期内有序撤军,受损的不是美国利益,拯救的恰恰是美国利益,美国将再次从困局中超脱出来。因为美国从伊拉克战争中所获寥寥,真正获益的是切尼等人的石油集团,以及美国的军工集团。布什政府要保住面子,布什本人的性格也是他们死撑的重要原因。而继续为布什政府垫背并付出代价的,则是美国的士兵和无辜的伊拉克民众。现在不能附和或强调美国将长期陷在中东不能自拔的说法,更不必悲观地认为将以7年或10年为牵制期限。那很可能又是一厢情愿和感性认知。

第七节　辨析大国的中东活动需两面视角

长期以来，美国、俄罗斯、欧盟各国、日本和印度等高度关注中东局势并在该地区展开竞争。这些大国在中东既存在斗争与竞争，也存在协调与合作。这是一个问题的两个方面，大国在中东活动的两面性一直存在，过于强调大国在中东地区的斗争与竞争或过于看重大国彼此的协调与合作都是片面的。大国在中东的活动充满斗争，但看待大国的中东战略及在中东的活动，不能光看到其在中东的争夺和较量，还要看到大国在中东战略上的共同点及其特征、大国之间的协调与合作，甚至大国的幕后磋商与交易。如果看不到大国之间的竞争与差异，就容易被一些大国的共同点所迷惑；而一味地重视大国的矛盾与竞争，又容易忽视大国经常进行协调与合作的一面。

一　大国的中东战略存在差异，各有得失

"二战"以来，从冷战到冷战后时期，美国均高度重视中东。尤其是冷战后，美国着眼于建立由其主导的世界新秩序，把依托美洲、称雄欧亚、控制中东作为其安全战略的总体目标，中东是其全球战略的重要环节。现实中，美国在中东也长期占据主导地位，美国对中东的介入历史悠久，涉足程度颇深。美国介入中东的手段很多，如以经济援助、军事技术合作以及价值观推广等多种手段维护自身的能源利益和安全利益，不容其他大国或地区反美国家挑战美国的这一主导或霸权地位。几年来，尽管布什政府在中东推行的激进变革战略使美国在中东陷入了前所未有的困境，但美国的实力没有受到根本的削弱，美国依然警惕其他大国对美国主导地位的干涉和觊觎。就战略的实施效果来看，应当说，"9·11"事件之后，布什政府治下的美国过高估计了其面临的恐怖威胁和自身实力，在一些战略性问题和环节方面判断错误，处置失当，没有反思美国自身在处理中东问题以及处理与伊斯兰世界关系问题上存在的错误和失误。自2005年以

来,除了在控制中东石油方面相对成功外,布什政府的中东政策已经在应对伊拉克局势、伊朗局势、阿富汗局势、反恐局势、巴以局势以及推广民主等多个层面上遭遇失败,与伊斯兰世界的对立加剧,与一些盟友国家的关系紧张或不睦,急需其他大国协助美国摆脱中东困局。

中东位于欧洲的南翼,欧洲大国与中东有着历史和地缘上的密切联系,中东形势发展直接影响欧洲的安全与稳定。欧盟希望中东地区保持基本稳定,保证其能源供应,稳步发展经贸往来,同时通过欧洲-地中海协定,加强与中东国家的关系,推动中东国家的渐进改革和发展。美国在中东遭遇的空前困局和中东的动荡局势,为欧洲扩大在中东的发言权提供了良好机遇,中东地区国家也对欧洲平衡美国的影响抱有很高的期望,欧洲的中东战略表现出较强的独立性和进取性。然而,必须看到,欧洲毕竟自身资源和能力不足,缺乏强制手段,加之美国对欧洲的作用同样存在很大的疑虑和戒心,欧洲内部的德、法、英等大国的中东战略存在一定分歧,各国政府的更迭也带来比较大的政策调整,这些因素都限制了欧洲作用的发挥,导致欧盟的中东战略表现出一定的对美依附性,不能完全独立。需要注意的是,几年来,伴随国力恢复和美国遭遇的困局,俄罗斯在中东的施展空间增大,独立性更强,俄罗斯力图恢复在中东的传统影响,以牵制美国的全球战略部署,减弱美国与欧盟在俄罗斯周边和全球的战略压力。但受制于实力、战略布局等各种因素,俄罗斯对美国的实际影响终归是有限的,其在中东的总体影响仍不及西方。

日本几十年来在中东也不甘寂寞、不甘人后。进入21世纪,日本在继续谋求保证其能源供应并加强经贸往来的同时,谋求在中东发挥政治和军事影响,把日本"二战"后一直追求的政治和军事大国构想重新变成现实。2006年7月,日本前首相小泉纯一郎访问以色列、巴勒斯坦和土耳其,首次提出建立和平繁荣走廊,通过向巴勒斯坦、以色列和约旦三方提供经济援助并推动经济合作让各方获益,进而推动巴以实现互信,重新启动和平谈判。2007年4月日本首相安倍晋三访问中东时力图推进经贸合作,推进巴以关系发展。安倍晋三先是前往美国访问,随后出访沙特、阿联酋、科威特、卡塔尔和埃及,随访的是由近200名日本企业家组成的经贸代表团。安倍晋三表示希望加强日本与沙特在能源、通信、采矿、机械制造方面的合作，在阿联酋表示希望推动日本同海湾合作委员会成员最终达成自由贸易协定。能源外交一贯是日本的重头戏，确保来自中东的能源供应和安全顺畅对日本举足轻重。2006年，日本从中东进口的原油占其原油进口总量的89%，[①] 其中来自海湾的占76%。日本能源外交有两个特点：一是注意官民一体，政府与民间企业"联合出击"；二是以本国的能源技术及设备优势换取能源，建立多层次的能源合作关系。[②] 日本努力加强与阿拉伯国家在政治、文化方面的联系，扩大在中东的影响。可以说日本埋头苦心经营已经取得了比较好的效果，中东国家对日本的印象也不错。印度介入中东相对较晚，但近年来也加大与中东能源生产大国的交往力度，并与以色列展开军事安全合作。早在2006年2月，就有报道称印度和以色列签署了共同生产远程地空导弹的协议。[③]

二 大国的中东战略更多表现为竞争性

美国和俄罗斯之间的竞争关系比较明显和强烈。进入普京时代，俄罗斯国力稳步提升，外交日趋活跃和强硬，而以美国为首的西方世界继续加大力度打压俄罗斯，进一步坚定了俄罗斯进行独立的中东外交的决心。而美国的中东战略受阻，在中东遭遇困局，给俄罗斯提供了在中东施展影响的机会。历史上，中东与俄罗斯也有密切的地缘政治和经济联系。在此大背景下，俄罗斯的中东政策相对独立，政策实用主义明显，带有明显的变幻特征。俄罗斯在中东舞台上，坚持集体行动优先，反对美国的单边主义，不愿意追随美国而当配角，努力争取俄罗斯自身的话语权，这方面与欧盟有一定的相似性。考虑到地理因素和安全利益，俄罗斯与欧盟国家在维护中东稳定方面有共同点。而且俄罗斯有时为了自己的利益和影响而单独行动，比如2006年俄罗斯与被美国孤立和打压的哈马斯进行接触，认

---

① 《日本原油进口量连续11个月下滑》，新华社东京2007年4月27日专电，转引自中国证券网，2007年4月27日。
② 刘畅：《日本能源"外交周"：中东图油 中亚谋铀》，《人民日报》2007年5月1日。
③ 《印度以色列将共同开发"巴拉克"远程地空导弹》，中国日报网站，2006年2月6日，http://www.chinadaily.com.cn/gb/doc/2006-02/06/content_517497.htm。

为西方要推动巴以和谈，就不能忽视哈马斯的地位和影响。2006年初，巴勒斯坦议会选举结束后，被美国一直视为恐怖主义组织的哈马斯取得胜利，美国不承认其合法性地位，而俄罗斯很快承认了哈马斯的合法性地位并邀请哈马斯领导人访问俄罗斯。从客观上看，俄罗斯颇有个性的中东政策有助于平衡地区力量对比，对美国的单边霸权战略形成一定掣肘。俄罗斯还明显增大了经济外交的内涵和分量，与阿以双方同时发展经贸关系，推动俄罗斯与中东国家的政治经济和军事合作。俄罗斯与伊朗、叙利亚、苏丹等不少国家发展关系甚至开展核能技术合作，出售高科技武器。对于最为敏感和激烈的伊朗核问题，俄罗斯也加大斡旋和干预力度，强烈反对美国打击伊朗。2007年10月，俄罗斯总统普京高调访问伊朗，反对美国对伊朗制裁或动武，抨击美国制裁伊朗军队的做法并宣布俄罗斯有权在规定范围内向伊朗出售武器和技术。2008年3月21日，巴勒斯坦民族权力机构主席阿巴斯在与到访的俄罗斯外交部长拉夫罗夫会谈后说，巴方希望俄罗斯尽早组织召开中东问题国际会议，以推动中东和平进程取得进展。拉夫罗夫表示，俄罗斯支持中东和平进程，正在同有关方面协调，准备在莫斯科组织召开中东问题国际会议。[①] 这些均显示俄罗斯在中东具有灵活而强硬的外交手段。

美国与欧盟的中东政策虽然有共同的一面，但差异性也很明显，分歧也在增多。出于地缘上的考虑，欧洲从内心希望中东保持稳定，避免冲击自身的安全与稳定，因此欧盟的中东战略推进手段与美国相差甚远。欧盟与美国的中东战略的出发点差异很大。欧洲与中东毗邻，历史上与中东联系密切；欧洲对中东的能源依赖很深；欧洲的伊斯兰问题日益政治化，各国穆斯林人口增长迅速，近年来种族和宗教问题已经闹得沸沸扬扬，如果中东不稳定或者欧盟的中东政策失当，将严重冲击欧盟国家的国内稳定。这些因素促使欧洲的中东政策与美国保持距离。而美国则不然，它离中东较远，对中东能源的依赖性相对较弱，美国国内的穆斯林人口比例相对较低，社会影响有限，尤其是美国的中东政策受到犹太人院外集团的干扰和

[①] 王志强、华春雨：《阿巴斯希望俄罗斯尽早组织召开中东问题国际会议》，新华网拉姆安拉2008年3月21日电。

左右，其推行中东战略的方式和手段与欧盟差别很大。在处理反恐、推进民主、解决伊朗核问题等的方式上，美国强调武力、单边主义和预防性打击，而欧洲则强调多边机制、谈判与对话，发挥联合国等国际机构的作用，利用欧洲与中东的传统和经贸关系，推进中东渐进改革和综合治理。欧盟认识到要加强与地中海国家的关系，通过渐进改革来消除其脆弱性，通过不断的接触和对话来帮助和引导伊斯兰国家的民主进程而不是通过武力推进民主。对美国已经落败的"大中东民主计划"，欧盟不赞同也不热心；欧盟始终没有放弃同伊朗保持对话，赞成通过政治经济和技术上的援助来换取伊朗与国际社会的合作，虽然赞成对伊朗实施更严厉的制裁，但坚决反对军事打击。巴以问题是中东各类问题的核心，而布什政府执政期间严重忽视巴以问题的解决，继续激化各类矛盾；欧洲则一直主张解决巴勒斯坦问题，加大对中东和平进程的推进力度，以消除动荡源头，其态度和立场相对公正。"9·11"事件发生以来，美国将恐怖主义威胁置于优先考虑，强力推进反恐，但欧洲认为这个威胁不严重，反恐战争可能引起地区动荡并直接危及其自身，欧盟国家主张对恐怖主义进行综合治理，反对单纯使用武力，尤其避免文明和宗教对立的错误构想。

三 大国的中东战略存在一些共同表象

谋求能源利益并重视地缘重要性是世界大国设法涉足中东的关键着眼点。能源的不可再生性及其地缘分布的严重失衡，使中东能源因素成为世界大国制定对外政策的参考要素之一。同时，中东一向有"五海三洲之地"的称谓，地缘战略位置极为重要，它处于欧亚非大陆结合部，有直布罗陀海峡、曼德海峡、霍尔木兹海峡以及苏伊士运河等多个海运要道，中东在世界大国的安全战略部署和能源运输地图中居于显要位置。美国、俄罗斯、欧洲各国、日本以及印度等域外大国均设法从中东攫取战略利益。利用地区盟国作为战略支点是各国共同的手段之一，美国长期以来在该地区培植亲美势力和政权，以色列、土耳其、沙特、埃及、约旦均系美国的重要盟友，叙利亚、伊朗等国与俄罗斯的关系有很好的历史基础，英国、法国则试图影响其前殖民地地区。军火贸易是美国、俄罗斯、德国、法国、英国等大国介入该地区的另一个重要渠道。由于复杂的内外因素相互交织,中东地区长期动荡不宁,直接冲突方以及地区国家往往依附于某大国并购买大量军火,巨额石油美元又回流到大国手中。

围绕中东展开的大国关系以及地区局势发展均受到美国中东战略的带动和影响。中东局势和大国关系深受美国政策的影响,但不同政府的中东政策差别很大。尤其是布什政府抛弃了美国历届政府采取的相对行之有效的办法,即在中东维持适度平衡、保持一定政策弹性,转而颠覆性地修改了前任克林顿政府相对成熟的中东政策和框架,奉行单边主义和先发制人,推动全球反恐战争,推动"大中东民主计划",忽视解决巴以核心问题,把巴以问题纳入反恐和"民主改造"范畴,很快导致布什主义和极端主义迎头相撞,使美国中东战略的推行带有强烈的意识形态和文明冲突色彩,在事实上造成了美国与伊斯兰世界的严重对立。中东局势自2007年就已经进入一种动态性的相持时期。放大视角来看,美国历届政府尤其是布什政府的中东政策深刻影响和牵制着其他大国的中东战略定位,其他大国不断参照美国的政策动向而进行互动和调整,并反过来对美国的中东政策形成一定影响。

四 大国在竞争的同时注意彼此协调

实际上,有关大国的斗争是有限度的,各方同时努力寻求和保持"斗而不破"的局面,在一些问题上希望共同参与中东事务。尽管美国、日本和欧盟的中东战略侧重点有所不同,但三方同属西方阵营,它们在中东有相同或相似的能源利益和安全利益并推广西方价值观,如反恐、防扩散、促进政治和经济改革、保证石油供应、维持西方在中东的既得利益等,它们的中东战略其实存在许多相通性,总体看比较接近。尽管德、法、英等国政府陆续出现更迭,但新政府仍注意在一些实质问题上维护西方阵营利益。萨科齐取代希拉克成为法国总统、默克尔取代施罗德成为德国总理之后,他们的立场更加亲美,在中东政策方面与美国的协调与合作加强。英国的布朗政府取代布莱尔政府之后,虽然在伊拉克、伊朗、巴以问题上与布什政府的中东政策拉开了一定距离,但总体上仍能配合美国的行动，帮助美国摆脱困局。美国和欧盟在伊朗核问题上的最大共同点是对伊朗施加外交压力，迫使其放弃核计划。迄今为止，无论在国际原子能机构还是在联合国安理会，美国和欧盟在该问题上基本保持共同进退。

美国和俄罗斯也有一些默契和协调，如在推出中东和平"路线图"、推动中东问题四方会谈等方面，俄罗斯一直与国际社会保持协调，并在联合国平台内进行了许多重要合作。俄罗斯实际上不是反美和反西方，而更多的是争取话语权，与美国的斗争与合作并存，与美国"斗而不破"。多年来，俄罗斯这种与美国和欧盟保持一定距离，既竞争又合作的关系格局一直持续着。俄罗斯在中东的政策和利益取决于多元化战略，其政策越来越务实而积极。虽然俄罗斯对美国的"大中东民主计划"表示怀疑，但最终还是于2004年中接受该计划并作为八国集团首脑会议的重要议题。俄罗斯在伊朗核问题上认可欧盟发挥作用，在防扩散方面与西方有共同利益，不允许伊朗拥有核武器。尽管俄罗斯向伊朗和叙利亚出售武器和技术，但一再声称不违反国际承诺。俄罗斯强烈反对美国以核问题为借口干涉伊朗等国内政，但本意并不是与美国闹翻，更不想与美国硬碰硬。虽然俄罗斯曾果断地与巴勒斯坦的哈马斯进行过接触，但说到底，哈马斯只是俄罗斯手中的一个棋子，俄罗斯欲借此与美国争夺发言权，为其与美国的全面较量增加一个重要砝码。

第三章
奥巴马时期的中东战略

第一节 奥巴马的战略变革与中东时局发展

2009年1月奥巴马上台以来，力图从整体上缓和与伊斯兰世界的关系，弥合与伊斯兰世界的分歧，借助埃及、约旦、沙特、土耳其等中东盟友的策应和支持，带动中东和谈取得实质进展，谋求与伊朗关系的可控发展或战略缓和，稳健完成从伊拉克撤军并加强在阿富汗的"反恐"行动，最终完成对布什政府中东战略的修正与变革，真正维护美国的战略利益。奥巴马可能在一些方面取得了成果甚至突破，但在阿富汗反恐以及中东和谈问题上面临强大阻力。

一 交好伊斯兰世界，引领中东政策变革

从2008年的总统竞选开始，奥巴马对中东和伊斯兰世界的政策就具有一脉相承的特征并逐步贯彻落实。以奥巴马为首的美国新一届政府要调整前任政府在处理与伊斯兰世界关系方面的偏差和错误，弥合与伊斯兰世界的分歧和裂痕。奥巴马入主白宫后首次正式接受采访时表示，将在任期内致力于修复美国同伊斯兰世界的关系，并称美国不与伊斯兰世

界为敌,"我们有时也犯错误,我们并不完美",① 美国希望在"共同利益和相互尊重"的基础上与伊斯兰世界展开对话。就任美国总统之后几个月,他两次访问中东,表现出对前任的中东政策进行战略修正的决心和勇气。

国务卿希拉里的前站之旅。在奥巴马访问中东之前,美国国务卿希拉里于2009年2月18~19日访问印尼。印尼是全世界最大的伊斯兰国家,奥巴马童年时曾与母亲及继父在此生活过,希拉里作为新政府的外交事务主管,选择印尼作为亚洲之行的第二站,意在表明美国新政府非常看重与伊斯兰世界的交往,希望重新塑造和树立美国在伊斯兰世界的形象。印尼在民族融合、文化交融方面做得比较成功,有望成为美国与伊斯兰世界交流的重要桥梁,同时它还是国际反恐的前沿国家,美国新政府的反恐政策需要印尼等伊斯兰国家的协助和支持。希拉里在访问中着力表达了对伊斯兰世界的善意,称美国正在开展"巧实力"外交,希望与印尼建立广泛的合作伙伴关系。印尼总统苏西洛在会见希拉里后说,他对奥巴马政府寻求改善同伊斯兰世界的关系表示赞赏,希望增进不同宗教间的和谐对话,加强西方国家与伊斯兰世界的沟通。②

奥巴马首赴中东释放善意信号。2009年4月,奥巴马结束参加北约和欧盟峰会后访问土耳其并突访伊拉克。土耳其是奥巴马上任后出访的第一个中东国家和伊斯兰国家,其中具有一些特别意义和考虑。土耳其是美国在中东的坚定盟友之一,美国长期以来把土耳其看作连接西方与伊斯兰世界的桥梁,赞扬土耳其在世俗化、现代化和伊斯兰教信仰之间保持了平衡,并表示要支持其加入欧盟。奥巴马意在通过土耳其进一步向中东国家、向整个伊斯兰世界释放善意,缓和8年来美国与伊斯兰世界的紧张关系,在中东和国际社会修补美国形象、恢复影响。奥巴马在演讲中肯定了伊斯兰信仰为世界和平做出的重大贡献,希望在互惠互利和相互尊重的基础上与伊斯兰国家建立伙伴关系。他强调,美国绝不会也永远不会和伊斯兰国家发生战争,对仔细倾听伊斯兰世界的声音深怀敬意,寻求与之消除误会、

---

① 赵毅:《希拉里首访亚洲意味着什么》,新华网华盛顿2009年2月13日电。
② 赵金川、杨达:《印尼总统苏西洛会见美国国务卿希拉里》,新华网雅加达2009年2月19日电。

共同进步。① 奥巴马突访伊拉克则更多的是关心伊拉克局势与美军前途。

奥巴马二赴中东继续推动和解。2009年6月上旬，奥巴马就任总统之后第二次赴中东访问沙特和埃及，两国也都是美国在中东的盟友和战略支柱国家。他与沙特国王阿卜杜拉就巴以局势、伊朗核问题、国际金融危机等问题举行会谈，②表示美国和沙特有着长期牢固的战略关系，强调访问沙特这一伊斯兰教发源地十分重要。在埃及开罗大学发表演讲是奥巴马此次访问的精彩一笔。他明确提出伊斯兰教是促进和平的力量，美国希望与伊斯兰世界结束多年的猜忌，③两者并不排斥，不需要相互竞争，要彼此尊重、寻求共识、和平共处，开始新关系和新里程；美国与伊斯兰世界在打击极端主义方面具有共同利益，可以相互支持。以上这些表态与布什政府一度提出的"打击伊斯兰法西斯主义"有天壤之别。更为精彩的是，奥巴马在演讲中分别引用了中东三大宗教的经典名言以推动宗教和谐共处。《古兰经》上说："众人啊！我确已从一男一女创造你们，我使你们成为许多民族和宗族，以便你们互相认识。"《犹太法典》上说："所有教律都是为了促进和平。"《圣经》上说："使人和睦的人有福了，因为他们必称为神的儿子。"④ 在推动民主方面，奥巴马以新的基调否定了布什政府的"大中东民主计划"，指出"任何国家都不能也不应该把政治制度施加到另外一个国家之上"。⑤

奥巴马的政策调整正在带来新气象。奥巴马政府努力寻求与伊朗关系的实质改善。继美国政府允许驻外使馆邀请伊朗外交官参加美国国庆纪念活动之后，奥巴马在埃及再次表示美国愿与伊朗在相互尊重的基础上解决问题，美国支持防扩散立场但尊重伊朗在遵守《不扩散核武器条约》基础上所拥有的和平利用核能权利。关于对伊拉克和阿富汗政策，他说美国无意在两国设立永久军事基地，⑥完成反恐行动后美国将撤出阿富汗，并表示仅仅靠军事力量无法解决阿富汗问题，这一表态体现出明显的觉悟。

---

① 文怡、郑金发：《奥巴马称美国绝对不会和伊斯兰世界发生战争》，新华网安卡拉2009年4月6日电。
② 李震、王志强：《沙特国王与奥巴马举行会谈》，新华网利雅得2009年6月3日电。
③ "Full Text of Barack Obama's Speech in Cairo", http://obama.wsj.com/article/04HP4rK2zBdTi.
④ "Full Text of Barack Obama's Speech in Cairo", http://obama.wsj.com/article/04HP4rK2zBdTi.
⑤ "Full Text of Barack Obama's Speech in Cairo", http://obama.wsj.com/article/04HP4rK2zBdTi.
⑥ "Full Text of Barack Obama's Speech in Cairo", http://obama.wsj.com/article/04HP4rK2zBdTi.

在巴以问题上,以色列右翼总理内塔尼亚胡的强硬立场是一贯和有名的,但奥巴马政府明确向以色列政府施压,其言行和立场比布什政府有比较明显的进步。

奥巴马提出的可谓全新的对伊斯兰、对中东政策具有多重出发点。布什政府使美国在中东遭遇了重大挫折,加之金融危机来袭,美国的国际影响力、战略运筹能力受到削弱和掣肘;美国国内各界从2008年大选至今不断进行深刻反思,推动了美国对伊斯兰和对中东政策的整体转变;美国民主党新政府更侧重多边主义和"巧实力"战略,反对单边主义并主张慎用武力,美国众议院议长佩洛西高度评价奥巴马在中东的讲话;奥巴马本人在非洲、印尼、美国等各地的成长经历和思想背景有利于其形成多元的价值观和执政理念,并对其外交政策产生重大影响。

受美国国内右翼保守势力、院外犹太人集团、军工以及石油利益集团等因素的牵制,奥巴马政府的政策调整不会一帆风顺也在预料之中。例如,众议院少数党领袖博纳指出,奥巴马不该将中东和平进程缺乏进展的责任同等归咎于以色列与巴勒斯坦方面,哈马斯是伊朗和叙利亚支持的恐怖组织。[①] 前副总统切尼更是有些耸人听闻,指责奥巴马削弱了美国在中东的"反恐能力",是对"基地"组织的姑息养奸,甚至会造成"9·11"事件重演。[②] 曾参加2008年总统大选的共和党候选人罗姆尼表示,奥巴马太多的道歉表态有损美国的国家形象和软实力,他甚至"哀求"奥巴马不要再道歉了。民主党的前国务卿奥尔布赖特也认为,奥巴马在对伊斯兰世界释放善意的同时也要让美国人明白他不会"出卖"美国。[③] 因此,奥巴马对伊斯兰世界的善意将是有分寸和有尺度的。

二 重启中东和谈需要艰难磨合

布什政府曾于2003年大张旗鼓地提出中东和平"路线图"计划并寻求推进,于2007年底在美国撮合中东和会,以求在推动中东和谈问题方

---

① 《奥巴马中东首秀结束 反应纷杂面临考验》,中广网,2009年6月5日。
② 张敬伟:《奥巴马向伊斯兰世界示善意 恐里外不讨好》,《侨报》2009年6月9日。
③ 张敬伟:《奥巴马向伊斯兰世界示善意 恐里外不讨好》,《侨报》2009年6月9日。

面有所交代，但最终均无果而终。不能说布什政府没有在推动解决中东和谈上下功夫，但力度明显不够，其中东政策的着眼点也不在这里，整个中东和平进程在布什政府时期不是进步，而是出现严重僵持和倒退。

奥巴马充分认识到推动中东和谈尤其是巴以和谈是解决中东诸多问题的题眼，将推动巴以实现和平作为改善与伊斯兰国家特别是阿拉伯国家关系的突破点。他任命曾经在布什政府第一任期内斡旋巴以和谈并于2001年4月提出《米切尔报告》的乔治·米切尔为中东问题特使，并派其于2009年1月、4月、7月三次出使中东斡旋重启和谈。美国国务卿希拉里于2009年3月初也赴中东进行斡旋，奥巴马两度出访中东也或多或少与该问题有关，他还邀请巴以首脑、埃及总统和约旦国王等中东和谈有关方面的领导人访美。2009年7月底，美国高官集体出动，分三路到中东斡旋中东和谈等问题。美国中东问题特使米切尔于7月26日抵达叙利亚，并访问以色列、巴勒斯坦、埃及和巴林。国防部长盖茨于7月27日开始访问以色列，与以色列总理内塔尼亚胡和国防部长巴拉克等政府要员举行会晤。美国总统国家安全事务助理琼斯和美国国家安全委员会伊朗问题专家罗斯等也访问了以色列。

奥巴马政府在中东和谈方面的主要设计是推广"两国方案"。2009年4月16日，米切尔在以色列强调，奥巴马决心把实现中东全面和平置于绝对优先地位，美国致力于落实解决巴以问题的"两国方案"，该方案是当时解决巴以问题"最好和唯一"的办法。[1] 美国明确支持巴勒斯坦建国。奥巴马、希拉里以及米切尔多次表示美国政府将积极推动建立一个巴勒斯坦国，旨在实现巴以和平的"两国方案"是"不可避免"的。美国期待巴以双方就奥巴马提出的"中东全面和平计划"进行讨论并加以推动，希望以色列接受"两国方案"，立即停止约旦河西岸地区有关犹太人定居点的一切建设活动。[2] 尽管奥巴马政府的提议尚显笼统，不新鲜也不完全成熟，早在克林顿执政时期就有多次更精确的规划和设计，布什在美国安纳波利斯撮合召开的中东和会也做出了一些美好设计，但奥巴马政府

---

[1] 《巴以问题：美国新政府能有多大作为》，新华网北京2009年4月19日电。
[2] 蒋国鹏、赵毅：《美国向巴基斯坦提供紧急人道主义援助》，新华网华盛顿2009年5月19日电。

高官马不停蹄地访问中东，高度重视斡旋解决中东问题，本身就说明了其中不同寻常的意义。

相比布什政府2001年上台之后到"9·11"事件之前在巴以问题上的冷漠和超脱，奥巴马政府明显要积极得多，这一点获得了阿拉伯世界乃至巴勒斯坦激进派别哈马斯以及国际社会的肯定，增强了人们对美国新政府推动中东和谈的期待。2009年4月16日，巴勒斯坦首席谈判代表埃雷卡特说，巴以重启和谈的前提是以色列认同并致力于实现"两国方案"。① 2009年4月11日，约旦国王阿卜杜拉敦促阿拉伯国家协调统一立场，在"两国方案"的基础上尽快重启与以色列新政府的和平谈判。联合国表示"两国方案"是唯一出路。在包括美国在内的外界压力下，以色列态度有所软化，但以色列政府有条件地接受该方案更多的是权宜之计，以色列强调不接受国际社会强加的任何和平协议，同意美国坚持的"两国方案"用于解决巴以争端，但强调巴勒斯坦国只能包括约旦河西岸80%的土地。② 内塔尼亚胡拒绝了美国提出的以色列应停止在东耶路撒冷兴建新犹太人住宅区的要求，并表示不会拆除在约旦河西岸的隔离墙。

尽管奥巴马政府不能无视犹太人院外集团的利益和压力，但相比布什政府明显偏袒以色列的立场，奥巴马政府还是顶住压力，对以色列的立场有了明显调整。从奥巴马本人到中东问题特使米切尔，再到国务卿希拉里以及国防部长盖茨，在访问中东期间，都表示愿意倾听有关各方的观点，改变了前任布什政府支持以色列强硬立场的姿态，并对以色列拒绝停止修建一些重要定居点、模糊处理"两国方案"的做法提出批评，施加现实压力和影响。针对以色列提出的"两国方案"没有出路的言论，奥巴马强调，"两国方案"将是解决巴以问题的唯一出路，他几次提醒以色列总理内塔尼亚胡接受巴勒斯坦建国目标，告诫以色列和巴勒斯坦人不要无限期对立。2009年3月国务卿希拉里访问以色列期间，对以色列建设非法

---

① 齐湘辉、华春雨：《巴官员说以色列认同"两国方案"是重启和谈的前提》，新华网拉姆安拉2009年4月16日电。
② 安国章：《中东媒体称叙总统巴沙尔要乘直升机逃亡国外》，人民网2009年7月19日电。

定居点等举动进行了措辞较为激烈的评论,并向当时有望担任以色列新总理的右翼强硬人物内塔尼亚胡暗示,即使巴以双方还没有达成最终协议,美国也支持巴勒斯坦尽快建立自己的国家。

奥巴马政府认识到哈马斯在中东和谈中的重要作用和角色,打算认真考虑对哈马斯的政策。奥巴马政府不是像以往政府那样支持以色列对哈马斯采取简单粗暴的排斥做法,甚至"定点清除"的残酷镇压政策,而是试图缓和与哈马斯的关系。2009年3月,希拉里暗示只要哈马斯承认以色列,美国就可以承认并支持包括哈马斯在内的巴勒斯坦联合政府,美国支持法塔赫尽快组成包括哈马斯在内的联合政府。[①] 瑞士强调支持与哈马斯进行对话。2009年7月17日,瑞士政府会晤来访的哈马斯高级代表团时表示,必须与包括哈马斯在内的中东有关各方进行对话,只有这样才能解决中东问题。哈马斯领导人感受到美国和西方社会的微妙善意和变化,也顺水推舟,开始调整斗争策略,注意美化形象,缓和与美国的关系。2009年7月18日,法塔赫和哈马斯代表在开罗启动新一轮内部和解对话的预备性磋商,正式对话于8月25日举行,以商讨结束两派在约旦河西岸和加沙地带的实际分立状态。2009年7月22日,哈马斯高级领导人哈尼亚在加沙地带说,如果能实现巴勒斯坦内部和解,哈马斯愿意放弃其在政府和立法委中的席位。[②] 2009年7月24日,哈马斯决定暂停发射火箭弹,把主要精力转向通过发展文化创意与国际公关寻求国内外舆论支持。当天,哈马斯赞助大型集体婚礼,382对巴勒斯坦新人在叙利亚首都大马士革的雅尔穆克难民营举行集体婚礼。

美国特别强调缓和与叙利亚的关系,强调应恢复叙以和谈。在布什政府任内,美国与叙利亚的关系非常紧张。奥巴马就职后短短一个多月,就派遣4个议会代表团、1个特使团访问叙利亚。2009年6月24日,在召回驻叙利亚大使4年后,美国决定重新派遣驻叙利亚大使。[③] 美国中东特

[①] 杨俊:《希拉里访中东 为"接触政策"预热》,《人民日报》2009年3月11日。
[②] 华春雨、齐湘辉:《阿巴斯说以色列必须拆除隔离墙》,新华网拉姆安拉2009年7月22日电。
[③] 赵毅、蒋国鹏:《美国宣布将重新派遣驻叙利亚大使》,新华网华盛顿2009年6月24日电。

使米切尔强调应恢复叙以和谈。2009年4月米切尔访问叙利亚时提出解决叙以争端的具体方案,即把叙以之间最敏感的戈兰高地问题分两个阶段解决。首先成立叙以联合管理机构,双方合作发展该地区的经济和旅游事业,把戈兰高地三分之一的地区建设成为一个自然保护区或和平公园。然后再转入第二阶段——叙以之间实现全面持久和平,将戈兰高地主权归还叙利亚。[1] 叙利亚随即对美国的善意做出回应,采取措施限制哈马斯领导人在叙利亚的活动。2009年7月26日,三访中东的米切尔与叙利亚总统巴沙尔会谈时说,美国当前的目标是恢复叙以和谈,并讨论中东和平前景,改善叙美关系,强调叙利亚在实现中东安全与稳定方面发挥的重要作用。以上也说明在中东和谈问题上,美国新政府开始改变对巴以、叙以、黎以和谈轨道中阿拉伯国家的分化政策,试图协同推进三大轨道的谈判。

需要指出的是,在推进中东和谈问题上,奥巴马政府仍在投石问路,所提方案既不明确也缺乏断然决心,主要是因为仍受到一些内外因素的牵制。美国国内的保守势力,尤其是与以色列有关的各股政治力量,已经按捺不住对奥巴马的不满,奥巴马能在美国的"传统"中东路线上偏离多远仍待观察。[2] 以色列政坛纷争不断,联合政府一向不稳,右翼与极右翼势力在和谈问题上一向立场强硬、锱铢必较,即便是左翼的工党、中间偏左的前进党在巴以谈判的关键问题上也不轻易退让。客观而言,巴勒斯坦难民回归、边界划分、定居点建设、耶路撒冷地位等诸多问题过于复杂,双方立场差距太大。叙以和谈相对简单一些,但双方果断解决戈兰高地问题氛围不够、时机未到。主观上,以色列与中东和谈的直接当事方对立乃至仇视情绪根深蒂固,沙特、埃及等阿拉伯大国所持立场与巴方也有差异,沙特和约旦外交大臣于2009年8月初访美期间相继拒绝了美国关于阿拉伯国家改善与以色列关系以重启中东和谈的提议,强调以色列必须先从被占领土上撤出,阿拉伯国家才有可能与以色列谈关系正常化问题。美国在中东和谈问题上还面临着俄罗斯的一些牵制。

---

[1] 安国章:《美国提出解决叙以争端的具体方案》,人民网2009年7月15日电。
[2] 陈永杰:《奥巴马的"中东新政"》,http://www.xilu.com/2009/0615/news_1383_258206.htm。

三 美国与伊朗等待对方实质让步

美国与伊朗的关系在布什政府任期内经历了多次刀光剑影和惊心动魄的时刻,为世界所瞩目。美国当初在发动阿富汗战争的时候,伊朗实际上是提供支持的,因为伊朗与美国的盟友——阿富汗北方联盟关系密切。2003年,美国推翻萨达姆政权,伊朗心中也是默认支持的。但布什政府将伊朗伸出的橄榄枝一直拒之门外,伊朗被迫与布什政府"顶牛"。即便在布什政府执政后期,伊朗也几度发出缓和信号,但布什政府难以进行战略性调整。伊朗后来把希望寄托到奥巴马身上,希望奥巴马政府做出战略性调整。奥巴马赢得大选后,伊朗总统内贾德及时去信表示祝贺,言辞中表露出期待美国新政府采取缓和政策的强烈愿望,当时奥巴马予以谨慎回应。伊朗长期以来跟美国提的条件很简单直接:承认伊朗现政权,美国与伊朗实现关系正常化乃至建交。核问题更多的是伊朗争取这一目标的手段。国际有关机构对伊朗的动机看得比较明白,国际原子能机构官员质疑伊朗将在半年内拥有核武器的有关报道,认为可能性很小。[①] 2009年7月21日,伊朗驻国际原子能机构大使苏里塔尼耶强调,国际原子能机构在伊朗的正常核查仍在继续且没有遇到任何阻碍。

奥巴马和希拉里在竞选期间就已经表达了欲改善美国与伊朗关系的观点,与布什政府的对立政策存在明显不同。奥巴马上任总统、希拉里就任国务卿之后,尽管依然要求伊朗放弃谋求核武器,但对改善与伊朗关系一再做出姿态。伊朗坚持要美国拿出改善关系的实际行动,同时也做了适度回应。2009年2月7日,出席慕尼黑安全会议的伊朗议长拉里贾尼表示,伊朗愿意与其他国家合作,为实现地区和平与安全开启新的窗口。伊朗总统内贾德表示期待美国新政府真正做出改变。美国副总统拜登则表示,美国愿意与伊朗进行直接对话。2009年3月5日,希拉里邀请伊朗参加有关阿富汗问题的会议,伊朗随即表示予以考虑。2009年3月20日,奥巴

[①] 刘钢:《国际原子能机构官员质疑伊朗将在半年内拥有核武器的报道》,新华网维也纳2009年7月15日电。

马在伊朗新年即将到来之际对伊朗全国发表电视讲话，表示愿意解决美伊分歧，并寻求与伊朗建立"建设性"关系。伊朗总统则要求确保被判处8年监禁的伊朗裔美国记者萨贝里的合法辩护权，该记者最终以缓刑获释并回到美国。美国还力图约束以色列不要破坏美国对伊朗政策大局，多次警告以色列不要试图袭击伊朗，以至于以色列总统佩雷斯在2009年4月会见来访的美国中东问题特使米切尔时表示以色列无意对伊朗动武。2009年5月，奥巴马向内塔尼亚胡发出信号，要求不要军事打击伊朗而让美国感到惊讶。美国还试图要求以色列引导伊朗弃核，奥巴马政府正试图促使以色列签署《不扩散核武器条约》，带动伊朗政府放弃核计划。①

伊朗大选后，美国继续推进对伊朗的外交努力并希望取得进展。沸沸扬扬的伊朗总统大选结果于2009年6月揭晓后，当选总统内贾德一度遭到巨大怀疑，引发国内局势动荡。但伊朗最高层最终稳定了大局，内贾德于2009年8月5日宣誓就职连任。尽管美国和其他西方国家以及在国外的伊朗人倾向于改革派人物穆萨维上台，但奥巴马政府极力避免给伊朗留下干预其内政的印象，一再表示美国无意干预伊朗局势发展。美国曾邀请伊朗官员出席7月4日的独立日庆祝活动。奥巴马访问埃及时指出伊朗应该享有和平利用核能的权利。2009年7月，被驻伊拉克美军扣押两年多后获释的5名伊朗外交官回国。在奥巴马政府多次表明心迹的情况下，一个强硬的伊朗政府如果选择合适的时机下决心改善伊朗与美国的关系，应当是更有能力并且是可以期待的。最高领袖哈梅内伊的对美政策很理性，既强调维护伊朗国家利益、捍卫国家尊严，同时也支持与美国改善关系，期待美国政府真正拿出实质举措。在这方面内贾德与其互相呼应、配合很好。当然，也不能过高估计此次选举的影响，毕竟内贾德政府将保持政策连续性，伊朗的内政外交决策权也不在内贾德手中。

更关键的是，美国在美伊关系改善方面掌握主动。虽然美伊双方多次发出缓和信号，但双方之间的不信任根深蒂固，双方仍然继续软硬兼施、恩威并用，试探对方缓和关系的诚意和可能。伊朗一直认为，奥巴马政府

---

① 蒋国鹏、赵毅：《美报称奥巴马将促使以色列签署〈不扩散核武器条约〉》，新华网华盛顿2009年5月6日电。

没有做出推动美伊关系改善的实质举动。一旦美国政府采取实质举措改善双边关系,中东局势以及美国在中东的处境都将发生转折性变革。奥巴马政府很清楚其对伊朗政策是解决美国中东困局的重要钥匙,也是缓解伊拉克局势、阿富汗局势的重要因素,并关系到叙利亚局势、黎巴嫩局势以及巴以关系。尽管美国国内政治反对派和保守势力反对奥巴马政府对伊朗采取缓和政策,但已经无法阻止这一进程。

四 美国政府与伊拉克政府的双重无奈

美国新总统上任后基本履行了他的竞选诺言,大力推动从伊拉克撤军计划。2009年2月27日,奥巴马宣布美国将在2010年8月31日前从伊拉克撤出大部分军队,结束在伊拉克的作战任务,其余部队也将在2011年底前全部撤出伊拉克,把军事战略重点从伊拉克转移到阿富汗以及巴基斯坦部分地区。2009年4月上旬,奥巴马突访伊拉克,再次强调美国将严格履行已经达成的安全协议,于2011年12月31日前从伊拉克全部撤军,并强调让伊拉克人民自己负起安全责任,保卫国家。2009年7月22日,奥巴马在白宫会见伊拉克总理马利基时进一步表示,美国信守撤军承诺,不谋求在伊拉克设立军事基地。当然,奥巴马也看到从伊拉克撤军的确需要时间,也需要慎重考虑撤军之后的安全局势。他支持伊拉克民族和解,实际上也是为未来撤军之后的安全局势做铺垫。

美国政府面对内外的诸多问题与困局,被迫按计划从伊拉克撤军实属无奈之举。布什政府以反恐名义对伊拉克的占领已经成为明显的鸡肋,它给美国带来沉重的财政、军事、社会和国际压力,美国爆发金融危机与在伊拉克战争前后支付的巨额军费有相当的关联。伊拉克已经成为美国的烫手"山芋",完全撤出不甘心,而不撤出将更加被动。美国国内舆论对从伊拉克撤军也充满矛盾,认为多年的占领和付出所获寥寥,损失甚大,最终却伤痕累累地离开。因此,美国国内许多部门和人士仍然鼓噪对伊拉克政府"既不能太热也不能太冷",[1] 还要继续插手。事实上美国也在尽量

---

[1] 《美国"卷入"程度是问题关键》,《人民日报》2009年7月24日。

弥补损失,有报道称,为保持军队撤出之后对伊拉克的影响,美国政府正加紧训练伊拉克中学生和大学生中的精英,以培养亲美的伊拉克年轻一代。① 但明眼人都明白,这些干预所起的作用微不足道,所谓"无可奈何花落去",顶多是美国国内一些人士的心理安慰而已。而以佩洛西为代表的反战派仍责备奥巴马撤军不够快,认为这不符合反战派的道德立场。②

伊拉克的安全形势依然不容乐观。教派斗争不止,"基地"组织仍在浑水摸鱼,恶性爆炸事件不断造成巨大死伤,死者多数是伊拉克本国民众。例如,2009年6月20日,伊拉克北部城市基尔库克发生汽车炸弹爆炸袭击,造成70人死亡、180人受伤;6月22日,伊拉克首都巴格达遭到多次炸弹袭击,上百人伤亡;6月24日,巴格达再遭炸弹袭击,造成60多人死亡、近200人受伤;7月21日,至少有18人在各种爆炸中死亡。2010年1月的伊拉克大选持续受到安全局势的影响。伊拉克经济形势也很严峻,尽管在国外的一些伊拉克人陆续回国,但39%的人回国后流离失所,64%的人回国后失业,伊拉克国内流浪人口达280万人,另有150万人生活在邻国的难民营里。③ 伊拉克有关部门官员指出,安顿回国民众预计至少需要4000亿美元,这无疑是天文数字。2009年7月下旬,伊拉克总理马利基访问美国,美国媒体认为马利基此访意在要求美国提供经济援助,帮助解决与邻国的关系并协商伊拉克安全问题。而美国此时已极力设法避免卷入伊拉克的动荡局势,自从奥巴马入主白宫以来,除2009年4月在伊拉克短暂停留外,仅与马利基通过一两次电话。美国副总统拜登访问伊拉克时曾警告说,如果伊拉克再次陷入混乱和教派之争,美国可能结束对其所做的承诺。

伊拉克政府一贯强硬要求美军如期撤出伊拉克,但面对束手无策的混乱局面,伊拉克政府的立场明显改变,表示仍希望美军帮助维持局势。驻伊美军于2009年6月30日撤出伊拉克所有城镇时,伊拉克国防部发言人曾称,"伊拉克政府一直严格遵守协议规定,美军撤出伊拉克城镇后就不

---

① 安国章:《美欲培养亲美伊拉克年轻一代　训练中学大学精英》,人民网2009年7月23日电。
② 陈永杰:《美国撤军伊拉克的迷思》,《21世纪经济报道》2009年3月4日。
③ 安国章:《伊拉克为发展经济将向地方政府放权》,人民网2009年7月19日电。

再存在美伊两军联合巡逻问题"。① 2009年7月22日,伊拉克总理马利基在美国依然坚持说,伊拉克政府军与美军合作多年之后已经有能力承担起维护国家安全的重任。但随后马利基总理几乎完全改变了这一态度,他非常担心随着美军战斗部队的撤出,一些武装势力将发动更多袭击来破坏伊拉克的安全与稳定。2009年7月24日,继续在美国访问的马利基表示,伊拉克和美国达成的安全协议可以修改,以延长美国在伊拉克的军事存在,②这表明伊拉克政府已经无法应付国内的混乱局势,导致在美军是否留驻问题上立场前后不一,发生转折性变化。

五 美国东移"反恐"前景难料

奥巴马上台以来的国际威望很高,声誉较好。但在外交上,也许事实将最终证明他的唯一失策就是决定加大在阿富汗及与巴基斯坦接壤地区的反恐行动力度。奥巴马认为布什政府在伊拉克的军事行动偏离真正的反恐轨道和战场,在阿富汗的军事行动才是真正的"反恐"。奥巴马对布什政府反恐政策的修正无疑有其合理性,但在阿富汗反恐的艰难性已经不断展现,最终的投入能否收到预期回报,不光美国国内看不明白,国际社会也表示怀疑。奥巴马力图树立外交业绩的热望和英名可能因此而蒙上阴影,从伊拉克的无奈撤军也许是其未来在阿富汗军事行动的结果。

美国及其盟国在阿富汗的反恐形势严峻。奥巴马初步考虑将驻阿美军人数增加到6万人。北约领导的来自48个国家的9万支部队都集中在阿富汗南部和东部。自2009年7月2日起,美军与阿富汗安全部队在赫尔曼德省展开清剿塔利班武装的大规模军事行动,以期在阿富汗大选前收复该省被塔利班武装控制的5个地区。塔利班武装则频频进行路边炸弹和自杀式炸弹袭击,试图破坏定于2009年8月20日举行的阿富汗总统选举。③

---

① 《伊拉克政府承诺坚守美伊达成的撤军时间表》,中国日报网"环球在线",2009年5月4日。
② 安国章:《伊拉克总理称可修改安全协议延长美军存在》,人民网2009年7月24日电。
③ 林晶、张云龙:《驻阿联军展开军事行动 阿富汗清剿塔利班武装》,新华社喀布尔2009年4月29日电。

2009年7月中旬，半个月内驻阿富汗联军死亡46人，创造了8年来同期死亡人数纪录。2009年8月5日和6日连续发生的路边炸弹袭击事件造成26人死亡。为鼓舞士气，2009年7月8日美军参谋长联席会议主席马伦称，随着同塔利班政权的战斗升级，美军死亡人数上升将不可避免，但在今后1年至1年半的战斗将迎来重大转机。① 马伦的这一判断能否如愿，人们不抱过高期望。阿富汗新一届总统选举期间治安状况不容乐观，政局斗争也比较激烈。此前，奥巴马曾表示要接触塔利班中的温和派，对塔利班实行分化，然后再打击塔利班中的强硬派以及"基地"组织。但塔利班拒绝了奥巴马的谈判建议，宣称在外国军队撤出阿富汗领土之前，塔利班不会与任何人谈判，塔利班没有温和派与强硬派之分。同时，美国在阿富汗的反恐需要巴基斯坦的配合与支持，而巴基斯坦与阿富汗接壤的边境恐怖活动频发，控制局势难度增大。

阿富汗的局势与奥巴马提倡的缓和政策背道而驰。奥巴马上台前后，多次表示要采取多边主义和柔性外交，首先着力修复与伊斯兰世界的关系。但伴随着在阿富汗的反恐行动不断深入，局势发展可能不利于缓和美国与伊斯兰世界的关系，损害美国新政府修补关系的努力和效果。美国新政府对阿富汗政策的主色调本该是和解，而不该是增兵与战争。在外界看来，以适当的重兵压境进行威慑，同时尽可能地在阿富汗各派之间推进和解政策，应该是解决阿富汗问题的积极之路。对此，时任阿富汗总统卡尔扎伊所言不无道理。他说，2009年1～5月北约在阿富汗的军事行动造成800多名平民死亡，"如果能连任，我将努力与塔利班武装实现和解"。② 毕竟，阿富汗内部各种势力的和解，以及美国与阿富汗各派别的和解，均与奥巴马政府寻求与整个伊斯兰世界缓和关系紧密相关。否则，一方面寻求与伊斯兰世界和解，另一方面又在阿富汗大打出手，两者不仅相矛盾，也无法取得预期效果，更有可能导致新的失败，得不偿失。好在奥巴马也逐步认识到，单纯靠军事行动无法完成在阿富汗的反恐任务，需要辅以多种手段综合进行、标本兼治。另外，对阿富汗局势的影响是伊朗寻求与美

---

① 颜亮：《驻阿美军死亡人数何以再攀新高》，新华网喀布尔2009年7月25日电。
② 安国章：《阿富汗总统称若再次当选将限制北约部队行动》，人民网2009年7月25日电。

国改善关系的重要筹码,伊朗已经多次就美国帮助改善阿富汗局势向奥巴马政府发出信号,奥巴马应该重视这一点。

总之,奥巴马的中东政策变革性调整具有战略性意义,但从在中东一些无法回避的战略利益出发,美国难以改变其中东战略的实质取向。加之美国与伊斯兰世界积怨很深,重建信任并不容易。伊斯兰国家更多是察言观行,一旦对美国抱有过高期望,而美国最终又无法满足其要求,则不免产生失落。另外,奥巴马的中东政策处于紧锣密鼓的探索、调整与磨合之中,并未最终定型,对问题领域的具体规划和论述尚显不足。尽管如此,奥巴马的变革政策仍是难能可贵的,其中东政策刚起步,他还有足够的时间和舞台进行细化、完善和实施,对此应审慎乐观、拭目以待。

第二节 美国从中东抽身与应对"阿拉伯之春"同步

一 奥巴马急于推动从伊拉克和阿富汗撤军

美国国防部长帕内塔于 2011 年 12 月 15 日在巴格达正式宣布驻伊美军任务结束,伊拉克战争历经 8 年多,初步画上句号。短期看,稳步加快从两地撤军步伐有利于奥巴马的政治博弈。从伊拉克迅速撤军为奥巴马赢得了民望,有利于其 2012 年总统竞选连任。美联社的最新民调显示,奥巴马在撤军问题上的民意支持率已上升到 55%,并带动其执政满意度回升至 50%。

2001 年和 2003 年,新保守主义裹挟下的布什政府急于以反恐名义,先后进军阿富汗和伊拉克,并迅速推翻阿富汗塔利班政权和伊拉克萨达姆政权。从一时的军事顺利进展看,美国当时在军事上初步取得胜利。但美国没有想到,两场非对称的非传统安全战争会拖延如此之久,造成的伤亡会如此之大,耗费的财政会如此之巨,给国民造成的创伤会如此之深,对国际政治、经济和金融格局的影响会如此之烈!

奥巴马竞选时曾承诺要落实战略转型，尽早实现从伊拉克和阿富汗如期撤军，当时设定的撤军期限分别是2012年底和2014年底。几年前，人们还在议论美国会长期陷在中东的伊拉克泥潭中而不能自拔，想撤也撤不出来，现在看来这种机械看法不仅过时，而且出现重大误判，低估了美国随着政府更迭而调整对外政策的决心和能力。尽管阿富汗安全局势并不平静，美国撤离之后的阿富汗安全形势甚至可能恶化，但奥巴马政府预计不会在此问题上拖泥带水，很可能像从伊拉克按计划果决抽身一样，尽快撤离阿富汗。

奥巴马政府此前2年多就对从伊拉克撤军进行了有步骤的规划和准备。美军2009年起开始陆续撤出，逐步将安全职责移交伊方，驻伊美军最后撤离前保持在5000人左右。美国对外公开宣称，美国已经在伊拉克和阿富汗帮助两国当局建立了民主制度框架，赋予人民自由、民主和人权，让两国人民免于独裁统治。美国国防部长帕内塔告诉撤离伊拉克的美军士兵，所有付出的鲜血和美元都是值得的。离开美军保护的民主制度运行如何尚待观察，单是10多年来美国占领之后两国已经出现的大规模人员伤亡，就令人触目惊心、不堪回首。

据初步统计，伊拉克有10多万人死亡，伤者数以十万计，175万名伊拉克人无家可归。总体失业率为15%，青年人失业率高达24%，这为恐怖分子提供了发展机会。许多评论认为美军撤离后的伊拉克安全形势存在不确定性，可能对周边地带形成持续而深远的影响。重建于2004年的伊拉克军队在指挥部署、后勤保障、步炮协同等许多方面需要改进。当然，尽管美军直接撤离伊拉克，但美国不会完全放手不管，还要通过各种间接手段以及在海湾国家的驻军等途径，维护美国在伊拉克的既得利益。美国在阿富汗也将采取类似办法，因为美军在阿富汗的几个重要城市建立了重要军事基地。美国会继续提供援助以维持伊拉克和阿富汗当局的运转。

8年战争，美军也遭遇惨重损失。据BBC报道，在伊战最高峰时，有17万名美军士兵驻扎，迄今共有4500多名美军士兵身亡，3.2万多名士兵受伤，总花费近1万亿美元。据美国进步中心的估算，用于伤残老兵的医疗和照顾费用可能高达7000亿美元。美国皮尤调查中心的数据显示，75%的美国人支持撤军，1/3的退伍老兵认为美国对伊拉克和阿富汗的战争毫无意义。这些负面资产和严重创伤不是几年内可以平复的。

战争颠覆了伊拉克原有的权力架构,激化了久已有之的民族、教派矛盾。国家在一定程度上面临事实上的分裂。北部有美国扶植建立的库尔德自治区,中部逊尼派阿拉伯人也提出自治要求,南部什叶派多数受伊朗影响较深。马利基总理为平衡各方利益,设置了众多政府部门,导致部门臃肿、效率低下;鉴于宗教派别因素,他又竭力维护什叶派核心权力,把持国防、内政和安全三大关键部门职位,必然引起诸多不满。当然,从民族和宗教情绪出发,在外交方面,伊拉克其他各派势力相对独立和自主,避免受到美国过多干预。

2011年5月美国突击队潜入巴基斯坦击毙本·拉登以后,美国人认为"阿富巴"战场已经没有必要,迫切让美国的孩子们尽早回家。而军工集团以及共和党人则不满奥巴马的决策,难以容忍美军从伊拉克和阿富汗一走了之,但这难以阻挡奥巴马的撤军决心。2012年9月以后,驻阿富汗的外国军队就将只剩下6.8万名美军和3.8万名"北约"盟军;至2014年底,美军将全部撤出阿富汗,将安保职责彻底交给阿富汗安全部队。但美军不会完全撤出,据报道,美国有在阿富汗设立军事基地的意图。

美国急于从阿富汗和伊拉克撤军,意在将战略关注重心尽快完成向东亚转移,借以恢复对传统安全利益的关注,防范因亚洲大国崛起而影响美国利益。但是美国能否顺利完成从亚洲西部和中部向亚洲东部的战略转移并不确定。毕竟,西亚北非与中南亚地区局势瞬息万变,如果再度出现深度危害美国战略利益的事件,美国还会被迫重返。例如,与美国意识形态对立的塔利班很可能在美国撤出阿富汗之后,由于并未谈妥制度安排,而在阿富汗重趋活跃,这是最令美国头疼的。

二 奥巴马推进"阿巴战略"面临诸多制约

奥巴马政府将"反恐"转向阿富汗与巴基斯坦边境地区。尽管奥巴马表示对阿富汗极端势力进行"标本兼治",但依然以军事反恐为主,引起了阿富汗周边国家的担心与疑虑。奥巴马政府的新战略必须取得中亚国家、俄罗斯、伊朗等地区内多个有关国家的配合。但上述诸国的立场与奥巴马政府的立场存在差异甚至相对，新战略命运多舛、前途未卜。

奥巴马就任后不久在全面评估阿富汗局势后，于2009年3月宣布了新的"阿富汗和巴基斯坦战略"，通过增兵1.7万人加强美国在阿富汗的反恐力量，同时将"反恐"扩大到巴基斯坦，将驻阿富汗美军作战重点转移至与巴基斯坦交界地区。2009年12月奥巴马在西点军校讲话时说，美军在阿富汗的军事行动不利与恐怖势力已经扩散到巴基斯坦有关。因此，奥巴马决定向阿富汗增派3万名美国军人，同时提出18个月后，美国部队将开始逐批撤离阿富汗。

奥巴马还提出：必须清除"基地"组织的藏身之地；必须遏制塔利班的扩张势头，阻止它获得推翻政府的能力；必须提升阿富汗安全部队和政府的能力，以便它们能够为阿富汗的未来承担主要责任。美国国内认为阿富汗战争前景悲观。美国实施中亚战略的第一步是解决阿富汗问题，而阿富汗的稳定符合中亚各国的利益。奥巴马认为，美国外交战略的首要目标是结束伊拉克战争，转战阿富汗打击"基地"组织及塔利班武装。美国中央军区司令彼得雷乌斯的访问可以看作奥巴马政府反恐重心转移的第一步，他访问中亚更重要的目的是试探中亚国家对奥巴马政府关于阿富汗政策的反应，并希望借助中亚国家实现美国在阿富汗的战略目标。

奥巴马政府的中亚战略布局尚未展开，俄罗斯就施加干扰。俄罗斯在独联体内部努力撮合建立准军事同盟，对抗以美国为首的北约。针对美国中央军区司令彼得雷乌斯访问中亚，俄罗斯总统梅德韦杰夫和总理普京都不甘落后访问中亚，并采取一些实质步骤强化与中亚国家的关系。例如，2009年2月初，独联体集体安全条约组织（CSTO）首脑会议在莫斯科召开，有关方面就组建CSTO快速反应部队达成一致，该部队重点关注的地区就是中亚，总兵力约为2万人。针对美军在吉尔吉斯斯坦的马纳斯军事基地，俄罗斯加大对吉尔吉斯斯坦的关注和影响。与此同时，俄美两国也一直避免关系太僵持，两国在战略层面一直保持接触。俄新社政治观察家科瑟列夫认为，普京上台后开始对中亚推行积极政策，其目的绝非不惜代价把美国人从这一地区赶走，其出发点是在俄罗斯"重返"中亚的过程中同美国建立起某种由俄罗斯相对主导，至少也是俄美均等的伙伴关系。

伊朗成为阿富汗和中亚时局的新推手。伊朗长期以来对美国的诉求简单直接：承认伊朗，实现关系正常化。伊朗核问题在克林顿时期没有现在这样激烈和尖锐，美国当初在发动阿富汗战争的时候，伊朗实际上是提供支持的。2008年至今，从最高领袖哈梅内伊到总统内贾德，伊朗在高调强硬的同时，几度做出一些缓和姿态，发出缓和信号，伊朗仍在等待奥巴马政府做出战略性调整。伊朗对阿富汗发挥重大影响由来已久，伊朗与阿富汗具有很长的边境线，阿富汗境内数量众多的塔吉克人与波斯人同种同源，便于伊朗施加影响。阿富汗局势也是伊朗寻求推动与美国改善关系的重要筹码，伊朗已经就此多次向奥巴马政府发出信号。作为阿富汗的重要邻国，伊朗也不希望阿富汗过于混乱。但到目前为止，奥巴马政府对伊朗政策依然瞻前顾后，令伊朗备感失望。可以预见，在美国没有彻底转变对伊朗的态度之前，伊朗不会出手在阿富汗问题上帮助美国解困。

三 中东地区变局继续发展，美国因素值得关注

从2010年12月突尼斯发生政局突变开始，中东（涵盖西亚北非）地区局势激荡。在内外因素的互动下，该地区已经持续一年半的街头运动继续发展，并被西方和国际社会冠以"阿拉伯之春"的称谓。经过一年半的持续发酵，中东地区格局正在出现阶段性的新变化。以往旧格局的影子仍在，但新格局的架构更强、特征更突出。尽管地区国家的内部势力在外部大国的干预和鼓噪下继续搅动地区局势，但形势在急速变动的同时，其阶段性特征也已经表现出来。

经历也门萨利赫政权权衡利弊并最终平稳交接之后，西亚地区的叙利亚正在经历急速演变，面临新的当口。巴沙尔当局与反对派之间正在发生激烈对抗和冲突，造成巨大的人员伤亡。2013年1月，联合国人权事务高级专员办事处在日内瓦发表声明，叙利亚武装冲突自2011年3月爆发以来已造成逾6万人死亡。在叙利亚反对派咄咄逼人、极端势力兴风作浪、地区内强国趁机浑水摸鱼、美国与北约暗中武力支持的情况下，叙利亚当局正在面临更大的压力。叙利亚是伊朗的重要盟国，其局势发展直接关系到伊朗今后在中东的地位和影响，也对美国与伊朗之间的关系产生重

要影响。

在两年的时间内,中东局势已经发生了巨大变化。从20世纪90年代到21世纪头十年,该地区格局中存在几大力量,包括伊朗、土耳其、埃及、沙特、叙利亚以及萨达姆时期的伊拉克。这些国家在中东地区形势发展中产生了至关重要的影响。当时,伊朗与伊拉克两个几十年的对头起着相互制衡的作用,各怀心事的埃及、沙特、叙利亚在阿拉伯国家中发挥着重大作用,并深刻影响着巴勒斯坦与以色列、阿拉伯国家与以色列的关系。

中东地区变局根源于内因,总体看是不少阿拉伯国家政体长期僵化和变革滞后的结果,是阿拉伯国家普通民众与阿拉伯国家的世袭或专制政体之间矛盾的集中爆发。但是,美国和欧洲国家的鼓噪、干预及推波助澜是影响地区变局和形势发展的重要外部因素,在地区国家内部、地区形势、地区力量格局演变中起到了不容忽视甚至是决定性的作用。从突尼斯、埃及、利比亚、也门、叙利亚的形势变动中,无不看到西方国家的干预思维及其公开动作。

中东局势发展有时由不得美国自身的主导意志。战后几十年来,美国的中东支柱性盟友经历了诸多历史变迁,前后多次呈现大相径庭的结果。1979年以前的伊朗巴列维政权、1991年海湾战争之前的伊拉克萨达姆政权,都曾经与美国亲密无间,但两国后来相继发生重大变故,成为地道的反美政权。一度在阿富汗强势活跃、至今仍是美国心腹大患的"基地"组织以及巴勒斯坦极端派别哈马斯,在成立之初都曾或多或少地得到美国及其盟国的支持和默许。

极具戏剧性的是,2010年12月突尼斯剧变以来,与美国关系几十年来一直不错的突尼斯本·阿里政权以及埃及的穆巴拉克政权相继迅速倒台,长期与美国"顶牛"但几年前关系明显好转的利比亚卡扎菲政权也被西方国家抛弃,"全国过渡委员会"已经上台执政。沙特等海湾国家以及约旦长期是美国的盟友,在此次中东"民主"风潮中也不时感受到来自西方政治制度的压力,在高度质疑美国盟友的同时力求自保。也门总统萨利赫长期执政,与美国关系一度不佳,但美国因反恐需要,一直借重也门政府打击其境内的"基地"组织分支。而2011年美国开始对也门当局施加强大的政治压力,谋求其尽早向反对派交权。

美国的中东支柱盟国以色列自认为1948年建国以来就处于阿拉伯国家的包围之中。对中东地区动荡浪潮高度敏感的以色列已经显示出不少担忧和无奈，表现出很强的孤立感，担心几十年来推动的阿拉伯与以色列之间的和平果实，尤其是埃及与以色列、约旦与以色列之间的和平协议被抛弃或做出不利于以色列的修改，担心极端分子在周边阿拉伯地区迅速滋生，因为以色列发现新的埃及军政权不如穆巴拉克政权那样友好，曾表示要修改埃以和平条约。与此同时，阿拉伯国家联盟支持巴勒斯坦向联合国提交建国宣言，申请联合国于2011年9月底表决支持巴勒斯坦建立实体国家。2011年9月，埃及开罗的示威者冲击以色列使馆，造成至少3人死亡、1000多人受伤。土耳其也发生类似冲击以色列使馆的事件。因为担心使馆遭遇大规模示威，2011年9月15日，以色列驻约旦使馆工作人员撤离约旦回国。

冷战期间以及冷战后的60多年，土耳其、以色列可谓美国在中东的铁杆盟国和战略伙伴。而今，土耳其长期以来加入欧盟的战略构想受挫，即便美国竭力给欧洲国家做工作也无法改变欧洲国家坚定的拒绝立场。欧盟立场坚定不是因为土耳其发展水平不够，而是因为它的伊斯兰教背景不为欧洲国家所容，加之西方国家几十年来一直指责土耳其严厉镇压国内的库尔德人分离运动，积累了怨气的土耳其开始利用中东地区正在发生的群众街头运动和政权更迭风潮，发挥其在中东日益凸显的地区大国影响，展示其在中东乃至整个伊斯兰世界的影响力。外界认为这一点与土耳其正义与发展党政府的追求相契合，该党具有浓厚的伊斯兰教背景，总理埃尔多安已经执政10年，经济发展与社会建设成绩显著，地位日益稳固，在与地位重要的军方斗争中不断取得胜利，凯末尔早年建立的世俗政治体制被削弱。

舆论认为，土耳其正在借助西亚北非地区的伊斯兰国家反美和反以情绪，一方面向西方施压，另一方面展示历史上奥斯曼土耳其帝国的类似遗风。在此背景下，土耳其总理埃尔多安在地区局势敏感动荡的态势下，于2011年9月12~15日访问了穆巴拉克政权更迭之后的埃及，并有传言称他曾计划访问巴勒斯坦哈马斯控制下的加沙地带。同时，土耳其强势抨击以色列2010年5月攻击土耳其救援船只事件，要求以色列必须道歉和赔偿。2011年9月上旬，土耳其外长达武特奥卢称："土以两国外交关系将降至二等秘书层次。"总理埃尔多安宣布中止土以贸易、军事和国防工业关系。与以色列同为美国中东两大战略支柱的土耳其对以色列发难，无疑使以色列考虑得更多。以色列的视角不仅局限于阿拉伯国家，更要扩大到土耳其、伊朗等非阿拉伯的伊斯兰大国。尽管如此，军事安全方面严阵以待的以色列保持最大克制，仍在静静观察。

中东地区的动荡局势仍在急剧发展。北非地区的大规模动荡以及外部干预暂时告一段落，动荡的埃及作为阿拉伯国家的"领头羊"，正在恢复元气和固有影响。西亚的沙特领衔海湾六国和王权国家，在摩洛哥等国的呼应下，力图在阿拉伯世界与西方国家之间左右逢源。北非地区另一个大国阿尔及利亚不仅顶住了动荡冲击，近年来局势反而相对平静，看上去相对超脱。可以说，在地区力量格局中，已经显现为土耳其、以色列、伊朗、沙特、埃及、摩洛哥、阿尔及利亚七大力量并存和互动的新时期。

这种格局将持续一段时间，但持续多久，在某种程度上取决于美国的外部影响。美国不会轻易攻击伊朗但仍会加大层层"围剿"力度，并寻找机会内外施压，颠覆伊朗政体和政权。对阿拉伯国家，当时许多分析认为，预计美国在终结叙利亚政权之后，不论其局势稳定与否，都可能把注意力转向下一批次的地区专制国家。如果沙特、巴林、卡塔尔等国家内部的民众以民主的名义行动起来，即便这些王权国家一直忠心耿耿跟随美国，但美国依然可能顺应"地区民主大潮"，顺水推舟、推波助澜，像抛弃突尼斯总统本·阿里、埃及总统穆巴拉克那样，抛弃美国认为同样属于专制、封建的王权首脑。在这方面，美国顺势而为的实用主义特质早已暴露无遗。

美国的另一个关注焦点是土耳其以及其他地区国家宗教政治力量的发展动向。如果美国发现宗教政治力量向其期待的反方向发展，美国则会采取新的压制和打击政策，而以色列将是配合美国此项政策的重要伙伴。土耳其是美国的铁杆军事盟国，正因为如此，美国更不会容忍宗教势力在土耳其国内坐大，并领衔地区宗教政治势力发展。而美国乃至欧洲国家的这些举动，无疑将继续加剧伊斯兰世界与西方基督教世界之间的对立，从长远来看，美国依然是得不偿失。美国屡屡碰壁而不改初衷，在很大程度上是美国国内的利益集团绑架和驱动使然。

美国急于向亚太地区转移战略重心，尽早从中东脱身，这一态势严重影响其中东盟国以色列。以色列严重担心被美国抛弃，面对中东混沌时局而独自应对、单打独斗。事实是，中东动荡远未结束，不排除一些与以色列关系尚可的阿拉伯国家政权未来出现不测。如果叙利亚、也门当局继续出现更迭，则其国内局势难以预料，极端势力搅局将使美国和以色列面临新的压力和威胁。就这些情况看，美国要从中东脱身恐怕只是一厢情愿。

四 美国军方反对深度介入利比亚局势

从奥巴马政府上任几年的对外政策看，以国防部长盖茨为代表的军方影响举足轻重。共和党人盖茨少了一些理想建构，多了一些现实主义，看重维护美国现实利益，因其言行稳健而被奥巴马破例留任国防部长。盖茨反对新保守主义在中东推行的咄咄逼人政策，认为美军不要过度陷入中东和阿富汗，不应过度专注于反恐战争，而应该回归传统安全，重视亚太和东亚局势，尤其要关注中国的安全政策和军事发展，并指出美军部署不要轻易为其他热点所干扰。这也就有了2010年下半年以来，美国轰轰烈烈的东北亚大练兵以及盖茨访问东亚。

美国总统奥巴马和国务卿希拉里都比较尊重军方的态度并不断调整外交和安全政策。此次利比亚局势发展之初，美国国内存在几种不同观点，导致奥巴马的政策摇摆不定和前后不一。应当说其中存在三种基本立场，即奥巴马与希拉里的新干涉主义视角、盖茨的慎重介入观，以及前国防部副部长奥尔夫威茨的长驱直入、速战速决提议。由于盖茨反对美国长期盯住伊拉克和阿富汗，更极力避免陷入利比亚等新战场，最后是军方意见对奥巴马表态产生了关键和直接影响，奥巴马起到了协调作用。这也说明奥巴马对军方的掌控力和影响力存在局限，是一个相对弱势的总统。

美国发动伊拉克战争的主要设计师——前国防部副部长奥尔夫威茨虽然已经下野，但进攻性言辞一如既往。他于2011年3月28号表示，尽管中俄质疑西方对利比亚的军事行动，但西方国家仍将继续行动，并相信这场军事行动不会拖延下去，不需要更多国际社会的决策。他不赞成奥巴马政府的谨慎做法，指出当美国使用军事武力解决时，就不应该对其内容使用太多委婉说法，不必掩饰"战争"说法。他还预测战事可能有三种发展结局，即反对派获胜、局势停滞不前、卡扎菲反扑成功。最后奥尔夫威茨提醒，卡扎菲被逼急后会孤注一掷，奥巴马政府不能掉以轻心。

国防部长盖茨一开始就对这场军事介入言辞谨慎，一再督促多国部队适可而止。2011年3月底，盖茨指出多国部队在很大程度上已完成军事打击任务，美国应开始减少军事资源投入，美军也应转换角色，从主导行动转而为盟友提供情报搜集、侦察、空中加油等支持。他重申奥巴马的立场，即美国不会派地面部队进入利比亚。盖茨指出利比亚局势混乱可能加剧中东不稳定，但利比亚本身没有对美国核心利益构成"实际或直接威胁"。军事行动的目的是保护平民，而不是推翻利比亚领导人卡扎菲，因为"政权更迭非常复杂"；设立禁飞区的军事行动，其目标也不在于促成利比亚政权更替。与盖茨立场相似的还有参院军事委员会主席、民主党人卡尔·莱文，他提出推翻卡扎菲不应该是美国的事。

奥巴马在国内面临巨大压力和质疑。民主党议员丹尼斯批评奥巴马严重违宪，指出只有国会才具有宣战的权力。共和党有望竞选总统的罗姆尼则批评奥巴马没有能力构筑任何像样的外交政策。整个共和党和民主党的领袖们都在批评奥巴马无视美国国库空虚和债台高筑，而开始发起第三场战争。参议院外交委员会主席、共和党人卢格认为奥巴马政府并未制定出阐述任务期限、实现目标和花费的清晰计划。国务卿希拉里推崇人权理念，曾经强调卡扎菲必须下台，她指责卡扎菲利用"雇佣兵和暴徒"镇压民众抗议，其行径已经令其失去执政合法性，卡扎菲现在就必须离开，并必须为其所作所为负责。奥巴马也曾经坚持要求卡扎菲必须下台。

当然，美国总统、国务卿和国防部长还是尽快协调了立场。由于国内反对声音日隆，盖茨强烈反对过度军事介入利比亚并反对推翻卡扎菲政权，希拉里和奥巴马的口气也缓和了不少。奥巴马称美国在利比亚的军事行动只是为了保护平民，不会派地面部队，不会长期卷入这场冲突。2011年3月底，希拉里和盖茨分别密集接受媒体采访，在美军将逐步减小参与对利比亚军事行动力度方面统一口径。盖茨和希拉里着重提及，美国在利比亚设定"有限度"目标，不会陷入类似伊拉克战争和阿富汗战争的局面，希拉里同时排除美国军事介入叙利亚的可能性。但希拉里的表态仍与盖茨有所差异，她在 2011 年 3 月底表示军事行动后是政治及外交努力，包括非洲联盟与阿拉伯国家联盟都希望政权更替。很明显，她仍然希望卡扎菲尽早体面下台。

美国的态度直接影响联军对利比亚的态度，姿态严厉的法国和英国以及北约秘书长也开始响应美国提议。2011 年 3 月 29 日，英国倡议和主办的利比亚问题伦敦会议呼吁推动政治解决，强调要加强和扩大国际社会对联合国第 1970 号和第 1973 号决议的执行，确保利比亚平民免于暴力；重申对利比亚提供紧急人道主义援助的重要性；在国际社会支持下推动有关政治进程，为利比亚人民选择自己的未来创造条件。英法首脑会前发表联合声明，称利比亚问题只能由利比亚人民通过政治途径加以解决。北约也随即呼应。2011 年 3 月 31 日，北约正式接管多国部队对利比亚军事行动指挥权。北约秘书长拉斯穆森表示，他不会就北约在利比亚的军事行动持续时间做出猜测，并称单纯依靠军事手段不能解决问题，须敦促各方尽快寻求一个政治解决方案。

然而，正是由于美国及西方国家在是否深度干涉利比亚方面言行谨慎，卡扎菲瞅准空档，重新取得对反对派的军事优势，先后从对方手中夺回了两座石油城，彻底解除了卡扎菲故乡苏尔特面临的危机。同时，利比亚政府对该国外交部长库萨的"叛逃"行动表示"不屑"，称卡扎菲政权的存在不依赖于任何个人。西方联军也不能容忍利比亚政府军卷土重来，开始探索其他办法进行遏制，为未来的政治解决创造条件。北约加大对利比亚政府军的空袭力度，并暗示将为反对派提供军事装备。还有报道指出，奥巴马已经私下指派美国中情局采取秘密行动，协助推翻卡扎菲；西方国家还在积极商讨如何让卡扎菲"体面下台，流亡海外"的方案。利比亚国内局势、美国高层尤其是军方态度、西方国家内部协调以及世界反响等因素都将影响局势的下一步发展。

五 美国对武力干涉叙利亚顾忌重重

叙利亚局势两年来也出现严重动荡，南部的德拉、中部的霍姆斯、北部的巴尼亚斯等多个城市都发生流血冲突事件，示威群众、反对派以及混迹其中的极端分子与当局形成对峙并造成较大人员伤亡。西方国家不断指责叙利亚对民众过度使用武力。2011~2013年，关于西方国家是否会像对利比亚那样对叙利亚动武，国际社会众说纷纭。个别西方媒体对可能的武力打击还进行了详细设想和描述。但叙利亚本身地缘地位重要，与周边的伊朗、土耳其、伊拉克、黎巴嫩等国以及真主党、哈马斯等所谓极端组织关联较大，牵一发而动全身。同时，半年来急剧演变的中东局势大有一发而不可收之势，正在超出西方国家的控制能力，严重威胁其战略利益和能源供应安全，威胁与其中东盟友的关系。

如果叙利亚遭遇西方军事打击，或政权出现变更，将对整个中东局势产生严重影响。巴勒斯坦、库尔德、伊朗与美国的关系，伊拉克安全等多个热点将迸发新活力，并与在伊拉克、阿富汗、南亚的反恐行动以及应对亚太局势的全球战略一起，令美国同时面临多个重大问题和多条战线，严重影响其全盘战略和安全利益，导致美国与伊朗阵营的直接对抗，也严重威胁以色列的安全。因此，美国明确表示不会对叙利亚动武，美国驻叙利亚大使表示尊重叙利亚国情，该表态带有调和与安抚之意。预计美国将回归现实主义和实用主义，维持叙利亚现政权稳定符合西方的战略利益。

美国内心存在很多顾忌。叙利亚的世俗化政权一旦被推翻，可能出现更难对付的伊朗式强硬反美政权，也可能出现极端组织活跃态势。美国在中东的铁杆盟国以色列担心，如果叙利亚现任政府倒台，其国内的武器装备包括化学武器将会流入真主党手中。叙以渊源颇深，是几十年来的战争与和谈对手，以色列宁愿继续与比较熟悉的叙利亚现政权打交道，也不愿面对非常不确定的未来政局。包括中东和非洲许多国家在内，国际社会对西方国家武力干预他国的行径表示强烈不满。俄罗斯在强烈抨击西方对利比亚滥用武力的同时，坚决反对武力打击叙利亚，俄罗斯外交部长拉夫罗夫警告外国不要干涉叙利亚事务，同时呼吁叙利亚反对派不要让"利比亚的一幕"重演。

叙利亚是中东的地缘枢纽，与黎巴嫩在独立前都曾是法国殖民地，属于同一个国家。独立之后两国关系依然高度密切，叙利亚1976年之后长期介入黎巴嫩局势，直到2004年才从黎巴嫩撤军，但仍在幕后产生重要影响，尤其对黎巴嫩真主党影响甚大。叙利亚阿拉维派政权还与什叶派的伊朗政权保持同盟关系，阿拉维派虽占总人口的少数，但也是什叶派。老总统阿萨德2000年去世后，其小儿子巴沙尔接任。叙利亚和伊朗还对令美国挠头的伊拉克施加巨大影响。另外，土耳其、伊朗、叙利亚和伊拉克都有库尔德人，他们一直寻求独立并获得西方同情，但上述几个中东大国坚决反对并高度警觉。一旦武力打击导致叙利亚等国政局失控，该问题很可能爆发。

虽然武力打击后果无法承受，西方还是退而求其次，寻求有选择地制裁叙利亚，作为象征性交代。美国已于2011年4月宣布对叙利亚情报机构和高官实施制裁，包括资产冻结和禁止美国企业与受制裁对象做生意。欧盟理事会也于2011年5月9日宣布对叙利亚实施制裁，包括禁止向叙利亚出口武器或可用于国内镇压的装备、冻结13名官员及相关人员的资产并禁止向其发放签证。欧盟外交和安全政策高级代表阿什顿表示，欧盟将考虑对叙利亚采取新的制裁措施。但当时看这些制裁措施还是比较克制的，未将叙利亚总统巴沙尔列入制裁名单。

六 美国如何对待盟友与利益

以突尼斯和埃及政局剧变、政权更迭为代表，可以看作2010年底以来中东变局的第一轮巨大冲击波。由于这些国家的执政当局都是美国等西方国家长期以来在中东的盟友，因此面对本轮中东变局，以美国为首的西方国家一开始对是否支持民众争取民主的街头运动存在犹豫、不安和权衡。但不久美国就决定支持反对派和民众抗议并谋求推翻当政几十年的突尼斯本·阿里政权和埃及穆巴拉克政权，并多次表示高度关注两国国内的人道主义状况，积极与反对派及示威群众进行对话，敦促两者不要采取强硬和武力手段解决问题。

虽然当时两国当局与反对派、示威群众以及声援策应的西方国家之间经过了几轮较量和角力，但最终两者眼见大势已去，相继以比较快的速度失去政权，两国国内权力在激烈动荡之后实现过渡。虽然在权力转移和过渡中并未出现严重伤亡，反对派和西方国家受到一定鼓舞，但由于极端组织在基层民众中大量存在，两国民选政府正式产生之后的权力运转存在很大的不确定性。例如，埃及的穆斯林兄弟会为在未来的民选政府中赢得足够大的影响，已经成立新政党合法参加未来的选举。

几个月来两国维持局势的过渡政府面临许多困难和不稳定因素。在民主表象和民意热情掩盖下，是忧心忡忡的不稳定前兆。例如，2011年5月，埃及发生伊斯兰教与基督教（古老的科普特人信奉）之间的严重冲突，导致12人死亡、200多人受伤。突尼斯也发生较大规模的流血事件，过渡政府已下令在首都和周边地区实施宵禁。美国开始担心埃及等国的穆斯林兄弟会等极端组织会变更策略，积极参加大选并在未来民选政府中发挥关键影响。

美国为适应埃及与北非形势的急剧变化，于2011年6月底突然决定与埃及穆斯林兄弟会建立正式关系。尽管美国的做法会引起以色列的强烈不满，但奥巴马政府以维护美国长远利益为由，坚持这样做。这是1929年穆斯林兄弟会成立以来美国对其立场首次发生根本性改变。尽管如此，双方今后能否满足相互的要求和条件，并不明朗；双方关系实现实质性缓和的难度很大，不排除重归剑拔弩张的可能。

本·阿里和穆巴拉克黯然下台前后，多次对美国背信弃义、过河拆桥、不惜抛弃盟友的言行表示强烈不满和抨击。面对一度汹涌而来的多米诺骨牌效应，沙特、巴林、科威特、约旦、摩洛哥等长期与美国保持盟友关系的阿拉伯国家当权者也同样表现出强烈不满，夹带对美国的严重怀疑与担心。在这种背景下，以海湾阿拉伯国家合作委员会为首的沙特等阿拉伯六国积极行动起来，首先坚定维护本国内部政治稳定，同时积极推进改革、大幅提升民众福利以缓和矛盾。为维护本组织成员的政局稳定，各成员一致同意派遣本组织维持和平部队进驻巴林帮助其维持局势，同时积极推动海湾阿拉伯国家合作委员会重要邻国也门的政治对立派别就权力再分配、尽快实现政局稳定进行积极对话和磋商。

奥巴马能否顺利从阿富汗完成撤军仍存在变数，前景并不乐观。《华盛顿时报》网站指出撤军正中塔利班下怀。从驻阿富汗特别作战联队顾问职位离任，随后进入兰德公司的赛斯·琼斯不希望美军大规模撤出阿富汗，称如果驻阿富汗美军数量不足，将无法支持未来的阿富汗部队平息暴乱和保卫国家。新美国安全中心高级研究员理查德对此持赞同态度，他说撤军只涉及非作战部队，以保证近两年作战部队充足。美军顾问、企业研究所的国防专家德里克·卡根也不支持大规模撤军，他认为小型撤军可以接受，否则阿富汗当地安全部队难以抵御因美国过早撤离而带来的安全风险，进而导致美国多年来的反恐努力功亏一篑。

从在中东大力推进世俗政治以支撑反恐的角度出发，美国也必须重新规划对推翻所谓专制独裁政权的政策。包括被推翻的萨达姆政权在内，美国认为在中东最专制独裁的许多政权，恰恰在维护世俗统治、遏制宗教极端主义和恐怖主义方面最成功，这些国家也往往是世俗化最高的国家。而令美国感到鼓舞的民主表象很可能是南辕北辙的"镜中花""水中月"。所谓"种瓜未必得瓜"，新上台的"民主派"未必能控制局势，局势发展极有可能被极端组织利用并借壳上台，重新让美国品尝苦果。对美国而言，国家安全和国家利益往往居于优先地位，推进民主最终可能地位后移。

七　从阿拉伯民间情绪普遍反美说起

中东局势长期为世界所关注。超级大国等域外势力的介入、干预和激烈争夺是导致中东动荡不定的重大因素，能源储量、地缘位置、政治运作以及领土领水争端、民族宗教矛盾等因素也是影响地区局势的重要内因。外部势力的长期介入加剧了内因的复杂性，内因的存在、发酵与发展反过来为外部势力进一步介入中东提供了理由和借口。在这一进程中，阿拉伯国家与美国的关系是一条重要主线。

长期以来，在阿拉伯与美国的关系中，存在着一个有趣但明显的脱节现象，那就是埃及、约旦等多数阿拉伯国家的政权当局亲美，乃至与美国政府形成盟友关系，美国则对埃及、约旦等国家进行军事和经济援助。但这些国家的民众普遍存在反美情绪，当然他们主要反对美国政府的外交和安全政策，对美国民众和美国文化的反对并不明显，甚至喜欢美国大片和美国人民的性格。然而，极端保守的伊斯兰教徒例外，他们强烈反对美国的文化、生活方式和价值观。

阿拉伯国家民众与美国关系紧张并不久远。它的发展和曲折波动深受美国与以色列同盟政策的影响。"二战"结束后的1948年，美国推动联合国第181号决议，即巴勒斯坦地区分治决议，在该地区成立以色列国家并占有57%的国土，人口居多数的巴勒斯坦人则只占有43%的国土。埃及、叙利亚、沙特等阿拉伯国家很快就用战争手段表达他们的强烈不满，试图消灭至少是严重削弱以色列，夺回失去的土地。围绕这一主题，阿拉伯国家阵营与以色列（实际包括幕后支持以色列的美国）之间爆发了三次大规模战争，即第一、第三和第四次中东战争。

由于美国的坚定支持和以色列军民的顽强战斗，也由于参战的埃及、叙利亚和沙特"三驾马车"各自为战和缺乏团结，埃及等阿拉伯国家始终未能达到战略目的，反而导致巴勒斯坦方面乃至埃及等丢失大片领土。至今巴勒斯坦的大片失地仍为以色列所控制，巴勒斯坦方面实际拥有的土地仅占其地区总面积的12%左右，即便这些土地也被以色列分割得七零八落，更关键的是以色列也仍掌控着巴勒斯坦国的外交与国防权。

自1979年埃及与以色列在美国撮合下言和以来，阿拉伯国家当局已经放弃了在军事上敌视以色列的政策，转而与美国培养盟友关系，与以色列的关系相对中立，实际上私交不错。深感屈辱的阿拉伯民众则不同，他们对美国长期以来偏袒以色列的政策极为不满，对巴勒斯坦人所遭受的苦难和压迫极为同情，也对与美以保持"友好"关系的当局深为不满。由此直接导致了阿拉伯民间浓郁的反美反以情绪，以及对其本国当局的反感和不满，导致了民众与当局在对美态度方面的脱节。

尽管奥巴马政府上任以来推行"巧实力"战略，注意缓和与伊斯兰世界的关系，但并未根本改善与阿拉伯民众的对美不满情绪。埃及、突尼斯前亲美政权被本国民众更迭，利比亚的反对派不满并试图推翻卡扎菲统治，这一风潮并不同时意味着阿拉伯民众改变了反美态度，这实际上是两个概念，是两回事。

在重要背景因素中，巴勒斯坦问题是中东诸多问题的核心枢纽，但该问题短期内无法解决。观察巴以局势发展一定要注意看其实质和历史，涉及难民回归、边界划分、耶路撒冷最终地位、定居点拆除、水资源分配等一系列关键问题，巴以一贯归于锱铢必较。从历史经验看，即使达成一些协议，实施起来依旧障碍重重，巴方的极端组织和以方的右翼或极右翼势力总能找到理由或方法使之夭折。美国政府严重偏袒以色列的政策、以色列政府的不稳定性、巴方内部的协调程度等诸多问题，都是影响和谈的重要因素。

从宗教信仰层面看，比较保守的伊斯兰教信仰表现出对西方文化价值观和生活方式的嫌恶，力图阻止其在阿拉伯世界传播。伊朗虽然不是阿拉伯国家，但1979年发生伊斯兰革命后，在某种程度上形成政教合一的特征，曾提出"不要西方，也不要东方，只要伊斯兰"的口号，当然其反美反霸的意识更强烈一些。在这种土壤支撑下，许多阿拉伯国家的民众延续反美心态。一些宗教极端组织走入歧途，开始利用民间的这种情绪和氛围，"基地"组织、塔利班以及其他极端组织相继诞生。当然，客观而言，哈马斯、真主党等组织带有一定寻求民族解放的特征。

伊斯兰教需要解决与现代社会进行接纳和融入的课题。现有的伊斯兰思想家更多强调当代社会对伊斯兰教的背离，在一些妇女地位、人口控制等问题上态度保守。伊斯兰教呼唤具备崇高威信和能力的改革领袖人物，推动伊斯兰社会的宗教和社会改革，使之最终融入现代社会发展洪流，并最终具备自我发育和自我发展能力。如推动土耳其世俗化、现代化先河的国父凯末尔，再往后有埃及的纳赛尔、萨达特。

现代土耳其自1923年建国以来，一方面，现代文明和欧洲的民族主义思想加快了民族认同和现代化进程；另一方面，伊斯兰文明又在占人口绝大多数的群众中发挥着巨大影响，因此土耳其保持了"世俗的国家、信教的民族"的平衡特征，取得了较大的发展成就。伊斯兰要迎头赶上现代文明，类似凯末尔的现代精英是必不可少的，但当前伊斯兰世界依然缺乏类似的改革领袖。既然伊斯兰内部暂时无法出现这样的改革领袖，靠外部强加和推动改革并非好的选择。

八　美国的中东政策存在"断层"特征

长期以来，人们往往乐于将美国的中东政策阐述为一种井井有条、步步为营的战略，认为美国在中东地区的战略目标明确、战略步骤周密、战略胆魄有力。而远的不说,从进入21世纪以来的10多年时间,历经布什和奥巴马两届政府,从战略部署思路、步骤和效能来看,其实得不偿失。许多政策、策略的目标自相矛盾,策略环节落实不力,政策结果进退失据。

2012年9月,因为美国国内一名名不见经传的导演自编自导的一部亵渎伊斯兰教先知穆罕默德的山寨电影在网络上广泛传播,在中东阿拉伯世界乃至伊斯兰世界引起了轩然大波,成为中东地区新一轮反美浪潮的直接导火索。几日内,反美浪潮从利比亚席卷到埃及、也门、土耳其、伊朗、阿富汗和东南亚伊斯兰国家。愤怒的伊斯兰国家民众通过冲击美国使领馆、针对美国外交人员发动自杀性袭击、举行大规模抗议示威等方式,表达他们对美国内心深处对伊斯兰世界根深蒂固的歧视情结的愤怒。

美国存在中东战略,并在战略谋划基础上制定中东政策和策略。但实践一再说明,美国缺少一种行之有效并能够一以贯之的中东战略。即便有所收效的中东战略,也往往因为总统大选和领导人的变更而横遭中断和断层,乃至出现推倒重来并推行与前任政策相对立的情况。这些使得美国的中东政策大打折扣,美国与中东阿拉伯国家、伊斯兰世界的关系不仅无法改善,反而越来越糟糕,积怨越来越深厚。中东反美浪潮实乃偶然中的必然。"二战"之前和"二战"期间,包括西亚北非在内的广大中东地区基本被英国和法国殖民者所占领,当地人民对美国的印象较为陌生,一是因为美国的势力尚未到达中东地区,二是因为美国在中东地区并未进行过殖民统治。而且在"二战"期间,美国在世界反法西斯同盟中的正义领导者形象,也不可避免地让中东地区人民有所耳闻并产生一定的积极印象。但是,"二战"结束后,英国殖民者在巴勒斯坦地区的统治已经难以为继,衰落的英国被回归到巴勒斯坦的犹太人折磨得焦头烂额,被迫把这块烫手"山芋"和烂摊子交给1945年成立的联合国处理。

美国从此与巴勒斯坦这块不大的地方结下不佳的缘分。1947年11月,联合国通过第181号决议,只有大约60万人口的犹太人在美国支持下获得占总面积57%的较为肥沃的土地,而人口居多数的巴勒斯坦人只分得43%的土地。1948年5月14日,以色列国建立,翌日阿拉伯国家联合向以色列发动进攻,第一次中东战争爆发。之后,1967年、1973年又分别发生第三次和第四次大规模的中东战争。以色列依靠美国的强大支援，不断在战争中获得胜利并占据巴勒斯坦地区90%左右的土地。美国在中东地区偏袒以色列的严重不公正立场，引起广大阿拉伯国家民众以及部分阿拉伯国家政权的不满，不少伊斯兰国家民众和政府也对美国的偏袒政策和霸权主义立场颇有微词。

不得不承认，1993年至2001年1月克林顿政府时期，美国的中东战略策略、中东政策是相对成功的。其核心要旨是平衡和迂回的尊重。平衡就是在伊朗、伊拉克之间保持平衡，在阿拉伯国家和以色列之间尽可能推动和解与平衡，这就是所谓的"西促和谈、东遏两伊"战略。1991年10月，马德里谈判开始。1993年10月，巴以之间签署《奥斯陆协议》，开启贯穿20世纪90年代的和平进程。美国在中东的形象有所改善。美国不喜欢阿富汗的塔利班政权，但也没有试图去推翻它，没有去捅这个"马蜂窝"。而美国在向以色列施加更大压力、力促阿以和巴以和谈方面下了大功夫，迄今无出其右者。而阿以关系的基本稳定助推了中东地区形势的基本稳定。

但是，克林顿政府这种被实践证明行之有效的中东政策，经历2000年底的总统大选之后，被继任者所打破、抛弃，一些积极有效的核心要旨被更改乃至颠倒，造成有效的政策没有延续下去，而无效、负面甚至危险的政策付诸实施。布什政府上任不到8个月就发生了震惊世界、空前惨烈、闻所未闻的"9·11"事件，巴以问题没有处理好是最直接的导火索，本·拉登及其组织多次提及这一点。布什政府在巴以问题上立场倒退，重归严重偏袒以色列的立场，引起阿拉伯国家和伊斯兰国家民众的强烈不满和对立。在这种背景下，以本·拉登为首、以阿富汗为基地并与阿富汗塔利班保守政权关系密切的"基地"组织经过周密策划，发动了"9·11"事件。自此，美国大规模军事进驻阿富汗和伊拉克，发动绵延10余年、至今未止息的大规模反恐战争。布什政府坚持对以色列沙龙政府的明显偏袒、对巴勒斯坦阿拉法特当局的明显打压立场，直到2004年11月阿拉法特在被幽禁和忧郁中莫名地去世。

美国是一个广泛信仰基督教的国家，内心对伊斯兰教存在歧视。在现实的地区和国际政治中，以美国为首的西方国家与中东的伊斯兰世界不断发生冲突，导致利益纠葛与宗教对立越来越深。任何一个国家和民族，内心深处都有不容碰撞的信仰情结，具有自身传统和历史文明的伊斯兰世界尤其如此。但是，历史上就有因宗教冲突而积怨的基督教世界和伊斯兰教世界，它们本应在现代和当代社会和平相处。然而，近代的殖民统治和压迫并没有消解，反而在某种程度上加剧了这种宗教对立和积怨。现代和当代史上，美国在中东偏袒以色列的政策，又从地缘政治和国际关系角度大大加深了美国与阿拉伯世界、伊斯兰世界的对立。这种对立与原本的宗教对立相互叠加，导致了西方和中东地区两大力量之间绵延70年的强烈对立情绪。

直到2008年，新保守主义、布什主义、基督教原教旨主义实力派把持下的布什政府，仍不时发表敌视侮辱伊斯兰教的错误言论，继续将整个伊斯兰教推向反恐的对立面，甚至一度称其为伊斯兰法西斯主义。这些错误言论反映了西方国家部分人士内心深处对伊斯兰教根深蒂固的对立情绪乃至敌视情结，并不时通过不同的方式表露出来，从而引发地区性、世界性的伊斯兰国家大规模抗议浪潮，并带来程度不同的伤亡。与军事反恐同步，美国士兵及有关人员亵渎伊斯兰教的恶性事件时有发生，美国在中东的形象空前低落，美国遭遇的地区仇视和对立情绪空前严重。

从20世纪80年代发生的英国作家拉什迪侮辱伊斯兰教的《撒旦诗篇》引起伊朗等国的追杀，到21世纪初丹麦发生漫画家侮辱伊斯兰教先知的事件，再到驻伊拉克美军和驻阿富汗美军侮辱伊斯兰教的诸多事件，无不说明这种错误且危险的宗教对立、宗教歧视问题很容易让美国经营中东地区和部分国家的多方面努力以及些许成果毁于一旦，根本得不偿失。以美国为首的西方国家和基督教世界早该深刻反思和改正这种错误的倾向与做法，回到宗教宽容、相互尊重、文明对话的立场上来。这种文明和宗教对话，早在2000年就被时任伊朗总统哈塔米强烈地推崇和推动，克林顿政府一度予以积极回应，但后来上台的布什政府充耳不闻、视而不见。

奥巴马政府上台之初多次对伊斯兰世界发表和解讲话以表达善意，弥补美国在中东地区受损的软实力和国际形象，并大规模推动从伊拉克和阿富汗撤军。2010年底以来，美国对中东地区阿拉伯国家民众的改革诉求和民主运动感到窃喜，顺水推舟支持"阿拉伯之春"。这场反映地区国家内部民众改革诉求的民众自发、自觉的运动，被美国贴上了民主风潮的标签。但是美国支持并发生政权更迭的国家，其国内的政治力量组合并不符合美国的本来愿望。即便是受到美国大力扶持的利比亚新政权、埃及新政权、也门新政权，也依然与美国保持距离，而且这些政权的宗教色彩相比前任要浓厚得多。在利比亚、埃及、突尼斯三个发生剧烈政权更迭的国家，伊斯兰教温和政治力量迅速成长、浮出水面并合法占据政权，模仿土耳其的正义与发展党道路模式一时风靡中东。美国越来越对这些国家的政治走向感到心中无底。而与此同时，也门在美国的高压下实现政权相对和平地交接，但是也门局势内部动荡随时可能爆发。

此次强烈抗议和反击美国电影侮辱伊斯兰先知的中东国家中，利比亚、埃及、也门表现得最为剧烈和突出，美国驻利比亚大使及几名外交官在冲突和抗议中被打死。突尼斯、土耳其、阿富汗、伊朗、巴基斯坦以及东南亚的印度尼西亚等伊斯兰国家也分别发生大规模抗议活动。美国总统奥巴马、国务卿希拉里、国防部长帕内塔紧急"灭火"和协调，软硬兼施，试图平息这场中东的愤怒风暴，但收效平平，反美情绪和对立心态更是无法平复。而让美国彻底改变政策轨迹又是不可能的。可以预言，美国与中东伊斯兰国家民众之间的对立仍将长期持续。这种对立势必会严重牵制和影响美国在东亚地区的战略摆动，实实在在推动东亚的国际关系"再平衡"。

美国同时继续支持叙利亚国内的反对派力量向巴沙尔当局发起强烈冲击，导致叙利亚局势继续动荡并出现僵持局面。美国还与高调进行铀浓缩生产的伊朗进行着持续 30 多年的紧张博弈，而伊朗与叙利亚巴沙尔政权、黎巴嫩真主党、巴勒斯坦哈马斯等同盟性政治力量具有千丝万缕的密切联系，并在伊拉克、阿富汗等国内发挥着重大影响。美国与伊朗的对立实际上是得不偿失的。在中东地区内外脆弱因素相互激发的大背景下，缺乏管束、崇尚表达自由的美国艺术节再度捅了娄子。一部拙劣的电影如同星火燎原，引发中东地区大规模的反美浪潮，造成包括美国驻利比亚大使及外交官员在内的中东多个国家的众多人员伤亡。也门出现数万名民众冲击美国驻也门使馆的情况。苏丹、伊拉克等国民众也出现严重抗议的情况。继抗议风潮之后，一名阿富汗妇女于 2012 年 9 月 18 日发动了抗议美国亵渎性影片的自杀性恐怖袭击，造成 9 人死亡。

多年来，美国试图在某种程度上修补中东政策，缓和与中东地区人民的关系，但是这种调整和修补难以撼动美国根深蒂固的政策偏向。因为美国政府一贯受制于国内根深蒂固的军工集团、石油财团、犹太人游说集团等多方面压力和利益驱动，奥巴马也未能幸免，并且奥巴马在魄力及能力方面无法达到前总统克林顿的协调水平和高度，导致美国在中东地区的政策实施并不尽如人意。美国根本无法调整战后对中东政策的基本轨迹。即便冷战结束20多年来，情况依然如此。美国必须出现强有力的正义领导人，从政治、安全、文明、宗教、人文等诸多层面，彻底反思和改正其中东政策中的严重错误和偏差。但现实是，当前和今后，无论美国哪个总统上台，都无法脱离这种令人颇感无奈和沮丧的轨道。

在可预见的将来，在很长时期内，美国在中东地区民众中的不佳印象和对立形象始终难以化解。美国不得不随时准备在中东地区投入巨大精力，这也将是长期牵制和掣肘美国对外战略策略的重大因素。美国要从北非、西亚、中南亚地区痛快、顺利地摆脱出来是不可能的，何况美国国内的几股势力也压根不允许政府这样做。

九　尘埃并未落定：美国必须权衡中东与亚太

经历了几个月的暴力与反暴力较量，2011年8月下旬，全国过渡委员会武装在北约为其营造的强大空中优势支持下攻入利比亚首都的黎波里，利比亚局势出现重大转折变化。9月底，在北约的军事支持下，以全国过渡委员会为首的利比亚执政当局迅速推进战事，继续围攻卡扎菲的老家苏尔特并取得了阶段性胜利，于当年10月打死卡扎菲。这并非偶然，欧美国家正在饱受新一轮金融危机蔓延的危害，未来如何无法预测。如果利比亚战事久拖不决，势必牵制其应对金融危机的注意力，导致其内外不能兼顾。推翻卡扎菲政权并剪除卡扎菲羽翼，对西方国家而言本身就是一针强心剂。美国更是希望尽快结束利比亚战事，因为美国身在中东而心在东亚。但接下来，利比亚局势未必就此平静，重建进程面临诸多困难。

美国起初对中东的民主风潮感到突然并有些不知所措，随后奥巴马政府定下神来，决定支持以"阿拉伯之春"为标志的中东国家街头运动，将其视作几十年来中东地区国家的民主觉悟运动,美国不惜抛弃埃及前总统穆巴拉克等昔日的铁杆盟友并不惜为此引发以色列的极度不满。但局势发展很可能出乎美国的期待,一些国家政局快速变化后,美国可能被迫面对事与愿违的另一种无政府主义状态或极端主义借机合法上台的严重后果。这种政治现实将严重威胁美国的安全和经济能源利益,也最终导致美国期待的中东民主蓝图无法真正实现。

中东局势变幻莫测,时局不确定性很多。突尼斯、埃及、利比亚、摩洛哥、叙利亚、也门等国都有极端组织存在和活动,如果这些极端组织遇到合适的体制外壳和土壤,不排除其通过组建合法的宗教性政党并经过包装后上台,演变为具有亲西方外壳而实际推行伊斯兰教法治理的可能性。例如,2011年10月底,伊斯兰复兴运动获得了突尼斯制宪议会217个席位中的90席,跃居第一位。同时,利比亚新政权推行一夫多妻制,被认为是对世俗化成果的挑战。而卡扎菲以及穆巴拉克、本·阿里、萨达姆等所谓的独裁政权存在的几十年里,其治下的国家长期成为中东地区世俗化程度很高的国家。

2011年10月,伴随西方对利比亚军事干预行动之顺利超出预期,法国、美国等主要西方国家以及北约组织的军事冒险心态加剧,开始对采取综合手段更迭叙利亚现政权跃跃欲试。当然,西方国家更多希望通过对叙利亚巴沙尔政权施加综合压力,迫使其推动实质性的政治改革,通过推动当局与反对派达成实质性妥协的方式解决叙利亚国内问题。

沙特等海湾国家以及约旦长期是美国的盟友,在高度质疑美国盟友的同时力求自保。也门总统萨利赫长期执政,与美国关系一度不佳,但美国因反恐需要,一直借重也门政府打击其境内的"基地"组织分支。在中东局势发展真正考验美国的严峻时刻,美国可能会紧急调整在阿拉伯国家快速推进民主并抛弃亲美政权的政策,慎重对叙利亚和也门等国使用武力,避免引发无法控制的中东大乱,避免冲击美国的反恐战略以及亚太战略,避免冲击西方国家的安全、能源供应等战略利益。美国和欧洲担心中东时局大动荡会加剧金融危机冲击浪潮。尤其是奥巴马政府面对国内经济不景气,在伊拉克、阿富汗进退维谷以及急于"重返亚太"的战略调整,不愿深度介入西亚北非变局,希望采用经济和政治手段而不是军事手段推进地区民主，影响地区时局。

美国深度介入亚太的决心尚待观察。在亚太地区，美国像日本等许多中国周边国家一样，面对中国的心态比较复杂，力图"鱼与熊掌兼得"。2011年，一方面，美国急需从中国获得巨额资金支持，帮助其与欧洲国家摆脱金融危机，拉动经济发展；另一方面，美国在中国周边的黄海、东海、南海动作频频，与日本、韩国、新加坡、澳大利亚、菲律宾等国不断举行联合军事演习并加强军事安全合作。其重要目标就是在美国自身影响力相对下降的战略态势下，借助盟国干扰中国的安全与发展方略，加强对中国的牵制，延缓中国的快速发展壮大。有关国家无视中国的和平诚意，加紧蚕食中国周边领土、领海和专属经济区，寄望于关键时刻美国暗中怂恿和支持并不现实。美国权衡利弊，有可能隔岸观火，类似事例不一而足，美国对支持盟友而伤及自身的事情是有底线的。美国忌惮因涉及过深而与中国发生正面冲撞，因此美国的介入也是似是而非、闪烁其词的。在有关南沙局势的紧要关头，美国当然不会甘冒与中国发生战争的风险，为菲律宾或越南而两肋插刀。

面对亚太时局尤其是周边情势，中国作为一个大国，独立自主异常重要。继往开来，总结和回顾新中国成立60多年，尤其是改革开放30多年来的外交与安全实践，其间有许多经验与教训。我们必须有鉴别、有吸收，也必须有扬弃、有调整。在推动周边和国际关系发展的进程中，涉及国家领土领海完整、主权与安全的原则和重大问题一定要坚守，也一定能够坚守，必要的战略意志和坚毅斗争必不可少，也大可不必羞羞答答。现实主义世界中，各国尤其是大国为了实质利益而斗争已司空见惯。所谓"软硬兼施、恩威并用、方见实效、树立威信"，在保持必要斗争的同时推动合作，则这种合作往往是良性、互利、平衡而持久的。

第四章
追溯伊朗核问题的责任与发展

第一节 伊朗核问题的各方考虑与发展

2007年1月中旬以来,美国与伊朗的关系再度绷紧,美国做出调兵遣将、大兵压境的威慑姿态。而伊朗往往针锋相对,毫无妥协迹象,大规模增开离心机数量,举行大规模军演,并拒绝停止铀浓缩活动;同时,灵活处理、拿捏尺度,开放核设施、配合核查以争取国际理解和同情。欧洲、俄罗斯等其他有关方面则继续展开斡旋磋商。伊朗核问题今后的发展趋势值得高度关注。但从宏观方面看,自2001年以来,美国在应对两伊、反恐等问题上面临的困境加剧。布什政府对伊朗动武的可能性实际上在减小,伊朗以及该地区极端势力对美国的斗争也保持在一定限度之内。美国与伊朗的关系可望维持"斗而不破"。战略僵持或战略缓和都可能是美国与伊朗关系的下一步选项,但发生新战争的可能性基本可以排除。

一 美国对伊朗动武基本上是虚张声势

伊朗核问题形势变化很快,美国军事威胁居多。2007年3月,联合国制裁伊朗的第1747号决议通过,对伊朗的制裁升级;随即,英国水兵事件发生。科威特和俄罗斯纸媒渲染说，美国可能在2007年4月进攻伊朗，而实际上进攻事件并未发生。美国白宫、国务院和军方多次重申，美国没有入侵伊朗的计划。此前的2007年3月，美国与伊朗的关系一度缓和，美国默许伊拉克政府邀请伊朗参加伊拉克问题国际会议，一度有回归2000年克林顿对伊朗政策的苗头。布什政府声称，如果伊朗在此会议上有直接的接触表示，那么美国代表不会转身走开。但从2007年3月下旬开始，特别是伴随英国士兵事件的发生，美伊关系重新紧张。

布什政府对伊朗政策的重要目标是颠覆其政权，核问题仍是借口。回顾不长的历史可以发现，伊朗核问题在克林顿时期根本没有现在这样尖锐。伊朗内心并不愿与美国对立。据报道，2003年伊拉克战争后，伊朗曾主动密函致美国国务院，提出停止支持真主党及哈马斯，将核计划透明化，希望美国终止对伊朗的所有制裁，但该建议遭到美国副总统切尼的否决。美国政府总体不愿动武，美国总统布什本人、国防部长盖茨、驻中东美军中央司令部司令法伦、国务卿赖斯等高层均已就此多次表态，力图使用外交手段解决问题。赖斯曾反对2006年12月前国务卿贝克领衔拟订的对伊拉克问题报告，后来表示不排除与伊朗直接会谈。

美国的处境今非昔比。尽管美国仍是世界唯一的超级强国，然而布什政府的战略失误和实力运用不当，导致美国在天时、地利、人和方面极端困难。相比2001年和2003年，布什政府的大牌已经不多。美国发起的国际反恐导致越反越恐；伊拉克安全局势困难重重，其国家权力实际掌握在什叶派手中，而什叶派深受伊朗影响。2006年初以来，美国一直打压的伊斯兰激进组织哈马斯通过巴勒斯坦议会选举合法上台，成为影响巴以时局的重大因素；阿富汗局势重趋不稳，塔利班活动重新增多；埃及的激进组织穆斯林兄弟会在2006年议会选举中的势力上升。2007年4月，在摩洛哥和阿尔及利亚，"基地"组织的恐怖活动重趋活跃；叙利亚也以软硬两手与美国周旋。同时，美国在中东的新动向还必须考虑美国军方高层及国会、民众和利益集团的反对声音，考虑其他大国的反应，以及对国际能源市场和世界经济带来的巨大冲击。

对伊朗动武面临巨大掣肘因素和灾难性后果，实际上是下下策。从伊朗本身看，伊朗拥有不可忽视的经济、军事实力，拥有比伊拉克广阔得多的国土，拥有同仇敌忾的民众热情，关键是伊朗有美国担心的超常规武器和技术。萨达姆政权曾拥有强大的常备军，但在超常规打击军备和技术方面则是空白，阿富汗的塔利班政权更不待言。伊朗其实也在着力打消周边国家的疑虑，总统内贾德于2007年3月访问沙特，伊朗应邀出席阿拉伯国家首脑会议，并表示要向阿拉伯国家提供核能利用技术援助。从伊朗对伊拉克、阿富汗、黎巴嫩、巴勒斯坦激进组织的影响看，如果美国动武，伊朗将充分释放其对这些国家的影响能量，美国将面临多头灭火的更严峻困境。从军事层面看，美国对伊朗核设施的情报侦察存在诸多不详，武力打击不仅无法彻底摧毁伊朗的核设施，反而可能面对伊朗的大规模报复，2007年3月前总统克林顿也强调过这一点。更难的是收拾战后局面，美国在伊拉克拥有15万人的军队尚且身陷泥潭，假如美国打击伊朗并且维持战后，没有50多万人的军队则难以摆平。近年来，美国曾多次对伊朗实施严厉的军事威胁，而几乎每次都是布什政府最终妥协，美国仍然力图不战而屈人之兵。

二 美国对外政策的矛盾与困境

布什政府的政策带有不少"鸵鸟思维"，多次实施军事威胁，而对手不仅没有退缩，反而迎面而上，但布什政府接下来却每每缺乏坚决而切实可行的后续计划和行动，最终是"光打雷不下雨"。正如2006年朝鲜核试验，按理讲，朝鲜核试验对于美国在东亚的安全利益攸关，丝毫不低于伊朗对美国安全利益的影响。朝鲜进行核试验时美国可以借机彻底表明其防扩散的坚定意志和决心，同时使后来者以儆效尤，假若果真如此，伊朗将非常慎重。但对朝鲜核试验问题的处理恰恰表明布什政府虚张声势，最终还是外交解决。朝鲜拥有核武器不是增大而是减小了来自美国的打击可能性，伊朗对此看得很清楚。未来伊朗适度拿捏、适时挑衅的可能性依然很大，但类似于朝鲜模式，此类举动很可能加速美伊双方以谈判求缓和的到来而不是导致战争。

回顾布什政府几年来的政策可以发现，其政策目标和实施之间充满了矛盾。美国迫切希望制止伊朗和朝鲜拥核，而具体举措却不断刺激对手加速拥核；一旦对手进行核试验或事实拥有核武器却又无可奈何。另一组矛盾是，美国想方设法推翻伊朗和朝鲜的现政权，制止所谓的敌对反美国家拥有核武器；同时又迫切希望伊朗同美国合作解决伊拉克难题，迫切希望朝鲜弃核并在东亚安全方面进行合作，以腾出手来应对中东。布什政府的政策显然充斥着不公平和不对等。美国只索求、不给予，只要求对方保障美国的安全，而不承诺保障他方或自己所界定的"对手"的安全，反而谋求推翻对方政权。如此政策是不可能促使对方真诚合作的。而且美国自身在核问题上往往实行双重或多重标准，一直加大力度研制新型核武器、进行核试验、部署导弹防御系统、争夺太空；对伊朗和朝鲜，对以色列，对印度和巴基斯坦，对埃及、沙特等国的核政策存在诸多差异。如此言行举措难以服众。

布什自身的特点是置个人原则和信仰于国家利益之上，撞了南墙也不回头。几年来，布什政府的政策目标与政策实施之间也常常脱节、南辕北辙，最终离目标越来越远。新保守主义的政策不仅使美国和政府自身面临困境，也加剧了世界局势紧张和安全困难。应当看到，缓和战略是制止核武器扩散或核试验的重要一环，激化言辞只能逼迫有关方面不惜代价，加速拥核步伐。可惜布什政府仍然继续向伊朗施加高压，这样非但难以达到目标，反而会加强伊朗内部的凝聚力，加速并催生伊朗的核试验进程。布什政府还严重忽视了各地反美力量间的互动和呼应。伊朗、朝鲜、委内瑞拉、白俄罗斯、津巴布韦、苏丹等国之间的准结盟，尽管力量有限，但效应存在，声势不减。

三 布什政府面临国内的重量级抨击

2007年1月以来，一批前政治元老如前总统老布什、克林顿，前国务卿基辛格等，均要求布什政府尽快在应对两伊问题上改弦更张，特别强调要借重伊朗和叙利亚的作用帮助美国摆脱伊拉克困局。过去，多数批评来自左翼，但今天共和党也加入了批评的阵营。2007年1月31日，在参议院外事委员会关于伊拉克局势的听证会上，三位已经退休的老国务卿和两位已经退休的总统国家安全顾问相继出面，对赖斯提出批评。其中包括尼克松总统的国务卿亨利·基辛格、老布什总统的国务卿詹姆斯·贝克、克林顿总统的国务卿麦德琳·奥尔布赖特，以及卡特总统的国家安全顾问布热津斯基和老布什总统的国家安全顾问斯考克罗夫斯特。基辛格着重指出，对伊拉克增兵看上去有助于增加战略回旋空间，但美国真正需要的是外交战略变革；伊朗的实力摆在那里，美国如果不愿看到伊朗控制中东就应该与其谈判。奥尔布赖特也说，美国在中东已经被看成殖民势力，其动机已经被严重怀疑；美国政府必须准备同它不喜欢的政府谈判，可以不接触伊朗总统内贾德，但可以通过其他途径与伊朗对话。美国外交老帅们的观点引起共鸣。

西方许多评论家指出，美国的国际环境处于冷战以来最被动的时刻。布什政府面对的反恐问题、伊拉克问题、巴以问题，以及伊朗与叙利亚的关系问题、能源安全问题等个个复杂化。回顾类似的当代史，一些美国总统的战争政策往往是下任上台后予以全面纠偏的。艾森豪威尔上台后大幅度调整了杜鲁门的朝鲜战争政策，尼克松上台后全面修正了约翰逊的越南战争政策。两位前任的共性是，明知必须采取战略退却，却反其道而行之，一意孤行，咬牙坚持。布什自己也暗示过，美国在伊拉克问题上输不起，在伊朗核问题上不会放弃高压。其实，如果采取战略退却，其结果不会是美国的全面被动，只是布什政府本身的被动而已。历史已经表明，美国从朝鲜和越南的全面脱身没有造成美国的失败和被动，而是终于获得解脱。

四　伊朗核开发的国内支撑因素

伊朗总统的立场基本能反映伊朗民意和执政高层的整体主张。2005年，伊朗民众以高投票率推举内贾德上台任总统。迄今，尽管美国的高压政策和部分国际制裁已经影响了伊朗国内民众的生活质量，使内贾德的支持者在 2006 年 12 月举行的地方议会和专家会议选举中落败，但支持总统的民意基础仍在。2006 年以来，很少公开露面的伊朗精神领袖，实际上也是国家一号人物的哈梅内伊数次发表强硬声明，抨击美国的高压政策，表示伊朗绝不屈服，将要斗争到底。在核问题上，哈梅内伊的言辞与内贾德并不矛盾。伊朗总统的地位次于精神领袖哈梅内伊和确定国家利益委员会主席拉夫桑贾尼，是伊朗第三号人物，在国家安全问题上的决策权有限。如果没有幕后执政高层的大力支持，其刚柔并济、以刚为主的立场和举措则无法实施。在借重核问题展开对美斗争方面，并非总统一人一意孤行、孤军奋战。伊朗总统反映的其实是整个国家的立场和意志。西方传媒关于内贾德执政地位不稳的诸多评论，不乏夸大和炒作成分。美国也不否认一直设法策动伊朗反政府力量发起配合行动，并煽动伊朗国内的民族对立（伊朗国内的库尔德人、亚美尼亚人等数量也不可忽视），但这些活动收效微乎其微。

伊朗的核开发具有两方面的交叉考虑。它既是战略目的，也是对美斗争手段，伊朗根据情势的发展而调整两者的着眼分量。一方面，伊朗借助核问题，根据美伊关系的冷暖缓急，抓住美国的困境和弱点，与美国进行周旋，力求从美国那里获得安全保证，与美国展开直接对话，进而实现关系正常化，完全融入国际社会。历史回顾也表明，核问题作为伊朗对美斗争工具的一面非常明显。在克林顿执政后期，美伊关系转暖的势头强劲，核问题几乎可以忽略不计。尽管2001年1月布什政府执政后大幅度调整对伊政策，但之后两年多，伊朗一直没有放弃寻求同美国缓和关系的愿望。在美国对阿富汗战争中，伊朗实际上给予阿富汗的北方联盟（美国的倚靠力量）以很大支持；伊朗对美国推翻萨达姆政权是拍手称快的。但也就在2003年，一方面，当伊朗看到布什政府铁了心要推翻伊朗现政权后，也针锋相对、虚与委蛇，在核开发方面坚持强硬言行至今。另一方面，美国对伊朗的高压愈强，伊朗愈没有安全感，获取核技术乃至核武器的决心就越坚定。伊朗看中的是拥核在维护国家安全方面的战略威慑力，不仅可以抵消来自美国的安全威胁，而且其综合国力也将在大中东执牛耳。

伊朗的核开发进程可能比预想的要快。近年来，据欧美国家分析，伊朗要掌握高纯度的铀浓缩技术可能需要5~10年时间，而且核武器的制造以及最后的导弹装载与发射也需要时间，但伊朗不时宣布掌握有关核技术的重要进展。例如，伊朗总统2006年宣布伊朗已掌握纯度为3.5%的铀浓缩技术，并建设重水工厂；2007年4月宣布加开3000台离心机，并要增加到5万台，伊朗铀浓缩进入规模化和工业化生产阶段。尽管伊朗有虚张声势的一面，但国际社会似乎不应以常规思维看待伊朗的核开发能力。伊朗必定会加大自我开发的力度,必定会通过"黑市"等各种途径获取核技术。伊朗和巴基斯坦"核弹之父"阿卜杜勒·卡迪尔汗引导的核技术"黑市"之间的联系十分密切,双方开始接触的时间之早远远超过了人们的预想,而且伊朗已经通过"黑市"交易掌握了铀浓缩的全部技术。伊朗取得突破性进展的周期可能比预期的要短,并不排除伊朗进行某种形式核试验的可能。其实,国际社会对朝鲜核试验的进度也存在过严重误判。

伊朗的核开发声明合法但似乎不合情理。伊朗一再声称其铀浓缩活动与朝鲜谋求核武器的核开发迥然不同,它完全用于和平目的,不用于制造核武器且并不违反《不扩散核武器条约》。伊朗和平利用核能的权利也为包括美国和欧洲国家在内的国际社会所认可。但同时也要看到,尽管伊朗受到制裁,需要进口大量成品油,但伊朗仍是最不面临能源短缺问题的国家。因为伊朗的石油储量仅次于沙特,居世界第二,天然气储量仅次于俄罗斯。在这种情况下倾注国力进行核开发,在某种程度上不能不引起怀疑。再者,即便伊朗单纯着眼于和平利用核能,它可以通过向有核国家购买适度的浓缩铀用于核发电,而不必执意通过自己的艰苦开发获取浓缩铀。伊朗所利用的正是国际法在无核国家如何获取核燃料方面的一些盲区,特别是利用了有核国家迄今未能就此问题统一立场的灰色地带。

五 伊朗核问题可望维持"斗而不破"

英国水兵事件发生后,关于伊朗核问题发展的参考矢量基本没有发生改变。在处理该事件方面,当事各方或相关方如英国、伊朗、美国、以色列等都非常谨慎,调门很高但下手很有分寸。伊朗并非惯于冒险的国家,在核问题风起云涌之时,伊朗主动出此招数,说明伊朗高层内部的底数和信心。伊朗同时非常清楚,与 2003 年 3 月之前的英国已经迥然不同,英国反对动武。伊朗也没有把事情做绝,始终留下许多余地。

2003 年下半年,英国《泰晤士报》一些文章不时发出紧张论调,声称美国已经制订好计划,要打击伊朗。美国政府和国务院不得不几次予以澄清,美国不准备武力打击伊朗,仍希望通过谈判以外交方式解决争端。实际上,美国对伊朗的全面打击和"外科手术式"打击都不可行,一旦开战就身不由己。尽管人们注意到美国副总统切尼总是按捺不住地发出强硬威胁，但他本人孤掌难鸣并不时引发记者的调侃和取笑。在面临伊拉克困局、需要稳妥推进朝核问题解决等紧要时刻，布什本人及赖斯等人已经在伊朗核问题上持非常现实的态度。可以说，美国政府尤其是国防部做梦都想打击并推翻伊朗现政权，制订周详的打击计划也是情理之中的事情，问题在于美国一段时期内无法抛开许多难以逾越的困境，腾出手来打击伊朗，受到种种掣肘而施展不得。这是布什政府之所以高度谨慎的最客观也是最直接的原因，伊朗本身的军事反击能力、能源制约能力、国家总体实力以及官民同仇敌忾等也是制约美国政府三思而行的重大因素。

布什政府曾宣布严厉打击伊朗在伊拉克的势力，同时也严格限定了打击范围，那就是只限于在伊拉克境内，丝毫没有向伊朗境内伸展的意思。伊朗则对美国在伊拉克境内针对伊朗的行动非常克制，关键时候退一步，避其锋芒。布什政府今后还会考虑谈判这条路，客观上，也只有这条路可行。进，能体现一个国家和政府的战略意志；而在某些关键时刻，退，同样可以体现一个国家和政府的战略智慧和战略意志。布什所谓的没有退路、否则全盘皆败的担忧并非不可改变。

在中东和伊朗周边，除伊朗的盟友叙利亚、黎巴嫩和巴勒斯坦的哈马斯与伊朗保持战略协调以外，多数国家不希望伊朗成为有核国家。以色列自不待言。海湾地区的沙特、科威特、巴林等阿拉伯国家以及其他阿拉伯国家长期以来就对伊朗的什叶派政权抱有戒心，担心伊朗的宗教输出影响其国内的什叶派穆斯林，威胁其政权稳定，但慑于伊朗的国力而言辞低调。伊拉克萨达姆政权被颠覆后，伊朗在中东坐大；一旦伊朗掌握核武器，必将进一步地严重改变中东的力量对比。所以，多数阿拉伯国家对伊朗的核开发活动实际上是反对的。但埃及、土耳其等地区大国态度相对暧昧，实际上是在观察伊朗核问题的进展以及西方的反应，并相应调整自己的核开发计划。作为盟友，美国实际上对两者的核开发表示默认。但周边国家更不愿意与伊朗为敌，伊朗也注意缓和与周边阿拉伯国家的关系，2007年10月，伊朗外长穆萨维称要与海湾国家签订战略安全保障协议。

尽管存在差异，但国际社会尤其是大国在反对伊朗开发核武器方面的立场是一致的。英国、法国、德国、意大利等国一方面坚决反对伊朗谋求核武器，同时也坚决反对美国对伊朗动武，极力避免欧洲南翼再度陷入更大的深渊。从经济上看，德国、英国、法国、意大利、奥地利等欧洲国家与伊朗的经贸联系和能源交往密切，德国是伊朗的第一大贸易伙伴，在欧洲的波斯人也占相当数量。欧洲的对伊朗政策必然与美国存在很大差异。1979年以来，美国对伊朗的制裁和围堵基本没有停止过，并通过《达马托法》等法案划定限额，名义上制裁向伊朗投资的美国和其他国家的公司。但实际上，美国无法阻止其他国家与伊朗的经贸交往，反而坐失许多经济和能源发展机会。伊朗是俄罗斯势力范围的重要延伸，影响到俄罗斯南部安全屏障及其对中东、中亚、外高加索地区的推进，况且俄罗斯与伊朗的经贸和军事合作也很密切，因而俄罗斯反对美国对伊朗动武。当然，俄罗斯同时一贯在中东两面下注，它也看到动武将使美国面临更加巨大的战略困难并导致国际油价大幅度飙升，对于能源储藏非常丰富的俄罗斯而言，并非没有好处，因而关键时刻俄罗斯的态度仍然需要观察。

六　美伊交锋是战略意志的较量

美国对伊朗政策存在战略缺环和无奈。从美国与伊朗、朝鲜之间的多次推拿和较量看，关键时刻最先松口和妥协的常常是美国国务卿赖斯等外交决策人物，给人的印象是美国不得不接受无奈现实并吞下苦涩的果实。其实，无论是咄咄逼人的武力施压还是考虑发动直接战争，其实现都应该有诸多切实可行的预案，有进退之法和明智的谋略，否则时局的阶段性发展常常使决策者自身面对矛盾、尴尬和被动，导致眼高手低、进退失据、雷多雨少。布什政府最窝囊的事情就是，压力和战争都对对方无效或导致两方的失败而无可奈何。时局已经充分表明，以上两类手段都是不可行的。如果早就考虑到这一点，最明智的选择还是和平谈判并寻求和平相处，此为上策；保持不战不和的静默僵持状态则为中策；强硬武力威胁和施加战争高压为下策；选择任何形式的动武解决基本上是下下策。

美国和伊朗、朝鲜的较量实际上是战略意志的较量。回顾不长的过去，2003年伊拉克战争以来的布什政府最缺乏的是什么？除了国际社会普遍呼吁的国际道义、公正和相互尊重之外，单就对外战略执行而言，其实它最缺乏的是顽强坚定的战略意志、准确明智的战略判断与把握以及严密可行的战略策略运筹能力。但遗憾的是，几个保守派要员惯于纸上谈兵，口头强硬，平时趾高气扬，关键时刻一退千里而贻笑大方。

反观伊朗，面对强敌虎视，它很清楚自己实际面临的是国家和政权存亡的问题，而不是总统内贾德一人地位是否稳固的问题。所以，伊朗的政治高层和民众在对美关系和核开发方面的立场应该是一致的，其战略意志是坚定顽强的，也充分施展斗争的艺术，人们应该清楚的是，具有数千年历史的古波斯文明的底蕴不应忽视。因此，不必高估一些舆论鼓吹的伊朗政权内部的所谓差异性和不稳定性。朝鲜其实也有类似境遇和情形，正是依靠类似的思路，朝鲜赢得了美国的阶段性让步和自身的喘息，尽管斗争和反复不会停止。

回忆几年来，多次在重大关键时刻，面对对手的强硬和无所畏惧，最先松口让步、求得和好、推翻先前强硬威胁立场的，经常是布什政府要员自己，立场和言辞前后矛盾多变，拿自己的矛攻击自己的盾，逻辑上都讲不通，而在国家立场上不断见风使舵是最要不得的，更何况是唯一的超级大国呢？如今布什政府内个别立场依然貌似保守的要员，已经难担此类重任、名不副实，人们不断发现他们时常避重就轻、避实就虚、一触即退。他们多从个人政治地位和前途考虑，力求左右逢源而避免担当责任、招致批评。而布什总统本人的对外思路又基本上是被幕后人士所操纵的，如此对外决策，执行结果可想而知。

几年来的经验和事实表明，只要美国的对手咬牙坚持对抗、虚与委蛇，往往总是会大大提高和平的概率，减弱美国的战争压力和可能。朝核和伊核两个重大问题的多次重大时刻，两国的行动已经多次证明，强硬赢得和平对话和谈判，懦弱导致得寸进尺的层层压力和战争。两国早就摸准了布什政府的这一"脉象"。各个政府大员概莫能外，唯一有点例外的是战略意志比较顽强的拉姆斯菲尔德已经作为主要替罪人被赶下台了。

客观而言，美国打击伊朗的最佳时机已经过去。2003年，美国要么先从伊拉克入手，要么先从伊朗入手，但必须同时在军事上取得胜利和占据优势，然后一起进行战后梳理。从战略上讲，尽管同样可能面临更多更大的混乱和难题，但那或许是布什政府动武的最佳时机。美国那时对伊拉克发动战争的子虚乌有的理由还没有被彻底揭露出来，同样的理由仍然具有很大的欺骗性。后来几年，美国对伊朗动粗动武的可能已经归零。

七 美伊国内都存在寻求缓和的力量

伊朗核问题出现不少戏剧性变化，急缓势头同时存在。2007年4月，曾有消息称在伊拉克被扣押的5名伊朗外交官将要获释，伊朗方面表示谨慎乐观。2007年4月中旬，国际原子能机构证实伊朗在纳坦兹的核设施中安装了1300多台离心分离机，并开始向部分离心分离机中注入用于铀浓缩的六氟化铀气体。2007年4月19日，美国国家安全委员会表示，伊朗这一举动可能会导致更多的国际制裁。2007年4月20日，美国国务院表示欢迎欧盟就伊朗核问题同伊朗举行新一轮会谈。同时，英国依然不希望局势恶化。2007年4月21日，英国驻科威特大使斯蒂沃尔特表示，英国继续反对以武力解决伊朗核危机，不反对伊朗和平利用核能；为了让伊朗能安全使用核设施，英国还愿意提供帮助。2007年5月，关于伊拉克问题的第二次国际会议召开，美国和伊朗进行了礼节性接触，之后，美国与伊朗举行了27年以来首次大使级直接会谈。但同时美国也在推动对伊朗的制裁，以使其屈服，而伊朗在坚持基本立场的前提下与美国灵活周旋。2007年10月，美国宣布要单方面对伊朗军队实行制裁，并推动联合国对伊朗发起新的制裁。2007年11月上旬，布什政府宣布释放9名在伊拉克被捕的伊朗外交官。伊朗一方面对美国针锋相对、立场不让，另一方面也不断发出缓和信号。2007年11月初，伊朗外长穆萨维在土耳其参加伊拉克周边国家外长会议时表示，愿意与美国就伊拉克局势展开第三次高层对话，如果美国满足伊朗的安全关切，伊朗愿意帮助美国摆脱伊拉克困局，美国国防部长盖茨对此予以认可并表示听其言而观其行。

伊朗核问题存在三种前景：以美国为首推动联合国对伊朗发动升级制裁、通过类似于朝鲜模式以和谈方式缓和危机、美以孤注一掷武力相向。考虑到有关方面的国家利益，对伊朗的制裁也将在一定限度内，成效有待观察。只要不涉及石油禁运，伊朗回旋的空间依然很大。以色列极力鼓噪美国动武解决伊朗核问题，但当前巴以局势微妙而复杂，两国都面临极大的政治变数。从自身处境、国家实力看，以色列单独对伊朗动武是不自量力，强硬言辞也多是总理奥尔默特等人的政治姿态，而且说法经常变化，前后矛盾，底气不足。美国允许以色列"单挑"的可能性更小。

2006年11月美国中期选举之后，不管布什政府愿意不愿意，其政策都已经受到民主党的制约和影响。民主党不仅强力敦促政府明确从伊拉克撤军的时间表，而且已经开始就此付诸斡旋行动。2007年4月4日，美国众议院议长佩洛西率领国会代表团访问黎巴嫩之后前往叙利亚访问，并与叙利亚总统巴沙尔举行会谈。布什对此深表不满，指责佩洛西出于党派利益，违背政府意愿而前往一个"支持恐怖主义国家"访问。但以民主党为主要民意基础，借助国内反战声势，佩洛西不为所动。佩洛西此次高调出访，在中东问题特别是在对待两伊和叙利亚政策方面，彰显了与布什政府的差异。佩洛西也传达了一个强烈信号，正如美国国内各界人士强烈呼吁的那样，布什政府应该改变对伊朗和叙利亚的政策，接受两国一直以来对美国伸出的橄榄枝和交往善意，因为这将是帮助美国摆脱中东困局的苦口良药。

早在2006年11月中旬，布什政府的两个铁哥们——英国首相和澳大利亚总理的口风就已经发生明显转变，他们希望美国借助伊朗和叙利亚的力量解决中东困局。当时，伊朗方面很快接上了话，总统内贾德表示，如果美国改正其行为，伊朗将与美国举行谈判。美国的一些战略智囊也高调赞成让叙利亚和伊朗参与，布什政府一度表示加以考虑。俗话说，退一步海阔天空。如果布什模仿克林顿在执政后期大幅缓和与伊朗的关系，那么美国在中东和其他地区面临的许多重大问题就可迎刃而解。

第二节 制裁与僵持继续发展，但伊朗无战事

一 伊朗战端不会轻启

2011年11月初，英国、以色列等国媒体渲染美国、以色列可能对伊

朗动武。英国《卫报》报道，一名英国国防部官员表示奥巴马政府可能顶不住强硬派压力而打击伊朗，虽然不会派地面部队进入伊朗，但"小股特种部队可能潜入"。鉴于伊朗正把离心机等设备转移进山区地下堡垒，12个月后最佳轰炸时机将消失，英国必须加紧制订应急计划，配合美方行动。以色列《国土报》报道，以色列总理本雅明·内塔尼亚胡正为对伊朗动武争取内阁支持。

以色列高度关注伊朗的拥核进程，因为以色列认为伊朗是其最大的军事威胁。以色列总理兼右翼政党主席内塔尼亚胡，以及国防部长、前工党主席、现任"独立党"主席、绰号为"小拉宾"的鹰爪鸽派巴拉克均对伊朗做出强硬表态，表示以色列不会对伊朗谋求核武器的步骤和目的视而不见，以色列密切关注并支持对伊朗采取武力行动。鉴于这些因素，以色列强烈希望美国继续在中东保持强大影响，继续坚定支持以色列，成为其坚实的战略后盾。

美国大力渲染伊朗人员在美国试图暗杀沙特驻美大使，但证据明显不足，炒作手法并不细腻，也显得很突兀，这显示了美国和以色列等方面希望国际社会重新关注伊朗核问题，避免过度专注于利比亚等中东其他国家，而降低重趋升温的巴以关系、巴勒斯坦"入联"等问题的热度。实际上，伊朗也面临不少政治、经济、能源、社会以及安全等多方面的问题与挑战，明显缺乏在敏感时期刺激美国以及海湾国家而引火烧身的动机。

据舆论分析，美国此举实际上是为了进一步拉拢海湾国家向其靠拢，进而在海湾国家驻扎大量军队，借以看住伊拉克、威慑伊朗、支持以色列、辐射西亚北非地区。就是否动用武力而言，从各种因素看，未来一个时期，美国、法国以及北约主要成员、以色列等方面对叙利亚、也门存在视情况动武的可能性，但对伊朗动武，在可预见的将来，还看不到实质性可能。当时的渲染实际上是新一轮舆论攻势，类似于布什政府时期多次对伊朗的虚张声势。以色列的确有对伊朗动武的打算和决心，但仍很顾忌美国的约束性警告以及伊朗可能发起的中远程报复等因素。

针对英国和以色列媒体的猜测性报道，英国和美国官员一度拒绝正面回应，制造战略模糊。英国国防部表示希望通过谈判化解伊朗核计划争执，但同时不排除军事手段。美国国务院表示不会回应此类报道。《纽约时报》先前报道美国考虑向海湾地区增派更多军舰，与沙特、科威特、巴林等6个国家扩大军事合作，以进一步围堵伊朗。

伊朗方面反应强烈，伊朗国内发起万人反美示威活动，最高领导人哈梅内伊抨击美国编造伊朗政府卷入刺杀沙特驻美大使的谎言，指出美国希望借此向伊朗施压，借机从占领华尔街运动和其他难题中脱身。哈梅内伊指出，正是美国策划针对伊朗的恐怖主义活动，伊朗军队总参谋长哈桑·菲罗扎巴迪说，伊朗的军事力量足以惩罚侵略者。

2011年11月初，为适度澄清对伊朗政策，避免双方关系对立失控，美国国务院表示美国"不寻求与伊朗的军事对抗"，但将利用力所能及的一切手段继续增加对伊朗的国际压力，美国正在等待11月中旬国际原子能机构关于伊朗核问题报告的出台。此举表明暂时还看不出美国要对伊朗动武。看美国是否对伊朗动武还必须关注一年来令人瞩目的美国战略动向。美国一年来试图加快从中东脱身，加大在亚太地区投入的力度。奥巴马政府对中东战略更倾向于舆论支持、军事策应，不愿进行直接的大规模军事介入。

回顾过去10年的美伊关系记录可以发现，伊朗核问题形势变化很快，美国军事威胁居多。尽管美国仍是世界唯一的超级强国，但美国在天时、地利、人和方面处境极端困难。对伊朗动武将会面临巨大掣肘因素和灾难性后果，伊朗具有不可忽视的经济、军事实力，拥有比伊拉克广阔得多的国土，且有同仇敌忾的民众热情，关键是伊朗有美国担心的超常规武器和技术。更难的是收拾战后残局，美国在伊拉克驻有15万人的军队尚且身陷困局，假如美国打击伊朗，并且维持战后局面，没有50多万人的军队是难以摆平的。

美国前总统克林顿，前国务卿基辛格、奥尔布赖特等均强调要借重伊朗的作用帮助美国摆脱伊拉克困局。奥尔布赖特表示美国政府必须准备同它不喜欢的政府谈判，可以不接触伊朗总统内贾德，但得通过其他途径与伊朗对话。其实，伊朗盼望从美国获得安全保证，与美国展开直接对话，进而实现关系正常化，完全融入国际社会。在克林顿执政后期，美国与伊朗关系转暖的势头强劲，核问题几乎可以忽略不计。

在美国对阿富汗战争中，伊朗给予阿富汗的北方联盟（美国的倚靠力量）以很大支持。但2003年当伊朗看到美国铁了心要推翻伊朗政权后，坚持强硬言行至今。美国对伊朗施加的高压愈强,伊朗获取核技术的决心就越坚定。当然,国际社会在反对伊朗开发核武器方面的立场基本一致。

二 2011年:边缘政策与高举轻放

2011年,伊朗与美国的兄弟国家,也是其最紧密的战略盟国英国闹僵。英国先是降低驻伊朗使馆级别,从大使级到代办级,再回到与加拿大驻伊朗使馆相同的级别,并宣布对伊朗实施新的制裁。伊朗也针锋相对,实行对等降级。群众激愤兴起,示威浪潮一时难以遏制。

伊朗首都德黑兰数千名高校学生和群众在英国驻伊朗大使馆门前举行示威活动,激愤中的伊朗青年续写了31年前占领美国和英国驻伊朗大使馆的一页,冲入英国驻伊朗大使馆并做出了不少过火举动。他们翻越大使馆大门进入大楼,扯下并焚烧英国国旗,随后换上伊朗国旗。该举动的确违反国际法,受到包括伊朗政府自身在内的许多方面谴责。美国总统奥巴马认为,"这种行为是不可接受的,我强烈敦促伊朗政府抓住那些应为此事负责的人"。古往今来,伤害彼此使节的确是不对的,古人云,"两国交战,不斩来使",否则就是缺乏基本的规则意识。

但事件发展至此的原因还是很值得深思的。2011年11月中旬,国际原子能机构正式发布各方期待已久的有关伊朗核问题的报告。报告认为,伊朗2003年前曾经有过核爆装置试验的计划并曾经有过试验,目前并不能断定伊朗不再进行类似活动,但这份报告又拿不出确凿的证据来,以至于结论含糊其辞、模棱两可,让与伊朗核问题有关的许多国家大打口水仗。美国、英国、加拿大不依不饶,要求继续调查,伊朗必须停止谋求核武器计划,宣布对伊朗实施新一轮制裁。一些欧洲国家在欧盟外长会议时表示将制裁或支持制裁伊朗,法国呼吁冻结伊朗中央银行资产、禁运伊朗石油。

以色列早就按捺不住,多次表示在伊朗核问题上可能要独立判断和行动,顾不得美国的警戒了。很难说以色列不会仿效历史上突袭伊拉克和叙利亚核设施的先例,对它自己认定的伊朗核设施进行突然地空中打击或导弹袭击。当然,以色列为此大造舆论和声势已经不止一两次,也不止一两年，也许离真正下决心还有一些时间，要考虑的多方面因素也许更多，比如以色列的战略纵深薄弱、美国暴跳如雷的反应以及伊朗可能发起的中远程导弹报复，因为伊朗的很多设施在深山，即便是先进的钻地导弹，效果也未必很好。这些同样是美国要考虑的要素，当然美国不敢轻易对伊朗动武还有许多其他牵制因素。

伊朗对西方的新一轮制裁态度强硬。伊朗总统内贾德说，西方对伊朗制裁的目的是"偷伊朗人的钱，帮助他们自己走出财政困境"；与西方一些国家所想的相反，伊朗"不需要原子弹"。伊朗外交部发言人表示，西方国家对伊朗实施新一轮制裁旨在发动"宣传战"和"心理战"，伊朗认为这是一种"应受谴责的无效行为"。伊朗工业、矿业和商业部长卡赞法里表示制裁是一种"双输战略"。实际上，此前相关制裁措施虽然对伊朗的金融和能源业造成冲击，但并没有在伊朗引发剧烈的经济动荡。伊朗大多数民众也表示愿意为维护国家主权和安全而承受局部的经济牺牲。

俄罗斯与中国在伊朗核问题上一贯坚持通过对话和平解决，反对通过制裁，尤其反对采用武力方式解决。施压、制裁无法从根本上解决伊朗问题，反而会使问题复杂化、严重化，加剧对抗，也不利于地区和平与稳定。

伊朗与美国、英国的尖锐对立不止这一次，布什政府执政末期，在波斯湾水域曾几次与伊朗发生刀光剑影的战争边缘游戏。2007年4月，伊朗曾抓获十几名英国水兵以及它认定的潜入伊朗的美国谍报人员，当时的情形真是剑拔弩张，比现在还要激烈得多，关键时刻美国等方面还是戛然而止。尽管2011年以来中东局势风起云涌、持续动荡，暂时还看不到尽头，伊朗多年的盟友叙利亚有些自顾不暇，但就伊朗自身而言，其所受的损失并没有多少。伊朗与西方的关系紧张，西方几个月来的武力干涉声浪，应当还是以威吓为主，在很大程度上是媒体、舆论被幕后力量所操纵而制造的刻意紧张，多是表象而已。

几十年来，由于美国与伊朗的关系难以改善，英国与伊朗的关系也显得疙疙瘩瘩。其实，在1999~2000年美国与伊朗关系转暖的时刻，伊朗温和派总统哈塔米与英国的关系是很不错的，哈塔米总统到欧洲大国走一圈并不稀奇，伊朗外长等高官访问英国也曾经令爱好和平的人们很受鼓舞。2001年9月，英国外交大臣斯特劳访问伊朗，磋商反恐合作。但21世纪伊始，美国与伊朗的关系重新变得冷淡和僵持，英国也伴随这一轨迹至今天。

更早可追溯到1979年伊朗伊斯兰革命之前，美国、英国与伊朗巴列维国王的关系就更融洽了。当然，当时的伊朗也格外开放，只是贫富差距引起了汹汹然的民意，导致巴列维国王政权被霍梅尼利用宗教、政治与民众的巧妙结合所推翻。当时，伊朗青年不仅冲击美国使馆，随后也冲击了英国驻伊朗大使馆。2009年，伊朗核问题再起波澜，英国冻结了16亿美元伊朗资产作为制裁措施，随后两国互相驱逐外交官几乎成为家常便饭。2010年，伊朗逮捕了9名在英国大使馆工作的伊朗人，并指控他们犯下间谍罪和煽动伊朗国内骚乱。这些事件说明，两国今天互相在使节方面做文章也就不足为奇了。

尽管冲击大使馆事件令英国和美国政府感到愤怒和遗憾，并各自口出硬话，扬言报复。英国外交部发言人说："这个无理举动无助伊朗政府改善逐渐遭孤立的境况，我们将与国际伙伴商议，强硬回应。"但仅凭此事还不至于导致两个阵营动用武力。预计双方会僵持一段时间，并顺应叙利亚等中东其他方面的局势发展。由于中东时局动荡可能持续2年左右，加之西方阵营对伊朗的对立情绪很难改变，伊朗也没有拿出确凿的证据证明自己没有偏离和平利用核能的计划，因此两个阵营的对立还会持续，战争边缘政策也会如影随形。

实事求是地说，伊朗即便想研制核武器，也未必有必要的技术和提炼、制造设备，这段路还很长，西方国家未必不清楚这一点。把伊朗核问题再度炒热，也许是幕后西方大国在中东的一个战略步骤，以达到其他方面的目的。要想真正解决问题，可能需要美国与伊朗下决心缓和关系，两个阵营各退一步，从政治、安全、经贸、外交等各个方面做出缓和与谅解姿态。而这对于伊朗政权以及以美国为首的西方国家和以色列而言，都是短期内难以做到的。

美国还是慎重的。美国国防部长对甚嚣尘上的袭击伊朗论调大泼冷水。此次新一轮制裁，美国的力度较以往更大，但仍然持慎重态度。美国没有对伊朗的中央银行进行全面制裁，原因之一就是担心影响世界油价。

如果战争骤起,油价上涨幅度可能难以预料和承受,可谓几败俱伤。这种情况将直接影响和冲击奥巴马的连任计划,毕竟大选之年可以玩玩强硬话题,真正对伊朗动起武来可能难以把握走势,也无法承受来自国内外的巨大压力。

三 海湾地区对垒虚张声势,伊朗核问题有惊无险

进入 2012 年,围绕伊朗核问题发展,海湾局势进入新一轮紧张博弈。美国、以色列、欧盟、伊朗以及俄罗斯、日本等各方上演不同版本的战略战术,一时间波斯湾上空云谲波诡,局势扑朔迷离。其实,拨开迷雾,回归伊朗核问题实质、美国中东及对外总体战略的基本层面可以发现,伊朗核问题演变与发展并未发生根本改变,山雨欲来风满楼的风云变幻多属战争边缘政策。据美国《纽约时报》2012 年 2 月 25 日报道,尽管国际原子能机构认为伊朗正在加速其铀浓缩项目,但美国情报机构仍然一致认为没有确切证据表明伊朗已经做出制造核武器的决定。

四 伊朗姿态强硬,强调原则

伊朗针锋相对、见招拆招,对美国、欧盟、日本等方面发起不同的应对之策,并在军事上不断示强。除了不断试射导弹外,在几个月内已经举行 3~4 次较大规模的军事演习。2012 年 2 月 19 日,伊朗伊斯兰革命卫队陆军开始举行为期 3 天、代号为"黎明"的军事演习,目的是提高革命卫队的备战水平,展示抵御"非地区敌人"武力威胁的能力。翌日,为提升防空能力,增强空军与革命卫队之间的合作,以保护伊朗境内所有的敏感设施,特别是核设施,伊朗军队开展为期 4 天的军事演习。外界猜测演习与以色列正密谋空袭伊朗核设施有关。伊朗还派出两艘军舰进入地中海,做出主动出击以及声援叙利亚的姿态,这是伊朗海军军舰自 1979 年伊朗伊斯兰革命后第二次进入地中海水域。2012 年 2 月 21 日,伊朗军方高官发出警告称,要用所有可能的手段对潜在的敌人入侵进行"先发制人",不会坐等敌人对其采取行动,伊朗有能力对抗以色列的"愚蠢行为"。

伊朗一方面加紧备战，应对万一可能遭到的军事进攻或军事渗透；另一方面看到以美国为主的西方国家不会轻易动武，而敢于通过军事演习等手段推行战争边缘政策，试探以美国为主的西方国家的底线，同时做好应对可能发生的最严重后果的准备。尽管伊朗权衡历史与现实后，也认为美国以及以色列不会轻易对其发动军事行动，但还是继续制造强硬声势，展示伊朗反击任何武装入侵的决心。伊朗连续的大规模军事演习、展示先进的各类导弹就是鲜明的例证。2012年2月下旬，伊朗国防部长艾哈迈德·瓦希迪表示，以色列对伊朗用于和平目的的核计划进行武力威胁是非常荒唐的，一旦以色列对伊朗实施武力攻击，其政权必将瓦解。伊朗官方表示将坚决反击任何针对本国的军事行为，由此引发的战争可能会威胁整个中东地区。伊朗媒体也客观评价以色列总统佩雷斯的立场，指出佩雷斯反对这种不必要的恐吓外交。

　　伊朗官员警告将"先发制人"，停止对欧洲出口石油。伊朗于2012年2月19日宣布对英法企业进行石油"断供"，同时向几个欧洲国家的炼油厂发出"最后通牒"，要求对方签署为期2～5年的石油购买合同，否则也将遭"断供"。伊朗此举对英法两国威胁不大，因为法国和英国从伊朗进口石油的数量不大，比如法国石油业巨头道达尔公司先前已经停止从伊朗进口石油，英国的英荷壳牌石油公司也已经大幅度减少进口伊朗石油，而进口伊朗石油较多的希腊、意大利、西班牙等国则没有收到伊朗的最后通牒，当然这些国家也在逐步缩减从伊朗进口石油以减少风险。这些情况说明伊朗的"断供"威胁对欧盟更多是一种象征性警告，同时留有余地，以分化在制裁伊朗方面立场有所不同的欧盟国家。其实，即便伊朗"断供"石油，欧盟的现有石油储备仍可维持120天。另外，沙特承诺，如果伊朗减少石油出口，沙特将补上供应缺口。

　　交好埃及的同时借不结盟峰会扩大影响。伊朗希望借助交好埃及改善在中东的生存处境，拓展外交空间，扩大在地区的影响力。在与埃及改善关系的同时，伊朗试图通过主办不结盟首脑会议扩大影响力。第16届不结盟运动系列会议于2012年8月26～31日在伊朗首都德黑兰拉开序幕。伊朗随后还将接替埃及担任3年轮值主席国，不结盟运动将进入"德黑兰时段"。舆论指出，伊朗试图借举办此次峰会之机扩大自身影响力，摆脱孤立局面，并希望在叙利亚危机、伊朗核计划等议题上争取不结盟国家的支持。

此次会议伊朗邀请到了联合国秘书长潘基文、埃及总统穆尔西等100多个国家、地区和国际组织的领导人及其代表，在某种程度上说明国际社会尤其是广大发展中国家对伊朗核问题、伊朗的地区影响以及美国与伊朗的关系都存在一些不同看法。潘基文与会出乎美国和以色列的预料，西方媒体还刊登一些政要致潘基文的公开信，劝阻他不要"在不适当的时间访问不适当的国家"。潘基文的发言人表示，潘基文出席不结盟峰会基于惯例，也是解决全球问题所必需。当然，在叙利亚局势问题上，不结盟国家也有自己的看法和立场，未必完全受伊朗左右，伊朗利用不结盟峰会的影响是有限的。

五　美以难下对伊朗动武决心

西方国家对伊朗的战略更多是鼓噪，依然带有虚张声势的主要成分。出于伊朗的实力尤其是报复能力等种种顾忌，以及美国对伊朗一时难以拥有高层次的核技术等战略评估，美国以及法国、英国等西方国家近期制造战争事端并发动军事进攻的可能性不大。

奥巴马即将面对激烈的国内总统选战，如果轻启战端引发大规模的中东战事，对美国整体对外战略和奥巴马的总统连任大计都是不利的，充满太多的变数和不可测性。美国不会刚从伊拉克的中东泥潭中撤出来又重新陷入伊朗的更大泥潭。何况美国正在加快战略东移步履，实际上对中东显得心不在焉。如果伊朗战事爆发，战争就一时无法控制，届时将几败俱伤。难以承受伊朗战争后果和风险的，首当其冲是欧盟各国和美国等西方国家。美国参谋长联席会议主席邓普西于2012年2月19日称，现在攻打伊朗的时机仍不成熟，还为时过早，因为现在还不确定德黑兰是否会运用其核能力来制造核弹。另外，俄罗斯也反对美国在中东尤其是海外地区再次动武。

美欧反而担心以色列克制不住而先发制人，对伊朗核设施发起空袭行动，因此美欧高官不断访问以色列，力劝以色列沉住气，不要轻易动武。

美方希望以方等待数月,视国际制裁产生的效果再做决定,英国外交大臣威廉·黑格认为"以色列此时动武不明智"。外界普遍认为,以色列受制于美国,不会轻易对伊朗发动军事打击。美国军方人士认为以色列空袭伊朗核设施的难度很大,它远远不同于以色列2007年对叙利亚、1981年对伊拉克核反应堆发动的空袭,以方飞行员必须经由"不友好国家的领空"并飞行超过1000英里,同时还需要空中加油,避开伊朗防空设备的攻击,并对多个地下目标发动攻击,这样至少需要100架战机。

以色列声色俱厉但行动谨慎。1948年5月14日以色列立国前,犹太人饱经磨难和屠戮,立国之后经过多次大规模的中东战争,对自身生存环境异常敏感。一直以来,在对待伊朗核问题上,以色列内部存在分歧。2012年11月,以以色列国防部长巴拉克为首的军界高层对伊朗核问题的表态是充满矛盾的,一会儿说不会容忍伊朗拥有核武器,必然采取空中突然袭击的"外科手术式"打击,一会儿又说以色列不会军事解决伊朗核问题。在政界高层方面,以色列总理、强硬的右翼代表人物内塔尼亚胡表示将不定时决定发起对伊朗军事打击,如果美国不采取行动,以色列要单独对伊朗核设施实施军事打击。以色列其实也很犹豫,国防部长巴拉克2011年底说不会对伊朗动武,后来口风有变,表示不会对伊朗的"核开发进展"坐视不管,以色列媒体也认为"以方没有决定是否动武,但显然正认真考虑"。以色列政府一名高级顾问说,"如果不能迫使伊朗停止核计划,任何措施都不算充分"。从内心看,鉴于动武带来的巨大风险和后果,以色列也不愿意对伊朗轻易发起武力攻击。

以色列方面也发出了比较明确的信号。德高望重的以色列政坛元老、曾经因大力推动巴以和谈而获得1994年诺贝尔和平奖的现任总统佩雷斯明确表示,坚决反对对伊朗动武,并要将这一立场告诉美国总统奥巴马。佩雷斯表示,伊朗问题应该交给以美国为首的大国去解决,他将在未来10天前往美国参加美以公共事务委员会年度会议,届时将与美国总统奥巴马就伊朗和巴以和谈等问题进行会谈,并直接通知奥巴马以色列的这一立场。佩雷斯的表态说明以色列方面对伊朗的态度基本趋于一致,并在国际社会高度担忧的关键时刻与美国立场取得基本一致。美国和以色列都承受不起对伊朗动武的军事后果和经济代价,单就石油价格一项就难以承受，而且欧盟多数成员也坚决反对在欧洲南翼再度爆炸一个更为剧烈和巨大的中东火药桶。

欧盟逐步走上制裁伊朗的前台。美国等西方国家会在加大军事威慑的同时，连同欧洲国家、日本等盟国层层加码，加大对伊朗的制裁力度。以色列和美国还可能同时通过更多的幕后手段，延缓伊朗的核技术研发进程。从石油供应依赖等方面出发，如果说2011年欧盟在处理与伊朗关系方面相对谨慎的话，进入2012年欧盟则逐步走上与伊朗斗争的前台。欧盟2012年1月决定，自2012年7月1日起禁止各成员从伊朗进口石油，以迫使伊朗放弃核计划。这是继美国2011年12月对伊朗实施新的制裁后，欧盟随后做出的重要决定。欧盟做出对伊朗石油禁运的表态带有意气用事和被美国裹挟的成分，实际上对欧盟自身是很不利的，类似决定在欧盟内部肯定存在不同的声音。这样的禁运措施首先会损害欧洲经济，推高欧洲地区的石油价格，累及经济复苏，恶化主权债务危机形势。

欧美的制裁对伊朗经济构成影响，比如石油收入占伊朗全部外汇收入的85%以上，美欧相继对伊朗实施石油禁运肯定有影响，意味着伊朗本已十分艰难的经济将遭遇更大压力。但这种影响和压力也是有限的。伊朗可以通过向日本、印度、俄罗斯以及国际社会其他国家输送石油以弥补损失，而且可能以相对低廉的油价争取客户。伊朗前石油部长哈马内说，相信伊朗能在全球找到愿意购买伊朗石油的其他国家。英国《金融时报》2012年2月20日报道，伊朗一大部分的石油出口将流向中国和印度，正试图向中国和印度炼油商每天额外卖出50万桶原油，占伊朗2011年日均出口量的近23%。CNN则报道，伊朗日均出口石油250万桶，大约35%流向中国和印度，而且伊朗向中国、印度和其他亚洲国家出口的石油或许打折10%~15%。

六 伊朗核问题的实质是美伊关系问题

美国参谋长联席会议主席登普西指出，"对伊朗决定军事选择还为时尚早"。英国外交大臣也表示，"对伊朗发动军事进攻并非明智之举"。美国军方公开宣称伊朗也许没有核武器计划和意图，只是利用这个问题来达到虚张声势、博取国际影响并用来与美国和以色列等国进行博弈的战略目的。据美国《纽约时报》2012年2月25日报道，尽管国际原子能机构认为伊朗正在加速其铀浓缩项目，美国情报机构仍然一致认为，没有确切证据表明伊朗已经做出制造核武器的决定。这是美国16个情报机构对伊朗核计划进行评估后得出的结论，而且与2007年美国国家情报评估结果大致相同——伊朗早在2003年就停止了研发核武器项目。2010年美国国家情报评估报告再次确认了这一结论。一些美国和外国情报专家解释说，伊朗想借继续进行铀浓缩活动制造一种"战略模糊"，以扩大其在中东的影响力，而并非真的准备制造核武器。

也许美国早就知道伊朗并未决定谋求核武器这一核心内容，但迫于紧迫的海湾地区对峙形势，美国政府不得不向国际社会尤其是以色列表明美国不想对伊朗动武的果决态度，才授权军方对外释放和发布这一早就经过"证实"的重大消息。美国军方此举在奥巴马一再表示不会寻求对伊朗动武表态的基础上，进一步明确表明了美国的态度，那就是美国可以寻求追加对伊朗的多方制裁和围堵，也可能在适当时候缓和两国关系，武力相向基本是不可能的。军方这一表态也从侧面证明，美国近年来对伊朗核问题发出的许多危言耸听，论据不足，多属炒作，是出于其他战略目的而不是针对伊朗是否拥核本身。

伊朗也表现出灵活姿态。为防止伊朗与以美国为首的西方国家阵营之间的关系紧张过度而失控，伊朗多次在关键时刻邀请国际原子能机构前往核查，并做出回到伊核问题六方会谈谈判桌的决定。伊朗宣布对英法两国"断供"的同一天，伊朗公布了新一轮核计划谈判的地点，伊朗与英国、美国、法国、俄罗斯、中国和德国的新一轮谈判将在土耳其的伊斯坦布尔举行，具体时间待定。国际原子能机构（IAEA）一支代表团于2012年2月20日抵达伊朗首都德黑兰，与伊方展开为期两天的会谈，以寻求伊朗核问题的解决方案。伊朗方面表示，"我们寻求设立化解争执的机制，以达到双赢的目的"。伊朗还阐明其核思想以及核计划的实质和目的，宣布在争取和坚持和平利用核能权利、愿意与伊斯兰国家分享核技术的同时，不会停止铀浓缩进程，不会放弃核计划。伊朗最高领袖哈梅内伊2012年

2月22日在与伊朗核科学家举行会议时表示,"我们不追求核武器。我们希望打破那种依赖核武器的霸权主义"。

综上所述,一直以来,伊朗核问题在很大程度上是一个借口和由头,本身并不多么重要,其实质是美国与伊朗的关系问题,伴随美国政府对伊朗态度的好坏而不时出现巨大波动和起伏。从美国与以色列最高层的一系列表态看,对伊朗的所谓动武和战争基本为零,谈判依然是解决伊朗核问题的必由之路。中国坚决反对核扩散,反对相关国家试图拥有核武器,但承认伊朗和平利用核能的权利,主张通过六方会谈框架,通过谈判解决伊朗核问题,反对动用武力或武力威胁导致地区紧张。

七 中国在伊朗核问题上兼顾利益与道义

中国在遵守已经生效的有关联合国对伊朗制裁协议的同时,不受美国等国单方面拟订的对伊朗制裁措施限制。美国不应限制中国与海湾国家的正常能源、贸易往来,美国制裁中国的珠海有关石油公司不合法也不合理。2011年1月,温家宝总理访问中东并出席能源高峰论坛,有争取和维护中国正当的能源、贸易等利益的考虑,兼顾促进地区和平与稳定、发展的积极意向,对有关各方推动地区和平发展的努力都是有帮助的,是有正面和积极意义的。

中国在中东尤其是海湾地区有能源供需、劳务承包、经贸交往等国家利益,中国处理与伊朗以及海湾阿拉伯国家的关系有自己的原则和立场,中国与地区国家之间一向保持着正常的良好的国家关系。中国坚决反对核扩散,反对伊朗试图拥有核武器,但承认伊朗和平利用核能的权利,主张通过六方会谈框架,通过谈判解决伊朗核问题,反对动用武力或武力威胁导致地区紧张。

第五章
土耳其：独特的中东地区大国

第一节 土耳其模式下的优势与困惑

土耳其是中东地区的大国和强国，地处亚洲大陆的西端，在欧亚大陆的结合部位上。土耳其虽然是伊斯兰国家，但是从凯末尔建国起就走上了世俗化道路。土耳其国土的97%在亚洲，但却实行鲜明的"西化"的外交政策，一心想"脱亚入欧"。在中东众多伊斯兰国家中，土耳其在国家发展方面与其他伊斯兰国家相比，存在不少共性，但也存在不少自己独有的特色。因其独特而取得了很大成就和成功，但也因而面临诸多挑战。涉及攸关国家发展的众多深层次问题，土耳其依旧颇感棘手。何去何从，土耳其军界和政界在有些问题上是清醒的，但有些问题还处于争论之中。广而言之，土耳其的这些挑战与抉择在发展中国家也具有一定的代表性。

一 民主政体与发展跌宕

土耳其自1923年建国后，秉承国父凯末尔的建国原则，经历了90多年的风风雨雨，从一个没落和面临被分割的国家变成一个今天在发展中国家尤其是伊斯兰世界成就令人瞩目的国家。土耳其在20世纪70~80年代经济发展迅速,一度被誉为伊斯兰世界的发展楷模和发展中国家的民主典范。20世纪90年代末至今,土耳其在发展经济方面受国内外诸多因素影响,暴露出许多问题,2000年底和2001年初连续爆发经济危机。导致国家经济发展受阻的原因很多,其中国家政体不稳定是重要原因。在不成熟的政治土壤上发展过度的民主政体给发展中国家带来的负效应,在土耳其身上体现得比较明显。如政局不稳、影子政治(军方)、腐败盛行、法制不力、相互扯皮,以及经济过度自由化引起的通货膨胀、高赤字、高外债、经济萎缩和经济独立主权的部分丧失等。

在经济发展道路和发展战略选择问题上失之偏颇。土耳其不顾本国实际,一味模仿跟随西方经济思想。土耳其在完善西方民主政体的同时,在制定经济发展道路选择方面,也以西方经济思想为战略导向,模仿和跟随西方经济发展道路的痕迹很明显。20世纪60~70年代模仿西方加强宏观调控、强调国家计划和发展国有经济成分的凯恩斯经济思想。20世纪80年代初以来,全球尤其是西方国家掀起经济私有化浪潮,土耳其作为极力向西方经济体系靠拢的发展中经济体,也紧紧跟随。土耳其制定经济发展计划时出现一些失误。例如,急于求成、不顾本国不成熟的政治和经济环境、盲目套用西方经济学思想解决本国发展中遭遇的问题、盲目举借巨额外债、高赤字的财政政策等,致使土耳其经济在1991年海湾战争以来发展势头减缓,直至2000年底和2001年2月爆发严重的经济危机。

土耳其采用比较典型的西方式多党政治制度,国内政党林立。虽然几个较有实力的大党在前台角逐,但没有一个可以获得议会半数以上议席单独组阁主政,唯有借助组建联合政府。由于土耳其同时又是传统的伊斯兰国家,国内意识形态十分复杂,各党观点立场相左,政党政策和价值观迥异,联合政府的运作先天不足。自20世纪80年代以来,土耳其各执政伙伴为维护本党信条和利益,在重大问题决策上经常发生争执,并多次导致政府危机和政府更迭,政府更迭频繁必然严重影响土耳其政局稳定、政策连续性和经济发展。本届政府执政三党政治主张迥异,民左党属中左政党,民行党是民族主义情绪强烈的右翼政党,祖国党则属于亲西方倾向比较强烈的中右党派。民行党和祖国党在按照欧盟标准进行改革问题上一度势同水火。民行党强烈反对为加入欧盟做出重大让步,祖国党坚持按欧盟要求进行改革。同时，议会三大反对党中，正确道路党亲西方，正义与发展党和幸福党是伊斯兰宗教色彩浓厚的政党，主张恢复伊斯兰统治。这种貌似稳定和民主的三权分立式民主制，在实际运作中表现出很强的脆弱性，是造成政府危机的重要原因之一。如何完善今后的民主政体并尽力规避负面问题，对土耳其而言无疑极具挑战性。

二 军政双轨与正负面影响

土耳其军方在其国内政治中起到决定性作用，军方的作用是双重的，它在带来明显积极作用的同时也伴生着消极后果。从正面看，军方自现代土耳其诞生以来就起着维护世俗化的平衡作用，具有积极意义。

土耳其军队在民族革命战争中的赫赫战功和支柱性地位决定了其在国家发展中的决定性影响。军队是由土耳其国父凯末尔一手缔造和领导的，在土耳其国家发展、坚决贯彻凯末尔的国家改革与发展主张方面发挥了巨大作用。至今土耳其军方仍在以维护共和主义、民族主义、世俗主义、平民主义、改革主义和国家主义等凯末尔主义的基本原则为己任，对后来者敢于挑战凯末尔主义基本原则的言行进行坚决制止或采取断然措施，军方尤其对有关政党回归伊斯兰教的政治主张保持高度警惕。同时，军方在20世纪60~80年代，在国家局势不稳的时刻，曾数次干预政治甚至直接接管政权。军方行动在短期内起到了维护世俗化方向和国家总体稳定的作用，使土耳其作为一个没有偏离凯末尔建国思想的现代国家免于倒退和复古。

但军方的至高权力带来的负面影响也是明显的。军方首脑土军参谋总长在土耳其政治中地位显要，甚至有评论认为，军队就是土耳其国家最高权力的象征，军方的权力首先表现在军内事务不受政府干涉，但军方可以对国家和政府事务具有决定性发言权。尽管军方轻易不对形势发展表态或干涉，但在关键时刻说一不二，经常以法律名义对某党做出调查，且不容说三道四。土耳其不定期召开的国家最高级别会议——安全委员会会议有参谋总长、总统、总理和国防部长等参加，但参谋总长及多军种首脑在会议中具有绝对权威。这事实上严重制约和削弱了政界权力部门的力量，从而在客观上和长期性上影响土耳其民主政治的发展,这也是造成土耳其民主政治具有明显的外来性和镶嵌性的重要原因之一。土耳其军方干预政治除出于强烈的意识形态原因外,还旨在维护土耳其军方在国内生活中的巨大既得利益不受侵犯,土耳其军官和军人的社会地位相当优越,经济收益也相当可观,他们已经形成了土耳其国内特殊的利益集团。总之,军方在土耳其国家政治中的积极作用毋庸讳言,但对现代政体而言毕竟是一种干预和冲击,是潜在不稳定因素,具有负面影响,历史上几次政变给土耳其政治的运作投下阴影也说明了这一点。

三 角色定位与角色尴尬

土耳其坚持认为,从历史和现实看土耳其都是欧洲国家,是西方国家中的一员,而不愿从心理和地理位置上把自己定位为亚洲国家,同时认为土耳其是连接东西方大陆和文化的重要桥梁和纽带。土耳其政治主流一直把争取完全被西方接纳并融入西方的"脱亚入欧"战略作为国家的指导性发展思想之一。土耳其在内心深处具有很深的欧美情结,对欧美经济、政治和文化具有很强的艳羡和模仿性,拜服并追随强者是土耳其建国以来外交政策的重要特征。"一战"期间,当时的奥斯曼土耳其帝国参加了德国的轴心国集团,战败被瓜分又经历现代土耳其的建国后,虽然土耳其在"二战"前期慑于苏联的威胁而保持谨慎中立,但当时土耳其对德国具有崇拜心理。1944年眼看德国必败无疑,土耳其才选择投靠美国而正式对德国宣战,并在战后极力靠拢势力强大的美国,追随其冷战政策,甚至为表示忠心而派出具有较高战斗力的土耳其旅参加了朝鲜战争,赢得美国肯定。在美国的极力坚持下,土耳其于1952年正式加入北约。在经济上,土耳其除寻求从美国获得大量军事和经济援助外,加入欧盟是历届土耳其政府的既定方针。土耳其在1959年即欧洲经济共同体成立翌年,就申请加入欧共体。从那时起,土耳其一直为此不懈努力。在漫长的谈判历程中,先后签订了有关经济和关税协定,并于1999年12月在赫尔辛基欧盟首脑会议上被正式定为入盟候选国。之后,土耳其努力按照欧盟标准在政治体制、人权、废除死刑、保护少数民族权利等诸多方面进行一揽子改革。2002年，土耳其认为其入盟进程已到关键时刻，极力呼吁2002年底的欧盟首脑会议明确给出入盟谈判的日期。尽管土耳其遭遇严重的政府危机，但各党派在入盟改革问题上达成妥协。2002年8月，改革方案在议会顺利获得通过，总统也迅即予以签发。当然，土耳其没有放弃发挥它在亚洲尤其是中亚和中东的影响，它力图在中亚突厥语国家中发挥主导影响力，力图在伊拉克、巴以冲突等中东重大问题上保持较高的影响力。

但土耳其对自身的位置定位不仅在国内存在争议，也一直很难获得欧美等西方世界的认同。土耳其国内的民族主义和伊斯兰政党都是土耳其传统文明的代表，它们担心在全球化和西向战略中，土耳其会丧失它本有的文化和民族特性而不再称其为土耳其，因而它们更赞同将土耳其的地理位置定位为中东而不是欧洲，这同"脱亚入欧"的土耳其主流思想是背道而驰的。军方近年来也对政府过于亲西方的政策有所不满，提出与欧美保持距离，转而同俄罗斯、伊朗、中国发展关系。从西方国家看，西方国家对土耳其本质上是出于控制和拉拢，美国把土耳其定为传统和重要盟国是出于战略需要，欧盟也是服从和服务于自身和美国的战略部署。西方国家内心对土耳其的伊斯兰国家性质和不成熟的经济与政治持有偏见和歧视。土耳其经济发展水平和实力与欧盟要求相差较大，即使欧盟明确给出土耳其入盟的谈判日期，谈判过程恐怕也要20年左右的时间。当然，"9·11"事件后，作为北约中唯一的伊斯兰国家，土耳其一度成为宣传榜样，成为引证美国不与伊斯兰国家为敌的明证。从长远看，土耳其实施的"脱亚入欧""欧亚并重"的战略仍将受到牵制，土耳其竭力宣传的世俗化和西化的伊斯兰国家角色，以及它沟通东西方的桥梁角色，也都在事实上存在一定尴尬。

四 "大突厥民族"心态与有心无力

土耳其建国时凯末尔曾明确表示，土耳其摒弃泛突厥主义和泛奥斯曼主义，而将土耳其范围界定为小亚细亚半岛和欧洲的伊斯坦布尔部分，不谋求历史上的领土范围，集中精力发展国家，这的确是凯末尔的智慧。建国至今，尽管土耳其某些极端民族主义党派寻求实施泛突厥主义，将其从一种文化情结变为现实政策，但军方和大部分世俗政治家对此并不认同，迄今为止泛突厥主义思潮在很大程度上仍然是一种思潮，能够在历史和文化领域里找到它的生存土壤。

然而，20世纪90年代东欧剧变以后，伴随世界民族分离主义运动的发展，泛突厥主义者认为这是一次联合所谓突厥民族的大好时机，土耳其在事实上不自觉并不同程度地实施着某些"大突厥民族"主义思想。土耳其右翼民族主义政党和伊斯兰政党的"大突厥民族"情结在事实上影响着政府的决策。泛突厥主义认为，以相似的历史文化、语言和血缘为纽带，突厥民族的生存范围从小亚细亚半岛伸展到中国长城，涵盖中亚诸多讲突厥语的国家，如哈萨克斯坦、土库曼斯坦、吉尔吉斯斯坦、乌兹别克斯坦、阿塞拜疆等，甚至声称包括阿富汗和中国新疆地区。他们认为，土耳其有责任帮助中亚突厥语民族在政治模式、经济和社会发展方面取得良好的发展成就。土耳其宣称促进突厥民族发展是由于文化和语言的相似性，虽然泛突厥主义者自认为在血缘上与中亚国家民族是同一个民族，但是忽视了中亚国家民族血缘存在复杂性和多样性这一历史现实。事实上，土耳其与其他的所谓突厥语地区也仅限于语言上有部分相似之处，在血缘方面是谈不上什么关系的。

以土耳其发展与中亚突厥语国家关系为例。苏联解体后，土耳其第一个承认中亚国家独立并立即着手同中亚国家建立密切的政治和经济联系，建立"中亚突厥语国家共同体"。1992年1月，土耳其成立了"土耳其国际合作机构"（TICA），该机构旨在从经济、文化和技术方面，更加有效地协调和指导土耳其对突厥语国家实施援助，其援助计划涉及农业、教育、能源、旅游、民航和保险等领域。土耳其在自身经济实力并不强的情况下，不惜血本进行援助。自1991年以来，土耳其同中亚国家签订了350多个条约和协议；拨出专款吸收中亚国家的大约7000名学生在土耳其学习，并按照土耳其模式援建其高校教育体系；土耳其政府出巨资帮助这些国家改进其运输设施、电信和电视广播技术与设备。政府还敦促公私企业对中亚国家展开大规模投资。截至土耳其发生大规模经济危机前的1999年，土耳其即向中亚国家提供总计15亿美元的贷款，当年贸易额为56亿美元，投资总额达84亿美元，大约2500家土耳其公司参与了在中亚的投资计划。土耳其遭遇经济危机以来,对中亚国家的援助受到一定影响,但其政策并未改变。应当说,土耳其对中亚国家的支持和援助取得了一定成效,但这些国家清楚土耳其实力不济,它们私下里对外政策的重点仍是财大气粗的西方国家,更不会认为在血缘上属于所谓突厥民族。

一方面,土耳其不顾国家实力援助所谓突厥民族国家;另一方面,土耳其在国内处理民族问题的效果不佳。土耳其秉承"民族划一论"方针处理民族问题,即只承认一个土耳其民族,而拒绝承认国内库尔德民族的少数民族特性,这是导致建国以来库尔德问题至今未获圆满解决的主要原因之一。该问题使土耳其在经济发展、政治稳定、人民生命财产乃至国际影响方面背上沉重包袱。库尔德民族多年来进行的反抗促使土耳其当局有所觉醒。1974～1999年,库尔德武装力量"库尔德工人党"使土耳其陷于15年的严重内乱和武装对抗,给土耳其造成1500亿美元的经济损失、3万～4万人死亡的生命损失。土耳其为加入欧盟而靠拢欧盟的人权标准,也逐渐认识到强行镇压和同化的弊端,开始制定并通过认可少数民族权利的法案,民族纠纷尖锐程度有所缓解。但这是分歧很大的各党暂时的妥协,在实施上还将面对激烈争论和巨大阻力。

五 现代与传统的碰撞和角力

现代土耳其是凯末尔按照西欧国家社会模式建立的,实行政教分离,同时保留文化传统,允许伊斯兰教在私人生活领域发挥作用。从国家建立至今,一方面,现代文明和欧洲的民族主义思想加快了土耳其民族认同和现代化进程;另一方面,伊斯兰文明又在占人口绝大多数的群众中发挥着巨大影响。长期以来,土耳其就是一个复杂的对立统一体,但土耳其在处理现代与传统、宗教与改革之间的多样性问题上较好地保持了统一性和稳定性,保持着它"世俗的国家、信教的民族"的平衡特征:努力促进民族传统文化的认同,同时又以西方改革模式加入全球政治、经济和社会发展进程。

在世俗化和现代化的主流发展方向指引下,土耳其取得了良好的经济和社会发展业绩而发展成为中上等发展中国家。但从世纪之交开始,土耳其在汹涌澎湃的全球化浪潮面前遭遇了发展瓶颈。出现发展瓶颈的原因很多，从表面上看，是浅层次的政治运转机制不畅、经济规则不完善等；从深层分析看，是土耳其国家底蕴中的民族传统与宗教价值观在全球化浪潮面前表现出不适应性。在如何进行经济私有化改革、应对金融资本全球化和信息全球化浪潮、遏制金融风险、克服严重的腐败问题、缩小贫富差距、完善政治和经济规则等一系列问题上，传统价值观和现代化思想发生强烈碰撞。传统的伊斯兰思想能否适应西方衍生出的经济、政治和文化潮流，已明显是个巨大挑战。应该说，土耳其面临的这些问题在整个伊斯兰世界具有普遍性。当初，国父凯末尔奠定了世俗化基石和现代化方向，以积极心态应对世界发展潮流，军方也努力维护凯末尔思想，国家发展大势不会轻易被撼动。但从现实和长远看，伊斯兰宗教思想的回归和极端民族主义价值观带来的角力和影响不容忽视。这是土耳其在21世纪要面对和处理的重大问题。

2002年11月3日，土耳其大选揭晓，伊斯兰政党正义与发展党以34%的绝对高票获胜，该党是土耳其15年来单独组阁的政党，也是土耳其建国以来第一个伊斯兰政党单独组阁，将对土耳其今后的政治生活和政治思想、政治体制产生重大影响。伊斯兰政治力量主政下土耳其政局的发展尚需密切关注。

总之，土耳其对某些原则问题还没有清楚的答案，但在有些根本性问题上，土耳其自身是清醒的，唯一要做的就是面对现实并做出抉择。如何顺应潮流和适应现实，一如当年凯末尔那样，高屋建瓴，结合土耳其实际和具体情况，使土耳其的发展驶上健康、持续、世俗、文明又向成熟民主迈进的轨道，规避大幅动荡以及诸多社会和经济弊病，是土耳其国家上下面临的世纪抉择和重任。①

---

① 本部分参阅资料：
　　杨兆钧主编《土耳其现代史》，云南大学出版社，1990。杨曼苏：《土耳其向何处去》，《西亚非洲》1997年第2期。徐学绩、肖宪：《库尔德问题——土耳其的世纪难题》，《亚洲论坛》2000年第2期。彭树智：《土耳其研究三题》，《西亚非洲》2002年第1期。敏敬：《意识形态与利益集团：土耳其军队个案》，《中东研究》2001年辑。杨鸿玺：《"政治旋风"洗礼土耳其政坛》，《瞭望新闻周刊》2002年第30期。杨鸿玺：《美国缘何高看土耳其》，《瞭望新闻周刊》2002年第31期。土耳其驻华大使馆网站。

第二节 伊朗核问题僵局依旧，土耳其展现斡旋风采

2011年1月下旬，为期2天的新一轮伊朗核问题谈判在土耳其举行，美国、英国、法国、俄罗斯、中国和德国六国寻求根本解决伊朗核问题的路径。此次会谈是继2010年12月日内瓦会谈之后的新一轮谈判，当时的谈判由于在铀浓缩等关键问题上分歧严重而未取得实质进展。对于此次伊斯坦布尔谈判，正如事前有关方面以及媒体普遍认为的那样，结果并不乐观。谈判没能解决实质问题，尤其是美国与伊朗关系难以转圜。尽管谈判没有取得进展，但土耳其努力撮合会谈本身就具有提高在地区和国际社会中的地位和影响等多重功效。

一段时期以来，伊朗核问题的谈判仍然主要围绕伊朗核计划透明以及限制核技术发展进行。2011年1月，受伊朗政府邀请，阿尔及利亚、古巴、叙利亚、阿曼、埃及、委内瑞拉和阿拉伯国家联盟成员代表参观了伊朗的纳坦兹铀浓缩工厂和阿拉克重水反应堆工厂。伊朗属于《不扩散核武器条约》成员，拥有和平利用核能的权利，但美国等西方国家一直严重怀疑伊朗试图谋求核武器。而这一点恰恰为伊朗高层多次否认，伊朗最高领袖哈梅内伊从宗教信仰方面出发表示，谋求大规模杀伤性的核武器不符合伊斯兰教义，伊朗不会谋求和制造这种武器。综合多年观察，伊朗高调打出铀浓缩以及核技术牌局，更多的是一种国际政治斗争手段，以此增加与美国以及西方国家谈判的筹码。伊朗内心其实渴望与美国实现关系正常化或者建立外交关系，克林顿执政后期曾经给予伊朗缓和对美关系的期待和热望。

进入21世纪，伊朗与美国关系在布什执政时期严重对立和僵持，奥巴马执政初期一度出现缓和迹象，但两国关系实质受制于美国立场，更确切地说是受制于美国国内不愿意看到与伊朗缓和关系的政治保守势力，他们从政治体制、宗教信仰、历史恩怨出发，阻碍美国与伊朗关系缓和。在美国等西方国家推动下，伊朗与西方关系对立和僵持继续发展。联合国安

理会于2010年6月决定对伊朗实行自2006年以来的第四轮制裁，美国和欧盟则对伊朗实施单方面金融和能源制裁。

在对伊朗高度戒备的国家中，除美国外，还有离伊朗很近的中东国家以色列。以色列一直宣称要对伊朗的核设施实行突然军事打击，但对伊朗的导弹报复也不无担心。伊朗认识到短期内难以与美国改善关系，10年来一直利用核问题与西方国家博弈，言行时紧时缓。伊朗在中东以反美、反以形象高调出现，高调联络委内瑞拉、古巴、叙利亚等国际社会中与美国不睦的其他国家，但这种联络更多的是一种象征，旨在制造一种声势。伊朗与美国的对立并没有想象得那样严重，每每有惊无险，总能化险为夷。

谈判开始之前，对于此次土耳其撮合的六国会谈，伊朗总统内贾德就发出偏于强硬的表态，表示在已经取得的核成就方面，伊朗不会做一丁点儿退让；伊朗已经掌握核技术，谈判没有回旋余地；西方国家应当尊重伊朗享有的和平利用核能权利，放弃制裁等粗暴举措。伊朗驻联合国大使哈扎伊则发表了措辞强硬的讲话，"伊朗是一个强国，没有国家能够忽视伊朗，西方因为在伊朗问题上屡犯错误，付出了巨大的代价"。伊朗首席核谈判代表贾利利表示，伊朗将以积极的态度参加此次对话，根据2010年日内瓦谈判达成的协议，谈判目的是合作寻求共识，如果对方也明智和积极对待，则谈判可能取得进展。

参与此轮会谈预备性磋商的欧盟负责外交和安全政策高级代表阿什顿一度对新一轮谈判抱有较高期望，希望谈判取得必要进展。会谈前后，关键的美国政府立场依然改变不多，希望伊朗核谈判能够开启解决伊朗核计划核心问题的"有意义和实际"进程。俄罗斯立场与西方差别较大，俄罗斯外交部长拉夫罗夫警告美国不要破坏谈判，希望讨论解除对伊朗制裁，反对向伊朗施加新的单方面制裁。中国希望有关方面能显示灵活性，支持有关各方尽可能弥合和解决各方分歧，推动谈判取得成果。

此轮谈判的东道国土耳其在核问题上对伊朗处境持同情态度，总理埃尔多安曾表示施加制裁不是解决伊朗核问题的好办法，"外交渠道才是最佳途径"。他认为伊朗与土耳其之间的友谊源远流长，伊朗是土耳其仅次于俄罗斯的第二大能源合作伙伴。2010年5月，伊朗与土耳其和巴西签署有关核燃料处理协议，承诺将 1200 公斤低浓度浓缩铀运到土耳其，交换浓缩铀的工作将在土耳其境内进行，以此换取国际社会为其用于研究的反应堆提供核燃料。土耳其外交部长达武特奥卢说，该协议的达成意味着联合国没有必要对伊朗实施新一轮制裁；土耳其愿意就陷入僵局的伊朗核问题展开斡旋，以免伊朗遭受制裁。

土耳其与伊朗、美国、以色列、欧盟、俄罗斯、德国等有关方面的关系都不错。2009 年 12 月，美国总统奥巴马与来访的土耳其总理埃尔多安会谈，认为土耳其能在解决伊朗核问题上发挥重要作用，埃尔多安回应表示土耳其愿尽其所能，推动伊朗核问题的外交解决。2011 年新年伊始，土耳其为推动此轮会谈取得进展而进行了积极外交斡旋，努力营造良好气氛。与曾经斡旋巴以和谈一样，土耳其对伊朗核问题六方会谈难以取得实质进展并非心中无数，但作为东西方的"桥梁"国家，土耳其既希望借斡旋伊朗核问题之机在伊斯兰世界施展影响，又希望借此在西方国家面前展现影响力，并提升自身在中东舞台的影响。

第三节 "阿拉伯之春"大潮中的土耳其

2010 年底西亚北非局势剧烈动荡以来，埃及受国内动荡牵制，在地区一时无法展现重要影响，地区影响暂时明显下降。阿拉伯世界的另一个大国沙特也受到海湾局势、国内时局发展以及美国对外政策调整的影响，尽管在阿拉伯国家的影响力上升，但对中东地区的影响力一时也显得力不从心，内外政策尚处于观察、选择和演变之中。叙利亚作为一个重要的阿拉伯国家已经自顾不暇。非阿拉伯世界的伊朗受到阿拉伯国家以及西方国家施加的强大压力，在中东地区的影响受到更多的抑制。在应对地区重大变局中，土耳其游刃有余、步履自信，抓住机会左右逢源，在北非、西亚以及广大的伊斯兰世界展现自己的影响，并颇得各方的赏识和肯定。

在西亚北非局势动荡的今天，土耳其从世俗化与温和伊斯兰角度的结合出发，加大力度展现其魅力和影响力。在许多开明的阿拉伯国家宣传温和伊斯兰背景下的政治民主政体和民生解决方案，对于对伊斯兰力量感到困惑和头疼的美国而言，土耳其模式无疑具有很强的魅力，美国迫切需要不发达的或保守的伊斯兰国家大力学习土耳其模式，追随土耳其的政治与宗教和谐共存之路，放弃激进的、极端的宗教政治主张。正因如此，土耳其在今天的"阿拉伯之春"运动中的地位突出。土耳其有意抓住时机进一步扩大政治、社会、外交影响力和地区安全主导能力，力图在推动解决叙利亚、伊朗问题以及推动阿拉伯国家民生革命等方面先声夺人，扩大影响。

当然，对土耳其温和宗教党政府在地区舞台的活跃和动作，以色列以及部分其他地区国家，从不同角度考虑都是心存疑虑的，担心土耳其的宗教政治倾向会进一步强化，实际推动地区宗教势力影响上升。从外部看，这一担忧不无道理，但依据并不充分。鉴于土耳其一直想接近的美欧国家的限制性影响，特别是从土耳其国父创立的世俗化军队基石看，土耳其温和的宗教政治倾向总体会在一定限度以内。

继2003年伊拉克萨达姆政权被推翻、伊朗力量在地区突出之后，土耳其在"阿拉伯之春"运动中挺立潮头，利用其外在温和的伊斯兰政党架构和模式支撑，利用其沟通西方国家与地区伊斯兰政体的桥梁角色，急速发挥着越来越大的作用和影响。在土耳其温和宗教政体的影响和带动下，埃及、突尼斯、摩洛哥的伊斯兰力量正在试图推行温和的宗教政治主张，主张将传统与现代、民主与国情、宗教与世俗尽可能地进行有机结合，创造一种新的政治发展模式，尽管这种模式的未来发展方向存在某种不确定性。伊斯兰政治力量在埃及、突尼斯、摩洛哥、利比亚新近的政坛选举中均有重大体现，这些国家的重要或主要政治力量无不借鉴土耳其正义与发展党的政治运作模式，甚至连政党名称都一字不改地照搬土耳其。

预计土耳其在中东地区的政治与安全影响还会扩大，在伊朗尚被美国和欧洲国家强力压制、埃及尚未从动荡中恢复、叙利亚自身难保并面临碎片化危险、沙特内心担忧美国反复无常的情势下，借助于西方国家的容忍和有限度信任，土耳其充当地区龙头老大的抱负越来越强，而且这种可能性也越来越大。到一定程度，土耳其军方和本国宗教政治势力之间的斗争会不断加剧，这种情况在埃及同样存在。

中国与土耳其友好交往历史悠久。伊斯坦布尔城曾是历史上著名的

"丝绸之路"的西端终点，托普卡帕皇宫里至今还保存着数万件精美的中国古代瓷器，成为拥有完整中国古代瓷器的博物馆。自1971年8月两国建交以来，中土两国关系发展顺利。2005年6月，塞泽尔总统对中国进行国事访问。2009年6月，居尔总统对中国进行国事访问，中土签署7份双边合作文件。中土经贸合作发展迅速，2011年中土双边贸易额已经超过200亿美元，有关方面预计2015年有望达到500亿美元。2012年2月下旬，时任国家副主席习近平访问土耳其，进一步推进中土友好合作关系全面深入发展。

第六章
阿拉伯大变局：从北非到西亚

第一节　奇人卡扎菲与利比亚时局：起伏跌宕

一　阿拉伯世界的奇人卡扎菲

卡扎菲在1969年9月发动政变推翻国王统治前是一个不知名的低级军官，政变轻易成功后他自任总理和国防部长。从1979年3月起，他辞去一切行政职务，对外称作"九·一革命"领导人。他多次更改国名，最后定名为"大阿拉伯利比亚人民社会主义民众国"。他一头卷发，敢于挑战美国；他常常语惊四座，令人瞠目结舌，提出所谓"世界第三理论"；作为一个国家领导人，他却更像一个部落首脑，乐于和民众打成一片，浑身透着质朴和顽皮，出门在外最大的爱好是住帐篷，访问埃及时甚至把帐篷撑在埃及总统府邸的大院里。美国大规模反恐期间，卡扎菲谋求与世界尤其是西方国家搞好关系。南联盟危机期间，他曾自告奋勇充当说和人。他还不断在菲律宾政府和分离主义极端分子阿布沙耶夫之间进行斡旋，最终说服菲律宾阿布沙耶夫武装释放了抓捕的西方国家人质并转交所在国家，再次引起世界的注意。

1938年春天，卡扎菲出生在卡扎法这个贝都因部落的帐篷里。他是家中唯一的男孩，上有三个姐姐，父母都是目不识丁的贫民。在他读书识字的过程中，《古兰经》里描述的利比亚历史英雄人物赛努西和1931年为抗击意大利统治而被处死的英雄穆赫塔尔，对他后来的成长产生了影响。1951年利比亚独立后改名为利比亚王国，国王昏聩无能，国家财政就靠驻扎在本国军事基地的英美军队每年支付的300万英镑维持。此时，卡扎菲正上小学，他在省城念中学时结识了后来的战友贾卢德。此时纳赛尔在埃及推行的泛阿拉伯主义和"开罗之声"电台成了卡扎菲的指路明灯。对他影响最深的书除了《古兰经》就是纳赛尔的《革命哲学》。一个有纳赛尔背景的埃及老师对他说，革命必须掌握军权。后来他发展到组织学生进行秘密军事训练，并因此被开除，他只好转学。在新的中学，他的秘密活动有增无减，还与伊拉克复兴党、巴勒斯坦人民阵线以及古巴的卡斯特罗等建立了联系。他为组织制定了严格的纪律，并开始将活动触角伸向军队。

中学毕业后，由于利比亚情报部门审查疏忽，卡扎菲进入军校。他在军校成绩最差并经常与英国教官对着干，然而他的组织才能派上了用场。他模仿纳赛尔将秘密组织定名为"自由军官运动"，并于1964年召开第一次中央委员会，组织还购置了大功率电台。此事国王竟浑然不知。1966年4月，卡扎菲被派到英国学习军事技战术。那时利比亚已是世界第四产油大国，但官僚腐败，民不聊生，卡扎菲决定发动革命。当时第四次中东战争使利比亚人民群情激扬，国王已难以控制局势而策划退位或出国"度假"。美国事先知道了卡扎菲的政变计划，但美国认为可以对卡扎菲进行"亲美塑造"而并不担心。利比亚的高级军官也了解内幕，但他们认为幼稚的低级军官在耍儿戏。

起义在1969年9月1日进行，卡扎菲先稳住外国人的心，承诺将保护外国人的财产，革命不针对任何国家，也不会反对国际条约和国际法。西方国家予以默认。整个起义过程只有1人死亡，15人负轻伤。革命成功后，卡扎菲将自己晋升为上校军衔。革命后的短短三年，卡扎菲便对以前所有蛮横的外国石油公司实行国有化，大笔金钱收入囊中，外国军队全部撤出利比亚。美英后悔不迭。

卡扎菲一直构想在埃及的领导下实现阿拉伯统一，纳赛尔当政时对此不置可否。萨达特继任总统后，对此予以考虑。1970年11月，卡扎菲宣布利比亚、埃及和苏丹三国结成联邦。次年4月，叙利亚加入。1971年9月，四国就统一问题进行公民投票，结果98.3%的人赞成。但其余三国首脑各怀打算，埃及表面上答应联合是因为其财政困难，目的是想法搞到卡扎菲口袋中的石油美元；叙利亚则担心埃及控制"联邦"，使其沦为埃及的附庸；苏丹同样需要大笔金钱开发广袤的土地，但发现靠联合解决问题不切实际。联合即将烟消云散，卡扎菲于心不甘，1973年亲访埃及说和，但没有成功。

阿拉伯统一梦破灭后，卡扎菲意识到必须创立自己的"革命理论"，不能一味模仿纳赛尔。1973年4月，他提出著名的五点计划：废止现行法律，启用伊斯兰法律；清除共产主义、穆斯林兄弟会和复兴社会党的影响；全民皆兵；撤销所有行政机构，把管理国家的权力交给人民；开展文化大革命，清除西方腐朽思想的影响。1973年5月，全国选出了数千个人民委员会，接管了利比亚政权。卡扎菲对其既非资本主义也非共产主义的新型社会主义"世界第三理论"推崇备至，"全世界的人们比任何时候都需要用'世界第三理论'来武装自己的头脑，它是永远不会改变的真理"。关于经济问题，"世界第三理论"认为，只有在伊斯兰教背景下才能解决该问题，"'世界第三理论'的职责就是要强制实施杀富济贫的法律，它永远是人民的保护者"。事实上他的这一理论是各种思想的集大成，纳赛尔主义、伊斯兰教教义、贝都因传统和西方国家的人文思想都可以从中找到影子。1975年，阐述其理论的第一本绿皮书《民主问题的解决办法》出版，称世界各种社会制度都否认人民在民主中的参与作用，利比亚的全国总人民大会制解决了世界上面临的民主难题。1977年，第二本绿皮书出版，提倡蔑视商品、利润和工资等庸俗东西的自然社会主义。1978年，第三本绿皮书出版，他称"世界是一个大民族，连接家庭的关系，也就是连接部落、民族和世界的关系"。

政变成功后，西方国家尤其是美国在利比亚的石油利益元气大伤。1979年伊朗革命时，利比亚趁机哄抢了美国驻利比亚代办处，美利两国断交，苏联后脚迈进利比亚。1984年，卡扎菲和美国总统里根互演了暗杀戏，打成平手。1986年1月，里根下决心教训卡扎菲，在锡拉特湾划定死亡线，向利比亚挑衅。卡扎菲也顶风而上。1986年4月15日，美国出动停泊在地中海航母舰队的飞机轮番轰炸利比亚，所幸卡扎菲本人无恙。1988年12月，一架泛美客机在苏格兰上空爆炸，机上259名乘客和地面11名英国百姓身亡。经过调查，1991年美英当局一口咬定是利比亚主使，并且查出两名利比亚人涉嫌制造空难。利比亚坚决否认西方的指控并拒绝交出嫌犯。美英随后推动联合国安理会两次通过决议对利比亚进行禁运和制裁。长达7年的制裁使利比亚蒙受了巨大损失，截至1998年2月，利比亚因制裁蒙受的损失已高达240亿美元，人均收入由上万美元降至6500美元。

1999年，由于南非总统曼德拉和沙特的从中积极斡旋，也由于美英做了一定让步，同意将两名嫌犯交由设在荷兰的苏格兰法庭审判，利比亚做出重大让步，于1999年4月交出两名利比亚人。联合国开始考虑解除对利比亚的制裁，但美国依然宣布维持单方面制裁，称利比亚要满足其全部要求。1999年底，英国与利比亚建交。2000年5月，卡扎菲在接受记者采访时说，世界已发生变化，利比亚正在改善与西方的关系，并致力于地区合作和解决冲突，反对任何形式的恐怖主义。他借机对两位美国总统候选人进行了委婉的赞扬。同时他暗示，洛克比空难不是利比亚指使所为。2000年7月，他率领由200多辆汽车组成的庞大政府代表团，白天驱车赶路，夜晚搭建帐篷，浩浩荡荡地前往多哥首都洛美参加非洲统一组织首脑会议，并提出建立非洲联盟的构想。

进入21世纪，尤其是美国反恐进程中，卡扎菲缓和了与美国、英国、法国等西方国家的关系，相互之间的高层访问也是频繁的。当时谁也没有料到卡扎菲在2011年的"阿拉伯之春"大潮中先是被推翻政权，后被俘获并凄惨遇害。

二 西方国家能否得偿所愿

2011年3月，以法国为首的多国部队对利比亚卡扎菲政权及其政府军发动空袭打击，给卡扎菲政府造成重创，反对派客观上得以喘息并增强反击力量。法国和美国等西方国家的目的很明确,就是希望卡扎菲下台。但卡扎菲并未低头,在停火要求遭遇联军拒绝后,开始向众多支持者分发武器,并表示抗击入侵的决心。非洲联盟和阿拉伯国家联盟的态度也在转变。两者起初支持西方国家在利比亚设立禁飞区,但并未料到多国后来会发起猛烈的军事打击,因此后来改变态度。2011年10月,利比亚"全国过渡委员会"军方宣布,执政当局在利比亚南部塞卜哈地区成功抓获卡扎菲的次子赛义夫,但执政当局拒绝国际刑事法院参与对赛义夫的审理。卡扎菲权力家族已经分崩离析,抓住卡扎菲只是迟早的事情。

经历了战乱的利比亚满目疮痍、百废待兴,经济千疮百孔,部族武装矛盾重重,卡扎菲残余犹在。600万名利比亚人对"后卡扎菲时代"充满希望,如果不能满足其愿望,则失望的心理落差必然很大。利比亚地域、部族、种族矛盾复杂,执政当局内部派系众多,过渡政府组建工作进展一直不顺。执政当局一方面要防止因为卡扎菲"殉难"而被其他势力用来煽动部族暴力;另一方面面临的更大难题是如何安置和管理反卡扎菲的民兵组织,防止其在"后卡扎菲时代"为政治资本而相互争斗。2011年11月23日,利比亚一些部族表示不会承认刚刚组建完毕的新的利比亚过渡政府。

据初步统计,在卡扎菲执政的42年里,利比亚有4000~5000人失踪。在2011年2~10月的内战中,大概有25000人失踪。而利比亚执政当局也以实际行动针对卡扎菲及其支持者,抓捕后即刻击毙。这也提出了一个很现实的问题:未来是否会陷入报复的恶性循环,而无法建立民主、文明的新制度?安理会注意到利比亚全国过渡委员会发出的"解放宣言",期待利比亚迅速建立一个"包容、有代表性"的过渡政府。安理会强烈敦促利比亚当局采取一切必要步骤,防止报复、任意拘留和未经司法程序的处决,有责任保护其民众,包括外国国民和非洲移民。利比亚执政当局如何领导各阶层一道努力,医治国家创伤、实现民族和解、避免冤冤相报的血腥复仇,都是当务之急。

利比亚执政当局还有一个重要任务就是收回流失海外的卡扎菲家族巨额财产。据悉,2010年利比亚石油出口收入达450亿美元,而这些钱大部分为卡扎菲家人及其私人友好所据有。据估计,卡扎菲家族坐拥330亿美元资产，在世界范围内另有 600 亿美元资产"未统计在内"。当然，这些资产未来能否收回、收回多少，犹未可知，许多海外财富可能最终不了了之。正如法国国际战略研究所所长弗朗索瓦·埃斯堡所说，对北约而言，利比亚战事结束带来的喜悦不会持续太长时间，不仅在阿富汗仍然面临难题，更严峻的是利比亚国内存在诸多安全隐忧。因为北约面临巨大的疑问，即利比亚能否成为西方国家所期望的那种国家，此前已经有许多媒体报道，反卡扎菲武装人员中不乏伊斯兰激进势力，甚至包括一些"基地"组织成员，这些势力都是未来利比亚政局的定时炸弹和棘手难题，北约的"胜利"果实有可能被极端势力偷梁换柱。

全国过渡委员会控制首都的黎波里后，不同武装派别争执不断。包括大批便携式防空导弹在内的大量武器流失，西方情报机构担心其中部分导弹可能已经落入极端分子之手，首先严重威胁民用航空安全。鉴于此，利比亚全国过渡委员会主席贾利勒呼吁北约延长对利比亚军事行动至 2011 年底。卡扎菲之后，利比亚和西方 40 多年来长期不和的关系出现了本质变化。石油利益分配是拉近双方关系的重要驱动因素，也将牵动利比亚战后内外局势。利比亚战事接近尾声，北约各国都想争取最大利益，对利比亚展开外交攻势，如外界分析美国会设法收回其 10 亿美元军费成本。美国国务卿希拉里访问利比亚时强调说，希望通过此访与利比亚执政当局巩固关系，在美国和利比亚之间建立"长期、深厚、宽广的伙伴关系"。

早在 2011 年 9 月利比亚局势发生根本性转变时，法国总统萨科齐和英国首相卡梅伦就已访问利比亚，承诺支持利比亚重建。英国外交大臣黑格于 2011 年 10 月中旬在的黎波里宣布正式重新开放英国驻利比亚大使馆，并任命约翰·詹金斯为新大使，黑格表示英国将在医疗、治安、经济等方面继续向利比亚提供支持。2011 年 11 月 17 日，英国外交部任命多米尼克·阿斯奎思为新任驻利比亚大使。法国负责经贸事务的国务秘书皮埃尔·勒卢什率领一支由 80 余家法国企业组成的官方代表团访问利比亚。

利比亚执政当局注意维护国家安全和主权独立，显示并不依附于西方国家。全国过渡委员会军方发言人于 2011 年 10 月底说，北约在打击卡扎菲武装方面取得积极成果，利比亚对联合国安理会于 2011 年 10 月 31 日取消禁飞区的决定表示欢迎，但表示"利比亚人现在有能力保卫祖国，我们现在比以前更强大了"。他同时说，有可能允许一些外国军事顾问帮助利比亚训练军队，实现军队现代化。新政权在外交上面临不同于卡扎菲时期的重大调整。在与西方国家搞好关系的同时，努力改变卡扎菲一贯与阿拉伯国家联盟主流国家的不友好关系，注意向主要阿拉伯国家尤其是沙特和埃及靠拢。另外，新政权可能不会像卡扎菲政权那样亲近非洲联盟。

西方国家普遍担忧利比亚回归伊斯兰保守主义，背离西方的民主国家建设进程，如新婚姻法精神引起不少争议。2011年10月，利比亚全国过渡委员会主席贾利勒发表讲话说，利比亚将以宗教教义为法律依据，与教义冲突的法律无效，如卡扎菲时代禁止"一夫多妻"的婚姻法。虽然一夫多妻现象仅在农村和部族当中比较普遍，但即便如此，利比亚可能实行"一夫多妻"制的消息引起不同反应，尤其是参与推翻卡扎菲的女性感到不解与愤怒。为打消疑虑，利比亚全国过渡委员会主席贾利勒再次公开向国际社会保证，"利比亚将会是温和的穆斯林"。西方国家也对利比亚的未来价值和思想走向感到担忧，美国国务院发言人维多利亚·纽兰强调，利比亚应建立一个符合国际人权标准的民主政治，建立一个属于所有利比亚人的统一国家。

三　北约在中东地区的未来动向

西方国家以及北约推行的新干涉主义在20世纪90年代大行其道，冷战后西方国家以人权为旗帜干涉他国内政的案例已经出现多次。进入21世纪，这一泛化的干涉趋势继续发展。从2011年西亚北非地区形势剧变中，人们不难发现西方国家及其军事联盟组织——北大西洋公约组织正在采取具有明确战略目标和价值理念的灵活机动战略，颇有防不胜防、变幻莫测的味道。

以利比亚前政权领导人卡扎菲被推翻并身亡为节点，继利比亚之后西方在中东地区的下一个目标定位值得高度关注。2011年10月31日，北约宣布结束在利比亚的军事行动，联合国安理会宣布取消在利比亚设立了几个月的禁飞区。西方国家的注意力从利比亚暂时移开后，接下来中东地区哪些国家成为其重点关注对象，直接决定着西亚北非局势的板块热度漂

第六章 阿拉伯大变局：从北非到西亚

移，也直接决定着被关注国家的政治命运。

从中东看，地区局势长期动荡，深刻影响世界局势，但地区国家并非影响地区格局的主导力量，外来大国往往是左右地区局势发展的重大因素。利比亚曾是法国的殖民地，独立以来一直与法国有千丝万缕的政治、经济和文化联系。2011年3月，鼓动并领衔对利比亚卡扎菲政权进行军事干预的是法国萨科齐政府，有分析认为，萨科齐此举一是国内选举的政治需要，二是着眼于维护和巩固法国在利比亚的巨额石油利益，趁美国难以兼顾之机显示法国在欧洲、北约内部以及国际舞台上的影响力。也许有些让人难以置信的是，几年前卡扎菲还与法国总统萨科齐握手言欢，与美国前国务卿赖斯握手交谈，而今天却已然命丧西方支持下的本国政治力量之手，这种不堪结局可能卡扎菲本人以及西方国家高官当初都未曾想到。

虽然北约坚称其军事行动目标是落实联合国安理会第1973号决议，保护利比亚平民，但其重要目标是配合西方国家在利比亚实现政权更迭。北约战机共执行2.6万架次战斗任务，包括大约8000次空袭行动。北约重点轰炸的是卡扎菲部队的武器装备、通信设施，为全国过渡委员会武装进行地面进攻铺平道路。北约的做法超出了联合国安理会的授权，军事行动也造成许多利比亚平民伤亡。世人能感觉到北约这一西方国家的强大军事联盟在当下及不远的将来的战略威慑和战略后果，不论其正确与否、其是否符合实际的道义标榜，在电子化、机械化、空天一体化时代，北约国家以"保护人权"为旗帜所采取的组合干预模式、干预范围和干预力度都不容小觑。这也从一个侧面反映了美国利用其掌控的北约组织，利用法国、英国、意大利等关键时刻靠得住、用得上的西方盟友，实际上弥补了美国近年来相对下降的实力以及战略运筹能力。

其他国家对西方国家的政治联盟、军事联盟动向应该有必要的关注和警觉，并未雨绸缪、深入思考。尤其是世界大国在维护国家领土、领海完整和主权独立方面，一方面，当然需要高度重视并警惕遭遇西方国家政治与军事联盟的侵害；另一方面，也不能畏之如虎而缩手缩脚乃至无所作为。在现实主义国际政治中，一国落后当然更可能挨打，国家强大但政府过于软弱同样可能招致被动挨打。

从地区国家内部治理看，突尼斯、埃及和利比亚等西亚北非国家快速演变发展的时局一再表明，一国当权者在国内必须以人为本、以民为本，高度重视民众吁求，维护民众权益，重视推进社会公平公正，切实关心呵护民生，推进国内社会保障并缩小贫富差距，努力消除两极分化和腐败现象。否则，一旦国内发展环境受到金融危机等外在因素的冲击，很容易导致民众长期积聚的不满情绪集中爆发并冲击政权，同时引起外部干涉力量的强力介入。中国古代的强力有为明君——唐太宗李世民曾曰：民为水，君为舟，水可载舟，亦可覆舟。对当今世界许多国家的施政理念而言，这依然是为民治国、以民为本的名言。

第二节　突尼斯变局之后的阿拉伯时局：各方折中色彩渐浓

一　突尼斯政局突变值得思索

从2010年12月起，突尼斯政局陷入动荡。2011年1月13日，时任突尼斯总统本·阿里向全国民众发表电视讲话，承诺立即对国家现行的政治和经济生活进行全面、深入和彻底的改革，包括他不再参加2014年的总统选举等，但事态已无法挽回。2011年1月14日，首都突尼斯市发生大规模抗议活动，示威者要求总统本·阿里立即下台，并与维持秩序的警察发生冲突。本·阿里与总理加努希紧急磋商，加努希随后宣布，本·阿里决定解散政府和议会，6个月内举行议会选举。突尼斯官方通讯社同时授权宣布，为保护公民安全，决定立即在全国实施紧急状态法。

但民众与警察发生的冲突已造成几十人死亡，局势眼见难以控制。本·阿里及其家人在全国一片谴责声中突然不辞而别，有报道称他们曾希望前往法国或马耳他，但鉴于事态敏感，两国予以拒绝。随后报道称本·阿里抵达沙特，其妻子抵达阿联酋。突尼斯电台称本·阿里自动放弃总统权力，总理加努希根据宪法于2011年1月14日晚正式宣誓就任总统职务。但随后又报道根据宪法第57条，众议院议长迈巴扎出任临时总统，最多60天内举行选举。反对派知名人物纳吉布谢比说,本·阿里离境并不等同于政变,是一次未经宣布的辞职,突尼斯处于政权更替的紧要关头,必须实施重大改革,革新法律。

据报道,骚乱的导火索并不复杂。缘起于2010年12月17日,南部地区一名26岁青年在街头售卖果蔬,遭执法人员粗暴对待,这名青年自焚抗议并伤重而亡,当地居民与国民卫队发生冲突,全国多处地区相继发生大规模骚乱。一件貌似不大的事件迅速导致总统去国,值得深思。本·阿里在突尼斯长期执政,成长经历充满政治和军事强人色彩,先后在法国和美国的军事与情报学校就读,回国后先后任军事安全局局长、国家安全总局局长等职。1987年被任命为总理,并于当年11月接任总统一职。据报道,接任实际上是对时任"终身总统"布尔吉巴的"逼宫",他当时承诺要给百姓带来"真正的民主和不断进步的政治生活"。1989年4月,本·阿里正式当选总统,此后四次连选连任总统,同时一直担任执政党宪政民主联盟主席。但他初步巩固权力后基本停止政治改革,2009年大选中他曾威胁要将质疑投票结果的反对者投入监狱。

平心而论,在本·阿里执政的23年里,突尼斯经济发展平稳而突出,社会比较稳定。2007年世界经济论坛评选突尼斯为非洲大陆经济竞争力最强的国家,这个拥有1000万人口的北非国家还因为迷人的地中海风景而吸引了大量游客。但发展繁荣的同时也导致经济与社会领域出现不少问题,引发社会不满。受金融危机冲击,突尼斯近期失业率约14%,青年人失业率高达52%。而针对较长时期以来存在的集权和腐败问题,不少批评者指责以本·阿里为代表的政府官员任人唯亲,本·阿里的妻子莱拉曾被曝光安插亲戚出任政府大员,普通百姓没有后门就找不到工作。特别是维基网站解密的一些文件涉及突尼斯当权者腐败,推动了社会愤懑情绪。这些背景共同导致一个火星就能点燃社会负面情绪,并导致局势迅速失控。

国际社会表态存在差异。非洲联盟和平与安全理事会谴责本·阿里当局对示威者过度使用武力,承认突尼斯国会议长迈巴扎在举行新选举之前担任国家临时领导人。阿拉伯国家联盟发表声明,呼吁突尼斯各政治派别、社会各界团结一致,走出当前的政治危机,共同努力恢复国内安全与稳定，并在声明中呼吁尊重突尼斯人民意愿。沙特发表中立表态的声明，表示"考虑到突尼斯人民面临的异常局面，为突尼斯恢复安全和稳定……沙特政府欢迎本·阿里和他的家人来沙特"，并声明说，"沙特完全与突尼斯人民站在一起，希望他们团结一致，渡过这段艰难时期"。据报道，一些没有充足石油资源且改革滞后的阿拉伯国家领导人担心会引发"颜色革命"。美国总统奥巴马则赞扬突尼斯人民的勇气和尊严，殖民地时期突尼斯的前宗主国法国态度谨慎，在拒绝本·阿里入境的同时也要求其在法国的亲属离境。

预计突尼斯全国局势一时难以稳定，骚乱仍会持续一段时间。如两座监狱发生越狱事件及大火，至少造成47人死亡，约千名囚犯逃去无踪。在这种情况下，为避免局势继续恶化而导致彻底失控，国家紧急状态法继续生效，军队开始控制机场等重要设施。临时代理总统迈巴扎要求总理加努希组建联合政府，迈巴扎承诺让国家稳定，并与其他政党进行合作。同时，突尼斯国内的政治力量格局面临重新洗牌，本·阿里留在国内的亲信遭到"清洗"和打击。据报道，安全机构已经逮捕了本·阿里的部分亲信。鉴于突尼斯民众对准的主要矛头是本·阿里家族，阿拉伯国家以及法国等对突尼斯有重要影响的国家均希望突尼斯局势尽快平静下来，国内局势得到控制。但事件带来的创伤和反思在突尼斯国内和其他国家继续产生余波。

二 应对阿拉伯时局：各方折中色彩渐浓

从2010年12月突尼斯局势剧变、本·阿里政权更迭起到2011年上半年，阿拉伯世界局势持续动荡。最大的阿拉伯国家埃及发生政权更迭，穆巴拉克被迫下台。埃及新政府宣称要审判穆巴拉克和他的两个儿子，并要判处重刑。但即便如此，埃及国内局势并未稳定，不稳定因素仍在发酵。同时，利比亚发生严重的战争冲突，反对派与政府军战斗正酣，以法国为首的西方阵营大规模军事干涉利比亚内部事务。但卡扎菲政权出乎意料的强硬，不仅赢得了对其比较有利的结局，客观上也在迫使西方可能从军事进攻逐步转为政治谈判。

北非动荡的同时，西亚的巴林、科威特、约旦也一度发生民众向当局施压的情况。也门态势比较严重，总统萨利赫与民众发生较严重对立，乃至发生几起流血事件，叙利亚情况类似也门。面对阿拉伯世界风起云涌的"革命"浪潮，抱有走一步看一步的奥巴马政府沉不住气了，尤其是以国防部长盖茨为首的军方急切要求政府不要军事介入利比亚等阿拉伯国家局势，敦促政府要维护多年苦心孤诣经营的亲美阿拉伯国家阵营，奥巴马总统以及国务卿希拉里转而认同盖茨的观点。伴随美国态度倾向于恢复阿拉伯世界稳定，阿拉伯国家的"革命"势头渐缓。

美国对军事介入利比亚持犹疑和谨慎态度，基本立场几次发生摇摆和变化。从2011年3月19日多国部队对利比亚展开空袭以来，美国一直坚守有限介入和不派地面部队的底线。至今美国仍然坚称出钱不出兵。2011年4月下旬，英、法、意三国派遣军事顾问援助利比亚反对派，以求打破反对派与政府军对峙的僵局。面对这些国家的举动，美国表示绝不会向利比亚派出一兵一卒的地面部队。美国国务卿希拉里表示，美国不会派军事顾问帮助利比亚反对派，但拟向后者提供2500万美元的非军事援助。俄罗斯警告西方国家向利比亚派遣地面部队或致严重后果，俄罗斯外长拉夫罗夫认为这一行动可能会把国际社会更深地拖进战争。

美国谨慎不无道理。主要担心阿拉伯国家当局全面倒台，而新的亲美政权一时难以建立，这些国家将因为"民主"风潮推进而出现极端势力崛起态势，直接危及美国及其铁杆盟友以色列的利益。以色列对当前中东局势非常担忧，虽然保持沉默但反映出其内心的极度不安。以色列对美国轻视和抛弃穆巴拉克等亲美政权是感到不满和不安的，多次对穆巴拉克对巴以和平的贡献表示敬意，实际上是间接批评奥巴马政府的中东政策缺乏长远的战略考虑，权宜色彩明显，在阿拉伯国家过于追求民主人权等不切实际的目标。

美国当时倾向于政治解决利比亚局势。如果实在难以推翻卡扎菲政权，不排除美国撮合西方阵营，反对派与卡扎菲政权进行讨价还价，最终达成妥协方案，防止中东局势持续动荡并失控。北约内部对法国的急先锋言行也持部分保留态度，北约联合军事行动最高指挥官范乌也说，目前还没有进驻地面部队的必要。北约秘书长拉斯穆森说，单靠军事手段不能解决利比亚危机，国际社会正在急切寻求政治解决途径，拉斯穆森一开始就不主张军事干预利比亚。就利比亚、也门、叙利亚等国的反政府势力而言，一旦发现短期内无法获得对当局的压倒优势或胜利，他们应当不排斥进行谈判。

以沙特为首的海湾阿拉伯国家合作委员会积极出面应对局势。由海合会成员组成的联军于2011年3月14日进入巴林，协助巴林当局平息反政府示威。海合会还努力促成也门执政党和反对党联盟进行谈判，结束持续3个多月的动荡局面。海合会于2011年4月21日向也门政府提交了调解方案，包括成立由反对派领导的联合政府、萨利赫将权力移交一位副总统并于30天内宣布辞职、萨利赫及其家人享有豁免权、临时总统和联合政府将在60天内举行总统选举等内容。萨利赫接受该方案，但也门国内两派尚未就该方案达成一致。

海合会高度关注利比亚局势。2011年4月20日，第21届海合会与欧盟联合部长理事会在阿联酋举行，阿联酋方面表示恪守安理会关于保护利比亚平民的决议，将与其他友邦国家继续努力，希望利比亚领导人做出有利于人民的决定。2011年4月15日，美国总统奥巴马、英国首相卡梅伦和法国总统萨科齐联名发表评论文章，要求"卡扎菲必须下台，并且永不复位"。但由于卡扎菲顽强抵抗，利比亚战争呈现长期化迹象，同时介入科特迪瓦事务的法国感到力不从心。卡扎菲不仅无意交权，反而高调乘坐敞篷车出行，誓言战斗到底，这无疑给后来招致北约武力干涉埋下伏笔。

第三节　天翻地覆多重天，中东反恐罩阴霾

从2010年突尼斯政局突变至今，中东地区形势曲折动荡，变幻莫测，你方唱罢我登场，历经多个回合与多次变脸，地区动荡让人民饱受荼毒。仅仅4年时间，已经沧海桑田，恍如隔世，令人叹息。突尼斯政局变化后局势发展相对平稳，相对世俗的社会基础加上政治力量的相互妥协，在动荡不定的地区局势中显得难能可贵。

第六章 阿拉伯大变局：从北非到西亚

在埃及维持30多年稳固世俗统治的军政强人穆巴拉克被伊斯兰政治力量穆斯林兄弟会推下台，穆斯林兄弟会扶持的政党上台执政，穆尔西当选总统并实行带有相对温和伊斯兰色彩的内外政策。但穆斯林兄弟会缺乏执政经验，政绩不佳，与左右政治发展的军方关系不睦，美国对穆斯林兄弟会的态度从观望变为疑虑和不安。2013年，局势发生逆转，穆斯林兄弟会力量被强行中止执政并遭受严厉压制。穆尔西被判处重刑，骨干力量遭遇清洗。与军方关系密切的穆巴拉克的命运出现戏剧性转圜，被宣布无罪，得以安度晚年。目前埃及局势暂时恢复稳定，北非大国埃及的世俗社会得以维持具有标志性意义，但是穆斯林兄弟会力量不甘下台并受到压制，依然在地下开展各类抵抗活动和恐怖袭击。

在利比亚执政几十年的卡扎菲政权被欧美国家和国内反对派联合推翻，卡扎菲的人生以惨剧收场，繁华岁月一朝烟消云散，最终家破人亡。但利比亚的局势几年来动荡不定，伊斯兰极端势力和恐怖组织的孕育土壤肥沃，国家控制能力脆弱，恐怖组织蠢蠢欲动。局势发展与欧美国家的期望相差甚远，人民生活深受影响。一个几十年来的北非富裕国家已支离破碎。

相比萨达姆时期相对稳固的世俗强权，十多年来伊拉克局势依然脆弱，国内政治力量分分合合，恐怖组织不断制造屠杀本族本教徒的血腥袭击，几十万人已经在战乱中丧生。局势发展难遂美国十多年的初衷和心愿。更糟糕的是，在伊拉克和叙利亚部分地区，出现了迅速成长的恐怖国家，即所谓的"伊拉克和黎凡特伊斯兰国"。这一事态与美国当初的纵容和扶持密切相关。

2011年以来，敌视叙利亚巴沙尔政权的美欧国家和一些偏离世俗的中东伊斯兰国家，必欲除之而后快，它们为推翻巴沙尔世俗政权不惜纵容支持伊斯兰极端组织。现在这些组织已经异军突起、尾大不掉，调转矛头推行宗教极端主义和恐怖主义，与地区世俗力量的交锋处于拉锯战之中，美国的空袭效果有限。据说"伊斯兰国"的控制面积相当于英国，人口有1200多万人，拥有各类武装力量20多万人，并出现与"基地"组织合流的动向，其动辄斩首、消灭异教徒的残暴行径和国家恐怖行为，以及试图建立区域性宗教极端国家的图谋，比之肆虐的"基地"组织有过之而无不及,连"基地"组织也逊色不少、让它三分。

中东地区内外的基本矛盾已经发生根本改变,从各种力量攫取自身利益演变为世俗社会与宗教极端势力之间的矛盾,这种矛盾日益尖锐,最终水火不容。也正是因为如此,欧美国家、伊朗以及叙利亚巴沙尔政权趋于联合,共同打击和绞杀"伊斯兰国"这类恐怖国家。由此出现了令人颇感惊讶的结果,那就是三年来顽强抗击伊斯兰极端反对派、抗击美欧和中东地区幕后黑手的叙利亚巴沙尔政权已经挺过来了,从一度岌岌可危发展到如今转危为安。这是巴沙尔什叶派政权与伊朗、黎巴嫩真主党力量几年来强力联手、顶住攻击的结果。面对威胁更大的"伊斯兰国",美国不得不承认巴沙尔政权维护世俗社会的能力,欲寻求与伊朗、叙利亚等实际抗击"伊斯兰国"的中流砥柱进行合作。

实事求是地看,贫困与不公、被殖民、被侵略只是恐怖主义产生的因素之一,它们只是必要条件,多数情况下并不必然导致恐怖主义。恐怖主义的根源和核心因素是歪曲的极端教义。伊斯兰极端势力和恐怖组织往往衍生于萨拉菲、瓦哈比等逊尼派极端保守势力中,而在某种程度上属于伊斯兰外围和少数的什叶派则言行中庸,并不衍生极端主义和恐怖主义。"透过现象看本质",这是在中东和全球反恐行动中必须掌握的一个重大原则。美国和以色列长期以来千方百计地将伊朗抹黑为支持恐怖主义的国家是出于政治恩怨,实际上伊朗和叙利亚的什叶派政权恰恰没有衍生伊斯兰极端主义和恐怖主义,反而是抗击地区宗教极端主义和恐怖主义的中坚力量。海湾国家和土耳其出于种种原因,对美国打击"伊斯兰国"的行动支持"雷声大雨点小"。当前和今后,欧美国家在空袭"伊斯兰国"效果不佳的情况下,不得不继续寻求与伊朗的"纠结"合作,美国与伊朗、叙利亚的关系可能在今后几年面临转折性缓和。

然而,需要看到的是,被金融财团、能源和军工集团劫持下的美国外交,往往总是左右摇摆、四面出击、虎头蛇尾。美国反恐行动更是如此,奉行实用主义的多重标准必然导致效果不佳,甚至带来灾难性后果。西方国家、中东世俗力量与中东地区恐怖国家的较量前途艰辛。美国放弃与伊朗等地区国家，甚至俄罗斯的通力合作，反恐可能继续遭遇重大挫折。长期以来，中东地区已经出现大堆因欧美国家干涉而导致的烂摊子。"解铃还须系铃人"，但人们有理由担心，当欧美国家无法收拾和不愿收拾烂摊子的时候，会不负责任地撂挑子，任其动荡烂下去。这才是地区乃至世界的梦魇。

第七章
文明古国埃及的前世今生

埃及地跨亚、非两大洲，大部分位于非洲东北部，只有苏伊士运河以东的西奈半岛位于亚洲西南部。西连利比亚，南接苏丹，东临红海并与巴勒斯坦、以色列接壤，北濒地中海。海岸线长约2900公里。埃及是世界四大文明古国之一。公元前3200年，美尼斯统一埃及并建立了第一个奴隶制国家。当时国王称法老，主要经历了早王国、古王国、中王国、新王国和后王朝时期，共30个王朝。古王国开始大规模建造金字塔。中王国经济发展，文艺复兴。新王国生产力显著提高，开始对外扩张，成为军事帝国。后王朝时期，内乱频繁，外患不断，国力日衰。公元前525年，埃及成为波斯帝国的一个行省。在此后的一千多年间，埃及相继被希腊和罗马征服。公元641年，阿拉伯人入侵，埃及逐渐被阿拉伯化，成为伊斯兰教的一个重要中心。1517年，埃及被土耳其人征服，成为奥斯曼帝国的行省。1882年，埃及被英军占领后成为英国的"保护国"。1922年2月28日，英国宣布埃及为独立国家，但保留对国防、外交、少数民族等问题的处置权。1952年7月23日，以纳赛尔为首的自由军官组织推翻法鲁克王朝，成立革命指导委员会，掌握国家政权。1953年6月18日，埃及共和国宣告成立。1958年2月，埃及同叙利亚合并，成立阿拉伯联合共和国。1961年，叙利亚发生政变，退出阿拉伯联合共和国。1971年9月1日，埃及改名为阿拉伯埃及共和国。

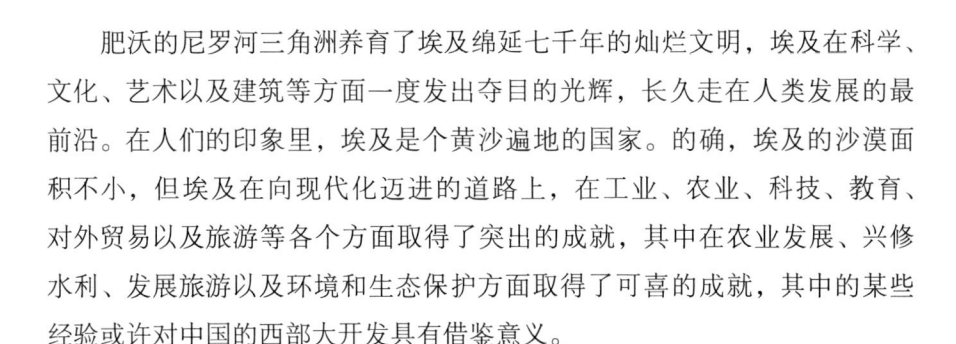

肥沃的尼罗河三角洲养育了埃及绵延七千年的灿烂文明，埃及在科学、文化、艺术以及建筑等方面一度发出夺目的光辉，长久走在人类发展的最前沿。在人们的印象里，埃及是个黄沙遍地的国家。的确，埃及的沙漠面积不小，但埃及在向现代化迈进的道路上，在工业、农业、科技、教育、对外贸易以及旅游等各个方面取得了突出的成就，其中在农业发展、兴修水利、发展旅游以及环境和生态保护方面取得了可喜的成就，其中的某些经验或许对中国的西部大开发具有借鉴意义。

第一节　穆巴拉克的是非功过

穆罕默德·胡斯尼·穆巴拉克曾任埃及总统、民族民主党主席，于1928年5月4日出生于曼努菲亚省一个农民家庭，1949年、1950年先后毕业于埃及军事学院和空军学院，1959年、1961年和1967年三次赴苏联学习。历任空军学院教官和院长、轰炸机旅旅长、空军基地司令、空军参谋长等职。1972年任国防部副部长兼空军司令，1975年任副总统。1978年任民族民主党副主席，1980年5月任该党总书记。1981年10月当选总统，1982年1月当选民族民主党主席。1987年10月12日、1993年10月5日、1999年9月26日和2005年9月9日四次蝉联总统。他爱好体育运动，特别喜欢打壁球。

作为一个农村孩子，穆巴拉克从小就表现出豪爽、果敢和胸怀宽广的品性。19岁时他不顾父亲要他将来做教师的愿望，执意考入军事学院。1950年时任空军军官的萨达特去穆巴拉克工作的基地视察，穆巴拉克的飞行表演和气质给他留下了深刻印象，以至于22年后萨达特任命他为空军司令时，萨达特还回忆起这段插曲。1969年，纳赛尔总统任命穆巴拉克为空军参谋长。1972年，萨达特总统任命穆巴拉克为国防部副部长兼空军司令。

在埃及和以色列严重对抗的斗争年代，穆巴拉克在斗争谋划方面起了不可忽视的作用。1956年第二次和1967年第三次中东战争的失利对埃及和阿拉伯世界的打击是沉重的。当时的埃及总统萨达特一直想对以色列发动一场出其不意的战役,一扫沉闷气氛,他尤其对空军抱有极高的期望。萨达特先在外交上充分争取了阿拉伯国家的支持,又在军事上设法进行充分的物资、技战术准备和军事演练。1973年9月下旬,萨达特视察空军,穆巴拉克对空军的准备信心十足。同年10月6日下午2点,第四次中东战争全面爆发,打头阵的埃及空军从30个机场同时出动240架飞机直扑对岸的以军阵地,出其不意,只用了20分钟就摧毁了以军在西奈半岛90%以上的军事目标,埃及仅损失5架飞机,事实上将1967年以色列空军的辉煌进行了反向改写。穆巴拉克战后获得了"杰出英雄"称号并晋升为中将。1975年4月,穆巴拉克被萨达特任命为副总统。

萨达特当政期间与以色列率先讲和,加上国内政治政策上出现偏差,引起伊斯兰极端分子的忌恨。1981年10月,萨达特总统遇刺身亡,穆巴拉克继任总统。1981年10月13日,穆巴拉克以98%的选票当选为新总统。他强调稳定政局,实行有限度政治民主。上台伊始他就大批释放在押的1000多名对"国家安全不构成危害的政治犯",并集体接见了31名要犯,同他们进行开诚布公的交谈。在加强执政党埃及民族民主党建设的同时,他允许成立反对党(在他执政期间反对党由3个增加到13个),并且开始赋予它们真正履行监督和共事的职责。

大刀阔斧实行经济改革。穆巴拉克认为埃及成功的关键在于解决经济问题的能力。他一贯坚持经济对外开放政策,并把"消费性开放"变为"生产性开放",埃及一度被认为是"东方的生产力,西方的消费水平",穆巴拉克把过高的消费水平降了下来。第一,强调国有部门在国民经济中的主导作用。减慢兴建新的国有企业,关闭严重亏损的企业或将其改制为公私合营或私营企业。第二,鼓励和发展私营经济与合作经济,实行多种经济成分并存,积极吸收发达国家和阿拉伯国家的投资。第三,加快私有化进程,启用经济专家治国。1996年任命经济专家詹祖里为新总理,新内阁班底几乎全是金融与经济专家。1999年10月穆巴拉克蝉联埃及总统后,再次改组内阁,任命埃及著名经济学家奥贝德为新总理。2004年7月,穆巴拉克解散奥贝德内阁,任命技术专家纳齐夫为总理。第四,高度重视经济立法。1991年批准国有企业法,对国有企业实行大规模改制；1992年颁行资本市场法，规范证券股票交易；1997年再度修改投资法，条件更加优惠。此外，还制定了反垄断法、消费者保护法等。穆巴拉克还相当重视科技教育，重视农业发展和控制人口过快增长。

严厉打击宗教极端势力的恐怖活动。埃及恐怖活动频繁，穆巴拉克本人也深受其害，几次遇险。1993年，两名激进伊斯兰分子试图用反坦克火箭袭击总统府；1994年，恐怖分子两次计划安装炸弹暗杀他；1995年，有苏丹背景的两名恐怖分子在埃塞俄比亚首都伏击前来出席非统组织首脑会议的穆巴拉克未遂。穆巴拉克继续实行政教分离政策。如1992年修正刑法增补"反恐怖"条款，1993年制定规定死刑的反恐怖活动法。1999年10月15日，埃及对非法的"穆斯林兄弟会"进行大规模搜捕，逮捕20多名头目。"9·11"事件后，埃及也努力维护世俗化政治，对恐怖势力和恐怖活动继续予以严厉打击。但同时也注意区别对待，采取教育和感化政策，分化瓦解恐怖组织。

在经济、政治、文化等领域面向世界开展全方位外交。纳赛尔当政时倚靠苏联，同阿拉伯世界、非洲国家和不结盟运动交往密切，冷落了美欧国家；萨达特则走向另一个极端，热衷于和西方国家搞好关系，冷落了第三世界国家。穆巴拉克吸取了前两任的教训，开展全方位外交。埃及同美国保持"特殊关系"，美国每年对埃及援助20多亿美元，并大量减免埃及对美外债，但不与美国结盟。埃及与苏联既保持正常关系又保持距离，与欧洲、日本保持良好关系并争取到大量投资、援款并大量减免债务。埃及还积极发展同第三世界国家的关系，穆巴拉克曾两度被推举为非统主席。埃及还积极推动埃及-地中海-欧洲合作。埃及与老对头以色列于1979年签署和约，之后埃以关系比较理性。穆巴拉克也是中国人民的老朋友，曾经多次访华。

多次在阿拉伯国家中间斡旋。1992年，卡塔尔和沙特因边界纠纷发生严重冲突，穆巴拉克来回穿梭，最后使之握手言和。1989年，阿拉伯国家联盟首脑会议不再计较埃以媾和，允许埃及重返阿拉伯国家联盟大家庭，阿拉伯国家联盟驻地也回迁开罗。海湾战争结束后，穆巴拉克反对西方肢解伊拉克。1998年2月，海湾危机再次一触即发，穆巴拉克极力反对美国对伊拉克进行打击,并 6 次致函萨达姆履行联合国协议。1996 年 6 月,阿拉伯国家元首会晤在埃及召开,穆巴拉克带头与一向有纠葛的苏丹总统巴希尔言和,他还撮合阿拉法特和阿萨德以及阿萨德和侯赛因缓和了紧张关系。海湾国家免除了埃及的所有外债。西方国家决定免除埃及所欠的一半债务,仅欧洲就免除 200 亿美元。2003 年初,穆巴拉克总统极力避免美国军事打击伊拉克。后见形势不可逆转,便努力减小美国行动对中东格局造成的冲击,呼吁伊拉克人民自己解决本国问题。2004 年 9 月,第 59 届联合国大会期间,埃及总统穆巴拉克提议于 2004 年 11 月在埃及举行关于伊拉克局势的多边国际会议。2007 年 5 月,埃及撮合有关方面在埃及召开伊拉克问题多边会议,为援助伊拉克建设而斡旋。

斡旋中东和谈,但在关键问题上埃及是存有私心的。1993 年,在埃及的极力斡旋下巴以和谈终于取得历史性突破。拉宾 1995 年不幸遇刺后,穆巴拉克极力声援佩雷斯,并于 1996 年在埃及沙姆沙伊赫召开国际反恐怖会议。内塔尼亚胡上台后,和谈面临倒退危险,穆巴拉克又多次向以色列施压。巴拉克上台后,1999 年 9 月,巴以签署沙姆沙伊赫备忘录。2000 年 9 月底巴以发生持续大规模流血冲突以来,穆巴拉克于 2000 年 10 月 21~22 日倡导召开阿拉伯国家紧急首脑会议,并对以色列和美国不断施加压力。"9.11"事件发生以来,中东和平的一线曙光被巴以双方的激进势力所遮蔽,穆巴拉克不断向以色列和美国施压。2003 年 6 月 3 日,布什在埃及旅游城市沙姆沙伊赫与埃及等阿拉伯国家首脑会谈,为翌日在约旦亚喀巴举行的巴以总理峰会做铺垫。2004 年,为保持巴勒斯坦局势基本稳定,埃及也注意对巴勒斯坦内部各派别施加影响,哈马斯等对埃及的意见还是比较重视的。2004 年 11 月,阿拉法特去世后,埃及努力维持巴勒斯坦领导层的延续性和稳定性。此外,1994 年约以和约签署也有穆巴拉克的努力。2005 年,有关巴以和谈的多次重要会谈是在埃及举行的。2005 年 2 月,巴以双方在埃及举行 4 年来最高级别的首脑会晤,达成临时停火协议。巴勒斯坦内部派别还多次在埃及举行会议,交换各自意见。但必须看到,在 2000 年巴以和谈两度欲取得重大进展、阿拉法特考虑签字的重大时刻,是穆巴拉克连续发出了阻止警告。在某种程度上,穆巴拉克把巴勒斯坦问题作为体现其中东大国地位的筹码。

第二节　政治剧变之后的埃及

一　"阿拉伯之春"中的政治剧变

2011年1月中旬突尼斯发生局势动荡、政权更迭之后，埃及、毛里塔尼亚等一些阿拉伯国家也出现自焚示威等事件，埃及形势发展之快甚至有些出乎意料。2011年1月25日，埃及发生30多年来最大型的示威浪潮。据报道，全国多个城市超过20万名民众上街游行，要求已经连任30年总统、82岁高龄的穆巴拉克下台。示威演变成警民冲突，造成4人死亡。埃及政府随即宣布禁止所有示威游行和集会，并逮捕部分示威群众。

示威民众与政府针锋相对。2011年1月25日恰逢埃及设立的国家"警察日"，而示威者声称要将其变成"革命日"。抗议活动主要发生在首都开罗以及埃及重要城市亚历山大和苏伊士，示威者高呼不满政府腐败、物价上涨和失业率高等问题的口号。超过9万名埃及网民在美国社交网站Facebook上发表抗议留言，并要求统治国家30年的总统穆巴拉克下台。示威民众称，这还只是个开始，会不断提出诉求。埃及政府已经封杀了埃及境内的Twitter等网站，警方事后拘捕多达200名示威者，更有媒体称多达600人被捕，埃及内政部宣布禁止一切示威活动，违者会被检控。

一些游行示威者抗议的理由是总统穆巴拉克试图继续连任并将权力传位给儿子贾迈勒。尽管埃及的经济发展在阿拉伯国家中的成就尚显不错，尤其是贾迈勒踏入政坛后所推出的一系列经济改革政策令埃及经济在近10年取得强劲增长，但社会也面临两极分化加剧等严重问题，老百姓生活并没有得到改善。根据联合国的贫困线标准（每人每天生活花费2美元），埃及全国8000万人口中有将近一半生活在贫困线以下。面对严重腐败、食品价格奇高、失业率高涨，以及教育、医疗体系建设不能满足普通民众需要等许多问题，许多埃及人已失去信心和耐心。

埃及宪法规定，总统可多次连任。在1981年穆巴拉克上任之前，纳塞尔和萨达特总统都是直到去世才移交权力。穆巴拉克已经连续4次连任，新一轮大选原定于2011年9月举行，不排除他再次连任的可能。鉴于局势不明，贾迈勒携全家飞往英国，这一情况反映了国内形势发展及前景不容乐观，当局控制局势的能力尚需观察。由于阿拉伯国家是宗教信仰氛围浓厚的国家，面对大规模示威活动，政府及军警一般忌惮进行严厉镇压，避免血腥事件，否则当权者可能遭遇终生被追杀，不得安宁，突尼斯前总统本·阿里关键时刻妥协放权也有此考虑。

国际社会尤其是与美国关系也是埃及当局的重要顾忌因素。美国对埃及局势高度关切，心态有些复杂。埃及与西方国家特别是美国也保持着良好的关系。埃及是接受美国军事和经济援助最多的阿拉伯国家，同美国有着稳定的战略同盟关系。自埃及前总统萨达特在美国斡旋下与以色列签署和平协议30多年来，埃及一直是美国在中东仅次于以色列的重要盟友，因此美国长期以来对埃及的政治体制并不太关心，这与美国对待突尼斯以及海湾阿拉伯国家的态度是类似的，美国更看重统治者与美国的忠诚关系以及是否符合美国利益。

面对阿拉伯国家政治形势发生变化的情况，美国一方面希望局势稳定，不希望局势失控而危害美国在中东的利益，同时也开始对民主体制推行乐见其成。美国发表声明，表示尊重埃及人民的普遍权利，促请埃及政府回应人民诉求，进行政治与经济改革。美国国务卿希拉里呼吁各方克制，指出埃及政府稳定，正设法回应埃及人民的合法需要。同时，强调现在是埃及政府落实政治、经济和社会改革的重要机会，敦促埃及政府正面回应人民的合法需要。美国国务院表示已经由外交管道对埃及政府逮捕示威民众的情况表达关切，并且重申美国一直就政治改革议题与埃及政府进行沟通。

突尼斯形势动荡以来，国际舆论认为北非地区国家乃至阿拉伯世界可能发生多米诺骨牌效应，各国表态谨慎，密切关注形势发展。伴随埃及国内反对派和示威者越来越强硬的立场，以及西方国家要求实现权力和平过渡的阵阵要求，埃及各路政治力量正在快速演变组合。曾经经历战火、领导埃及军队冲锋陷阵的穆巴拉克总统也感到棘手，其控制局势受到不少局限，前景很不乐观。

穆巴拉克当时连续采取重要举措维护局势稳定。政府调动军队和警察上街维持秩序，全国重要城市实行宵禁；加强对话，强调恢复社会稳定；打击腐败，创造就业，改善民生；紧急解散内阁，任命自己信任的沙菲克为新总理，并任命苏莱曼为副总统，而此前副总统这一职位空缺长达30年；明确表示不参加2011年9月的总统大选，也不谋求将权力交给其子贾拉勒。但穆巴拉克坚持认为当下辞职会引起局势巨大动荡。埃及执政党民族民主党执行委员会集体辞职，总书记谢里夫和副总书记兼政策委员会主席、总统之子贾迈勒辞职，该党成员巴德拉维担任该党新的总书记和政策委员会书记，巴德拉维与反对派关系良好。但穆巴拉克并未辞去民族民主党主席职位。

穆巴拉克政府继续维持基本权力运转，表示整顿贪腐问题并稳定经济局势。埃及总检察长下令禁止前任国内贸易、对外贸易和工业部长拉希德出境并冻结其银行账户，此前已有3名前任政府部长和1名执政党高官被禁止出境并冻结财产，此举显示出当局采取行动回应民众反贪要求。埃及经济受局势动荡冲击严重，2011年1月25日示威爆发以来，埃及社会生产几乎停止，旅游业损失至少达10亿美元。据统计，埃及每天耗损3亿多美元，政府要拿出8.5亿美元以赔偿被损坏的财物。穆巴拉克于2011年2月5日召开会议评估经济形势，研讨对策并确保民众基本生活。总理沙菲克表示社会生产正在逐步恢复，希望示威人群尽快回家。他明确表示埃及不接受任何外部势力干涉，也认为在当时的情况下穆巴拉克辞职、苏莱曼接任总统并不合适。但各路示威者认为这是穆巴拉克拖延时间的"诡计"，称"要求很简单，只要穆巴拉克下台"。双方缺乏基本的政治互信。

美国和西方国家着力推动埃及平稳"换马"。奥巴马呼吁穆巴拉克和平下台并移交权力，推动埃及政治向民主和平过渡。有报道称，方案内容包括，穆巴拉克把权力移交以副总统苏莱曼为首的过渡政府，苏莱曼则应在埃及军方支持下立即启动宪法改革。奥巴马会见加拿大总理哈伯时指出，穆巴拉克应当倾听民众呼声，做出有序、有建设性的严肃决定。欧盟发表声明，要埃及即刻向民主政治过渡，强烈谴责示威民众遭受攻击的事件，否则欧盟会考虑减少对埃及的援助。中东问题有关四方也就埃及和中东局势进行磋商。反对穆巴拉克政府的美国民众在纽约和芝加哥举行抗议集会，呼吁穆巴拉克下台。

西方国家以及埃及国内高度关注权力继承人问题。他们认为阿拉伯国家联盟秘书长穆萨、前国际原子能机构主席巴拉迪以及埃及陆军总参谋长埃南都是得力人选。75岁的穆萨曾在1991～2001年担任埃及外长，欧洲和阿拉伯外交官都认为穆萨是埃及人民和国际社会都愿意接受的总统候选人。穆萨本人也不排除竞选总统的可能。据分析，穆萨充满个人魅力，也富有幽默感，穆巴拉克提名他出任阿拉伯国家联盟秘书长，不无排挤潜在对手之意。68岁的巴拉迪在埃及反政府示威爆发几天后返国，但鉴于巴拉迪对许多问题缺乏明确立场且长期在国外工作，这会影响其支持率。埃南同美国关系良好，也是反对派可以接受的人选。

美国的仓促"换马"政策面临风险和不确定性，从长远看未必是好事。美国首先考虑其在中东的战略利益稳定与延续。在局势可控、权力稳定转型、美国利益可以确保的情况下，美国对埃及向民主政体和平过渡当然乐见。然而，尽管美国希望推进价值观外交，但不希望攸关美国战略利益的阿拉伯国家盟友陷入剧烈动荡。穆巴拉克也说过，他即刻下台将引发更大的混乱和动荡。一旦埃及出现权力真空，则恐怖势力将借机兴风作浪或借大选之机合法上台，重演阿尔及利亚20世纪90年代初极端组织合法上台的景况，这也是美国最不愿看到的结果。

阿拉伯世界的局势发展一时超乎西方国家想象。除突尼斯、埃及外，约旦、也门、毛里塔尼亚、摩洛哥、叙利亚等国出现程度不同的示威活动，海湾阿拉伯君主制国家、酋长制国家当局也面临强大压力，这些活动直指皇族阶层。阿拉伯世界的示威浪潮、局势动荡乃至权力转移进而可能影响伊斯兰世界，波及其他地区的不少国家。例如，摩洛哥的反对派人士向国王递交和平请愿书，阿尔及利亚政府也严阵以待，禁止群众集会示威。约旦国王阿卜杜拉二世"先发制人"，任命前首相巴希特为新首相，推行"真正的政治改革"，但示威群众矛头似乎指向明确，继续反对新首相。也门2万名示威者集会要求总统萨利赫下台，萨利赫表态称任期满后不再寻求连任，也不会把权力交给其子继承。反对叙利亚总统阿萨德的民众发出集会号召，迫使当局加强戒备。土耳其不属于阿拉伯国家，但作为重要的伊斯兰国家，一度出现数以千计的示威者声援埃及的示威运动，伊朗也不断举行声援埃及的示威活动。

埃及和阿拉伯国家局势出现了几种可能性。第一，当权派与反对派达成折中与妥协协议，改革举措效果初显，国内对立情绪逐步平复。第二，执政当局无法控制局势，被迫放弃政权，国内权力结构进行激烈重组，但权力过渡相对平稳。埃及长期是阿拉伯世界的"领头羊"，一旦埃及政权出现更迭，则许多类似的阿拉伯国家可能相继发生政局震动。第三，权力过渡失败，局势动荡不定，穆斯林兄弟会、"基地"组织等极端势力趁机搅局。这是最坏的结局。经历中东战争烽火硝烟、威信很高的埃及军队起了关键的平衡作用。埃及30多年来最大规模的抗议活动如何收场，可能取决于军队立场，而军队可能在关键时刻保持中立。

二 埃及局势出现转折变化

2011年初动荡升级的埃及局势。由于美国态度趋于谨慎，加之关于埃及局势发展问题国内政治力量发起对话，当局承诺推进实质改革，局势一度变得相对平静。埃及副总统苏莱曼于2011年2月6日与反对派代表进行对话，反对派同意接受穆巴拉克关于9月后不再寻求连任的决定，等于认可他在下届总统大选前仍然担任总统。

埃及政府承诺进行实质改革。埃及副总统苏莱曼于2011年2月8日宣布，穆巴拉克已经发布政令，正式成立一个负责研究宪法改革的委员会，政府已经制订计划和时间表，以实现政权平稳过渡。修宪是埃及反对派的主要诉求之一，他们希望借助修宪放宽参选总统的条件、限制总统连任次数、解除紧急状态法等。苏莱曼说，根据总统命令，修宪委员会将对宪法条款进行研究，并提出修改意见，以推进政治和民主改革。苏莱曼表示，政府"已制订带时间表的清晰路线图，以实现权力有序和平交接"。同时，内阁立法委员会已批准，定于2011年4月起上调国内600万名公务员的工资和养老金。批准成立一项包含50亿埃镑的基金，用以补偿在骚乱期间遭抢劫或受恶意破坏影响的人。批准公共部门职员工资和养老金上调15%，同时承诺调查涉嫌腐败的多名前任部长，以期安抚反对者的不满情绪，平息骚乱。

但经过几天的妥协和相对平静之后，局势重新变得严峻起来，示威者对政府的一系列"让步"举措不满意，坚持要求总统穆巴拉克立即辞去职务。极端组织穆斯林兄弟会说，如果政府不接受示威者诉求，将退出与政府的对话。2011年2月9日，25万名示威者在埃及开罗解放广场集会，发动了一场更大规模的示威活动。德国媒体称穆巴拉克可能赴德国就医，接受"全面身体检查"。埃及国内外对穆巴拉克总统是否应该留任至下届总统大选的立场再次产生疑虑。

与此同时，埃及现政府态度渐趋严厉和强硬，对美国过度干预并设定埃及权力转型轨迹表示不满。埃及外交部长盖特于2011年2月9日在接受美国公共广播公司电视台采访时说，美国副总统拜登于2011年2月8日与埃及副总统苏莱曼通电话时要求埃及"迅速、马上、现在"就实施有序过渡，这似乎是在将自己的意志强加于埃及。盖特还说，奥巴马总统和拜登副总统提出的埃及立即废除紧急状态法等建议毫无助益。盖特此前已经表示，埃及不听命于人，拒绝接受外界尤其是西方国家政府的任何发号施令。

埃及军队虽然有限度保持中立，但也担心过度动荡对国家长远不利。美国以及以色列等国权衡利弊，并不希望埃及局势因穆巴拉克即刻下台而陷入严重动荡，从而威胁美国和以色列的战略利益，以色列总统佩雷斯公开表示以色列不会忘记穆巴拉克曾经对阿以和平做出的重大贡献。但美国与穆巴拉克达成妥协的前提是：穆巴拉克与反对派展开对话，启动政治改革，推动权力有序、和平转移进程，确保未来的埃及政体继续向西方靠拢。

三 埃及军方是稳定局势的"压舱石"

从纳赛尔革命算起，在埃及内外关系史上，军方具有捍卫国家利益和安全的传统。纳赛尔系军人出身，其继任者萨达特也是纳赛尔信得过的军队臂膀。萨达特遇刺身亡后，曾在第三次中东战争中立下赫赫战功的埃及副总统穆巴拉克接任总统，并持续至今30余年。尽管穆巴拉克治下的埃及出现了许多经济与社会问题，人们对其30多年执政的不变面孔也日益厌倦，当然更厌倦国家最高权力子承父业。但客观来看，穆巴拉克在推动埃及国内稳定、维持世俗化政体并在中东和国际舞台施展实用主义外交等方面，还是做出了许多贡献的。面临辞职压力和紧急关头，他没有采取更激进的镇压政策，而是选择折中性的平和辞职，这一点也为埃及军方、国内民众以及国际社会所肯定。

"二战"结束以来，从美国支持以色列在巴勒斯坦地区立国到1979年埃及与以色列签署和平条约，中东地区经历了四次大规模战争，其中第一次、第三次和第四次战争均发生在以埃及为首的阿拉伯国家（苏联相对偏向于阿拉伯国家一方，但若即若离）与以色列（美国实际上间接参与并支持以色列）之间，第二次中东战争（即苏伊士运河战争）在埃及与英国、法国、以色列之间展开。埃及是四次中东战争中的主要参战方和领导者，以阿拉伯民族解放事业为使命。由于武器装备以及幕后大国支持等因素，尽管战争结局总体对阿拉伯国家不利，但埃及作为阿拉伯世界的"领头羊"，在其中起到了巨大作用，发挥了关键性影响。纳赛尔、萨达特、穆巴拉克都是经历过大规模战火硝烟的国家领袖，穆巴拉克曾领导埃及军队在1973年中东十月战争中扳回一局。

虽然埃以和平条约签署至今30多年来，埃及国内一直保持了和平局面，军队并未派上用场，但由于几十年战火的历练，埃及军队保持了良好的声誉，军队相对清廉、正气并为人民所拥戴。当然，军队在与穆巴拉克世俗政权保持比较默契关系的同时，近年来也对穆巴拉克试图推动子承父业等言行出现微词，军队高层与总统关系逐步微妙起来，尤其是中下层士兵的不满情绪更多一些。因此，在形势剧变过程中，埃及军队貌似偏向于总统但实际保持了相对中立，同时起到维护国家稳定和秩序的"压舱石"作用。在埃及多年来面临极端势力冲击、中东地区形势复杂的背景下，埃及军方这种"压舱石"作用无疑具有重大意义。美国等西方国家、埃及军队的老对手以色列以及国际社会莫不承认这一点。

穆巴拉克去职之后，有报道称他与家人留在西奈半岛的沙姆沙伊赫，暂时不会离开。穆巴拉克大势已去，但军方仍会念及旧情，不会选择彻底抛弃穆巴拉克，而是尽量对其未来给予一定安排。这一点以美国为首的西方国家和以色列也是默认的。现任以色列总统佩雷斯对埃及时局公开表示惋惜，表示以色列将永远铭记穆巴拉克对阿以和平做出的重大贡献。埃及军方会在新的民选政府产生之前担当维持国家秩序和正常运转的重要角色，为平息民怨将在清算前总理腐败、推动政治改革、改善民生等方面做出努力。军方会继续对民选政权施加影响，实质性充当埃及"政治辅导员"角色，但不会实行军人专政。在埃及局势发展中起到重要折中和斡旋作用的现任副总统苏莱曼，此前就是军方的情报部长，也是穆巴拉克信得过的下属。

暂时看来，埃及权力和平过渡转移符合美国以及其他西方国家的期待。未来的政体转型和建设中，埃及国内不可避免地要经历一些动荡，但由于以美国为首的西方国家仍与埃及副总统苏莱曼等军方力量保持密切沟通，并继续提供必要援助，埃及国内大局不会失控，对外政策也不会逆转。国际社会普遍担心穆斯林兄弟会上台或扰乱局势，担心埃及在政体方面是否走向"伊斯兰革命以后的伊朗化"。面对这一问题，埃及军方作为世俗政治的重要捍卫者，并未坐视不管或放任极端势力兴风作浪。广大民众长期在世俗化社会中生活，真正要他们回归极端保守的政教合一的伊斯兰社会，他们也不会同意。

但阿拉伯国家"领头羊"埃及的时局转折，对沙特、约旦、摩洛哥、也门、阿尔及利亚、利比亚、叙利亚等众多阿拉伯国家产生了巨大冲击，其中多国的执政当局是美国的重要盟友。同时，极端势力在整个中东和伊斯兰世界趋于活跃。可以说，美国在维护中东战略利益和推进民主价值之间面临艰难抉择。继穆巴拉克指责美国背信弃义和推行"假民主"之后，沙特、约旦等多国当局情急之下也或将指责美国"过河拆桥"，美国在中东的盟友重建将经历较长时期的棘手挑战。

四 中东大国的影响在回归

2012年6月底，埃及最高选举委员会主席苏尔坦宣布，穆斯林兄弟会下属的自由与正义党主席穆尔西以51.73%的支持率击败得票率为48.24%的前总理沙菲克，当选埃及总统。穆尔西也因此成为埃及历史上首位代表伊斯兰势力、没有军方背景的总统。从现实看，穆斯林兄弟会赢得大选在预料之中，但涉及今后的权力主导权和埃及国家的政治方向，涉及对地区和国际社会的影响，埃及国内军方、前政权力量以及穆斯林兄弟会力量的斗争不会轻易结束。埃及各大政治阵营达成折中协议，世俗与宗教力量做出一些妥协。这也符合埃及各界民意的迫切期待，即国家和社会尽快恢复平静，不愿埃及动荡持续发展、深不可测。

20世纪20年代埃及穆斯林兄弟会自创建起，就在埃及基层民众中不断发展壮大，具有广泛的影响力。尽管持续受到世俗化政体以及西方国家的歧视和打压，但是其倡导社会公平公正的朴素思想、反对以色列对巴勒斯坦占领的政策，使其得以顽强地延续并在民众中保持影响力。经过80多年的发展，穆斯林兄弟会网络严密、财力雄厚、经验丰富，在基层民众、城市精英和知识分子阶层中拥有大批支持者和追随者。当然，其宗教保守思想体系一直未能赢得世俗政权和西方国家的支持，长期面临质疑和排挤。埃及纳赛尔革命至穆巴拉克时期，穆斯林兄弟会尤其受到当局的打压，活动处于蛰伏或半地下状态。

而今挟广泛的民意支持，穆斯林兄弟会组建的政党在埃及政坛异军突起，继赢得2011年底的议会大选后，再度赢得总统选举。这一结果对埃及、中东地区以及伊斯兰世界与以美国为首的西方国家的关系，都具有深远影响。继突尼斯、摩洛哥的温和伊斯兰政党赢得议会选举后，再度带来强力冲击和影响。可以说，中东地区经历了长期的世俗统治后，正在进入一个温和宗教政治运行的轮回，或者说温和宗教政治与世俗政治交融并行的新时期，其运行实践和结果尚需观察。在土耳其温和宗教政体的影响和带动下，埃及、突尼斯、摩洛哥的伊斯兰力量正在试图推行温和的宗教政治主张，主张将传统与现代、民主与国情、宗教与世俗尽可能地进行有机结合，创造一种新的政治发展模式，尽管这种模式的未来发展方向的确存在某种不确定性。

代表埃及世俗力量的军方对穆斯林兄弟会并不喜欢。在第二轮总统选举前夕，埃及政局一度出现震动，最高宪法法庭做出两项裁定，容许前总理沙菲克参加第二轮总统选举及裁定人民议会选举的部分规定违宪，议会需要解散。大部分最高宪法法庭法官由前总统穆巴拉克委任。这一裁决显然也有埃及军方幕后推动的影子，说明埃及军方和法律界试图限制穆斯林兄弟会的影响继续扩展，防止其在第二轮选举中坐大或取得压倒优势，因为穆斯林兄弟会在议会中占据优势地位。但即便如此，选民还是愿意尝试推出一位温和宗教政党候选人出任首位民选总统。

从埃及军方看，正式大选结果公布后，开始面对穆斯林兄弟会最终胜选的事实，接受这种结果并试图与温和的宗教党政权并行相处。同时，埃及军方像土耳其军方那样，作为维护世俗政治和世俗力量的后盾，充分发挥监督和制衡作用，避免穆斯林兄弟会的政治主张走向更加保守和极端化，避免政教合一体制形成。对于军方的这一动向，穆斯林兄弟会心知肚明。因此，不排除赢得选举的穆斯林兄弟会政党会吸纳部分世俗人士加入其政府，联合施政，打造世俗与宗教力量有机结合的政治形象。

除了思想体系差异较大外，埃及穆斯林兄弟会与以美国为首的西方国家之间很难说有什么不可调和的矛盾。双方的戒备和警惕更多缘于以美国为首的西方国家推行的中东政策，这种政策被穆斯林兄弟会认为对巴勒斯坦人和阿拉伯人严重不公正，而以美国为首的西方国家则担心一个思想体系完全不同的宗教与政治派别控制中东国家政体后，将可能形成一个封闭性的温和宗教政体准联盟，使以美国为首的西方国家难以与其打交道。因此，美国长期以来对伊斯兰政治力量存在或多或少的抵触情绪。穆斯林兄弟会长期以来也对以美国为首的西方国家抱有抵触心态，但埃及的穆斯林兄弟会自2011年公开和合法介入政治以来，并没有意气用事，而是试图与美国缓和关系。与此同时，美国也多次与穆斯林兄弟会私下接触和对话，双方就穆斯林兄弟会未来的施政方向等进行了交流。因为双方都认识到，未来将不可避免地与对方打交道。正是因为存在这种背景因素，加之已经在突尼斯、摩洛哥等国发生的情况尚可接受，美欧对埃及穆斯林兄弟会的胜选结果并没有多少强烈的抵触。美国放弃了10多年前对伊斯兰政治力量合法参政进行强力干预和压制的手法，而是静心观察、拭目以待。

在中东地区变局中，一直高度关注地区宗教政治力量发展的国家除了美国外，还有以色列。据以色列媒体报道，进入2012年7月以来，埃及新当选总统穆尔西拒绝接听以色列总理内塔尼亚胡的祝贺电话，尽管美国施加了压力，穆尔西仍坚持不接。穆尔西表示有可能"重新考虑"埃及与以色列的和平条约，同时与伊朗建立关系，在中东"创造一个战略平衡"。伊朗在1980年与埃及断交。伊朗看好穆尔西的宗教背景,也寻求与中东大国埃及走近。伊朗总统内贾德于2012年7月亲自打电话邀请穆尔西访问伊朗。尽管以色列希望双方和平协议保持不变,但局势发展令以色列担心与埃及之间的关系会发生变故。

五 埃及"街头革命"翻盘与新一轮动荡

2013年7月初,埃及军方以超乎预期的速度断然宣布解除现任总统穆尔西的职务并将其以疗养名义进行软禁,同时迅速推出其属意的人士——最高宪法法院院长曼苏尔担任总统,前联合国原子能机构主席巴拉迪担任副总统。军方还宣布无意长久干涉政治,将尽快推动埃及提前举行总统大选。此举引起埃及国内外一片惊愕,各方心态复杂。2014年6月8日,埃及前军方领导人阿卜杜勒·法塔赫·塞西宣誓就任总统,从临时总统阿兹利·曼苏尔手中接过执政权力。

作为伊斯兰保守政治组织穆斯林兄弟会的穆尔西落得如此结局,尽管速度之快有些出乎预料,但应在预料之中。此事反映了埃及存在世俗与宗教政治力量的持续较量,埃及军方在其中一直发挥着举足轻重的作用。此事也说明,埃及内政外交受到西方大国以及中东地区其他国家的强力影响。

2010年突尼斯点燃阿拉伯世界剧变的第一把火以来,本·阿里政权迅速坍塌。局势随后蔓延到埃及和利比亚等国,并导致时任总统穆巴拉克和卡扎菲政权的倒台。2011年上半年,埃及时任总统穆巴拉克以长期独裁者的名义,被以伊斯兰政治力量为主力军的反对派步步紧逼,几无退路,最终被迫下台。曾经是埃及盟友的美国以民主推动者的名义作壁上观,坐视埃及国内街头革命以民主的名义在伊斯兰政治力量主导下不断延烧和发展。2012年中,伊斯兰政治力量在埃及国内大选中以并不高的优势得票第一,穆斯林兄弟会支持的穆尔西上台执政,担任总统。客观而言,穆尔西在外交上有一些独到的思想和建树,适度保持了对美国的独立性。

但在内政和经济社会建设方面,穆尔西等伊斯兰政治力量一直面临前总统穆巴拉克的支持者、世俗政治力量以及社会失业者的不满和抵制,这些活动自穆巴拉克倒台以来从未停止过。从20世纪50年代纳赛尔革命开始，经历过历次中东重大战争、对埃及政治具有重大影响、一直是埃及总统坚强后盾的埃及军方，也像其西方盟友美国一样，对埃及国内政局保持貌似中立的态度。面对长期是台前大老板的穆巴拉克被囚禁、审判和羞辱，也不曾出重手相救（当然，穆巴拉克一家得以免死，事实上得到其军方亲信的幕后默许和保护），并且军方还为了既得利益而一度与穆尔西政权进行磋商和接近，这让人感到困惑。

但是，穆尔西执政近一年来，在国内建设方面明显缺乏经验，建树不多。经济每况愈下，外贸和外汇储备严重下滑，投资环境恶化，社会失业率攀升，前政权的支持者趁机鼓噪并掀起大规模抗议浪潮，"街头革命"后对新的生活现状更加不满的基层民众也加入其中，导致反对穆尔西政权及穆斯林兄弟会的力量不断壮大。穆尔西一年来在政权建设方面也显得过于强势，其代表的政治力量本来并不占绝对政治优势，但穆尔西依然未能团结其他政治力量，避免权力外溢，而是大量使用穆斯林兄弟会本派的人马，而这些人马恰恰执政能力不足。

从外部环境看，以埃及穆斯林兄弟会为代表、外表温和的伊斯兰政治力量在中东迅速发展壮大，对突尼斯、摩洛哥、利比亚等其他国家的世俗政体带来强力冲击，已经引起了地区世俗政治力量和美国等西方大国的担忧和不满。他们逐步改变了对埃及宗教政治力量"等一等""看一看"的态度，倾向性日益明显。一向与美国关系密切、接受美国巨额军事援助的埃及军方，作为埃及世俗化政治力量的最终代表和强硬支撑，此时出手也就不足为奇了。埃及宗教政治力量此次遭遇重创，必然影响北非和西亚地区其他发生"街头革命"的有关国家的政治运转，宗教政治力量温和崛起的势头在一定时期内将受到影响和打击。

埃及局势加剧动荡并非偶然，土耳其就是另一个例子。温和伊斯兰政治力量——正义与发展党在土耳其已经连续执政十年有余，其政治领袖埃尔多安长期以来被地区伊斯兰国家看作有领导力和影响力的温和宗教力量领袖，正在埃及、突尼斯、利比亚等国产生越来越大的影响。美国虽然是土耳其的铁杆盟国，但对土耳其国内的宗教政治力量崛起也存有疑虑，试图通过土耳其军方对其宗教政治力量加以制衡。在这种心态下，2013年6月，在土耳其发生的大规模示威抗议活动，使得埃尔多安政权威信受损，土耳其的伊斯兰化与世俗化属性完美结合的国际形象大打折扣。据报道，土耳其军方和国父凯末尔创建的共和人民党是积极参与反对埃尔多安政府的。像埃及一样，土耳其作为世俗化支撑的中流砥柱，与美国的关系和协调也是异常紧密的。

从事实和要件看，埃及此次重大事件称得上是一次军事政变。但美国并未做出如此表态，而是要继续观察并呼吁局势尽快稳定。国际社会也一如既往地希望埃及局势尽快恢复平静。这些表态都在意料之中。但埃及局势发展可能并非人们所预料的那样一帆风顺，而是可能进入了"街头革命"以来新一轮的动荡期。要看到埃及穆斯林兄弟会长期以来受到广大底层民众的支持，他们一直深耕基层民众，其影响是巨大的。短期内这种民意和支持力量不会消失，而是作为新的反对派参与新的抗议阵营。埃及政治与社会的撕裂态势将继续发展，军方内部同样有忠于穆尔西的力量和声音，他们也作为军方内部的分歧声音存在下去，这表明军方不是铁板一块。甚至一度有分析认为，埃及可能发生某种规模的内战，这可能不是耸人听闻。

当然，虽然美国不满穆尔西政权的宗教背景和对美国的相对疏远态势，但也不愿看到埃及军方干涉政治过强、过深，而是希望埃及尽早走入美国期待的"民主选举"。美国自身也并不愿意过深地干预和介入埃及局势，而是抱着实用主义和机会主义态度继续观察，择机看支持哪一股力量对自己更有利。

第八章
叙利亚：中东地区的焦点国家

在与以色列毗邻的五个阿拉伯前线国家（埃及、约旦、巴勒斯坦、叙利亚和黎巴嫩）中，埃及和约旦已经与以色列先后缔结和约。阿以和谈主要在两条轨道上艰难进步：一是巴以轨道；二是叙以和黎以轨道。之所以将叙以与黎以和谈放在同一条轨道上，是因为三国之间有着微妙的、不平衡的三角互动关系。叙以关系是主线，黎以关系和叙黎关系是不可或缺的重要两边。

第一节 "阿拉伯之春"大潮中的叙利亚

自2011年3月叙利亚发生大规模示威游行以来，在3年多的时间里经历了剧烈动荡，造成了严重的人员伤亡。短期内叙利亚僵局持续发展，但巴沙尔政权在内外压力下，其脆弱性一面依然存在。

一 叙利亚局势一度非常严峻

美国对叙利亚态度一度很强硬，曾发出可能武力干预叙利亚局势、复制利比亚模式的信号。2012年8月13日，美国表示"不排除在叙利亚上空设立禁飞区的可能性"。美国认为做出这种判断主要是考虑到下列因素：反对派武装逐渐坐大但需要外部扶持；叙利亚冲突已造成上万名平民死亡、上百万名平民沦为难民，美国需要进行人道主义干预。美国在此方面得到土耳其以及部分海湾国家的支持。为增强地区影响力，土耳其配合美国行动的态度尤其积极，是支持叙利亚军事反对派的重要一方。据报道，美国和土耳其军队高官于2012年8月23日就应对叙利亚可能出现的突发事件进行商讨，这是美国和土耳其首次为推翻巴沙尔政权举行磋商。土耳其指责叙利亚政府支持库尔德工人党在土耳其境内进行一系列爆炸破坏活动，并认为涌入土耳其的大量叙利亚难民增加了其负担。土耳其极力推动在叙利亚境内设立安全区，为对叙利亚进行直接军事干预做铺垫和准备。

叙利亚曾是法国的殖民地，法国总统萨科齐借更迭卡扎菲政权之意气和余风，已经对叙利亚发出了战争威胁，威胁推动联合国安理会在利比亚设立类似禁飞区，复制利比亚模式，一步步钳制、打压叙利亚当局。美国一度以安全撤退美国侨民为由，派遣"布什"号航母开赴叙利亚海域炫耀武力并进行威慑。主要在地中海活动的美国第六舰队也将在附近海域展开巡逻任务，美国驻叙利亚使馆要求美国公民尽快撤离叙利亚。不少西方国家已经召回其驻叙利亚大使。同时，西方国家加大对叙利亚的制裁力度，在经济、资金、民航、限制高官等方面采取一系列举措。

联合国依然试图在政治解决叙利亚问题方面发挥主导作用。2012年8月16日，联合国安理会决定停止联合国叙利亚监督团的任务，但同意在叙利亚大马士革设立新的联合国联络办公室，联络办公室中将包括一些军事顾问及分管人权、民政及清除地雷等专项工作的人员。联合国此举旨在保持其在叙利亚的存在，认为这不仅有助于人道行动的开展，而且有利于推进各利益攸关方保持接触，不断扩大通过政治对话和平解决危机的空间。目前看，安理会依旧是各方解决叙利亚问题的首选，政治解决仍是解决叙利亚危机的最佳途径。2012年8月下旬，叙利亚有关方面曾表示，可以就巴沙尔的去留问题进行谈判。

伊朗对叙利亚局势、黎巴嫩局势具有强大的影响，可与巴勒斯坦的哈马斯进行呼应。尤其是2010年12月以来，中东地区发生政治巨变，一些阿拉伯大国自顾不暇，地区影响力下降，伊朗在中东地区的影响力反而上升。这些都是美国和以色列所忌惮的。伊朗密切关注叙利亚国内局势发展。面对叙利亚国内越来越紧张的时局，伊朗作为叙利亚的铁杆盟友，利用不少机会和场合，为叙利亚阿拉维派（属占人口少数的什叶派）的巴沙尔政权辩解和说项，同时强力表达反对外部势力军事干预叙利亚局势的决心。

在叙利亚局势处于关键的时刻，伊朗通过鲜明支持巴沙尔主权，维护伊朗、叙利亚、黎巴嫩真主党之间唇齿相依的盟友关系，并借此对抗美国、以色列以及部分西方国家。为了推动叙利亚国内局势趋于稳定，伊朗多次表示愿意撮合巴沙尔当局与反对派进行谈判以化解危机。但反对派拒绝接受伊朗调停。据报道，伊朗国家安全委员会在 2012 年 8 月提交的报告中认为，巴沙尔政权是伊朗在中东地区最重要的盟友，若其被推翻将严重损害伊朗的战略利益。报告指出，面对国家安全遇到的威胁，伊朗不能一直消极下去，必须让西方看到在叙利亚问题上的"红线"。伊朗最高领袖哈梅内伊已向革命卫队发布命令，准备向西方及其盟国发动进攻，以应对叙利亚政权倒台的危险。

在 2012 年 8 月底的第十六届不结盟运动峰会上，伊朗借东道主之机，在讨论叙利亚问题时为叙利亚当局斡旋。德黑兰大学政治学教授齐巴卡拉姆认为，伊朗将借主办峰会之机在叙利亚问题上争取他国支持。出席本次不结盟运动峰会的国家元首、政府首脑、高级代表以及观察员国代表济济一堂，包括联合国秘书长潘基文在内的众多重量级人物出席会议。参加峰会的各方首脑还有埃及总统穆尔西、印度总理辛格、阿富汗总统卡尔扎伊、叙利亚总理哈勒吉、朝鲜最高人民会议常任委员会委员长金永南、巴勒斯坦民族权力机构主席阿巴斯等。当然，与会首脑和代表在叙利亚问题上存在比较严重的分歧，完全赞同伊朗立场的代表并没有多少。

二 阿盟倡议是不是转圜良方

2011 年以来，阿拉伯国家痛定思痛，对当初有些仓促支持北约国家在利比亚设立禁飞区并动用武力而感到后悔。阿拉伯国家的外长、财长以及政府首脑努力避免这一悲剧性的解决模式在叙利亚重演，他们决定暂时中止叙利亚在阿盟的资格，并陆续召回驻叙利亚大使。同时，阿拉伯国家纷纷敦促叙利亚政府当局采取得力举措，启动全国性的政治对话，推动各派和解；启动实质性的政治改革，并立即采取切实措施保护平民，避免平民大量死伤。阿盟还强烈要求叙利亚无条件答应派遣 500 名阿拉伯国家的观察员进入叙利亚监督局势，但这些要求遭到叙利亚拒绝。尽管如此，阿盟秘书长依然表示阿拉伯国家对叙利亚发起的制裁是暂时的，目的是要求叙利亚政府尽快无条件接受其倡议，阿盟随时准备与叙利亚就协议落实情况进行对话。

但叙利亚政府态度强硬，不仅对西方的武力威胁和制裁措施表达坚定的抵制立场，还指责阿盟倡议损害了叙利亚主权。叙利亚经济和贸易部长沙尔认为阿盟的决定给出了"危险先例"，将严重影响叙利亚民众的生活。叙利亚国家电视台在制裁决定公布后发表简短声明，称阿盟制裁"史无前例"。外交部长穆阿利姆说，阿盟制裁是对叙利亚宣布"经济战"，叙方已经采取措施应对。数万名叙利亚民众在首都大马士革举行集会，抗议阿盟制裁。据报道，叙利亚政府没有理会阿盟新一轮的经济制裁行动，继续采取行动镇压反政府示威者。

阿盟面对此情此景，内心是焦急的。如果这种僵持态势持续数月，难以保证叙利亚政府能够支撑下去，但那时彼此让步和包容谈判的机会可能已经丧失。俄罗斯支持叙利亚的姿态比较强硬，在多艘战舰护航下，俄罗斯唯一一艘航空母舰可能开赴叙利亚海域，于 2012 年春季抵达叙利亚。尽管俄罗斯海军表示此次行动无关叙利亚局势，但许多分析认为，俄罗斯海军将访问终点选在叙利亚的塔尔图斯港别有用意。该港是俄罗斯在独联体国家外唯一的军事基地，是俄罗斯在地中海唯一的支点。然而，不能不看到，如果局势发展过快，从利比亚局势等既往事件分析，俄罗斯未必能将此立场贯彻始终。毕竟国家交往都是以利益为第一考虑因素的，"国际政治中没有永远的敌人和朋友，只有永远的利益"这一耳熟能详的所谓名句，都快被人们用滥了。

土耳其曾经与叙利亚的关系很好，但土耳其突然转向，转而从政治、军事等方面支持在土耳其的逊尼派反对力量对抗叙利亚国内的什叶派执政当局。有分析认为，2011 年初，巴沙尔曾向紧急访问叙利亚的土耳其外长承诺"一定会立即改革",埃尔多安政府随后向全世界宣布土耳其"促成了和平与改革"。但随后叙利亚并未推行改革,这令自尊心极强、一心想在伊斯兰世界发挥影响力的埃尔多安大感不快。这种报道虽有一定道理,但土耳其还有其他想法,既有为北约国家未来行动刺探虚实的动向,更有出于打击土耳其东南部库尔德分离武装的考虑,因此对叙利亚境内的库尔德人保持高度警惕。已经有报道称,土耳其对相邻的部分叙利亚领土有想法,防止库尔德人独立就是其动因之一。叙利亚多年的盟友伊朗近来在叙利亚局势问题上的言行反而比较理性。路透社认为伊朗与土耳其一样,都期望在新中东秩序建立过程中充分发挥影响力,为自己谋求利益。

不论叙利亚国内面临多大压力,有一点必须看到,叙利亚在地缘方面非常重要,也非常脆弱敏感。据以色列传媒报道,由于叙利亚局势恶化,以色列、约旦和土耳其三国下令军队进入戒备状态。如果叙利亚出现持续性动荡和大规模动武,其国内及周边势必面临生灵涂炭的局面,其地区战略盟友如伊朗、黎巴嫩真主党、巴勒斯坦哈马斯等力量更会感到唇亡齿寒,会尽力从许多方面直接或间接予以支持。这种态势将导致新一轮的冲突僵持,并孕育中东地区的更大动荡,一场颇具规模的地区战争或许迸发,这对地区以及许多国家都是不利的,真正从中获利的恐怕寥寥无几。而且,极端组织和势力可能趁势兴风作浪,政权更迭后的叙利亚不排除在一定时期内面临伊拉克战后乱局的场面。这几乎是中东地区和世界绝大多数国家所不愿看到的局面。

回过头来看,穆巴拉克不管怎么说也曾经有功于埃及与阿拉伯世界,反对派对他的处置几乎不留余地,这并不利于推动政治和解。就审时度势、处理各方面要求而言,也门反对派和总统萨利赫在此方面算是静心观潮、顺势应变的典型。2011年11月下旬,在中东阿拉伯大国沙特的积极斡旋以及其他海湾阿拉伯国家的支持下,也门各派相互退了一步,实现了权力和平交接,萨利赫可谓明哲保身,全身而退,成为未来几个月的荣誉总统,更重要的是保住了其家人及亲信的平安以及必要的生活条件。在没有更好的解决办法的情况下,也门各派尤其是反对派各退一步,不失为一种适合的解决途径。

三 叙利亚包容性改革如何进行

叙利亚局势几个月来快速发展，2012年2月初以来经过短暂僵持之后，日益出现继续恶化的局面。叙利亚巴沙尔当局、国内反对力量以及支持权力更迭的西方国家和多数阿拉伯国家之间形成强烈的角力。伴随西方从政治、军事以及国际舆论等方面联合有关阿拉伯国家支持叙利亚反对力量，叙利亚当局承受的安全与政治、社会压力越来越大。

几个月来努力推动实施阿盟倡议的绝大多数阿拉伯国家，在斡旋叙利亚推行包容性改革、避免西方直接干预方面遭到叙利亚当局拒绝后，已经表现出与西方国家在政治施压、经济制裁以及幕后支持反对力量等方面呼应的势头，卡塔尔等国家的态度颇为主动，叙利亚政府一直指责沙特和卡塔尔向反对派提供财政和军事支持。伊拉克外交部长兹巴里于2012年2月25日说，按照阿盟决定，作为主办方的伊拉克将不邀请叙利亚参加定于3月底在巴格达举行的阿盟峰会，当然叙利亚反对派也不会应邀与会。这说明阿盟力图在叙利亚国内两大政治力量之间保持平衡，实际上是在逐步否定巴沙尔政权的合法性。

反对叙利亚当局的各派力量已经在"叙利亚之友"国际会议上实现合流。大约60个国家、国际和地区组织代表参与的"叙利亚之友"国际会议于2012年2月24日在突尼斯举行，会议没有邀请叙利亚巴沙尔政府参加，"叙利亚全国委员会""叙利亚库尔德全国委员会""叙利亚解放军"等部分反对派力量参加会议，但另一势力较大的反对派组织"民族协调机构"拒绝与会。会议的主要目的是加强向巴沙尔政权施压，以停止叙利亚暴力事件并尽快进行激进的民主变革。阿拉伯国家为使叙利亚免遭与利比亚一样的西方武力干预和劫难，继续反对西方干涉叙利亚局势。会议发表主席声明，宣布将竭尽全力避免军事干涉悲剧在叙利亚重演，支持政治解决叙利亚危机。突尼斯总统马祖吉强调说，不希望叙利亚成为第二个利比亚和伊拉克，外部军事干涉是严重的错误选择。

为此，阿拉伯国家继续推动巴沙尔和平交权。会议主办国突尼斯总统蒙塞夫·马祖吉在"叙利亚之友"国际会议上提议向叙利亚总统巴沙尔及其家庭与政权成员提供司法豁免权。他认为必须寻找政治解决途径,也门途径可以借鉴。"叙利亚之友"国际会议实际上已经承认叙利亚反对派成立了合法运转的行政机构。大会公报承认叙利亚主要反对派——在土耳其成立的"叙利亚全国委员会"——是"寻求民主和平变革叙利亚人民的合法代表",但没有承认其是"唯一的合法代表"。大会呼吁叙利亚各派组成一个广泛的民族团结政府,但巴沙尔总统不得参加,他必须把权力移交现任第一副总统。

"叙利亚之友"国际会议坚决反对外部干涉,致使一些西方国家中途退场。尽管西方国家未必从军事上直接干预叙利亚,但正在从各个方面加大介入叙利亚内部局势的力度。西方媒体一直活跃在叙利亚,英国《星期日泰晤士报》美国籍女记者玛丽·科尔文及法国摄影师雷米·奥奇力克在叙利亚遭炮击身亡,引起国际社会的复杂反响。美国方面已经默认在军事上援助叙利亚反对力量武装,之前阿盟倡议遭到拒绝后,一度感到愤怒的部分阿拉伯国家已经表示将武装叙利亚反对派。据俄罗斯之声国际广播电台2012年2月25日报道,大批武器弹药正通过黎巴嫩、伊拉克和土耳其等国的非官方渠道流入叙利亚反对派武装"叙利亚自由军"手中。西班牙《国家报》报道称,有"叙利亚全国委员会"的成员对这种军事化表示担忧,认为叙利亚有可能因此彻底陷入内战,通过谈判方式实现和平解决的希望越来越渺茫。

土耳其试图在更迭巴沙尔政权方面做出显著成绩,在显示土耳其地区影响的同时获得西方国家的肯定,同时希望新成立的叙利亚逊尼派政权顺利运转并获得土耳其扶持。有报道认为,叙利亚国内部分武装反对派与土耳其有关。"叙利亚全国委员会"是反对巴沙尔政权的主要的"外部反对派"组织,该组织于2011年10月在土耳其宣布成立,据报道该组织已覆盖目前所有反对派势力的60%。另一个新的外部反对派组织"变革民主运动"也在土耳其宣布成立。"叙利亚全国委员会"正在发挥协调反对力量的主导作用。2011年6月成立的"全国民主变革力量民族协调机构"是叙利亚主要的内部反对派,尽管与"叙利亚全国委员会"没有签订具体合作协议,但在许多问题上的立场一致。2011年12月初,"叙利亚全国委员会"与"自由叙利亚军"商定建立长期协调渠道,叙利亚境内主要的武装反对力量

"自由叙利亚军"领导人表示已有 3 万名脱离政府军的军官与士兵。

令人瞩目的是，伊朗与叙利亚两国的什叶派当局长期的战略盟友，也是作为伊斯兰逊尼派的巴勒斯坦哈马斯表态支持叙利亚反对派，哈马斯领导层已全部离开叙利亚，领导人称支持叙利亚民众"追求自由民主"，但哈马斯否认与叙利亚政权正式决裂，其领导人巴尔达维尔表示曾建议叙利亚领导人避免使用武力，当然哈马斯批评叙利亚暴力活动不断并不意味着与叙利亚冻结关系。在加沙地带的哈马斯领导人哈尼亚表示，他"向追求自由和民主的叙利亚民众致敬"。哈马斯此举不免对伊朗在中东的盟友链条产生影响。

俄罗斯和中国都拒绝参加"叙利亚之友"国际会议，美国指责中俄阻挡叙利亚人民的自由奋斗之路。俄罗斯副外长加季洛夫强调说，在没有主要当事者叙利亚政府参与的情况下，讨论与叙利亚国内危机有关的问题是不正确的。俄罗斯科学院东方学研究所专家兹维亚格尔斯卡娅指出，"叙利亚之友"集团所追求的目的与其正式宣告的目的迥然不同，或许会重复使用针对利比亚的行动计划来对付叙利亚。2012 年 2 月 25 日，叙利亚在首都大马士革就基于政治意见多样化的新宪法举行全民公决，但未来局势如何发展很不乐观。俄罗斯表示将向叙利亚当局援助武器，但预计俄罗斯一旦发现叙利亚当局形势逆转，也可能会采取观望或倒戈立场。

对中国在叙利亚局势问题上的立场，叙利亚民众的表态出现明显的分野。实际上，中国希望以政治方式解决叙利亚问题。中国的立场是不干涉内政，着眼于叙利亚全体人民的利益，称叙利亚不是利比亚，若采取军事干预，负面影响更大，希望用和平方式解决。

第二节　地区变局当避免伤害平民

一　中东动荡，人民流血

2011 年，中东经历了太多的内外战乱，经历了太多的惨绝人寰，经历了太多的生死离别。2012年也看不到短期内中东时局结束动乱、回归平静的可能。例如,伊朗、叙利亚局势变幻莫测、风起云涌,波斯湾乱云飞渡、剑拔弩张,霍尔木兹海峡引起全球关注,国际油价走势牵动全球经济;阿盟在斡旋叙利亚局势方面能否发挥桥梁作用、叙利亚国家能否维持统一、当局能否开启全面改革、人民能否停止大规模流血,都面临许多变数。

利比亚、也门、埃及以及海湾国家局势并不稳固,潜藏许多不稳定因素,利比亚国内派别角斗并未止息。2012年1月23日,距离利比亚首都的黎波里不远的城市拜尼沃利德市发生暴力冲突,造成5人死亡,当地官员称是卡扎菲的支持者向现政府军一处兵营发起攻击。埃及伊斯兰保守主义极端势力的动向和未来的发展,以及整个北非地区宗教政治势力的发展,不免引起世俗主义的担忧。从外部看,美国、法国、英国依然待机而动、虎视眈眈,俄罗斯、日本、印度等域外力量也不甘落后,分别发挥着不同的作用和影响。土耳其作为崛起的地区大国正在谋求发挥新的更大作用。

但是,不论什么国家、什么政府、什么力量或势力,都必须珍惜人民的生命,保障人民的生活。不允许以任何名义再让无辜的民众惨遭涂炭。从这个角度看,有关动荡国家在内部人民改革的呼吁和压力面前,在外部影响不断加大的现实面前,其执政者应当负起责任,推动各派相互妥协,以包容的胸怀和心态,推动国家全面深入改革进程,形成平衡的国家结构和国民心态。反对力量和要求改革的民众同时也对执政者改革及后期出路留有余地,避免出现利比亚式、埃及式的处理方式,避免出现你死我活的最终结局。当然,要求改革与和平的民众,应当与执政者一样,警惕极端主义和恐怖主义势力趁乱打劫、浑水摸鱼、荼毒生灵。只有如此,才能保障国家免受因外部势力干涉而遭遇内外动荡乃至分裂,才能暂时并持续保障民众生命,减少人民伤亡,有关各方才能经得起历史发展的检验。

面对叙利亚局势,阿拉伯国家联盟也吸取了在处理利比亚问题上的教训,努力避免西方国家发起军事干预,努力说服叙利亚当局尽快发起和实施广泛、彻底的包容性改革。在处理利比亚、埃及、突尼斯以及叙利亚、伊朗局势方面,美国等西方国家负有更多的责任,更有许多需要认真反思和改进之处。例如，不能动辄诉诸武力或以武力相威胁，不能以实用主义外交处理问题，不能选择非此即彼的权力更迭处理方式，应尊重有关国家内部各派的吁求、立场和声音，并给予时间、耐心和积极的斡旋。西方国家还要给彼此的文明交流与对话留出余地和空间，动辄制裁或动武显然只能激化矛盾。

二 应当严惩屠杀妇孺的暴徒

2012年5月，叙利亚霍姆斯省胡拉镇100多人被迫击炮弹等重武器杀害，其中包括几十名儿童。这种令人发指的罪行引起全世界的公愤，一切有良知、有爱心的人们对此等暴徒和凶徒的可耻与罪恶行径表达最强烈、最愤怒的谴责和抨击。这是叙利亚宣布停火以来死伤最严重的暴力事件。联合国安理会发表媒体声明，强烈谴责发生在叙利亚中部霍姆斯省胡拉镇的袭击事件，重申叙利亚所有各方必须停止一切形式的暴力活动。联合国叙利亚监督团团长穆德说，无论哪一方犯下这一罪行都应当对此承担责任，过度使用武力和不对称武力冲突是不可接受的。美国国务卿希拉里称胡拉镇袭击事件为"凶残的袭击"；法国外长法比尤斯形容这是屠杀；英国也呼吁联合国安理会在未来几天内举行紧急会议。阿拉伯国家联盟秘书长阿拉比在声明中指出，对胡拉镇平民的袭击是"可怕的罪行"。

西方国家借力打力，借机把事件往叙利亚当局以及政府军头上引，指责叙利亚当局镇压和屠杀无辜平民。而且，叙利亚前总统老阿萨德有过屠杀平民的先例，但不能凭借这些历史就一口咬定巴沙尔·阿萨德当局制造新的屠杀平民和妇孺事件。叙利亚当局已经面临巨大的国际压力，承诺要彻底调查。正如俄罗斯驻联合国代表所指出的，仓促下结论，认为是叙利亚当局及政府军所为未免武断和草率。在目前的当口，叙利亚当局唯恐避开恶性流血事件而不及，怎么可能在国内外高压之下顶风而上，再度引火烧身呢？

现场发现榴弹炮炮弹并不表明肯定是政府军所为。联系近期叙利亚发生的一系列恶性自杀性恐怖爆炸事件，以及以前在阿尔及利亚、埃及、阿富汗、伊拉克、约旦等许多西亚北非地区国家遭遇的恶性恐怖事件不难发现，丧心病狂、罪恶累累的极端分子和恐怖分子有着屠杀平民、本国同胞和本教信徒的各种花样，不知导致多少无辜妇孺和平民血肉横飞。如果说一些人曾认为这是反抗外敌占领和霸权主义，那么近来一个时期发生在伊拉克、也门、阿富汗、巴基斯坦、印尼、叙利亚等国，针对本国大量穆斯林同胞的一连串恶性的血腥爆炸事件，以及动辄造成上百人死亡的恶性事件，难道也是当局所为吗？

正如叙利亚外交部发言人所指出的，来自山区的数百名恐怖分子使用反坦克炮、迫击炮、重机枪等武器袭击了位于胡拉地区的5个地点，造成3名政府军士兵死亡、16人受伤。政府军在未动用重型武器的情况下进行了还击。政府军没有在胡拉地区部署任何坦克和大炮。叙利亚当局发言人指出，"恐怖团伙"在此次袭击事件中首次动用了重型武器，联合国安理会应审视那些资助、武装、收容叙利亚反对派并力图"引入"北约武力干涉的势力。叙利亚反对派当然予以否认。

暴力恐怖分子已经丧失了基本的人性，他们也非常狡诈，可以轻而易举地找到迫击炮、榴弹炮等武器并对平民妇孺下手，然后栽赃陷害。当年在阿尔及利亚的恐怖分子，又滥杀了多少妇孺平民，内战竟然导致近百万人丧生！从作案手法看，"基地"组织早已渗入叙利亚，借助所谓反对派之手，兴风作浪、挑拨离间、浑水摸鱼、唯恐不乱，已经成为危及叙利亚及地区国家安定、人民生命安全的大敌，也是世界爱好和平并有良知的人民之公敌。

英国《星期日电讯报》报道称，叙利亚爆发内乱以来，国内形势动荡不止，已经有伊斯兰极端主义分子来到了这片恐怖主义的"沃土"。美国也早已认定"基地"组织已经渗入叙利亚乱局，其一贯的作案手法足以说明这一点。叙利亚总统巴沙尔在接受俄罗斯媒体采访时指出，叙利亚目前最大的问题是恐怖主义，已有证据证明，恐怖分子中有来自"基地"组织的宗教极端分子，也有受到"基地"组织思想影响的人，还有一些来自国外的雇佣兵。他们不在意政府的改革，杀人是为了散播恐怖。例如，2012年5月21日，"山姆民众胜利阵线"在网上发布"第九号声明"，称对2012年5月19日发生在叙利亚东部城市代尔祖尔的爆炸案负责，该事件造成百余人死伤。该组织此前宣布对2011年来发生在叙利亚国内的多起爆炸事件负责。

叙利亚国内当局和反对派，应当本着对本国人民生命、国家命运负责的态度，立即停止冲突，不要受到境外有关势力和国家的指使和操纵，尽早在国内开展包容性谈判与政治和解，使人民尽早恢复安定和安全，避免为恐怖分子所用，导致更大的"亲者痛、仇者快"之事件。

自2011年3月发生反对叙利亚总统阿萨德政权的冲突以来，叙利亚国内政治斗争与军事斗争胶着，造成血雨腥风、生灵涂炭，截至2012年7月已经有大约1.6万人被杀，伤者更多。2014年8月22日，联合国人权事务高级专员皮莱表示，自2011年3月到2014年4月，19万余人死于叙利亚内战，比上年9.3万人的死亡人数增加了一倍多。皮莱警告称，这个最新数字可能是被低估了的。应当说，西方国家、叙利亚国内反对派与执政当局以及叙利亚周边个别国家都有责任，执政当局一直努力抵制西方干预和反对派搅局有其正当性，面对反对派咄咄逼人的压力和攻势，执政当局做出反击在所难免。但是，在反击过程中不能以任何理由屠杀平民，做出惨绝人寰的举动。2012年5月底发生在叙利亚中部胡拉镇的妇孺被凶残屠杀惨案，造成至少108人死亡，其中包括至少49名10岁以下的儿童与34名妇女。当时，嫌疑者有地区大国暗中操纵的武装匪徒、政治反对派以及亲政府的阿拉维民兵三个选项。人们普遍倾向于前者并进行严厉谴责。联合国方面由于没有掌握确凿证据，仍然保持中立立场，表示要等待调查结果正式出来之后再表态。

从联合国方面确认叙利亚当局用大炮轰击本国平民的举动看，不排除当局及其本教派民兵组织此前在胡拉镇作案的可能性。据报道，2012年7月12日，叙利亚哈马省特莱姆萨村有约220人遭直升机、坦克、大炮等重型武器击中死亡，其中绝大多数为普通平民。据目击者说，为配合政府军行动，来自附近阿拉维派村庄的一个车队载着该教派民兵组织包围了特莱姆萨村，封锁该村并肆意开枪，直升机在头顶上盘旋，电力和电话线被切断。后来尸体被从田野、私人住房和附近河流中收集在一起。对于此次事件，叙利亚政府反驳说，这是武装分子的又一次栽赃陷害，但联合国已经证实叙利亚当局的确使用了坦克和大炮攻击平民。

俄罗斯外长拉夫罗夫发表声明，谴责叙利亚最新发生的屠杀事件是

"残忍的暴行",呼吁叙利亚冲突双方立即停火,并对事件展开彻底调查。联合国前秘书长安南于 2012 年 7 月 16 日访问俄罗斯,讨论叙利亚局势。中国对叙利亚国内发生如此的残忍事件感到震惊和无比悲痛,对残害无辜平民特别是妇女和儿童的行为予以最强烈的谴责,要求对事件展开调查并惩办凶手。该事件再次表明,在叙利亚实现全面停火、止暴刻不容缓。中国敦促有关各方立即全面、切实执行安理会有关决议及安南的"六点建议",停止一切暴力,切实保护平民,为尽快缓和紧张局势、推进叙利亚问题的政治解决创造条件。

  2013 年以来,受诸多国内外因素的牵制,美国和西方武力干涉叙利亚局势的意愿明显下降。美国担心军事干预叙利亚会直接导致与伊朗的军事冲突,这是美国所不愿意看到的。与此同时,在伊朗等盟友的强力支持下,叙利亚当局稳固了局势,反对派处于散漫和守势之中。2014 年 9 月,美国着手通过空袭和派遣军事顾问等手段,加大打击新崛起的恐怖主义势力"伊拉克和大叙利亚伊斯兰国"(ISIS)的力度。但美国并不乐意接受叙利亚当局和伊朗的协助,这无疑弊大于利,战况如何尚难预料。未来局势发展在内外因素的影响下,依然需要观察。

第九章
巴勒斯坦问题：中东乱局的核心问题

第一节 巴勒斯坦问题的源与流

巴勒斯坦古称迦南，包括现在的以色列、约旦、加沙和约旦河西岸。历史上，犹太人和阿拉伯人都曾在此居住过。公元前1020～公元前923年，犹太人在此建立了希伯来王国。罗马帝国征服巴勒斯坦后，多次镇压犹太人并将大部分幸存者赶出巴勒斯坦，犹太人因此流落世界各地。公元622年，阿拉伯人战胜罗马帝国，接管巴勒斯坦。自此，阿拉伯人成为该地区的主要居民。自16世纪起，巴勒斯坦成为奥斯曼帝国的一部分，第一次世界大战后沦为英国的委任统治地。英国占领巴勒斯坦后，将其分为两部分：约旦河以东称外约旦，即现今的约旦哈希姆王国；约旦河以西称巴勒斯坦，即现在所称的巴勒斯坦，包括现今的以色列、加沙和约旦河西岸。

巴勒斯坦位于亚洲西部地中海沿岸，地处欧、亚、非三大洲交通要冲。该地区充满传奇色彩而又多灾多难。在这里，犹太人和巴勒斯坦人本是有共同祖先的亲兄弟。耶路撒冷是世界三大宗教的圣地。"二战"后，四次大规模的中东战争都与该问题有关联，给地区民众造成惨重损失和巨大创伤。中东和平进程绵延至今，但举步艰难。人们盼望和平早日降临，让远古时期曾是亲兄弟的两个民族重归于好，共建美好家园。

一 一个父母，两个兄弟

欧洲的犹太复国主义运动兴起于19世纪末，主张犹太人回到故土巴勒斯坦建立家园，随后许多犹太人开始移民巴勒斯坦。"一战"期间，英国从统治巴勒斯坦400多年的奥斯曼土耳其帝国手中接管了对巴勒斯坦的"委任统治权"。1917年，英国发表著名的《贝尔福宣言》，准许犹太人返回巴勒斯坦建立"犹太人之家"。"二战"期间，由于纳粹德国的屠犹政策，大批犹太人想方设法移居巴勒斯坦。1947年11月，联合国通过关于巴勒斯坦地区实行分治的第181号决议，决议规定在该地分别建立阿拉伯国家和犹太国家，耶路撒冷市为国际城市。根据决议，犹太人分得土地1.4942万平方公里，阿拉伯人只得到1.1203万平方公里。

实际上，犹太人和阿拉伯人都是闪族，数千年前双方是"亲兄弟"。美国亚利桑那大学的一份基因分析报告显示，犹太人和阿拉伯人有共同祖先，有基因、历史和语言等多种基础，尤其是他们之间的血缘联系源远流长。阿拉伯人在19世纪末对前来移居的少量犹太人友好相待，历史上的阿拉伯人也并未因宗教信仰差异而虐待犹太人。人类学家依据科学依据复原勾勒的耶稣头骨，依然类似于今天的巴勒斯坦人，而不像欧洲人。

二 三大宗教，集会圣城

耶路撒冷位于巴勒斯坦中部，面积只有158平方公里，人口约65万人。作为三大宗教的圣地，耶路撒冷的地位问题已经超出了普通的领土范畴。犹太教、基督教、伊斯兰教的起源及传播都与耶路撒冷有着千丝万缕的联系。由于各宗教与耶城关联密切，甚至有些宗教圣迹已有些难分彼此了。例如，著名的"神庙山"上有一块巨石，犹太教称它是亚伯拉罕杀长子以撒祭献上帝耶和华之地；基督教称该处是上帝捏土造人的地方；伊斯兰教则称此石是先知穆罕默德由天使陪同登霄的踏脚石，穆斯林为此还于后来在此建造了著名的萨赫莱清真寺和阿克萨清真寺。

犹太教的起源与发展。尊奉上帝耶和华为宇宙独一神的犹太教有一个形成的过程。公元前 2000 年,定居在阿拉伯半岛上迦南地区(今巴勒斯坦地区)的犹太人祖先希伯来人中盛行拜物教,但这些部落有一个共同的崇拜对象——主神耶和华,这为以后一神教的最后形成奠定了基础。公元前 1003 年,大卫王国统治下的以色列人从耶布斯人手中夺得耶路撒冷城,定为统一王国的首都和犹太民族的宗教中心。所罗门继位后,把耶和华树立为以色列国民主要的崇拜偶像,并建造了第一圣殿和王宫,奠定了耶城作为犹太教中心的神圣地位。此时,耶和华逐渐变成以色列国独一无二的民族神。后来促使一神教观念形成的外因主要是外族的入侵和统治。公元前 586 年,巴比伦人攻陷耶城,摧毁圣殿,驱逐了犹太人。波斯人征服巴比伦后,犹太人返回耶城并在第一圣殿旧址上修建了第二圣殿和城墙。波斯大帝居鲁士对犹太人较为宽容,他准许犹太神学家整理犹太教经典。于是,今天被称为"摩西五经"的犹太教经典《律法书》被整编出来,此时犹太教进入趋于成熟的阶段。公元前 63 年,罗马帝国统治耶路撒冷城后,犹太人几次发动反罗马的起义遭到失败,圣殿再次被毁,绝大部分犹太人被赶出巴勒斯坦地区而流亡世界各地,圣殿从此再未恢复。长期的颠沛流离使犹太人产生了希望上帝能派救世主下凡把他们从水深火热中拯救出来的强烈愿望,同时他们认为其他民族也需要救世主拯救。这样,犹太人开始把自己的上帝耶和华看作全人类的上帝,其宇宙一神观最后形成,犹太教成为世界上第一个一神教。但由于犹太教教义表现出狭隘的民族偏见色彩,将犹太人视为上帝宠爱的"第一选民",这就阻碍了它向其他民族的传播,终使之未能成为世界性大教之一。犹太人认为三千年前他们就在此建立了犹太王国的国都,耶路撒冷一直是犹太人信仰的中心,后来耶路撒冷又成为被罗马征服而流放世界各地的犹太人向往返回自己家园的象征。耶路撒冷充塞在犹太教先知者的预言中、信徒日常生活的祈祷里和世界各地的希伯来诗人的颂歌中。莫里亚山是圣殿一度矗立的地方;西墙又称"哭墙",是圣殿迄今唯一残存的部分,它被犹太人视为信仰和团结的象征,千百年来常有不少犹太人在墙下哭泣或祈祷,以缅怀先人和追忆民族苦难,"哭墙"由此而得名;锡安山上的大卫陵墓和奥利弗山上世代安葬犹太人的古老墓地也深深铭记在犹太人心中。目前，数以百计的犹太教堂正在为耶路撒冷的犹太人服务，这些教堂分别为犹太教各教派、各种族和世界各地的犹太教地区组织所认同。

基督教的起源与发展。公元1世纪中叶，基督教产生于古罗马帝国统治下的亚洲西部巴勒斯坦、小亚细亚等地。原始基督教是从一个犹太教新宗派分化而来的，它认为耶稣是救世主。耶路撒冷犹太人反抗罗马帝国起义失败并被流放到世界各地后，当时同外族杂居的一部分犹太人，在犹太教神学的基础上吸收了当时流行的天堂、地狱、灵魂不死等迷信观念和东方宗教的一些仪式，以及古希腊、古罗马唯心主义的哲学思想如忍耐、弃世、禁欲等，从而创立了早期的基督教。恩格斯指出，"新的世界宗教，即基督教，已经从普遍化了的东方神学特别是犹太神学，以及庸俗化了的希腊哲学特别是斯多葛派哲学中悄悄地产生了"。罗马帝国看到基督教宣扬的对国家忠诚、对主人恭顺等教义有利于其统治，便开始对基督教加以利用。公元380年，罗马皇帝狄奥多西进一步宣布基督教为罗马帝国的国教。罗马统治者在耶路撒冷修建了许多基督教堂，从此，耶城很快变成一个基督教圣地。基督教徒认为耶路撒冷还是耶稣生活、布道、殉难和复活的地方。虽然基督教会强调的是作为天堂的耶路撒冷而不是世俗的耶路撒冷，但在《新约全书》上提到的一些关于耶稣业绩和经受磨难的地方，一直吸引着朝觐者和虔诚的信徒们前去瞻仰。在耶城内基督教圣地很多，如圣墓教堂、最后的晚餐遗址、苦路上的14个基督受难处和被钉在十字架上的遗址等。应基督教各教派保护耶路撒冷基督教圣地的要求，早在19世纪耶路撒冷还是奥斯曼帝国的一部分时，就专门对这些圣地进行严格保护，规定"耶路撒冷基督教圣地维持现状"。这一规定在英国委任统治时期一直有效，如今以色列人也仍然遵守。

伊斯兰教的起源与发展。伊斯兰教产生于7世纪初的阿拉伯半岛。公元6世纪末至7世纪初，阿拉伯半岛正处于社会大变动时期，伊斯兰教这种一神教的出现正是经济变动和建立统一国家等主客观要求在意识形态上的反映。伊斯兰教创始人穆罕默德于公元570年出生在麦加，是没落贵族的后裔。他早年经历曲折，十多年的商旅生涯使他接触到了阿拉伯半岛和叙利亚地区的社会情况，并逐渐熟悉了半岛的原始宗教、犹太教和基督教的情况,这为后来他的创教活动提供了条件。25 岁时,穆罕默德与一位 40 岁的富孀结婚,借其财力和权势而一跃成为麦加的显贵。公元 610 年,穆罕默德以"先知"自命,创立并开始传播伊斯兰教("伊斯兰",阿拉伯语原意为"顺从、和平")。他曾一度确定耶路撒冷为穆斯林朝拜的方向,主张建立政教合一的宗教公社。伊斯兰教教义吸收了犹太教、基督教和阿拉伯半岛原始宗教教义中的许多成分。穆罕默德死后,伊斯兰教开始向半岛以外传播。公元 638 年,哈里发奥马尔率领的穆斯林军队攻占耶路撒冷后,伊斯兰教在此得到广泛传播。公元 691 年,在圣殿山上修建了奥马尔清真寺,耶路撒冷遂成为哈里发的统治中心。从公元 1072 年到以色列独立前,耶城先后多次被穆斯林土耳其人和阿拉伯人、基督教徒等征服,伊斯兰教和基督教在此期间占据统治地位。穆斯林视耶城为仅次于麦加和麦地那的第三大圣地。耶城的历史最早可以追溯到四千年前,但有据可查的是公元前 19 世纪迦南人耶布斯部族从阿拉伯半岛迁移至此,后来耶布斯城王麦基洗德在此建造了耶路撒冷城,并将它命名为"耶路撒利姆"。阿拉伯人后来遂认为耶布斯人是其祖先,他们比犹太人更早生活在耶城。《古兰经》里提到耶路撒冷为"遥远的地方",一天晚上,先知穆罕默德从麦加被带到耶城,从那里登上了七重天。这一天后来成为穆斯林的"登霄节"。耶路撒冷首次接触伊斯兰教是在公元 7 世纪,后来赞美耶路撒冷为圣地的文学作品在伊斯兰世界比比皆是。

三 四次大战,怨恨弥漫

1948 年 5 月 14 日,以色列国建立,但阿拉伯人坚决反对,此后阿以矛盾不断激化,并于 1949 年、1956 年、1967 年和 1973 年相继发生四次大规模战争。通过战争,以色列不仅占领了联合国"分治"决议划分给阿拉伯人的土地,而且占领了西奈半岛(1982 年归还埃及)、戈兰高地和黎巴嫩南部地区(1982 年占领,2000 年 5 月撤出)和整个耶路撒冷市,近 150 万名巴勒斯坦人逃离家园,沦为难民。

第一次中东战争。以色列建国翌日,埃及、约旦、叙利亚、黎巴嫩和伊拉克军队联合向其发起进攻,第一次中东战争爆发。阿拉伯军队有 4 万多人，以色列只有 3 万人的游击武装，没有正规军队。但以色列民众全力保护新生国家，出色的游击战也破坏了阿拉伯联军的统一作战，使其被迫各自为战，加之阿拉伯各国怀有抢占地盘的私心，以致难以协调指挥。美国紧急建议联合国安理会提出休战，苏联也不满阿拉伯国家的贸然进攻。1949 年 6 月 11 日，阿以双方同意停火 4 周。以色列在全世界犹太人的及时帮助下，迅速恢复战斗力，并组建了正规部队"以色列国防军"。阿拉伯国家于 1949 年 7 月 9 日再次发起攻击，但以色列国防军已扩充到 6 万人以上，而且武器精良。以色列最终取得战争胜利。战后，以色列不仅夺回了联合国"分治"决议划归它的领土，而且占领了大部分联合国划归巴勒斯坦人的领土。

第二次中东战争，也叫苏伊士运河战争。苏伊士运河自 1869 年开通以来，由英国长期控制，巨额收益绝大部分落入英法垄断资本手中。1956 年 7 月 26 日，纳赛尔领导埃及革命胜利 4 周年之际，纳赛尔宣布收回运河主权，将其收归国有。英法于心不甘，恼羞成怒，秘密策划联合以色列，以武力夺回苏伊士运河控制权。战争于 1956 年 10 月底爆发，但美苏均强烈不满英法的举动。在巨大的压力下，英法只好于 11 月 6 日宣布停火，并于 12 月从埃及全部撤军，以色列也退回到第一次中东战争停火线以前的位置。埃及最终取得战争胜利。

第三次中东战争，也叫"六·五战争"。1967 年 6 月 5 日，以色列对埃及、叙利亚和约旦发动大规模突然袭击。经过精心计算、侦察和准备，以军可供作战的 196 架飞机全部起飞，采用超低空飞行等高超技术，很快炸毁了埃及的近 200 架飞机。埃及失去制空权，以色列陆军放手进攻。战争打了六天就结束了，历史上也称"六日战争"。由于以色列的迷惑战术以及埃及等国军队的战略战术失误等，阿方损失惨重。1967 年，联合国安理会通过第 242 号决议，要求以色列从占领土地上撤军，但以色列拒不执行联合国的决议。以色列虽然取得了军事上的胜利，但与阿拉伯国家之间的对立加深，双方和平共处的希望变得更加渺茫。

第四次中东战争，也叫"十月战争""赎罪日战争""斋月战争"。萨达特上台后，深感以色列突然袭击的威力，也决定用同样的方式回击以色列。为了迷惑以色列，阿方成功施行了欺骗战术。1973 年 10 月 6 日，埃及、叙利亚在巴勒斯坦和其他阿拉伯国家的支援下，向以色列发起了反击侵略、收复失地的战争。在战争中，埃及军队横渡苏伊士运河，成功摧毁了以色列吹嘘的坚固防线——"巴列夫防线"。打头阵的埃及空军从 30 个机场同时出动 240 架飞机直扑对岸以军阵地，20 分钟内摧毁了以军在西奈半岛 90% 以上的军事目标，埃及仅损失 5 架飞机。这一战果有力地支援了地面部队，前后击毁以军坦克和装甲车 400 余辆。叙军也一度打到以色列北部的重要淡水供应地——加利利湖。以色列总理沙龙临危授命并表现出卓越的指挥才干，他带领一部分军队强攻并渡过苏伊士运河，指挥其部队继续挺进，截断了埃军与后方的联系，并打开了通往开罗的大门，一举赢得战争主动。同时，由于超级大国插手、美国大力援助以色列等原因，阿方被迫在 1973 年 10 月 25 日停战。阿方取得了部分胜利，但大部分被占领土仍然控制在以色列手中。1974 年，联合国安理会通过第 338 号决议，重申以色列应遵从第 242 号决议，从占领土地上撤军，但以色列拒不执行决议。第四次中东战争使阿以双方充分认识到，用战争手段消灭对方是不可能的，阿方领导人转向现实主义的思路，开始考虑与以色列和平共存的道路。以色列领导人也开始考虑采用放弃部分占领土地换取和平的念头。这为 1979 年 3 月埃以毅然决定正式签署和平协议、建立外交关系做出了重大铺垫。

需要指出的是，1982 年，以色列为打击在黎巴嫩活动的巴勒斯坦解放组织，根除其活动基地，调集大批军队对黎巴嫩发动大规模进攻，重创阿拉法特领导的巴解组织，使之离散到其他阿拉伯国家。以色列占领黎巴嫩南部地区，并建立所谓的"安全区"（联合国后通过第 425 号决议，要求以色列从黎巴嫩南部撤军，2005 年 5 月，以色列巴拉克政府履行决议，从黎巴嫩南部安全区撤军），史称"黎巴嫩战争"，也有人称其为"第五次中东战争"。但该次战争的总体规模和涉及范围远小于前四次中东大战。

四　五轮和谈，步履艰难

中东和谈自 1991 年 10 月在马德里启动以来，几度取得重要突破。

1993年9月，巴以双方签署具有里程碑意义的《奥斯陆协议》。约以两国于1994年达成和平协议。叙以、黎以谈判虽无重大突破，但也断续进行，2000年5月底，以色列提前完成从黎巴嫩南部撤军。然而，和谈在2000年进入最后攻坚阶段后，核心分歧凸显，矛盾错综复杂。布什政府上台后，大幅度推翻了克林顿的政策，中东和谈骤然降温。以色列政局变化与政见分歧、阿以力量对比失衡、巴勒斯坦的内部斗争以及美国对以色列的实质偏袒等不利因素，使巴以、叙以、黎以三条谈判轨道全面陷入僵局。

埃以美三方戴维营会谈开启中东和谈先河。1978年8月，在美国总统卡特的直接参与下，埃及总统萨达特和以色列总理贝京在华盛顿附近的美国总统休养地戴维营就和平解决中东问题举行会谈。会谈后埃以双方签署了《关于实现中东和平纲要》和《关于签订一项埃及同以色列之间的和平条约的纲要》两份文件，即《戴维营协议》。协议确认了解决中东问题的基础文件是安理会第242号决议。前者的主要内容包括：在5年过渡期内，约旦河西岸和加沙地带的巴勒斯坦居民实行自治和成立自治政府，以色列负责安全问题；允许以色列在规定地方保留军队；5年内由埃以约三方同当地巴勒斯坦人民代表讨论决定这两个地方的归属问题；等等。后者规定：西奈主权归埃及，埃以双方在3个月内签署和约；在和约签署后的3~9个月内，以色列从西奈的部分地区撤出，埃以即建交；和约签署2~3年内，以色列完全撤出西奈；等等。协议签署后，以色列分期撤出西奈，埃以建交。但以色列立场顽固，致使《关于实现中东和平纲要》未能实施。大多数阿拉伯国家反对《戴维营协议》，埃及一时陷入孤立，萨达特于1981年10月遇刺身亡。

从马德里和谈到《奥斯陆协议》。1991年10月，在美国和苏联的主持下，阿以双方在马德里召开中东和会，后移师挪威首都奥斯陆进行了14轮秘密会谈。经过美国总统克林顿的极力斡旋，1993年9月，巴以双方在挪威首都奥斯陆秘密达成了和解协议，即《奥斯陆协议》。考虑到美国的斡旋作用，以色列总理拉宾同巴解组织执委会主席阿拉法特在华盛顿签署《加沙和杰里科自治原则宣言》，规定巴勒斯坦在加沙和杰里科首先实行自治，巴以双方相互承认，这是和谈的重大突破。1994年5月5日，开始实行预期5年的巴勒斯坦自治。虽然《奥斯陆协议》只是为巴以双方全面和解勾勒了粗线框架,但它毕竟开启了和谈之路的新起点,之后的谈判气氛总体良好。巴以双方在1995年签署了实施《奥斯陆协议》第二阶段的《塔巴协议》,也称《西岸和加沙地区过渡协议》。但1995年11月,拉宾总理在巴以和谈的关键时刻遇刺身亡,中东和平进程遭受重挫。在1996年6月的大选中,立场强硬的利库德集团领导人内塔尼亚胡上台,中东和平进程陷入僵持。

2000年美以巴三方戴维营会谈。1999年5月,巴拉克当选以色列总理。他表示将致力于全面启动中东和平进程。同年9月,巴以双方签署《沙姆沙伊赫备忘录》,但协议内容未获落实。为推动和谈在关键时刻取得突破,2000年7月,临近结束任期的克林顿将以色列总理巴拉克和巴勒斯坦自治政府主席阿拉法特召集到戴维营,试图效仿卡特总统,促成一揽子解决巴以问题的方案。以色列准备做出前所未有的巨大让步,答应归还加沙地带全部和约旦河西岸96%的土地,其余4%也做出相应补偿。在此重要关头,埃及警告阿拉法特无权在耶路撒冷等涉及阿拉伯民族利益的重大问题上独自做出决断,阿拉法特慑于警告,并寄望于以色列做出更大让步,最终未在协议书上签字。会晤没有达成任何书面协议,但在会晤中,各方对耶城地位、巴勒斯坦难民回归、边界等几个重大问题进一步摸清了各自底线,这有利于谈判的继续推进。正当谈判进入关键时刻,2000年9月28日,利库德集团领袖沙龙强行"参观"耶路撒冷的伊斯兰圣地,引发大规模流血冲突。2001年初,布什和沙龙相继上台,使中东和平进程转向。

有关"路线图"计划的和谈。2002年12月,美国、俄罗斯、欧盟和联合国召开中东问题国际会议,为中东和平"路线图"计划定稿。2003年4月,由美国正式公布该计划的内容。2003年6月4日,巴以美三方首脑在约旦的亚喀巴举行会晤,正式启动"路线图"计划。"路线图"计划主要分三个阶段。第一阶段(从公布之日起至当年5月),巴以双方实现停火;巴方将打击恐怖活动,进行全面政治改革;以方撤离2000年9月28日以后占领的巴方领土,冻结定居点建设,拆除2001年3月以后建立的定居点,并采取一切必要措施使巴勒斯坦人民的生活恢复正常。第二阶段（2003年6~12月），为过渡期，重点是在2003年底，建立一个有临时边界和主权象征的巴勒斯坦国。第三阶段，在2005年完成巴以最终地位谈判并达成协议，建立巴勒斯坦国。巴以总理也曾多次举行双边会晤。但巴以之间发生的多次严重流血冲突使"路线图"计划搁浅。2004年，以色列努力推行"单边行动"计划，推行"定点清除"行动，巴勒斯坦内部也发生权力争斗。2004年11月，阿拉法特去世后，巴方权力交接基本顺利。

2005年以来的巴以谈判与会晤。2005年1月，阿巴斯以高票赢得巴勒斯坦大选。2005年2月8日，在美国的幕后撮合下，以及在埃及和约旦的直接斡旋下，巴勒斯坦民族权力机构主席阿巴斯与以色列总理沙龙在埃及沙姆沙伊赫举行4年来的首次历史性会晤，双方达成停火协议，正式结束巴以暴力冲突。停火协议立即受到广泛欢迎，因为多数人充分意识到，暴力不能解决问题。2005年3月1日，支持巴勒斯坦改革的伦敦国际会议召开。2005年6月，巴以首脑第二次举行会晤，但没有取得成果，双方都不愿妥协。2006年和2007年，巴以形势都发生了很大变化，以色列新总理奥尔默特接任沙龙，巴勒斯坦哈马斯先是通过立法选举上台，后在西方的压制和孤立下，哈马斯与法塔赫发生内讧。虽然巴以首脑断断续续地进行过一些接触和联系，但均没有取得实质进展。国际社会都对2007年11月底美国撮合的安纳波利斯中东和会抱有期待，但最终也没有取得进展。

五 六类原因，掣肘和谈

回溯近年，以2001年初美以政府相继更替为标志，20世纪90年代以来的巴以关系发展实际上被划分为两个阶段，即取得重大成就的大发展阶段以及21世纪初以来陷入冲突、倒退和停滞的阶段。几年来，1993年《奥斯陆协议》签订以来的各种谈判机制和框架实际上已经被废弃。巴以和平进程已经因近年来巴以持续冲突与仇恨、以色列单方面行动以及巴政局变化而"死亡"；黎以谈判长期处于冻结之中，叙以谈判2000年以来更是无从谈起。

第九章 巴勒斯坦问题：中东乱局的核心问题

中东和平进程向来是希望与挑战并存、困难与机遇同在。观察巴以局势发展一定要注意看其实质和历史，拘泥于一时一事的发展变化往往影响对巴以时局总体趋势的判断。布什政府严重偏袒以色列的政策、以色列政府的不稳定性、巴方内部的协调程度等因素也是影响和谈的重要因素，布什上台之初在该问题上的超脱和严重偏袒正是"9·11"事件的重要导火线。巴以一贯在边界等关键问题上锱铢必较，涉及难民回归、边界划分、耶路撒冷最终地位、定居点拆除、水资源分配等一系列关键问题，这些都是阻挡巴以和谈彻底突破的棘手硬伤。巴以双方和美国、阿拉伯世界等相关方面都存在强大的反对和牵制力量，受双方强硬势力影响，沙龙和阿巴斯都难以做出实质性妥协，巴以局势再度紧张的可能随时存在。

第一，边界划分和水资源分配。阿以矛盾的实质是领土问题，1948年5月第一次阿以战争中，以色列吞并了划归巴勒斯坦的6200多平方公里的土地，并强行占领了西耶路撒冷。1967年第三次中东战争中，以色列占领了约旦河西岸和加沙地带，同时还占领了埃及的西奈半岛（1978年归还埃及）、叙利亚的戈兰高地，并宣布整个耶路撒冷为以色列首都。1982年第五次中东战争中，以色列占领了黎巴嫩南部地区并建立所谓的安全区。2000年5月，以色列从黎巴嫩南部撤军。20世纪90年代，以色列在被占领土上大肆兴建犹太移民定居点，在约旦河西岸和加沙地带的定居点中犹太移民达10.4万人。阿拉伯国家一直要求以色列遵守联合国第242号和第338号决议，以"土地换和平"。以1967年战争以前的巴以边界线作为标准，要求以色列严格履行《奥斯陆协议》和"路线图"计划，以色列前总理沙龙的"单边行动计划"只能是"路线图"计划和《奥斯陆协议》的一个进程和组成部分，而不是全部。而从沙龙的观点看，以色列至多希望顺利履行"单边行动计划"，即交还加沙全部和约旦河西岸50%左右的土地，比巴勒斯坦实际要求的领土要少一半左右。回溯2000年戴维营谈判，当时的以色列总理巴拉克曾答应出让约旦河西岸96%的土地，阿拉法特当时慑于国内压力和一些阿拉伯大国的反对而没有签字；而以色列已经通过隔离墙基本上控制了"单边行动计划"划定的范围，形成了既成事实。所以说，沙龙答应的领土返还比例就更不可能使现任巴勒斯坦民族权力机构主席阿巴斯签字画押了，阿巴斯一再表示不会比阿拉法特做出更多的让步和妥协。另外，巴勒斯坦地区淡水贵如油，以色列极力在谈判中保障未来的淡水资源供应，而巴勒斯坦和叙利亚都一直要求享有应有的淡水供应权利。

第二，耶路撒冷问题。耶路撒冷城作为犹太人和阿拉伯人的宗教圣地，双方都有各自的强硬立场。尽管该城市被以色列实际控制，但巴勒斯坦和阿拉伯人一直要求获得其应得的领土和宗教权利。伊斯兰教在耶城统治时间长，从公元7世纪到20世纪犹太人大批返回，在此生活了一千多年的阿拉伯人和其他穆斯林已将耶城变成了一个完全阿拉伯化的城市。尽管基督教统治了耶城近400年，但耶城在此期间只是作为一个宗教圣地，而非政治中心。19世纪以来，随着犹太人从世界各地大批返回巴勒斯坦，与他们同住在这里的阿拉伯人为争夺土地和宗教权益的斗争也愈演愈烈。1947年11月，联合国决议规定耶城国际化。1948年，英国委任统治结束，以色列宣布建国，阿拉伯国家强烈反对，第一次阿以战争爆发。战争结束后，停火线将耶城一分为二，以色列控制了耶城西部和南部的部分地区，约旦占领了老城及其以北和以南地区。1950年，以色列迁都至耶城。1967年中东战争后，以色列占领了约旦控制区，耶城重新统一。后来，以色列一直宣布耶城为其永久和不可分割的首都，但国际社会包括美国在内迄今对此不予承认。1988年11月，巴勒斯坦也宣布建立以耶路撒冷为首都的独立国家。由于耶城问题错综复杂，1993年9月，巴以双方达成原则宣言，规定耶城归属问题留待最终谈判时解决。但以色列历届政府一直在谋求实现"大耶路撒冷"计划，并付诸一系列具体行动，致使解决耶路撒冷问题的进程一再严重受阻。据报道，奥尔默特于2007年10月15日暗示他可能愿意分割耶路撒冷，这是他第一次公开发出信号，愿意与巴勒斯坦分享这一历史名城，但实际发展既不顺利也不简单。

关于耶城问题的解决方式，曾出现几个方案。巴方领导人阿拉法特生前曾提出以"罗马方式"解决，即按照梵蒂冈存在于意大利首都罗马西北一隅的实例，在耶城建立巴勒斯坦国首都；以方有人提出主权与治权分离的原则建议，即耶城主权归以色列，4个居民区享有充分自治；还有人建议巴勒斯坦将首都建在耶城以东偏南方向的阿拉伯重镇阿布迪斯；另外就是根据联合国有关决议，使耶城成为一个国际化城市。无论何种方案，有两点是很清楚的。其一，巴以双方中任何一方都不可能单独占有耶城，这是由两个民族的历史、宗教和民族感情等诸多因素所决定的。以巴解组织为代表的阿拉伯世界坚持耶路撒冷（指东耶路撒冷）是未来巴勒斯坦的首都，同时默认耶城旧城的三大宗教圣地完全处于自治状态。以色列历届政府的立场则完全相对。其二，耶城国际化也不太可能实现。以色列已对耶城统治了 30 多年，当然不愿放弃对耶城的统治而交由国际社会共管，巴方也不愿这一局面出现。现实决定了耶城最终的解决方式可能还是要走巴以双方共占这条路，但它的实现将经历漫长而艰苦的过程。以色列政府很可能继续采取拖延战术，制造"既成事实"，以求逐步取得国际社会的承认。美国在该问题上的立场是，耶城应保持统一，其最终地位将通过未来的谈判确定，这是符合以色列利益的。

第三，巴勒斯坦难民回归问题。400 多万名巴勒斯坦难民的回归问题一直是巴以和谈中不可逾越的障碍。以色列惧怕巴勒斯坦难民回归被占领土后，犹太人和巴勒斯坦人的人口比例将会发生颠覆性变化，因此坚持巴勒斯坦难民在所在国就地安置，以对其做出补偿，这实际上剥夺了其回归权。这是巴方所一直拒绝的。

第四，犹太人定居点问题。按照"单边行动计划"，以色列将撤出加沙地带的全部定居点以及约旦河西岸的部分次要定居点，但以色列不会撤出西岸地区的许多重要定居点，而是继续在约旦河西岸修建定居点让从加沙地带撤出来的犹太人居住，引起巴方的强烈不满。

第五，巴以内部都面临反对势力。巴勒斯坦内部的哈马斯等激进组织的斗争方式和策略有所改变，但其设定的民族解放目标不会有多大改变，它们今后继续袭击以色列的可能性仍是存在的，而袭击一旦连续发生就会破坏和谈，以色列多次要求巴方必须加强打击力度。2006 年 1 月，美国在巴勒斯坦推行民主的结果出乎其预料，哈马斯在巴勒斯坦立法会议选举中获胜并主持组阁，拒绝承认以色列，哈马斯政府遭到美国、以色列、欧盟的抵制，法塔赫也对哈马斯获得主导地位表示强烈不满，根本不配合哈马斯政府。2007 年 2 月 8 日，巴勒斯坦两大主要派别法塔赫和哈马斯在沙特阿拉伯麦加正式签署《麦加协议》，双方就建立民族联合政府、新政府政治纲领和重建巴勒斯坦解放组织等问题达成一致。但好景不长，2007年6月，巴勒斯坦内部哈马斯和法塔赫发生严重火并，巴勒斯坦民族权力机构主席、法塔赫领导人阿巴斯宣布解散民族联合政府，组建紧急内阁，并受到美国等西方国家的支持。尽管两个派别都拒绝宣布单独建国，不敢承担分裂国家的责任，但巴勒斯坦内部事实上已形成两大派别各自为政的局面。

以色列内部存在强大的反和谈、反让步的右翼或极右翼力量，犹太圣经联盟、移民党、沙斯党、"以色列是我们的家园"等许多反和派别立场非常保守。2007年11月27日中东和会后，以色列的利库德集团也反对向巴方做出任何让步，并号召沙斯党和"以色列是我们的家园"退出当时的联合政府。沙斯党和"以色列是我们的家园"分别控制12个和11个议席。若两党退出，奥尔默特领导的联合政府将只能控制120个议席中的55个，政府即将再次面临不稳定问题。以色列副总理兼工业贸易部长伊沙伊已经表示，如果奥尔默特在耶路撒冷问题上向巴方让步，他所在的沙斯党将退出联合政府。20多万名定居者多数反对拆除定居点，且其活动能力非常大。前总理沙龙本人也非常强硬，他谋求的和平其实是非常有利于维护以色列的既得利益和安全利益的，但即便如此，也仍有以色列的极右翼分子扬言要杀害沙龙。正如巴勒斯坦那样，以色列同样缺乏一个强势政府和威望很高的领导人，在关键时刻做出决断并左右局势发展。接任沙龙的新总理奥尔默特的威信和控制能力都显弱势，与以色列政坛政治强人的影响力相比存在较大差距。

第六，外部因素影响存在严重局限。受制于国内犹太人势力以及美国与以色列的战略盟友关系，美国不可能对以色列真正施加强大压力，并公正解决巴勒斯坦问题。在这方面，克林顿曾经做得很好，但仍无法摆脱这种偏袒思维的制约。而相比克林顿的促和政策，布什政府仍有很大差距。布什政府对巴以问题的介入力度总体不大，受制于伊拉克和伊朗局势，更加无力撮合巴以和谈。2003~2005年，布什政府曾几度做出斡旋努力，并承诺对巴勒斯坦进行财政援助。但美国的许多举措都是有条件的，立场明显偏袒以色列，其政策不会根本改变。因为美国犹太人对政府的影响强大，到20世纪90年代，美国犹太人总数已达600万人。虽然不足人口的

3%，但他们对美国社会、政治、经济、文化、舆论等各方面的影响和控制，远远超过任何别的族裔，甚至可以控制总统大选 20% 的选票。这一情况促使每届政府都不敢得罪犹太人群体。同时，要辩证地看待阿拉伯国家的作用。从表面上看，阿拉伯国家都对巴以局势紧张深表焦虑，但出于争取美国援助、显示本国在中东的影响力等方面的考虑，个别国家内心里并不愿该问题尽快得以彻底解决。历史上类似例子并不少见。2000 年 7 月和 12 月，在克林顿极力撮合巴以和谈取得突破的时期，阿拉法特和巴拉克也想一鼓作气，争取取得重大进展。当时，以色列总理巴拉克的让步是空前的，至今也是绝后的，但阿拉法特正是因为顾忌埃及总统穆巴拉克以及沙特等国的警告而退缩了。近年来，欧洲国家在巴以问题上不断有上好的表现，其促和力度和影响越来越大，但不能不看到，英国、法国、俄罗斯、欧盟整体和联合国等国际社会有关方面对巴以和谈施加的影响依然是有限的，美国也不容许它们的介入影响美国作用的发挥。

无论如何，中东问题最终得以解决终究要走和平之路。阿拉伯人在 19 世纪末对移居的少量犹太人友好相待，历史上的阿拉伯人也并未因宗教信仰差异而虐待犹太人，而犹太人把部分曾经的苦难加在巴勒斯坦人身上，这是有失公正的。从理性角度看，巴以双方尤其是以色列方面做出痛苦而切实的妥协才是关键，以方一味坚守利己不利他的所谓底线、拒不做出实质妥协是行不通的。巴方民众应当看到，完全坚持联合国有关决议、不能有丝毫动摇是不现实的。犹太人和巴勒斯坦人注定要和平共处在同一片土地上，犹太人也的确不愿看到自己的同胞天天生活在恐怖之中。贯彻和平政策与实现和平需要大智大勇的新思维，要用超常的胆识和谈判思想，用理智和务实的高屋建瓴态度，思考和解决中东问题并实现国家的政治民主和经济繁荣。阿拉法特生前的某些思维有需要调整的地方，但他的主流和威信都是不可抹杀的。阿巴斯务实而理性，认识到和平建国的可贵，在实现中东和平问题上有自己的见解和远见，但他的理想和目标的实现，需要来自激进组织，还有美国、以色列、阿拉伯国家和国际社会等多个方面的配合。但这样的好牌局还无法出现。

第二节　奥巴马促和力度有限，效果平平

一　中东百年难题短期内难以拆除引信

2011年5月上旬，巴以关系经历了一件具有标志性意义的大事。巴勒斯坦两大对立派别法塔赫与哈马斯在埃及首都开罗签署和解协议，法塔赫与哈马斯初步签署和解文件就同意建立过渡政府，准备未来8个月内进行总统和议会选举等达成初步一致。这是2006年两派对立以来首次达成和解。法塔赫领导人阿巴斯给予积极评价，认为巴勒斯坦人永远翻过了两派对立的黑暗一页。《纽约时报》报道说，这项协议是双方在埃及的斡旋下经过秘密会谈达成的，庆祝仪式也在埃及情报部门总部内举行，在场的还有联合国、欧盟和阿拉伯国家联盟代表。

巴勒斯坦问题是中东许多问题的核心，"二战"至今许多问题的发展与此有关。只有彻底、公正地解决该问题，中东动荡局势才有望逐步平复，反美主义的群众基础才能逐步被削弱，以色列也才能最终获得安全。然而，美国的霸权主义本质和倾向，以色列的现实利益需求、国内政治需要和民族性格，以及巴勒斯坦内部极端派别的一些固执主张等因素，又决定了巴勒斯坦问题短期内无法获得相对公正和圆满的解决，中东的总体动荡态势仍将持续下去，美国和以色列的对立面也将继续存在，巴勒斯坦人的弱势地位也难以改变。

巴勒斯坦问题的产生与发展贯穿20世纪。第二次世界大战整体带有抗击法西斯主义、争取自由和独立的正义性质，美国在战争中虽带有私利目的，但毕竟扮演了战争大后方和军工厂角色，为反法西斯战争胜利做出了贡献，并在"二战"后崛起为世界最强大的国家。"二战"后英国和法国等老牌资本主义和帝国主义国家衰落，西方殖民体系在西亚、北非以及南亚和东南亚的伊斯兰地区走向瓦解，民族国家纷纷独立。

然而，"二战"后美国在巴勒斯坦问题上处置不当、立场不公、推波

助澜，埋下持续引发阿拉伯民众和广大穆斯林对美国不满的祸根。20世纪初，欧洲的犹太复国主义者就推动不少犹太人移居巴勒斯坦。"一战"与"二战"期间，英国准许大批犹太人从欧洲回归两千年前的故土——英国统治下的巴勒斯坦。"二战"结束后，犹太人同样以恐怖手段反抗英国统治，英国决定放弃巴勒斯坦，交由联合国暂管，美国随后高调介入并主导巴勒斯坦问题走向，撮合联合国通过巴勒斯坦分治决议，成立以色列和巴勒斯坦两个国家，人口居于少数的以色列占据57%的领土，人口居于多数的巴勒斯坦国只获得43%的领土。阿拉伯方面强烈反对，1948年5月14日，以色列建国翌日，由埃及、叙利亚等国的阿拉伯联军向以色列发起进攻。

此后几十年，阿以之间多次发生大规模战争。由于美国倾力支持以色列、犹太人纵横捭阖、阿拉伯国家各有盘算等因素，阿拉伯方面总体看始终未能占据上风。慑于国内犹太人的势力和影响强大、美国社会同情犹太人"二战"遭遇等因素，美国不论在历次中东战争还是后来的巴以谈判中，均明显偏袒以色列，巴勒斯坦人民争取民族国家独立的愿望在美以双方的联手唱和下屡屡碰壁。

几度交手下来，以色列不仅没有消失，也没有缩小领土面积，反而吞并整个巴勒斯坦，并一度占领埃及的西奈半岛。1991年10月，美国撮合巴勒斯坦和以色列方面开始马德里和谈，虽然经过20年的数轮艰辛谈判和讨价还价，以及幕后的各类武力与和平手段较量，但以色列只答应向巴方分期并最终归还22%左右的领土；在能够解决难民回归、水资源划分等难题的前提下，巴勒斯坦方面的主流权力机构也只能基本接受此边界，承认联合国第242号和第338号决议。

然而从历史与现实看，从以色列的民族性格看，以色列不可能在上述其他问题上做出实质让步，巴方的极端组织也拒绝上述领土划分等结果。巴方只能基本控制加沙地带全境和60%左右的约旦河西岸土地，实际上只占整个巴勒斯坦地区面积的12%左右。而即便这些领土也被以色列切割得七零八落，税收、外交、国防等权力也为以色列所控制。

围绕巴勒斯坦问题而发生的几十年战斗与和谈，只获得这样一种结局，这当然令巴方和阿拉伯阵营深感屈辱和愤怒，从而埋下国仇家恨的种子。既然军事斗争难以取胜，巴方和阿拉伯世界的一些极端组织在和谈轨道之外不时针对美国、以色列以及个别西方国家发起恐怖袭击，以色列和美国则每每还之以暴力，导致几十年来巴以之间死伤甚巨。2001年布什政府上台后，在巴勒斯坦问题上更为偏袒和冷漠的政策激起阿拉伯世界的巨大愤怒，也成为本·拉登向美国发起"9·11"恐怖袭击的重要导火索。

2011年5月上旬，美国公布本·拉登在遭美军突击队狙杀前的最后录音。他警告说巴勒斯坦若没有安全，美国也别想有安全可言，"在我们能够于巴勒斯坦安全生活之前，美国别梦想有安全。您生活于平静中，我们在加沙的兄弟却没有安稳生活可言，这很不公平。基于此，以及真主的示意，只要您持续给以色列撑腰，我们就会继续对你们攻击"。

巴勒斯坦两派的初步协议仍有重要缺陷。在军队指挥权、安全机构控制权以及过渡政府人员组成等关键问题上并未定案，存在实质分歧。更值得各方关注的是，哈马斯并未改变不承认以色列的立场，哈马斯领导人梅沙尔表示"哈马斯的唯一敌人是以色列"，等于继续否认以色列国的存在权利。这对促成解决巴勒斯坦问题的主流趋势是不利的，联合国、美国、欧盟、俄罗斯等中东问题四方乃至不少阿拉伯国家也并不赞同哈马斯的这一立场。

现实看来，巴勒斯坦问题绝非朝夕所能顺利解决的。美国政府更迭导致的政策差异、中东地区国家政局与政策变换、巴以双方自身的种种分歧与干扰因素，都给巴以和谈以及巴勒斯坦问题的最终解决带来强大内外掣肘。巴勒斯坦问题的解决可能面临一线希望，但短期内难以摆脱带有宿命特点的困局。当下能否取得实质进展，阿拉伯世界尤其是埃及、沙特等阿拉伯大国的团结和决心是首要的重大支撑因素。如此，才可能推动其他因素向积极的方向演进。

因此，国际社会注意到，阿拉伯大国埃及试图在中东展现新影响。穆巴拉克之后的埃及军政新当局对促成巴勒斯坦两派和解起到了关键作用，也说明埃及权力当局有意愿顾及埃及民意，适当修正几十年来奉行的实际亲美友以政策，修正前政权长期以来在巴勒斯坦问题上带有筹码性质的政策，争取从巴勒斯坦问题解决入手，重新树立埃及在阿拉伯国家和中东地区的威望与影响力，与美国、以色列适当保持距离，贴近支持巴勒斯坦人民的权利争取。奥巴马政府在中东推行软实力外交，争取尽可能弥合美国与伊斯兰世界的关系，这与埃及新当局的中东促和新政策存在一定默契。据报道，2011年5月1日，以色列曾威胁暂停向巴勒斯坦移交代征的8800万美元税款，因为担心其流入哈马斯之手，后来美国过问此事，以色列答应尽快移交。

不少迹象显示埃及正在展现独立外交诉求，试图重新建立埃及对整个地区的影响力。埃及外交部表示，埃及正在翻开新的一页，重新发挥它一度放弃的作用。埃及已宣布计划开放与哈马斯治下的加沙之间被埃及前政权封锁的边界，并与哈马斯和伊朗实现关系正常化。埃及外长阿拉比表示，作为放松对哈马斯控制的加沙地带封锁计划的一部分，埃及将永久性打开拉法边境通道，拉法是加沙地带唯一绕开以色列的对外通道。埃及过渡政府总理谢拉夫在2011年4月底访问沙特时说，埃及和伊朗的关系掀开了新的一页。2011年2月，埃及同意伊朗军舰经由苏伊士运河驶入地中海，这是1979年以来伊朗军舰首次驶经该要道。埃及对哈马斯和伊朗表现出积极与热情，这都是以色列乃至美国所反对并且不愿看到的。当然，埃及军政当局、未来的民选政府能撇开美国和以色列的密切关注而在上述方面走多远仍需观察，但至少说明埃及发出试图推行一种相对独立外交的信号。

回过头来看，穆巴拉克在埃及内政外交的许多方面成就卓著，但一些评论认为，他在巴勒斯坦问题上实行左右逢源的平衡政策，即形式上力促巴以和谈、做积极的和平掮客，但实际上着眼于搞好美以关系并获取几十亿美元的美国援助，并不希望巴勒斯坦问题得到真正和彻底的解决，而是使该问题成为展现埃及在地区影响力的筹码。例如，在2000年巴以两次重要谈判即将成功的当口，穆巴拉克对阿拉法特提出了警告，表示阿拉法特无权单独代表阿拉伯方面签字，这成为阿拉法特因有所忌惮而最终放弃签字的重要因素。沙特等国当时也通过言辞施加了类似影响。当时美国总统克林顿撮合阿拉法特和巴拉克在美国戴维营两次进行重要会谈，以色列当时准备做出的让步迄今看来也是空前和有力的。另外，哈马斯与法塔赫的关系多年来也深受前埃及当局牵制。

以色列对局势的新发展甚为不满和不安。强硬的右翼总理内塔尼亚胡对巴勒斯坦两大派别和解提出警告，同时也是对埃及新当局的不满。以色列此前已经多次就穆巴拉克的命运问题向美国表达不满，认为美国赞同穆巴拉克下台不利于巴以和谈与以色列的安全，美国对待昔日阿拉伯盟友的政策，以及似乎不惜代价推进民主人权的政策都让以色列感到不安。正是在这些方面美国与以色列产生了分歧。由于哈马斯并未放弃不承认以色列的立场，内塔尼亚胡敦促法塔赫取消与哈马斯和解，称两派组建联合政府的决定严重干扰了巴以和平进程。

除了埃及军政当局极力撮合此次和解之外，其他阿拉伯大国暂时无暇顾及巴勒斯坦问题，也为两派实现和解提供了相对有利的外部环境。尽管未来埃及正式选举后的政府政策仍需观察，但埃及军政当局尝试对以往外交政策进行适度修正的举动无疑非常明智并具有积极意义，尤其对推动巴勒斯坦问题的解决进程是有利的。

客观而言，如果美国和以色列能够积极呼应埃及外交的新变化和巴勒斯坦问题的新进展，推动有关方面做通哈马斯的工作，促使其放弃有关立场，各方一致客观公正地推动巴勒斯坦问题解决，这不仅有利于美国在中东更好地维持其利益、处理与阿拉伯盟友的关系、减弱中东民众的反美情绪，对以色列与巴勒斯坦实现长期和平相处以及长治久安也是有利的。当然，这需要有关方面出现坚毅果决和具有远见卓识的政治家。

巴以双方各派别只有展现新的果断思维，各自基于历史与现实，做出痛快但明智的让步才有积极的出路。相对而言，以色列和美国要做得更多一些，但迄今美国表态总体仍显谨慎，毕竟美国不愿形势发展真正不利于以色列的安全与利益。如当时有媒体询问美国是否将停止向巴勒斯坦当局发放援助时，回答是"尚需观察"。美国此前有过类似记录，2006年法塔赫与哈马斯和解之后，美国曾经扣留了对巴勒斯坦的援助款项。2011年6月，美国发出新威胁——如果联合国大会通过巴勒斯坦立国，就停止对联合国的政治支持和停止缴纳联合国会费。这说明关键时刻美国的立场又一次动摇了。

二　巴勒斯坦建国之路荆棘载途

联合国大会于2011年9月20日召开，巴勒斯坦提出正式申请，要求成为联合国第 194 个成员。阿拉伯国家联盟各成员外长于 2011 年 9 月 12 日召开会议，对巴勒斯坦的行动表示支持。然而，20 多年来的巴以关系表明，直接谈判进程充满艰难险阻。巴勒斯坦申请成为联合国正式成员，成为拥有首都和独立主权的实体国家，对巴勒斯坦自身和阿拉伯世界而言，无疑是一个象征性跨越和鼓舞。但必须看到，即便联合国赋予巴勒斯坦这一合法地位，全世界多数国家承认其实体国家地位，巴勒斯坦未来要真正获得独立和完整主权，还必须在巴以直接谈判中解决边界、定居点、难民回归、水资源划分、东耶路撒冷最终地位等关键问题。以方的极右翼和巴方的极端势力都不会答应本国政府轻易做出让步，因此不论联合国承认还是巴以直接谈判，巴以关系的未来、和平进程都将面临重重困难，巴以问题的真正解决仍然遥遥无期。

美国其实有些左右为难。一方面，奥巴马政府几年来一直表示积极公正地推进巴以和平进程，支持建立与以色列和平共处的巴勒斯坦国，并要求以色列停止在约旦河西岸修建犹太人定居点，如果美国在安理会否决（这种可能几乎是 100%）巴勒斯坦的动议，则必然招致巴勒斯坦和阿拉伯世界的强烈不满，对于已经在中东地区饱受诟病和反美风潮刺激的美国而言，这一点有些得不偿失，颇不明智。但另一方面，以色列长期是美国在中东最重要的战略盟友，舆论戏称以色列是美国在中东的"海外州"。尤其是犹太人在美国具有重大影响，以其不到 3% 的人口左右美国 20% 的选票，并操纵金融和经济王国，美国历届总统如果得罪了犹太人，不仅当选和连任无望，平时执政也难以顺利。这正是奥巴马在推动巴以问题解决方面几乎光说不做的重要因素。因此，奥巴马政府同样承受不起得罪犹太人和以色列的更大代价，美国很可能不惜代价在安理会行使否决权，几十年来美国不惜得罪世界多数国家而为以色列动用否决权的先例已有多次。

三　为谈而谈不是解决巴以问题的出路

进入 2012 年，在美国、联合国等推动中东和谈的意愿表示下，在与巴以谈判息息相关的国家——约旦的撮合下，巴以双方谈判代表勉强在约旦开始了几轮接触和会谈。结果在预料之中,由于双方在定居点、边界划分、巴勒斯坦难民回归、耶路撒冷最终地位等关键问题上的立场差距太大并坚持各自固有立场,会谈没有取得进展。

巴勒斯坦代表说,以色列必须停止在被占巴勒斯坦领土上修建犹太人定居点,否则巴方不会重启直接谈判。以方则希望巴勒斯坦不要为和谈设置任何前提条件,就在安曼会晤几小时前,以方宣布在东耶路撒冷建造300套住宅。被右翼势力控制的以色列政府更不可能向巴方做出实质让步。巴以双方内部均存在反对声浪,双方互相推诿责任。与法塔赫存在巨大分歧的哈马斯说,会谈是在美国和以色列的压力下举行的,巴勒斯坦民族权力机构应当中止参与会谈,转而加速推动巴勒斯坦内部和解进程。以色列外长利伯曼则说,巴勒斯坦正准备将谈判失败的责任归咎于以色列。

美国奥巴马政府推动和谈,更多的是呼应其上台之时所提两国方案等促和力度,是为谋求总统竞选连任而做给选民看的。实际上奥巴马推动中东和谈的力度、深度和举措,与十多年前克林顿推动和谈相比,是无法企及的。从巴以双方看,既然美国又推动谈判,他们也不能无动于衷,总要有象征性的谈判表示。因为以色列在伊朗核问题、维护在西亚北非地区安全等诸多方面依然仰仗美国,巴勒斯坦民族权力机构也需要在和谈推进、财政补给等诸多方面看美国的眼色。

巴以和谈历史跌宕起伏、一波三折、悲喜交集。从1991年马德里中东和会召开起,巴以和谈已经持续了20多年。20世纪90年代曾经取得重大进展,在美国总统克林顿的大力推动下,1993年,时任以色列总理拉宾与副总理佩雷斯、巴勒斯坦解放组织领导人阿拉法特签订《奥斯陆协议》,发表加沙和杰里科自治宣言,谈判势头进展良好。为此,巴以首要领导人获得当年的诺贝尔和平奖。1994年,以色列与约旦签订最终的和平协议。可惜力主通过谈判实现巴以和平共处的拉宾总理在1996年中期被反对和谈的本国犹太人阿米尔枪杀,和平进程遭遇致命性重大挫折,元气大伤。进入21世纪以来的10多年,由于美国与以色列政府更迭,以及以色列政府政策强硬并推行"单边行动计划"等因素,巴以和平进程陷入停滞和倒退。至今,双方仍拘泥于重大和棘手问题而锱铢必较、裹足不前。以色列占据明显的强势地位,虽然局势和事态发展对以色列是有利的,但长此以往也不是办法,实质问题不解决,终究不是国家和人民的安宁之道。

不管怎么说,巴以这种为谈判而谈判的心态显得颇为悲哀,但又非常无奈。真正解决巴以问题,需要双方包括各自的强硬保守势力做出切实而果决的让步,以色列在此方面尤其担负重大责任。在此方面,英国相对公平地看待巴以谈判,前首相布莱尔担任斡旋巴以和谈大使并做出了不少努力和贡献。2012年1月16日,英国副首相克莱格指责以色列在约旦河西岸建设犹太人定居点的做法,称以方"蓄意破坏"重启巴以和平谈判进程。

不管怎么谈、形势怎么发展,有关各方应在联合国有关倡议、"土地换和平"原则、"阿拉伯和平倡议"、中东和平"路线图"计划等基础上,通过政治谈判化解争端,最终实现巴勒斯坦独立建国、巴以两国和平共处。巴勒斯坦独立建国是巴勒斯坦人民的合法权利,也是落实"两国方案"的基础。从这个原则出发,一切有利于打破巴勒斯坦和以色列谈判僵局、推动双方重启对话的举措都应该予以支持,以色列当下应该立即停止修建定居点。

联合国希望巴以谈判人员之间的筹备会议继续下去,并能最终迈向真正谈判,在有关领土与安全综合提议的基础上,按照中东问题有关四方的构想,在2012年底达成两国解决方案。潘基文秘书长呼吁巴以领导人展示出远见、勇气和决心,达成具有历史意义的和平协议,满足双方人民的合理诉求。联合国尽管在巴以谈判方面的实质影响有限,但联合国安理会理应为解决中东问题发挥更大作用。

四 消弭巴以战火、实现真正和平需要政治担当

2012年11月10日以来,以哈马斯为首的加沙地带武装向以色列南部密集发射了多枚火箭弹,惹恼了以色列。以色列于2012年11月14日"定点清除"了哈马斯二号人物、"卡桑旅"领导人贾巴里。随即,以色列军队对加沙地带的哈马斯军事指挥力量和政治中枢机构大动干戈。此次

军事行动代号为"防务之柱",以方声称目的是消灭武装分子及其基础设施。与此同时,加沙地带的巴勒斯坦武装也向以色列发射火箭弹,虽然多数被以色列防空系统拦截,但还是有不少火箭弹落到以色列地界。

连日的狂轰滥炸已经导致近120名巴勒斯坦人死亡,其中包括数十名儿童,总伤亡上千人。以色列方面也有数人伤亡。在以色列空军和海军严密打击和监视加沙地带这一弹丸之地的同时,以色列声称军队已经做好了地面进攻加沙地带的准备,并为此征召了7.5万名预备役军人。

国际社会许多方面紧急呼吁停火,联合国秘书长潘基文也呼吁,必须避免巴以局势进一步升级,并敦促各方配合埃及为巴以停火做出努力。潘基文于2012年11月19日抵达开罗主持巴以停火谈判。阿拉伯国家联盟于2012年11月17日召开外长会议,谴责以色列对加沙地带发动大规模军事行动,支持埃及为制止冲突所做的努力。英国首相卡梅伦也担心巴以冲突造成人员伤亡情况加剧,呼吁以色列总理内塔尼亚胡尽全力制止冲突。但这些对以色列而言,显得苍白无力。而美国总统奥巴马则表示"以色列有权自卫"。

以色列与加沙地带的哈马斯关系不睦,相互对立和敌视已经不是一天两天,缘何近日突然紧张?

目前的以色列总理正是强硬的右翼势力代表内塔尼亚胡。从20世纪90年代中后期开始,内塔尼亚胡就数次主导以色列政坛并在巴以谈判方面采取锱铢必较、强硬不让的立场。而依靠这些"安全许诺"和措施,他也的确成功地入主以色列内阁,成为响当当的政坛铁腕。据以色列媒体统计,该国历史上7次选举中曾有5次加剧了巴以局势紧张。

从巴勒斯坦方面看,近期巴勒斯坦方面不满于多年来巴以和谈进程的停滞和倒退,并坚定表示要加入联合国,要求独立国家的名分,引起以色列强硬势力的不满和不安。而且,巴勒斯坦民族权力机构坚持质疑2004年11月4日去世的阿拉法特的死因,坚持开棺验尸,并在国际社会大造声势和舆论,以赢取国际社会的同情,这同样令以色列不满。此时,以色列几年来一直视为眼中钉的哈马斯则在以色列南部做出过火的"挑衅"性举动,正好让以色列抓住了把柄、找到了借口。以色列试图通过打击哈马斯来震慑约旦河西岸地区阿巴斯领导的巴勒斯坦民族权力机构,以及同情和支持哈马斯的伊朗等外部力量。

客观而言,哈马斯在弹丸之地经过数年的经营,加上伊朗等国的同情和支持,也已经小有实力、略具规模,在军事上,短程导弹和火箭弹技术让以色列感到惊讶。埃及温和的穆斯林兄弟会政权也对哈马斯持同情态度,以色列对哈马斯动武后,埃及率先表明立场,召回埃及驻以色列大使并派出总理赴加沙同哈马斯磋商,穆尔西还呼吁国际社会对以色列施压。伊朗、突尼斯等国表示声援。美国也敦促以色列适可而止,不可放纵。在这种情况下,以色列真正对加沙发起大规模地面进攻的可能性并不大。

犹太民族曾经遭遇千年流浪和纳粹德国的严重杀戮,全世界人民深表同情,每每看到华沙隔都、纳粹集中营中的犹太妇孺惨遭虐杀的照片影像,无不为之痛心流泪。那是何等的惨痛!以色列与巴勒斯坦之间本无血泪仇恨,以色列固然需要保卫安全,但不能以此为理由肆意报复,将惨重杀戮降到巴勒斯坦的无辜民众以及妇孺身上,儿童遭难,于心何忍!巴以恩怨还需要真正的谈判解决,需要像伊扎克·拉宾那样有良知和有担当的果敢政治家推动解决,需要让步尤其是以色列方面的重大让步来完成真正的持久和平。而在此进程中,睿智的犹太民族需要深沉的思考,美国尤其负有切实推动和平的重大责任。

中方对以色列持续对加沙地带发动大规模军事行动表示严重关切,对滥用武力,并造成无辜平民伤亡的行为予以谴责。中方支持阿拉伯国家在巴勒斯坦问题上的正义立场,赞赏并支持埃及等地区国家和阿拉伯国家联盟为缓和当前紧张局势所做的努力。

附录　英雄年代的英雄史诗
——阿拉法特一生述评

2014年是阿拉法特逝世10周年。在以往多年的电视新闻中,阿拉法特就是那位打不倒的小个子,头戴格子巾,身穿草绿色游击制服,腰别手枪,长着高而尖的鼻梁、厚厚的嘴唇,外加炯炯有神的眼睛;时而和蔼可亲,时而冷若冰霜;数十年如一日,曾每天工作18个小时;他说过,

"我左手持枪,右手拿橄榄枝,巴勒斯坦人追求和平,但请不要逼我用枪"。阿拉法特于 2004 年 11 月去世之后,舆论褒贬不一,不少舆论当时也附和西方的一些预测,说阿拉法特的确是"恐怖分子",阻挡了中东和平进程,他的去世将开辟中东和平的新契机。如今,时间过去 10 年了,巴以局势发展并未好转,和平更是无从谈起,反而爆发和潜藏了许多不稳定因素,今后依然充满变数。回首阿拉法特的时代,也许有利于看清中东的现在,更有利于分析中东局势的未来。

一 自古英雄出少年

童年的磨砺。阿拉法特全名是穆罕默德·亚西尔·阿拉法特,生于 1929 年 8 月,在家中排行第六。父亲是个乐善好施的小商人,但阿拉法特的童年很不幸,4 岁时母亲不幸去世。其父多次再婚,阿拉法特大多时间由大姐伊娜姆照顾,但他经常试图摆脱大姐的控制,其桀骜不驯的性格初具雏形。他经常逃课,而且是个孩子王,经常手持棍条严厉地监督伙伴进行"操练"。但他同时极富行侠仗义之气,颇有同甘共苦之思想。阿拉法特年少时,正值反对英国当局统治和反对犹太复国主义的斗争风起云涌,巴勒斯坦急需武器,他 17 岁时就常自告奋勇从劫匪经常出没沙漠部落中购买武器,一时成为巴勒斯坦人心目中的英雄。1948 年 5 月阿以冲突全面爆发后,阿拉法特从埃及福阿德大学返回巴勒斯坦参加战斗,但结果阿拉伯人失败了。在经受战火洗礼的两年里,他逐渐了解到要改变巴勒斯坦人民的命运,必须推翻腐败无能的统治者并摆脱英国的左右。

埃及的革命先导。1950 年,21 岁的阿拉法特重新回到福阿德大学,并很快与由纳赛尔领导的试图推翻法鲁克国王的埃及自由军官组织取得联系,与纳赛尔的几个亲密助手阿密尔(后任埃及革命政权武装力量总司令)、毛希丁(后为埃及革命指挥委员会成员)、萨达特(纳赛尔逝世后接任总统)等人建立了密切联系。当时埃及的穆斯林兄弟会也是一股不容忽视的推翻法鲁克王朝的力量,阿拉法特也很快与之建立了良好关系。他开始充分利用各种条件为巴勒斯坦独立和解放而奔忙。埃及当局破例允许在福阿德大学建立名义上是训练反英志愿人员而实际上是秘密训练新一代巴勒斯坦战士的训练基地。他还暗中建立自己的力量，成功当上巴勒斯坦学生联合会主席，并很快表现出卓越的领导才干。他上任后办的另外一件大事是成功说服埃及当局准许学联创办学生杂志《巴勒斯坦之声》，这本杂志还把阿拉法特和后来闻名于世的另一位领导人阿布·杰哈德紧紧联系在一起。1954 年，他以学联主席的身份第一次公开提出要建立独立的巴勒斯坦国。1955 年，巴勒斯坦学生联盟首次应邀参加世界青年代表大会，他第一次踏上国际讲坛，向世界人民宣布巴勒斯坦人民建国的心愿。1956 年 10 月，苏伊士运河战争爆发，大学毕业后成为建筑工程师的阿拉法特在战斗中充分利用自己的工科知识，出色地完成了拆除炸弹引信的工作，赢得高度评价。战争结束后，他离开埃及前往科威特。

二　百折不挠求解放

"法塔赫"的创立与斗争。在科威特，阿拉法特熟练运用自己的建筑知识，很快成为百万富翁，阿布·杰哈德也来到科威特，两人商讨建立具有完全独立自主的军事单位。1957 年，他们建立了由 5 名成员组成的第一个地下小组，并创办定期杂志《我们的巴勒斯坦：生命的号角》，他们把即将到来的革命运动定名为"争取巴勒斯坦解放运动"，阿拉伯字母简写为"法塔赫"（FATAH），在《古兰经》里的意思是"打开胜利之门"。1963 年 2 月，法塔赫第一届由 10 名成员组成的中央委员会秘密成立，为巴勒斯坦解放事业奠定了坚实基础。为防止一开始就引起以色列的注意，法塔赫决定使用一个完全不存在的组织名称"暴风部队"来秘密袭击以色列。"暴风部队"的一系列袭击活动引起以色列和阿拉伯国家的高度关注，阿拉伯媒体甚至一度称该组织是西方国家和以色列使出的"苦肉计"，以色列也是后来才认识到"暴风部队"是不存在的，"法塔赫"才是真正目标。1967 年 6 月，第三次中东战争的失败再次使阿拉伯国家陷入失败阴影中。位于约旦的卡尔梅难民营由于经常给法塔赫战士提供支援，以色列大张旗鼓地宣称要进军卡尔梅。许多人劝说阿拉法特不要拿鸡蛋碰石头，当时法塔赫也只有297名战士。而阿拉法特认为这是打击以色列神话、重振阿拉伯士气的好机会。经过勇猛机智的战斗和约旦军队的配合，法塔赫取得决定性胜利。一度对阿拉法特抱有偏见的埃及总统纳赛尔会见了阿拉法特，并安排他担任巴解组织主席，至此阿拉法特终于成为巴勒斯坦人民的真正领袖。

沉痛教训与转战南北。巴解武装力量在约旦羽翼渐丰，单在首都安曼就有7万名武装巴勒斯坦人，该数目远远超过约旦全国军队的规模。他们数次在约旦制造事端，几次候赛因国王险被暗算。1970年9月，由乔治·哈巴什领导的"人阵"（巴解组织中的一个派别）将三架国际航班劫持到安曼并炸毁飞机，候赛因下定决心解决巴解组织问题。美国支持约旦，巴解组织渐渐不敌，后在纳赛尔斡旋下双方达成停火协议，巴解组织的活动受到严格限制。这就是著名的"黑色九月"事件。到1971年7月，元气大伤的巴解组织全部撤出约旦。阿拉法特不得不寻求在黎巴嫩开辟新的根据地。巴解组织的到来又引发黎巴嫩国内基督教和穆斯林两大派别于1975年4月爆发激烈内战，巴解组织也支持穆斯林派别而掺和其中。后来叙利亚总统阿萨德用计谋使巴解组织面临绝境，经沙特说情，阿拉法特才得以在黎巴嫩内战中幸存。以色列著名的鹰派总理贝京上台后，于1982年6月下令大举进攻黎巴嫩，力图彻底消灭巴解武装力量，这就是"第五次中东战争"。阿拉法特决定撤离黎巴嫩。经联合国斡旋，阿拉法特的1.2万名战士分15批撤到8个阿拉伯国家，巴解组织总部则迁往突尼斯。1983年末，巴解组织又在黎巴嫩北部同法塔赫反对派和叙利亚军队发生冲突，再次遭到重创。面对现实，巴解组织开始考虑改变斗争策略。

三　审时度势转和谈

和平建国设想。在坚持武装斗争的同时，阿拉法特也逐渐认识到，单靠武力断难取胜，政治解决巴勒斯坦问题、走和平建国的道路也是一条重要途径。1974年11月13日，阿拉法特应邀参加第29届联合国大会关于巴勒斯坦问题的听证会，阿拉法特在热烈演讲中说，"我是带着橄榄枝和自由战士的枪来到这里的,请不要让橄榄枝从我的手中掉下"。遗憾的是,由于时机不成熟,"橄榄枝"还是未被抓住。1974年11月22日,除美国以外的所有联合国成员一致通过了承认巴勒斯坦人的"自决、民族独立和生存"权利的第3236号决议。其后几年,阿拉法特终于说服了巴解全国委员会放弃原来所要求领土的70%。1987年被占领土上的巴勒斯坦人发动起义,阿拉法特不失时机地对起义加以积极引导,赢得了国际社会的广泛同情。1988年,阿拉法特顶住内外压力,宣布接受联合国第181号、第242号和第338号决议,从而步入以"土地换和平"、政治解决巴勒斯坦问题的轨道。1988年11月,巴勒斯坦国宣告成立,承认以色列的生存权,反对任何形式的恐怖主义,为启动中东和平进程创造了良好条件。

艰难而辉煌的谈判历程。1991年10月,马德里中东和会召开。1993年9月13日,双方正式签署巴勒斯坦自治原则宣言。1994年,阿拉法特与佩雷斯以及以色列前总理拉宾一道被授予诺贝尔和平奖。1994年5月5日,开始实行预期5年的巴勒斯坦自治。1995年9月,巴以签署西岸和加沙地区过渡协议。1996年1月20日,阿拉法特当选为巴勒斯坦民族权力机构主席。1997年和1998年,巴以双方先后签署《希伯伦协议》和《怀伊协议》,但两份协议均因内塔尼亚胡政府的拖延而未能彻底执行。1999年,由于以方严重威胁加上美国反对,巴解中央委员会被迫决定推迟建国。同年9月,巴拉克与巴方签署落实《怀伊协议》的《沙姆沙伊赫备忘录》。巴方实际控制加沙地带60%和逾40%的约旦河西岸土地。但巴以谈判进行得相当艰苦。在最终地位谈判所涉及的重大问题上,双方都固守底线。2000年7月,巴以美三方首脑在美国戴维营举行会晤。尽管会晤没有达成任何书面协议,但探讨了耶城地位、巴勒斯坦难民回归、边界等几个重大问题,巴以互相进一步摸清了对方及美国在这些最为棘手问题上的底线,显示出一定的积极意义。尤其在边界划分方面,以方一度提出撤出约旦河西岸96%的土地,这是迄今以方做出的最大让步。2000年7月底至8月初,年逾古稀的阿拉法特连续奔走访问欧亚非28国,寻求各国对巴勒斯坦建国的支持。但由于形势发展不利,巴勒斯坦宣布建国的时间多次被推迟,至今也没有定论。

四　逆水行舟向前行

巴以局势急转直下。2000年9月底,以色列利库德集团领袖沙龙冒闯耶城伊斯兰圣地,引发巴以之间持续至今的大规模流血冲突。2001年初,布什上台,对巴以局势采取相对超脱政策。后来沙龙组阁上台,中东局势为之大变,中东和平进程迅速转向。尽管2001年5月和6月美国一手主导《米切尔报告》和《特尼特停火计划》,旨在平息巴以冲突,恢复和谈,但以色列的"定点清除"政策激化了巴以冲突。以色列曾考虑对阿拉法特下手,但遭遇包括美国在内的国际社会的严重警告,沙龙才没有动阿拉法特。"9·11"恐怖事件发生后,美国一度认识到必须尽快彻底解决巴以冲突问题,消除恐怖隐患,布什宣布支持巴勒斯坦建国,严厉要求以色列约束对巴勒斯坦的报复性打击,阿拉法特也抓住机遇,配合美国,不顾高龄为美国伤员献血。然而好景不长,美国对阿富汗的行动取得了迅速的胜利,巴以冲突对美国的压力趋弱,美国又开始超脱于巴以冲突之外。2011年底,以色列右翼代表人物泽维遇刺身亡后,沙龙数次袭击阿拉法特的总统官邸,严格限制阿拉法特的活动范围,其处境越来越艰难。在国内,激进势力不受巴勒斯坦权力机构约束的恐怖活动令他头疼;一些阿拉伯国家私下里各有打算,阿拉法特难以从中获得真正有力的支持。国际社会对阿拉法特的支持和他的威望保护着他没有受到以色列强硬清除政策的侵害。

阿拉法特不是可有可无的。从2002年6月起,巴以问题重新成为布什政府的一颗棋子,但美国的促和计划明确排斥和孤立阿拉法特。2002年6～12月,布什酝酿提出"中东和平新计划",但由于美国忙于伊拉克战事,直到2003年4月底,中东和平"路线图"计划才正式公布。布什于同年6月初亲自赴中东撮合巴以美三国首脑峰会,正式启动"路线图"计划。但美国"抬出"巴勒斯坦政府总理阿巴斯、"孤立"阿拉法特的意图非常明显,沙龙也继续攻击阿拉法特。局势发展使中东和平"路线图"计划遭遇许多冲击,寸步难行。尽管美国和以色列尽可能将阿拉法特排除在中东和平进程之外,但其影响依然举足轻重。当时的民意测验显示，阿拉法特的民意支持率在20%以上，甚至另一说法是35%，而巴解组织二号人物、巴勒斯坦政府总理阿巴斯的民意支持率只有2%。国际社会和巴勒斯坦自身多次呼吁并提醒美国和以色列注意这一点，以色列国家内部一些和平人士对此也不讳言。没有阿拉法特的支持和认可，当时的总理阿巴斯在重大问题上难以做出决断。2003年9月前总理阿巴斯辞职后，接任总理的前议长库赖也离不开阿拉法特的扶持。因为阿拉法特是巴勒斯坦各派的"平衡木"。直至阿拉法特去世前不久，美国和以色列政府还坚持指责阿拉法特无心和谈，是"恐怖头子"，但从逻辑上说这种指责是讲不通的。因为阿拉法特与以色列政要一起获得过诺贝尔和平奖，而在布什和沙龙任内转瞬间就成了恐怖分子，明眼人一看便知道这其中的原委不在阿拉法特身上。

五　吉人天相奇事多

奇闻逸事多多。在巴以严重对立的斗争年代，阿拉法特要防备数不清的明枪暗箭，数十次面对突如其来的天灾人祸，又次次化险为夷，因此他被称为阿拉伯的"九命怪猫"。包括巴解组织二号人物阿布·杰哈德在内，曾有超过一打的巴解组织领导人被暗杀，而阿拉法特却多次逢凶化吉、"死而复生"，常令老对手、声名赫赫的以色列情报机构摩萨德深感困惑和惊讶。巴勒斯坦反谍官员萨拉赫·哈拉夫曾对为阿拉法特作传的英国作家阿兰·哈特说，谋杀阿拉法特的未遂行动有50多次，他多次化险为夷，"60%是靠他自己的鼻子，或者说他对危险的警觉，30%是运气好，10%是安全机构的作用"，阿拉法特自己也曾将这种直觉戏称为"狗的直觉"。他经常突然变换处所、座位和飞行路线。1967年，法塔赫总部设在约旦河西岸的一个小村庄里。一天他突然对一个战友说，这儿有危险，同伴与他争辩起来，阿拉法特生气了，随后两人离开了小村庄，黎明前当他们赶到另一村庄回头看时，原来的村庄已被以军战车包围。1982年，以色列国防部长沙龙一直派出战机对阿拉法特进行搜袭，8月的一个深夜，正在贝鲁特一幢大楼14楼开会的阿拉法特忽然感到危险，立即命令撤离，几分钟后领导人们在对面楼内眼睁睁地看着刚刚撤离的大楼被以色列飞机炸成废墟，250人丧生。摩萨德曾巧妙地寄给阿拉法特一枚邮件炸弹，工作人员递给他时，阿拉法特说，这是炸弹，后经验证果然不假。还有一次，他的飞机在北非的沙漠遇险，机头栽入沙漠，两名助手身亡，而阿拉法特只负了一点轻伤。有几次是阿拉法特的精神无形感召着要暗害他的人而救了他自己。摩萨德曾命令阿拉法特身边的一位女秘书和一个工作人员两次给他下毒，最后两人都良心发现向阿拉法特坦白了一切。阿拉法特做过工程师的职业感觉也曾救过他的命，曾有一段时间以色列飞机不断跟踪阿拉法特的轿车，阿拉法特断定车内有无线电发射跟踪装置，经查果然如此。阿拉法特自己说过，如果说由于以色列飞机轰炸的精度不高而使其幸免于难，至少有12次。1983年，阿拉法特和4000名巴解战士撤离叙利亚前往利比亚的黎波里基地，以色列事先已在其必经水域用飞机投下大量水雷，计划在阿拉法特经过时准时爆炸。阿拉法特事先就有所预料并果断下令推迟撤离时间，水雷在预定时间爆炸了，巴解战士安然无恙。

六　无情未必真豪杰

"与巴勒斯坦革命结婚"。1990年7月17日，61岁的阿拉法特才与他的年轻妻子、当时28岁的苏哈结婚。他一直没有结婚，主要是因为他考虑到自己出生入死、生死难卜，会给对方带来巨大痛苦，因而他一直宣称，"让任何一个女性和我分担长期斗争中所面临的困难和危险是非常不公平的"。事实上，他也有多次"机会"。他"调皮"地称早年曾结过一次婚。1967年第三次中东战争后，他在约旦河西岸被以军包围，一位同事的妻子假装是他的妻子，另一个年轻的同事扮作他们的孩子，"一家人"成功地越过了以军封锁线。他有三次没有成功的婚恋。他在开罗学习时曾喜欢一个埃及姑娘，但在莽撞向女孩父母求婚时遭到拒绝。之后到1963年他没再想结婚。在科威特发财后又动了结婚念头，但当时他随时会有生命危险而断然中止了那段爱情。最刻骨铭心的一段爱情发生在他与一位受过高等教育的寡妇纳达之间。1971年，两人在贝鲁特相遇，这个高雅美丽的 30 多岁的女人深深吸引了阿拉法特。可惜纳达在 1975 年黎巴嫩内战中被暗杀，阿拉法特当时痛哭失声。苏哈出生于约旦河西岸一个富有的基督教家庭，后随父举家迁往法国。1988 年，苏哈到突尼斯巴解组织总部开会，两人相互深深吸引。1989 年，阿拉法特访问法国，苏哈担任翻译。1990 年，两人举行了简单的婚礼。1992 年，两人结婚的消息才传开来。1995 年 7 月，他们的女儿降生，取名扎赫瓦，在阿语中是"希望和美丽"的意思。阿拉法特有一颗童心，闲时他常常醉心于观看动画片和美国西部电影。他也极喜欢孩子。巴解组织驻各地主席向阿拉法特汇报工作时，他首先要听取的就是有关孩子的生活、学习成绩等问题，有人曾提出疑问，阿拉法特说，"不，你错了，孩子是我们的生命，他们和政治一样重要"。

七　生死时速留悬念

阿拉法特去世前两年多，被围困在约旦河西岸地区拉马拉的官邸内。以军坦克在 2002 年 3 月首次开抵拉马拉官邸并将其包围，完全切断楼内供电和供水，阿拉法特和巴方官员的活动空间也收缩在狭小的官邸内。2002 年 6 月，以军"铁桶阵"再次降临拉马拉官邸，"焦土"行动开始，官邸更加破败不堪。2002 年 9 月，以军对官邸发起最后一次攻击行动，除阿拉法特工作起居一侧，官邸已没有其他矗立部分。联合国安理会通过第 1435 号决议，谴责以色列行动并要求以军解除对拉马拉官邸的封锁。阿拉法特于 2004 年 10 月飞赴巴黎治病前曾说，自己的健康状况恶化是因为被迫长期在恶劣环境中竭力维持生命。阿拉法特的助手说，近三年阿拉法特唯一能进行的锻炼就是在楼道内上下走动。

2004 年 11 月 11 日阿拉法特去世前不久，国际社会予以高度关注，并直接或间接地表达了对他及中东和平的关心与支持。法国总统希拉克在慰问电中说，支持阿拉法特为寻求中东冲突合理和持久的解决所做的努力，支持他建立一个繁荣昌盛、与以色列和平共处的巴勒斯坦国的强烈愿望。希拉克还亲自去医院看望他。2004 年 11 月初，英国《卫报》高度评价阿拉法特，称赞他在过去40年里，一直在为建立一个独立的巴勒斯坦国而不懈努力。尽管美国和以色列给他施加了重重阻力和压力，但他仍坚持维持巴勒斯坦的政治团结，鼓舞巴勒斯坦民众的士气；在面对以色列军队的围困、轰炸甚至是暗杀时表现出的顽强意志，使他的非凡气质具有高度感染力；在很多人看来，阿拉法特欲建立一个独立国家的目标几乎是不可能实现的，但他从未放弃过信念，而且一直在巴勒斯坦民众中享有极高的威望；他不仅是一个独立的象征，而且是一个受尊敬、平易近人的伟人。

阿拉法特将其毕生都献给了巴勒斯坦的民族解放事业。从几十年的烽火岁月到艰难推进和平谈判，阿拉法特为巴勒斯坦的独立梦想成为现实而呕心沥血，他与战友多年来为之不懈努力。"出师未捷身先死，长使英雄泪满襟"，实为千古遗憾。尽管新的巴勒斯坦权力集体后来组成并走上了中东舞台，继续领衔实现阿拉法特的夙愿，但巴解组织内部、巴勒斯坦内部依然面临调整，也不排除争斗的可能。除了巴解组织内部分歧外，更大的问题在于巴勒斯坦激进势力不会轻易服从后来者的管束，而继续坚持激进的斗争道路。2004年11月14日，新的巴解组织主席、前总理阿巴斯遭遇30多名武装分子的袭击就是一个信号。在没有阿拉法特的日子里，时任以色列总理、阿拉法特的老对头沙龙内心并非没有担心，他曾严厉告诫下属不要谈论阿拉法特的健康问题，并责令以军高度关注局势发展。

阿拉法特的死因至今依然成谜。阿拉法特于2004年10月前往法国一家军医院接受治疗，次月在法国逝世。2012年7月，媒体披露在阿拉法特生前衣物上发现含有高剂量放射性物质钋，由此引发阿拉法特可能是中毒身亡的猜测。在巴方同意开棺验尸后，瑞士、法国和俄罗斯专家于2012年11月从位于巴勒斯坦拉姆安拉的阿拉法特墓地提取其尸骨样本并带回各自国内化验。2013年12月，法国专家发布尸骨取样化验和相关调查结果，称没有证据显示阿拉法特遭放射性物质毒杀，称他的去世是由于"自然原因"。而当年11月，瑞士专家的调查结论"支持"阿拉法特死于放射性物质钋的推测但无法"证明"。俄罗斯方面的表述与瑞士相仿，称阿拉法特死于有毒物质。

克林顿执政的 8 年，无疑是巴以和谈最为辉煌的时期，以色列前总理拉宾、佩雷斯，阿拉法特以及美国前总统克林顿一起，取得了辉煌成果。但随后中东局势令人担忧的发展，迫切呼唤克林顿与拉宾式的促和力度及果敢精神，需要美以和谈立场的重大改变，也需要激进组织顾全大局，支持和谈道路。

第十章
中东的地区强国以色列

第一节 犹太人创造的神话与现实[①]

犹太民族是一个别具一格的民族。犹太人创造了神,创造了《旧约圣经》并景仰其主神耶和华;深具传奇与神秘色彩的犹太人耶稣创立了基督教,信奉新约,现今通行的公元纪年就是以耶稣诞生为计算起点的。犹太人一直自认为是上帝的优选子民。他们的确充满智慧,才华横溢,却在几千年的流亡之苦中饱尝人间的风霜刀剑。可能没有哪一个民族像犹太民族一样,其历史是一部璀璨的文明发展史,同时又是一部写满苦难的辛酸史。他们中涌现的文明巨匠和巨商大贾灿若群星,人们总能立即想起许许多多诸如马克思、爱因斯坦等耀眼的世界名人,总能想起犹太巨商罗斯柴尔德、哈默、索罗斯之流的通天才华和经营方略。

当然,人们还会回忆起他们的苦难,"二战"期间希特勒实行种族大灭绝政策,残暴地屠杀了600多万名犹太人;回忆起以色列建国后,以色

[①] 本节部分数据和例证参阅下列书籍:
杨曼苏:《犹太大劫难》,中国社会科学出版社,1995。杨曼苏主编《以色列——谜一般的国家》,世界知识出版社,1997。肖宪:《犹太人:谜一般的民族》,上海人民出版社,2000。

列谍报机构摩萨德万里迢迢将屠杀犹太人的元凶艾希曼缉拿归案。当然人们还不禁想到，犹太人历尽千辛万苦终于在1948年建立了世界唯一的犹太国家以色列，并在以色列干旱而贫瘠的土地上建成中东地区唯一、科技水平在世界拔尖的发达国家；人们还会想到，当前由于阿以争端而使中东地区弥漫着冲突和战火的硝烟，饱经沧桑的圣城耶路撒冷正在继续流泪流血，尝尽苦难的犹太民族正借口自己是上帝的第一选民，把曾经的苦难强加在被占领土的巴勒斯坦民族身上，这又是有失公正的。

一　流散千年，初衷不变

大约公元前18世纪，阿拉伯半岛上的游牧民族闪族的一支哈卑路人（意为游牧民）进行了一场大迁徙活动。迁徙由族长亚伯拉罕、其儿子以撒、其孙子雅各率领。迁徙队伍渡过幼发拉底河和底格里斯河，到达迦南即今天的巴勒斯坦。哈卑路人此时改名为"希伯来人"（意为渡河）。途中，雅各因能与扮成陌生壮汉的天使搏斗并能取胜，因而改名为"以色列"（意为与天使搏斗的人）。到达迦南后，因为与当地人的争斗加上天灾，希伯来人向埃及迁徙并在埃及繁衍400多年。公元前12世纪，饱经奴役的希伯来人在首领摩西的带领下走出埃及，回到迦南。先后在首领扫罗、大卫的带领下与当地的腓力斯丁人（今天的巴勒斯坦人）几经征战，最后于公元前1004年建立了大卫王国（公元前1004年~公元前965年），即希伯来王国。大卫的儿子所罗门（公元前965年~公元前930年）执政时期，王国势力进一步加强。所罗门重视金属冶炼行业并努力扩大对外贸易，他的最大成就就是在耶路撒冷建立圣殿，使之成为犹太国家和宗教生活的中心。

公元前930年，所罗门死后，国家分裂为北方王国以色列和南方王国犹大，其中犹大王国建都耶路撒冷。前者于公元前722年被亚述人所灭，后者则于公元前586年被巴比伦所灭，耶路撒冷和第一圣殿被摧毁，标志着犹太人流离失所的开始。但巴比伦人并未割断犹太人同以色列土地的联系，他们发誓要记住并有朝一日回归他们的家园。在巴比伦，犹太人开始形成故土之外的宗教体系和生活方式，这种情况最终确保了犹太民族的生存及其精神特性并使之充满活力,以捍卫犹太人作为一个独特的民族的未来而在几千年中不能轻易被同化。在波斯和古希腊统治时期(公元前538年~公元前142年),犹太人两次返国并实行过不同程度的自治,在第一圣殿旧址上建造第二圣殿,加固耶路撒冷城墙并设立大议会作为最高宗教和律法机构,这些都标志着第二圣殿时期的开始。公元前63年,罗马人入侵并统治巴勒斯坦地区(公元前63年~公元313年),犹太人曾于公元66年发动大起义,但被严厉镇压下去,公元70年耶路撒冷被夷为平地。在反抗镇压的过程中,曾发生过可歌可泣的马塞达保卫战。公元73年罗马人最后攻克靠近死海的马塞达宫殿时,已经坚守三年多的近千名犹太人全部自杀,拒不投降,马塞达后来成为犹太民族决心在自己的土地上争取自由的象征。耶路撒冷和第二圣殿的被毁对于犹太民族来说是一场灾难。大部分犹太人被赶出巴勒斯坦,流亡欧美各国。7世纪,巴勒斯坦被阿拉伯帝国占领,阿拉伯人从此占该地居民的绝大多数。16世纪,巴勒斯坦地区被奥斯曼帝国吞并。

19世纪末,以赫茨尔为首的欧洲犹太资产阶级思想家发起犹太复国主义运动,并于1897年成立了"世纪犹太人复国主义组织",他出版的《犹太国》勾勒了未来犹太国的宏伟蓝图并激励着犹太人为复国而奋斗。赫茨尔去世后,生活在英国的犹太人哈伊姆·魏兹曼成为复国运动的实际领导人。1917年,英国占领巴勒斯坦,魏兹曼与在英国威望很高的著名犹太巨商罗斯柴尔德勋爵一道努力,说服英国于1917年11月发表《贝尔福宣言》,表示主张"在巴勒斯坦为犹太民族建立一个由公共法律保障的犹太人之家"。"一战"结束后,国际联盟通过了英国对巴勒斯坦的"委任统治训令",之后,世界各地犹太人大批移居巴勒斯坦。1947年11月,联合国大会通过巴勒斯坦分治决议,决定在巴勒斯坦分别建立阿拉伯国和犹太国。1948年5月14日,以色列国正式成立。千百年来,犹太人在流亡的苦难岁月中,一直诵念着这样的祈祷词,"明年在耶路撒冷",期待着复国和重生,这一愿望终于如愿以偿。更令人称奇的是,犹太人复活了他们祖先的古老语言——希伯来语,并使之成为流行的官方语言。《旧约圣经》就是用古希伯来语写成的,犹太人流散后古希伯来语渐渐被忘却,以至于最终被废弃。19世纪末至20世纪初,出生在立陶宛的犹太语言学家本·耶胡达经过艰苦努力，成功将其复活并大力推广，如今以色列的年轻人都以讲希伯来语为荣。犹太人遍布全世界，其中美国 590 万人、以色列 442 万人、法国 60 万人、俄罗斯 60 万人，其余分散在世界其他国家。

二　饱受磨难，血泪浸染

自从两千多年前犹太人失国流散以来，他们饱尝了人间苦难，其流亡生活留下了太多的血泪记忆，他们无时不受世俗和宗教的双重迫害，处处遭到排挤、打击、驱逐和杀戮，许多国家不是接纳他们而是迫害和欺凌他们，仅仅有时利用他们作为生财和理财的工具。近代法国、英国、沙皇俄国等许多欧洲国家都曾有"排犹"甚至"屠犹"的丑恶历史。犹太人将苦难和血泪埋在心底，痛苦和迷茫时求助于他们的宗教和主神耶和华。"哭墙"就是这一见证。哭墙又称西墙，位于耶路撒冷东区老城东部，长 160 英尺，由大石砌成。罗马帝国统治时期，绝大部分犹太人被赶出巴勒斯坦地区，圣殿始终未能被恢复。后来，在圣殿断垣残壁的遗址上修建起围墙，这段墙被视为犹太人信仰和团结的象征。千百年中，常有各地犹太人来此号哭，寄托故国之思，缅怀民族苦难，此墙因名"哭墙"。直到如今，哭墙脚下经常有来自世界各地的犹太人，或面壁肃立默默祈祷，或长跪在地悲戚啜泣。

"二战"期间，希特勒的纳粹政权处心积虑地灭绝犹太人，国家机器遵照希特勒"最后解决犹太人问题"的口谕制订出一系列灭绝计划并大规模付诸实施。其间，大约有包括 150 万名儿童在内的 600 万名犹太人被杀害。犹太人先是在被希特勒铁蹄占领下的犹太聚居区受尽屈辱和折磨，后被有计划地分批送往为数众多的集中营进行大规模屠杀，年老体弱者和儿童以及妇女被骗往与豪华澡堂毫无二致的毒气室毒死，少数运气好一点的先留下来做苦役。纳粹从在毒气室被毒死和被用各种残忍手段杀害的犹太人身上拔金牙，取下金饰品，并剪下头发编织地毯，纳粹女看守甚至残忍地专门成批地杀害犹太妙龄少女，取柔软的皮肤制作所谓精美的灯罩，用来向上司行贿和出售！"死亡工厂"奥斯威辛集中营是最大的恐怖地狱。该集中营是波兰南部奥斯威辛市附近大小40多个集中营的总称,距华沙300多公里,于1940年4月由纳粹德国恶魔之一希姆莱下令建造。据统计,战争期间该集中营屠杀了200万~400万人,其中至少有150万人是犹太人。

1941年6月,德国入侵苏联后,苏联战俘被陆续收了进来,希姆莱视察奥斯威辛后制定了扩展集中营蓝图。同年10月增设2号营,官方称呼它为比克瑙。其主要任务是,在毒气室进行大规模屠杀。不久又增设3号营。奥斯威辛集中营是第二次世界大战期间纳粹德国最大的"杀人中心",法西斯在营内设立了用活人进行"医学试验"的实验室,试验便捷的绝育方法,对数不清的孪生子女进行活体或尸体解剖,在冰天雪地进行冰冻试验,在真空下将人膨胀而死,等等,与当年日军臭名昭著的731部队在中国东北的罪恶如出一辙。集中营内设有大规模杀人的4个毒气"浴室"及储尸窖和焚尸炉。每天屠杀1万~2万人是极为平常的。其他还有特雷布林卡、索比堡、贝尔赛克等众多集中营。"二战"期间,纳粹德国杀害的犹太人总数使当时的犹太人口骤然下降1/3,欧洲犹太人口下降1/2。

但犹太人绝不甘坐以待毙。各个灭绝营里不断发生杂役进行的微弱但为数不少的暴动,并有极少数人成功出逃,揭露纳粹的滔天罪恶,世界开始关注纳粹的种族屠杀政策,以前欧美国家是不相信纳粹有步骤的屠杀计划的。波兰被纳粹德国占领后,被圈在人间地狱华沙隔都的波兰犹太人每天都有几百人因病、饿、冻而死,还有大批被用死亡专列运往特雷布林卡2号死亡营集体屠杀。犹太人最后举行起义,历史上称之为华沙犹太区起义。起义从1943年4月19日开始,经过28天力量根本不成比例的悬殊战斗,德军仅死伤几百人,5.6万名华沙犹太人或牺牲或被俘,最终被送往集中营,华沙犹太区被最后付之一炬。华沙犹太区起义是犹太人在明知难以取胜的情况下做拼死一争的,它再次体现了犹太人当年抗击罗马人统治的不屈精神。值得一提的是,在犹太人面临民族危亡的时刻,中国人民伸出过慷慨的援助之手,"二战"期间先后接纳了2万多名走投无路的犹太人进入上海。这也是为什么犹太人对中国人民深怀感激的原因之一。事实上,早在北宋时期,就有犹太人来中国并定居中国的开封地区,历经元朝、明朝，但后来犹太社团逐渐衰落，最终犹太人奇迹般地被包容性极强的中华文明融合。

缉拿纳粹元凶。俗话说，多行不义必自毙。绰号"死神"的艾希曼是忠实执行希特勒丧心病狂的屠犹政策的纳粹元凶，1939～1945年，他一直担任纳粹保安总局犹太处处长，是大屠杀的主要组织者和指挥者之一，双手沾满了数百万名犹太人的鲜血。"二战"后，他早已寻找好的替身被复仇的犹太人杀死。1950年，他却狡猾地逃到阿根廷的布宜诺斯艾利斯以假名卡多·克莱蒙特同妻儿隐居。以色列情报机构摩萨德经过缜密的、大海捞针式的侦察，终于获悉他的行踪，并于1960年5月将其从阿根廷秘密绑架到以色列接受审判，引起世界轰动。当时的以色列总理本·古里安亲自宣布要审判刽子手艾希曼。以色列不仅想通过审判艾希曼复仇，还想借此教育年轻的以色列人不要忘记苦难经历，激发他们的爱国热情。1961年4～8月，审判延续4个多月，不仅详细公布了他的罪行，同时还把希特勒纳粹德国的全部罪行公之于世。为防止犹太幸存者情绪过激，他被放在密封的玻璃罩里。1962年5月，罪恶累累的刽子手被判处死刑并被绞死，这是迄今唯一被以色列判处死刑并执行死刑的人。以色列不实行火葬，但他的尸体被焚化，焚尸炉也是专门为他建造的。抓捕艾希曼相对简单，抓捕号称"里加屠夫"、当年屠杀5万名犹太人的赫伯特·库克斯就颇费周折。这个蛰伏在南美的运动员出身的狡猾屠夫最终没有逃脱被犹太复仇组织秘密处死的下场，复仇者署名"永不忘记过去的人"。追捕"死亡天使"门格尔着实不易，缉拿他的赏金高达10万马克。他活动得公开又猖狂，但追捕者一直没有抓到他，直到南美洲巴拉圭警方宣布他几年前自己淹死为止，他逃脱了正义的审判。他当年是医生，但却是披着白衣的豺狼。他曾一次对150万对双胞胎进行野蛮活体试验。

三 智慧集成，群星璀璨

商业天才，金钱的化身。2000年11月，有中国学者称，他们通过最新研究发现，诞生于800多年前的世界最早纸币、中国宋代的"交子"及其发行系统，可能是犹太人帮助中国创造的。的确，犹太人和金钱与商业有着不解之缘。他们本民族的宗教熏陶和文化传统使其民族文明水平普遍较高，如美国犹太人受过高等教育的比例，是整个美国社会平均水平的5倍；因为他们遵循严格守信的宗教律法并用于经商，从而获得了信誉；更因为在漫长的两千多年的流亡岁月中，尤其是在基督教统治的黑暗的中世纪以及普遍经历大资产阶级革命的近代欧洲社会，他们没有祖国，在所居住国家没有地位，也没有政治权利，被禁止进入各级行政机构和军事组织，欧洲的手工业行会又把犹太人排斥于各种手工业之外，甚至不被允许购买不动产如房产和土地等，他们唯一的生存道路大概就是放贷和经商，他们的经商才华同时得以充分体现，这反过来又成为社会嫉妒、蔑视和迫害他们的理由和"罪过"，反犹主义依旧肆虐。可以在一定意义上说，是苦难和无奈催化了犹太人的商业技能。具有经济思维的犹太经济学家也大有人在，如美国联邦储备委员会主席格林斯潘，以及著名经济学家萨缪尔森、弗里德曼、库兹涅茨等。自1968年设立诺贝尔经济学奖以来，1/3的获奖者是犹太人。截至1987年，8人获和平奖，33人获物理学奖，9人获文学奖，13人获经济学奖，20人获化学奖，46人获生理学及医学奖。

科学、思想与文化的集大成者。犹太人重视知识和文化，其宗教信仰和民族苦难也培养了他们的求索思维。所以在世界文明史尤其是近现代文明史上，犹太文明巨匠灿若群星。他们的巨匠数量和对世界的贡献与他们从未超过2000万人的人口数量呈现惊人的不成比例。在思想领域，17世纪的荷兰犹太人斯宾诺沙是世界公认的最伟大的哲学家之一，然而天妒英才，斯宾诺沙不幸于45岁时英年早逝。此外，马克思、弗洛伊德、爱因斯坦是近代史上三名赫赫的世界名人，他们都出现在犹太民族最苦难、生活最动荡的历史时期，苦难激发了他们的思考和灵感，催生了创造思维。杰出的英国古典经济学家大卫·李嘉图出生于犹太人家庭。在现代哲学史和思想史上，马尔库塞、卡尔·波普、弗洛姆、柏格森、胡塞尔、维特根斯坦，以及经济学家萨缪尔森、心理学家马斯洛等巨匠发出夺目的光辉。由于受到排斥，进入政界的犹太人并不多，有名的如英国近代首相本杰明和美国知名国务卿基辛格。据统计，自诺贝尔奖1901年设立以来到1987年，获得该奖的犹太科学家数量占到获奖总人数的17%。扬名世界的科学家有爱因斯坦、丹麦物理学家玻尔以及与这两人一起研究美国原子弹的奥本海默、费米等人。在艺术殿堂，犹太人也不甘示弱，如著名诗人亨利希·海涅、奥地利作家卡夫卡、美国作家贝娄等。著名音乐家门德尔松、梅纽因，画坛巨匠毕加索，以及拍摄《辛德勒的名单》和《侏罗纪公园》的美国名导斯皮尔伯格等也是犹太人。

四 军事神威，名不虚传

军队不仅创造衍生高技术，更重要的是它培养创造能力，军队是高科技的孵化器。以色列军队的规模和人数有限，它对级别较低的军官委以重任，鼓励他们开动脑筋。军队指挥系统人员不多，以实现目标为出发点；军方不像一个军事官僚机构，而更像一个刚刚起步的公司。高科技产业大多为前谍报人员和战斗机飞行员所创，他们从军队中带来了国防科技的衍生技术、"我能行"的自信作风和"非常规"的思考方式。以色列空军的一位驾驶员于1990年和同伴一起创立了保护互联网安全的CHCKPOINT公司，出售他们生产的"防火墙"防毒软件。现在该公司成了纳斯达克市场上最火的以色列公司，上市资金达18亿美元。2000年，当黑客侵袭互联网，使得像雅虎和易贝这样的公司都处于危险之中的时候，该公司的股票却在几天内上涨了30%。1995年，以色列放弃制造"幼狮"战机的计划，被这一尖端计划雇用的好几百名科学家充实到了私营部门，使以色列高科技如虎添翼。前空军军官埃亚勒·马诺尔在服役期间，就参与销售一种使用者用一根电话线在网上冲浪的同时就能接收电话的软件程序（类似于ISDN）。在互联网尚未在世界普及的时期，他和战友使用风险基金投资7万美元建立了公司，后又获得了一家法国风险投资基金的200万美元投资。随后他们的顾客分布南美和东亚。

以色列的军事实力与技术在中东无与匹敌。以色列现役总兵力17.5万人，其中陆军13.4万人、海军9000人、空军3.2万人。拥有坦克和装甲车约14488辆（其中坦克4300辆、装甲车10188辆），各种火炮约10650门，地对地导弹20枚以上，反坦克导弹1005枚以上，防空导弹945枚以上；各型舰艇73艘；各型飞机约1260架（其中作战飞机611架）。以色列预备役兵力共有43万人。以色列事实上拥有核武器，并有先进的导弹技术，"箭－2"弹道导弹闻名于世、威震中东。2000年，以色列空军、导弹部队和有关研制单位正式宣布"箭－2"弹道导弹防御系统投入运行，这标志着以色列已成为世界上第一个拥有防卫和拦截弹道导弹系统的国家，它的飞机预警技术、火炮坦克飞机制造技术等都是世界一流的。在过去的4次大规模的中东战争中，它之所以能够取胜，除有美国在每次关键时刻鼎力相助外，以色列的军事技术、备战水平以及有效快速的兵役制度也是重要因素。以色列国防军始建于1948年，经过5次大规模的中东战争，它成为世界闻名的身经百战的武装部队之一。由于以色列国土狭小，缺乏战略纵深，国防军注重防御和进攻结合，往往出奇制胜，先发制人。

  关于军队的战争神话俯拾即是。在1967年的第三次中东战争中，空军着实让世人吃惊不小。当时埃及封锁了以色列北部的所有重要港口，国土面积狭小的以色列决定先发制人。1967年6月5日，战斗轰炸机从机场甚至高速公路上起飞，严密地保持着无线电静默，庞大的机群骗过埃及的雷达以后，直扑埃及机场。埃及空军官兵们刚刚用完早餐，几分钟后，埃及机群悉数被炸毁，共损失400多架飞机，尽失制空权。以色列空军损失的飞机仅为39架。1981年6月，以色列获悉伊拉克正在建造核反应堆，随即派出F－16飞机机群，飞抵伊拉克核反应堆上空将其一举炸毁。1982年6月，以色列对黎巴嫩发动军事打击。以色列空军在E－2C鹰眼预警机的指挥下，派出了所有的F－15与F－16战机，以微弱损失打掉了80架叙利亚飞机。1985年，以色列空军长途奔袭2400公里，将巴解组织设在突尼斯的总部炸成瓦砾。恐怖分子曾经劫持一架满载犹太人的飞机迫降非洲的乌干达恩德培机场，以色列突击队乘坐飞机超低空飞行数千公里，抵达恩德培机场成功解救了被劫乘客并安全返回以色列。在现代战斗条件下，以色列空军尤其强调高强度出动和快速反应能力，其战机出动率可达92%~96%，再次出动准备时间仅为7分钟左右。飞行员每年每人平均飞行250小时以上，飞行员到35岁时通常飞到4000小时，远高于世界平均水平。以色列深知不能失去几千年的梦想换来的新生国家，历届政府为了国家安全和利益都会不惜一切手段，包括战争。

  国防军正式建于1948年5月26日，其前身是"二战"中的"犹太旅"和"犹太突击队"。最高军事决策机构为国防委员会，由总统、总理以及国防、外交、内政、财政、运输、通信部长和总参谋长组成，总理任主席兼武装部队最高统帅。战时成立以总理为首的战时内阁。国防部是最高军事指挥机构，国防部长行使总司令职权。总参谋长负责训练和作战指挥。以色列实行义务兵役制，年满18岁的男子服役3年，女子服役2年。此外，所有55岁以下男公民和35岁以下女公民每年必须服役45~60天。2006年，以色列国防开支占政府预算的16.4%。2006年4月，俄罗斯采用"起飞–1"改进型火箭将以色列制造的"爱神–B"遥感探测间谍卫星送入轨道，以色列称该卫星的作用在于增强对伊朗核设施的侦察能力。2006年9月，以色列购买的美制"埃坦姆"预警机到货，将大规模提升空军的远程打击能力。以色列军工企业2006年销售额达44亿美元，印度以15亿美元的武器购买合同高居买家榜首。

五 客观看待美国犹太人的影响

美国犹太人有强大的院外游说集团，当然不能低估美国犹太人对美国政治、经济和对外政策的影响，但也不能过高估计他们的影响。在关键时刻、在重大问题上，犹太人的影响和力量绝不会超过真正统治美国的盎格鲁–撒克逊人。许多人在分析问题时，常拿犹太人的影响作为参照因素，可能忽略了这一点。美国政界的潜规则之一就是，确保美国的政权掌握在盎格鲁–撒克逊白人手里。其他种族，包括其他族裔的白人在内，往往无法改变这个潜规则。

无限夸大犹太人对美国政治和对外政策的影响，往往导致判断偏差。据报道，占美国人口不到3%的犹太人可以左右大约20%的选票。此言或许不虚，他们在金融、经济、军工复合体等领域都有很大的影响。但必须清醒地看到，关键时刻美国的统治者做取舍的时候，首先考虑的恐怕不会是犹太人的影响和利益。如果没有美国的首肯，以色列不会对伊朗轻举妄动，美国也不会仅仅为了犹太人的强烈游说和忽悠而去攻击伊朗。这是个重要的容易被分析者忽略的因素，谈到美国犹太人的影响，人们往往用充满崇拜的"巨大"一词来形容和概括，似乎是它左右了美国政治，而没有看到它的实际局限性。所以，需要拿捏准确地进行分析才好。

就以色列而言，其在地区的总体实力和总体水平不容低估，国家动员力量快捷并相对强大，尤其是军事技术和高科技非常先进，并在现代战争史上不断书写多彩的篇章。但也不要神话以色列，认为它是万能的，神乎其神。其实以色列并非无所不能，这往往是一个长期以来存在偏差的分析倾向。以色列固然要维护有限的战略纵深，并不完全听从美国的指挥，但关键时刻以色列对于美国的态度是要服从的。回顾历史，第一次和第四次中东战争要不是有美国的近乎直接帮忙，以色列不仅岌岌可危，而且也可能遭遇灭顶之灾。当前，以色列单独攻打伊朗是不现实的。

冷静地分析，以色列要保护自己的利益不难理解，难的是有时它心有余而力不足，的确不能完全保护自己的利益。2006年对真主党的战斗，以色列在具有绝对优势的情况下打了平手，但实际上是失败了，以色列总理也承认这一点。以色列总理奥尔默特于2007年11月在美国举行的中东和会上暗示，以色列可能要撤出1967年中东战争之后的巴勒斯坦领土。假若果真如此，实在是奥尔默特本人英明的大智慧之举，历史将证明和记住这一点。当然，面临许多阻力和不解，这一设想也不会顺利发展，此表态可能象征意义更多，未来的领导人不认账也很正常。

第二节 以色列高技术"独领风骚"

中东地区整体上技术水平相对落后，但拥有600多万人口的中东小国以色列是个例外，它是中东地区唯一的发达国家，GDP达到1000多亿美元。以色列在其干旱贫瘠的土地上有如此的建树，靠的是它高度先进和发达的高技术动力。以色列在高技术和现代农业开发方面的许多经验值得我国在发展中尤其是在西部大开发中借鉴。21世纪初，在美国纳斯达克市场登记上市的以色列公司达100多家。以色列是在美国电子交易所上市公司最多的一个外来国家，上市股金达500多亿美元。高科技行业的营业额创造的出口额占整个国家出口额的3/4还多。和这个国家一样小巧玲珑，由于国内市场狭小，以色列的许多中小高科技公司一开始就着眼于全球，在世界各地大显身手，游刃有余，在界定严密的众多小领域中表现优异。例如，Opal Tachnologiesd 公司的 7830SEM-CD 系统用于扫描矽晶片的临界尺寸，该系统曾被 IBM 公司评选为半导体工业的最佳量度工具。Tadiran Ltd. 生产的亚硫酸锂电池独占世界市场的 90%，以色列飞机工业公司在外国大军火商中大约排第 30 位。

发达的电信技术。20 世纪末，以色列就已经是世界上电信网络技术最先进的国家之一。世界上只有少数几个国家的普通电信网络达到了 100% 的数字化程度，以色列是其中之一。而且，以色列 38% 的居民拥有移动电话，是世界上有关市场开发水平最高的国家之一。以色列还拥有高度发达的数据通信设施：传真发送、电子邮件、互联网和非常高级的数据库遍布全国。以色列开发的电信系统能使数字卫星和光纤电信网络的能力提高 5 倍。用户有德国电信公司和中国电信公司。局域无线环路和乡村用的小型转换装置在以色列也已经被开发出来了。为了促进全球信息高速公路的开发，以色列电信业开发商正在安装一种"智能网络"系统。这种系统包括真正的保密网络、奖励服务和免费呼叫。实验性项目包括视频服务、异步传输模式（ATM）、传输技术、数字广播服务和大城市局域网的开发等。智能网络服务将保证移动电话用户能通过传真或计算机、话音启动拨号以及呼叫过滤和识别等进行数字通话，在世界上任何角落都可以通过个人用户电话服务站实现上述方式通话。21 世纪，以色列电信业的特点是更重视发展移动电话，而不是固定电话，而且更强调电脑和电子信息。21 世纪头 10 年，使用视频电话更为普遍。另外，以色列在光学、机器人技术、航空技术以及现代医学等学科的诸多领域也已取得骄人业绩。以色列在光纤、印刷电路板电子光学检查系统、热成像夜视系统、光电机器人制造、无人驾驶飞机制造等方面居世界领先水平。在医学上，先进的 CT 扫描仪、核医学摄像仪、外科激光等尖端医疗设备行销世界各地。

以色列的高科技农业十分发达。以色列在发展农业优良品种培养和高产田建设方面居世界领先地位，这是以色列农业生产者和研究人员密切配合、相互合作，并在各个农业领域开发和应用尖端科学方法的结果。以色列农业具备高度集约化的生产体系，这是以色列农业的显著特点。它克服了水资源和耕地资源极度匮乏的缺陷，通过研究人员、推广服务员、农业经营者和与农业相关的产业部门的紧密合作，使以色列农业持续稳定增长，最终使以色列这个一半以上国土被沙漠覆盖的国家发展了现代农业。以色列充分利用自身有限的水资源和可耕地，生产的粮食自给有余。以色列还非常注意培育优良的植物、动物品种，高超的生物技术帮助以色列创造了世界最先进的育种技术，生物品种大量出口世界各地；干旱的土地每年产出价值4.5亿美元的水果，每年出口水果5.5万吨，还出口2亿美元鲜花、2亿美元柑橘。以色列出口的农产品繁多，其中长颈玫瑰、小枝麝香石竹、甜瓜、猕猴桃、草莓、西红柿、黄瓜、胡椒以及鳄梨等在欧美市场寒冬季节最为走俏。以色列本国设计和制造的农业机械与电子设备被广泛应用于各种农业生产活动之中。

高超的节水技术种类繁多。以色列的淡水资源平均每年为20亿立方米，现在几乎已达到开发极限，而人口却在不断增多，这就需要大规模节水和充分利用废水、污水、咸水和海水。以色列水利委员会建立了由梅科罗特公司经营的沙夫丹工厂。这是一项规模宏大的工程，土污水加工生产净化水。以色列每年通过一个名为"第三条内格夫管道"的单独管道向干旱的内格夫西部输送大约1亿立方米的净化水，用于灌溉。由于处理过的水质非常纯净，因此可以将其用于各种作物而无损于健康。另外一些污水净化厂已经在运转或在建造或在计划之中。预期大多数调拨给农业的用水最终会是经过净化的废水。因此，优质淡水最后将从农业用水转变为家庭用水。位于内格夫地区本地的一些小规模污水净化厂为废水来源附近的农田提供了经过处理的水，这些水用于灌溉，对污水处理的要求最低，它仅用于棉花等作物，这些小工程非常合算。有两种水可以脱盐：咸水（咸的泉水和地下咸水）和海水。自20世纪60年代以来，以色列已经研究出了几种方法使咸水脱盐。在这几种方法中，逆向渗透法较为有效，花费也较少。埃拉特是一个人口达3.7万人的城市，30年来，该市一直依赖脱盐的水。这些水来自一些大的净化稍带咸味水的工厂和一个逆向渗透工厂。后者将80%来自红海的海水和20%来自邻近一个工厂的盐水混合在一起进行加工，每天可以供应约2.7万立方米（每年约1000万立方米）的水。除了保证能获得其他净水水源外，研制有效的脱盐方法有助于扭转地下淡水层盐化的危险倾向。以色列已在有限使用未经处理的咸水灌溉作物，研究表明，某些作物如棉花、西红柿和瓜可以轻易地接受咸水灌溉。自 1960 年以来，以色列利用飞机和地面发生器，在以色列北部采用人工降雨，平均使雨量增加了 15%。

先进的灌溉方式。高效用水离不开先进的灌溉技术，这在旱作农业中尤其突出。50 多年前，以色列主要采用表面灌溉（大水漫灌或沟灌），但水源在灌溉过程中大量流失，浪费严重。后来开发出来的压力喷灌，为农业现代化和提高用水效率做出了贡献，但滴灌的开发真正称得上是一场革命。滴灌由以色列发明，并于 30 多年前应用到以色列农业中，此后，滴灌被成功推广到全世界。相比之下，滴灌有许多优点。①即使在陡峭地带，沿侧管线（装有滴头的管线）上的出水量也均匀一致，压力补偿滴头的发明，使坡度更陡、距离更长的侧管线上出水量一致。②可以把肥料混入水中，经滴头施到植物上去，水和肥料直接到达根系，而不是施到整个大田，大大节约了水肥。③抑制杂草生长。④可以利用低质量的水（微咸水或净化污水）。⑤根据不同作物，一定滴水速度的滴头可以按要求进行随意组装。如果操作正确，高质量滴灌设备的使用寿命可以达到 15～20 年。⑥用水使用率极高，采用滴灌方式用水使用率达 95%，相比而言，漫灌只有 45%，喷灌只有 75%。就农业灌溉而言，所有灌溉方式都可以采用计算机控制。计算机化操作可以完成实时控制，也可以执行一系列的操作程序，完成监视工作，精密、可靠又节省人力。在灌溉过程中，如果系统记录下水肥使用量与要求相比有一定偏差，系统会自动关闭灌溉装置，计算机系统还允许操作者预先设定程序，有间隔地进行灌溉。这些系统中有可以帮助确定所需的灌溉间隔的传感器，还有埋在地下的湿度传感器，它可以传回有关土壤湿度的信息。还有一种传感器，它通过检测植物的茎和果实的直径变化，来确定对植物的灌溉间隔，这种传感器直接和计算机相连，当需要灌溉时，它会自动打开灌溉系统进行操作。以色列还开发了一系列计算机硬件和软件，以实现温室中的供水、施肥和气候系统的自动化控制。以色列也不放过简单的节水措施，如为收集有限的雨水，以色列开发了一种工具，能在地上开出小凹洞。下雨时雨水不至于流失，仅此一项，可使每公顷小麦产量提高 500 公斤。

以色列政府努力为高科技发展创造条件。政府大力支持研究与发展，给投资者和创业家提供多种优惠，包括优厚的投资津贴、政府贷款保证、免税额及高风险企业创业基金等。政府专门制定了《鼓励研究与开发法律》，早在1984年，政府就通过了一项"鼓励投资法案"，政府设立开发风险基金，目的主要是为开发"高附加值的产品"提供便利。7年之后，国家有了培植高科技企业的"孵化器"，从北加利利到内盖夫沙漠，现在全国有近30个这样的"孵化器"。以色列研究与开发主要是在特拉维夫大学、魏茨曼科学研究院等7所著名大学、数十个政府和公共研究机构以及数百个军用民用企业中进行。

重视科教，重视人力资源开发。以色列有优秀而丰富的人力资源，这是支撑其蓬勃发展的不竭动力。以色列高度重视教育，国内受正规教育13年或13年以上的人口占总人口的34%。从事研究与发展的科学家和工程师，人均比例较世界其他各国高2~3倍。根据以色列出口学院的统计，各主要工业国出版的科研专著文章数目比较中（以每万名劳动人口为对比基数），以色列为60.9，美国为30.1，法国为26.6，德国为22.7，日本为13.5。而以色列干劲十足的熟练劳动力，工资却比美国低20%~30%。20世纪90年代，以色列接纳了不少来自俄罗斯的移民。他们当中有不少人是高水平的科学家。

多渠道筹集研究与开发经费。政府和公共机构是研发资金的主要来源。在研发经费方面，从大学所获得的专利经费是美国大学的2倍多，是加拿大大学的9倍多。从民用研发支出占国内生产总值的比重看，日、以、美、法、英等国分别约为3.0%、2.4%、2.1%、2.0%、1.9%。与外国合作建立的双边捐赠基金是以色列科技研发经费的另一来源。如美以两国科学基金（BSF，1亿美元）、美以两国农业研发基金（BARD，1.1亿美元）、美以两国工业研发基金（BIRD，1亿美元）、德以两国科学研究与开发基金（GIF，1.5亿德国马克）等。各基金资助领域涉及电子、生命科学、物理学、化学、农学及社会科学等诸多方面，其中BIRD已经批准了在电信、电子、计算机软件/硬件、医疗设备等方面的200多个项目，所带来的销售额达10多亿美元。

以色列重视农业研究与开发。以色列70%~75%的农业研究由凡卡尼中心（Volcani Centre）负责，它是农业部下属的农业研究机构，由7个研究所组成。学术机构也进行农业研究，如耶路撒冷的希伯来大学农学系、魏茨曼科学院、以色列工程技术学院和农业工程研究所以及位于内格夫地区的本·古里安大学应用研究所。其他一些应用研究活动由地区性研究开发中心完成。研究经费的主要来源有：政府以及其他公共研究机构，每年向凡卡尼中心和首席科学家提供约4900万美元的经费；国际基金，由美国、荷兰以及欧盟联合提供，每年提供研发经费1300万美元；农业经营者每年以缴纳销售税的方式提供大约800万美元的经费；私人商业机构根据需要提供约600万美元的经费；等等。重视农业技术推广工作，体系严密完善。以色列还把农业国际合作置于十分重要的地位，在本国和海外举办了一系列培训课程，而且在几个国家建立了示范农场，如中国北京的永乐店示范农场。

在农村，以色列存在共产主义的试验田——合作经济实体基布兹（集体社）。基布兹是建立在平等和公有原则之上的独特的社会经济框架，它由20世纪初的开拓社会发展而来，已成为一种永久性的乡村生活方式。多年来，它已建立起繁荣的经济，最初以农业为主，后来增加发展了工业和服务业企业，并以其成员对缔造和建设以色列国做出的贡献而享有盛名，它的人口约占以色列总人口的3%。基布兹在整个以色列经济中所占的比重远超过其人口所占的比重，其农业产值占全国农业产值的40%，工业产值占7%。其基本原则是"各尽所能，各得所需"，极其强调"公"字。各种问题都由全体成员开会讨论。

以色列研发环境优越，通向发达市场的渠道畅通，基础设施完善。它拥有具有国际水平的国际金融、会计、保险和法律制度，以及现代化的道路、海运、空运和通信网络。在全国各地，它均可提供价格合理的工业设施及出口加工区，适合各种类型的工业。以色列闻名于世的研究与发展中心，与工业界展开密切合作，将研究成果迅速转化为商品。以色列与美国、欧共体和欧盟已订立自由贸易协定，为产品贸易提供了广阔的市场。以色列还是与东欧及原苏联地区建立经济关系的最佳桥头堡，以色列专家通晓该地区的语言，深知如何在其独特的环境中达成有利的商业交易。

需要指出和保持清醒认识的是，金无足赤，以色列依然存在一些制约高技术发展的主观和客观因素。以色列面临动荡的巴以局势和近年来经济发展的不景气，许多高级技术人员和营销人员选择到西方发达国家发展，这些都是今后在发展高技术产业方面需要改进的。但无论如何，以色列的经验和教训都值得世界其他国家借鉴。

附录　沙龙：以色列的铁血恺撒

沙龙于 2006 年 1 月初发生中风后持续昏迷 8 年，2014 年 1 月 11 日去世，享年 85 岁。2014 年 1 月 13 日，以色列在位于耶路撒冷的议会广场为沙龙举行悼念仪式，美国副总统拜登、俄罗斯外长拉夫罗夫、英国前首相托尼·布莱尔以及捷克过渡政府总理、德国外长等政要出席。此前，有人说自沙龙昏迷之后以色列便进入了没有政治强人的时代，政坛并不稳定。尽管对沙龙有诸多不满，但在中东局势的风口浪尖上，以色列民众还是对以前的政治强人时代有所怀念。提起沙龙，一个形象马上就会在人们的脑海里浮现。壮硕肥胖的身躯顶着斑白银发，迈着重量级脚步向前挪动，可以想象他年轻时肯定像一头有力的"公牛"，沙龙还被冠以许多绰号——"推土机""刽子手""变色龙""常胜将军""战神""以色列恺撒"等。沙龙的一生充满传奇和争议。

一　青年军官崭露头角

呱呱坠地。1928 年，在英国治下的巴勒斯坦特拉维夫附近的卡法·马拉尔村，一对来自苏联的移民夫妇生下了一个大胖小子。他的父亲萨廖尔给他起名为"沙因纳尔曼"，他就是沙龙。一说"沙龙"这个名字是后来大名鼎鼎的以色列国父本·古里安给他改的，意在剔除其中的德国味道；一说他的出生地周边就叫沙龙地区。

"大棒小子"。沙龙的父亲萨廖尔是个狂热的犹太复国主义者并影响到其母亲维拉。萨廖尔脾气暴烈刚硬，思维专制，用拳头解决问题是习以为常的事情。但夫妇俩对女儿赫迪塔和儿子沙龙严加管教，让他们懂得劳动的甘苦。夫妇俩尤其舍得花大本钱培养孩子学习知识，同时不时向幼小的沙龙灌输强硬的犹太复国主义思想和强权生存理念，教育他对当地的阿拉伯人不要客气，这给沙龙一生打下深深烙印。萨廖尔在沙龙6岁时交给他一根大棒去看管自家果园，胖墩墩的沙龙经常抡得一个大棒呼呼生风，当地的阿拉伯少年对他很是怵头，看管果园的效果也就很不错，当地人给这个惹不起的小家伙送了一个外号"大棒小子"。10岁时，不时扛着棒子逞蛮的沙龙赢得了当地"劳工青年运动"负责人戈劳鲍夫的赏识，并于1942年10月被其推荐秘密参加了犹太防卫组织"哈加纳"，这为后来正式从军奠定了基础。由于表现出色，17岁中学毕业后的沙龙被提拔为卡法·马拉尔农业学校的青年教官，他把训练科目抓得井井有条。

初试牛刀。英国对巴勒斯坦地区的统治难以为继，联合国于1947年11月通过巴以分治决议，以色列国于1948年5月14日宣告成立，但翌日即遭到阿拉伯国家的集体进攻，第一次中东战争爆发。此时，已加入以色列国防军的沙龙受命率领尖刀排前往炸毁一座要冲地带的桥梁，沙龙灵活机动，胜利完成任务并无一人伤亡，此后他从不循规蹈矩的典型战法不断取得出乎想象的成功。沙龙后奉总理本·古里安和总参谋部之命，率领尖刀排占领由约旦军团控制的拉特鲁恩警察总部时，遭遇约旦士兵的顽强抵抗而负伤住院。伤愈后重回部队担任巡逻队长的沙龙被亚历山大旅长弗里丹看中并直接提拔为营长。为革除队伍懒惰陋习，一次，他紧急在寒夜集合，让那些准时出岗的士兵回去睡觉，然后用车把来晚了的士兵拉到10英里外，让他们跑步回营，沙龙自己却只穿着短裤和T恤衫。士兵们心服口服，至此沙龙善于带兵的事迹广为流传。

知遇名人。沙龙受命指挥亚历山大旅侦察营期间，很快硕果累累并得到以色列北部军区司令阿维达少将的欣赏。这时他的老连长、已经任中央军区参谋长的格尔曼将沙龙调往中央军区负责情报工作，后选派他深造。在军官学校里，他受到当时已经才华横溢的伊扎克·拉宾的赏识，经过拉宾的着力栽培和熏陶，沙龙以优异的成绩毕业并成为大将之才。毕业后仍在北部军区做情报工作的沙龙不久又知遇了另一个以色列名人——"独眼将军"摩西·达扬。达扬此时出任北部军区指挥员。达扬治军严厉，一时士气大振。沙龙的才干很快就引起达扬的注意，一次达扬半开玩笑地问情报部能否抓几个约旦士兵对换被抓的以军士兵，沙龙不动声色，与另一同伴半夜就结伙绑架了两名约旦士兵回来，这令达扬瞠目结舌。达扬调走后，失意的沙龙进入希伯来大学研究远东国际问题。

总理褒奖。1953年，重回部队的沙龙率领突击队袭击阿拉伯武装领导人穆斯塔法·萨姆伊里，虽未成功但突击行动引起本·古里安的兴趣。时任耶路撒冷旅长的格尔曼和总参谋部作战部长的达扬决定组建"反恐"特种部队，代号101部队，由25岁的沙龙亲自挑选40多名队员并亲自对其进行严格训练。突击队业绩甚至赢得本·古里安的大力褒奖。1954年，时任以军总参谋长的达扬亲自任命26岁的沙龙指挥089部队（新组建的伞兵旅），该部队由突击队和伞兵营合并而来。之后的一次负伤竟使总理本·古里安亲自手持鲜花来医院探望，沙龙受宠若惊。成就的光环也逐渐使沙龙的胆大妄为、脾气粗暴等坏习性暴露出来，不时擅自做主修改指令，有时出奇制胜，有时也惹出祸端。一次，伞兵旅受命渗入约旦执行报复任务，但沙龙擅自扩大打击范围而对平民下手，引起约旦军队的强烈反击，一度导致两个营差点被"包了饺子"，世界舆论也予以抨击，把达扬气得要命。

二 战场骄将智勇双全

勇敢与鲁莽并存。1956年10月，苏伊士运河战争爆发前夜，以色列总理兼国防部长本·古里安、总参谋长达扬亲自接待沙龙，并向其新扩编的202伞兵旅布置任务，要其率部队出其不意空降到西奈半岛的米特拉山口附近，配合陆军部队和英法部队发起进攻。总部对其行动职权进行了严格限制，并亲自派人督察。沙龙还是擅自命令一个特种分队向米特拉山口推进，中了以逸待劳的埃军埋伏，死伤惨重，后多亏英法两国的军事介入才扭转了乾坤，202伞兵旅配合攻占了西奈半岛的沙姆沙伊赫。但沙龙闯下了大祸，本·古里安和达扬为有个交代，忍痛割爱，罢免了沙龙的旅长职务，派他去英国伦敦金伯利军事学校深造，在那里，现代军事技术和军事战略理论深深地吸引了沙龙，丰富了他的军事思维。但回国后他被赋予闲职，其间他抓住机会研究军事战略理论。一晃七年，1963年，本·古里安亲自授命新任总参谋长、绰号"鹰爪鸽"的拉宾起用沙龙，让其担任北部军区参谋长，其间沙龙也不忘在以叙边境挖空心思制造事端。不久，他被提拔为总参谋部训练部长。

未雨绸缪，摩拳擦掌。1967年5月，以色列已经基本做好对埃及发动战争的准备，力图一举摧毁纳赛尔构建的军事力量。总参谋长拉宾和沙龙一唱一和，迫使优柔寡断的总理艾希科尔同意其大胆作战方案，并将兼职的国防部长职位让给达扬。说服艾希科尔时，沙龙抓住他犹豫的一面，带着手枪直奔总理府，总理办公室主任拦住他，他把手枪一扔说："如果你认为我要用手枪吓唬总理的话，你就错了。我根本用不着这样干，我只要嚷嚷几句，他就会吓得拔腿而逃的。"艾希科尔也没辙，只好任他们去做了。

"六·五战争"显身手。1967年6月3日，以色列已做好战争准备，但为迷惑埃军，达扬下达士兵休假令，并允许记者参观兵营和采访。达扬和沙龙等人趁纳赛尔受到麻痹时精心选择好了空袭时间，选在6月5日上午8点多钟埃军交接班的时候。经过精心计算、侦察，以军196架飞机采用超低空飞行等高超技术，很快炸毁了埃及近200架飞机。埃及失去制空权，以色列陆军放手进攻，沙龙率陆军迅速从中路进攻，他熟练运用多年积累的理论和实战经验，发挥步兵、坦克兵协同作战优势，配合友邻部队，取得了重大胜利。沙龙率领的陆军以死40人、伤120人的代价，歼灭埃军1000多人，只用4天时间就占领了西奈半岛。随即他又临阵受命指挥基普里装甲旅作战，与遭到伏击但仍很英勇的埃军步兵旅展开了激战。战争打了六天便结束了，史称"六日战争"或"六·五战争"。以色列创造了战争神话，阿拉伯国家损失飞机560多架、坦克820辆，伤亡6万多人；以色列只损失61辆战车，伤亡3100多人。以色列夺取了加沙地带、埃及西奈半岛、叙利亚戈兰高地和约旦河西岸地区共6.5万平方公里的土地，面积扩大3倍，大大增加了后来和谈中讨价还价的筹码，沙龙功不可没。

马放南山。尽管沙龙很早就得到以色列最高领导人的赏识，但沙龙的倔强脾气和居功自傲使得他与上司的关系紧张。他先与总参谋长巴列夫在修建"巴列夫防线"等一系列问题上不和,被解除总参谋部训练部长职务。后经梅厄夫人和达扬干预,巴列夫才重新任命他为南部军区司令。但沙龙对当地阿拉伯平民的镇压政策迎合了以色列政府的需要,同时又无形中成为替罪羊。到 1973 年 7 月,国防部长达扬也难以提拔他了,南部军区司令届满的沙龙告别了 25 年的军队生涯,由后来指挥他参加十月战争的戈南继任南部军区司令。

三 十月战争力挽狂澜

以色列差点消失。由于以色列国内高层和高级将领的轻敌和战略失误,1973 年 10 月,第四次中东战争是在完全出乎以色列预料的情况下爆发的,而此前沙龙早就对形势发展做了准确的预测,可惜被拒绝采纳,关键时刻以色列却在"赎罪日"里歌舞升平,梅厄夫人和达扬仍陷于争论之中。1973 年 10 月 6 日下午 2 点,战争在犹太人的"赎罪日"全面爆发,埃及也是采用瞒天过海和突然袭击的战法,战争初期势如破竹,打头阵的埃及空军从 30 个机场同时出动 240 架飞机直扑对岸以军阵地,只用了 20 分钟就摧毁了以军在西奈半岛 90% 以上的军事目标,埃及仅仅损失 5 架飞机,事实上将 1967 年以色列空军的辉煌进行了反向改写。接下来埃及空军一鼓作气打得以军难有喘息之力,有力地支援了地面部队,前后击毁以军坦克和装甲车 400 余辆。在埃及和叙利亚军队的双重夹击下,经营 8 年的巴列夫防线只用了 20 分钟就被摧毁,而沙龙早就对该防线质疑。以色列腹背受敌,危如累卵。但埃及再次受到苏联的谎言蛊惑,曾有一段时间停止了进攻,美国尼克松总统却命令直接从北约武器库中提取坦克、飞机和大炮武装以色列,才使以色列扭转了被动局势。

沙龙力挽狂澜。在紧要关头,以军紧急召回沙龙,委以装甲师师长(与沙龙的资历相比,这一级别低得多了,因为他的许多上司都曾是其部下)之职,他毫无怨言,立即投入战斗。不按常理出牌、出奇制胜是沙龙的惯用手法。沙龙以敏锐的观察力发现埃及第 2、第 3 军团结合部这个薄弱环节,并提出横渡苏伊士运河,打到埃及后方的大胆计划。

他命令第一旅从西面进攻埃军,第二旅从真空地带绕到埃军后方,自己亲率第三旅发起进攻。沙龙不顾南部军区司令戈南等人的严厉斥责,以及部分军队高层的激烈分歧,执意率 200 余人利用缴获的苏制坦克乔装成埃军,渡过运河到达西岸。在进军中,他被弹片击伤头部,昏厥过去,士兵以为他阵亡了,后炮弹又震醒了他,他猛然跃起,呼喊着"跟我冲",继续组织部队发动攻击,强行渡过苏伊士运河,搭建浮桥后掩护大部队过河,接着指挥部队勇猛挺进,截断了埃军与后方的联系,并打开了通往开罗的大门,一举扭转战场不利形势。此举被认为是战争的转折点。英国一位将军事后评价说,"这是军事史上最大胆的行动之一"。沙龙的超常胆识受到国防部长达扬、总参谋长戴维迪和接替戈南继任南部军区司令的巴列夫的肯定,得到总理果尔达·梅厄夫人的褒奖和全国上下的崇敬。1973 年 10 月 21 日,美苏经过激烈讨价还价后,敦促安理会通过第 338 号决议,要求交战双方在 12 小时内实现停火。梅厄夫人迫于压力宣布停火,但沙龙置若罔闻,继续研究快速行动和大范围穿插,为以色列在谈判桌上赢得了有力砝码。战后沙龙仍受到军内高层非议,他愤而离开军队。但后来的事实证明,重大军事行动都离不开他。

四 军事天才出奇制胜

"巴比伦行动"长途奔袭。1981 年 6 月,以色列再次面临大选,时任总理贝京面临威望很高的佩雷斯的挑战,为确保连任成功,贝京决定抓住伊拉克的核反应堆问题做文章。因为当时萨达姆加紧发展核反应堆,对以色列国家安全造成潜在威胁。他伙同农业部长沙龙筹划"巴比伦行动",长途奔袭巴格达。沙龙非常看中以色列空军的战斗水准,在第三和第四次中东战争中,空军分别以 60∶3 和 56∶1 的格斗战绩,保证了战争胜利。经过预警飞机和空中加油机的协同作战,以色列战斗轰炸机最终将伊拉克的两个核反应堆彻底摧毁,贝京连任如愿以偿。

第五次中东战争逼走阿拉法特。1981 年,连任成功的贝京任命沙龙为国防部长,沙龙准备大干一场。为彻底消灭驻扎在黎巴嫩的巴解武装,消除以色列北部的安全威胁，在黎巴嫩南部建立纵深 40 公里的安全区，震慑驻扎黎巴嫩的 3 万多名叙军，沙龙制订并发动了"加利利和平行动"计划。战前 1 年，沙龙就亲自秘密访问贝鲁特，带着保卫人员走遍了贝市大街小巷，对每一街道、每个重要建筑物都做了仔细观察，为战争准备第一手材料。一个国家的国防部长在战前潜入敌方首都侦察，这在人类的战争史上恐怕是绝无仅有的。准备就绪后，1982 年 6 月，以色列投入 10 万兵力、1300 辆坦克、2400 辆装甲车、300 架战机，分西、中、东三路大军直扑黎巴嫩首都贝鲁特。阿拉法特领导几万名巴解战士在装备悬殊的情况下，经历了 11 周的顽强抵抗，伤亡达 4000 多人。终因寡不敌众，也为避免战斗伤及更多贝鲁特平民，在联合国的斡旋下，1.25 万名巴解战士含泪分 15 批撤往 8 个阿拉伯国家。

贝卡谷地空战神话。叙利亚在位于黎巴嫩东部边境靠近叙利亚的贝卡谷地部署着 20 个萨姆导弹连，威胁着以色列的领土和空中安全。以色列必欲除之而后快。以色列先是利用无人驾驶飞机采用欺骗手段引诱导弹连暴露方位，在地中海上空的预警飞机及时捕捉到所有导弹位置，随后 96 架轰炸机集体出动，在短短 6 分钟内彻底摧毁了所有导弹阵地。叙利亚空军急了，先后派出 160 多架俄制米格飞机升空作战，以色列则先后出动 180 架美制 F－15 和 F－16 飞机，双方在贝卡谷地上空展开激烈空战，结果叙利亚 80 架飞机被击落，而以色列飞机无一损伤，这简直是神话般的空战奇迹。

五　从政多年不忘铁拳

国外筹款初露政治才能。1967 年战争后，以色列虽赢得胜利但国库空虚，这时财政部长——沙龙的政界好友萨丕尔决定利用沙龙的鼎鼎大名，请他"出国筹款"，在中国香港的犹太富翁卡道里的大力支持下，沙龙在中国香港、澳大利亚和德黑兰的短暂行程中不仅扬名海外，而且筹集到大笔捐款，使沙龙看到自己还有另外一手能耐。

参与创建利库德集团。以色列建国后就一直由工党主政，工党许多领导人都是犹太复国主义重要领导人，在以色列国家建立和发展中功勋卓著。但长期执政也令工党内部臃肿，导致争权夺利和腐败作风。再说，梅厄夫人领导的工党政府对1973年第四次中东战争爆发估计严重失误，差点葬送了以色列。沙龙瞅准时机，弃军从政。沙龙和好朋友财政部长萨丕尔、内政部长约瑟夫商议联合所有右翼政党，建立一个"以色列全国自由联盟"，即人们熟悉的利库德集团。当时，以色列最大的反对党是由典型的鹰派人物——贝京领导的自由党等组成的"加哈尔"集团。除各宗教政党外，还有如民族党和自由中心等小党。沙龙软磨硬泡首先取得自由党领导人贝京和沙米尔的认可而加入该党。在沙龙的积极鼓动下，"加哈尔"集团联合其他一些小党于1973年9月5日正式组成利库德集团，沙龙被任命为利库德集团全国竞选总指挥，但不幸竞选失败。

贝京手下的农业部长。1973年，沙龙又产生了借助早就器重他的新任总理拉宾而再次从军的念头，他盯上了总参谋长的职位。沙龙的个性使其极不顺利，只弄了个国家安全顾问的头衔，1976年3月他辞去这一职位。1977年又逢以色列大选，执政29年的工党已日薄西山，沙龙考虑到正是反对党出头的好时机，于是他成立了自己的政党——犹太和平，虽仅获2个议席，但由他参与创建的利库德集团却取得了胜利，贝京为报答沙龙，将农业部长的职位给了他。从小对农活并不陌生的他还把农业搞得有声有色，他任农业部长期间，以色列整个农业总产值增长了15%，农作物产量增加了21%，农产品出口额也以每年16.5%的速度增长。沙龙任农业部长期间还参加了贝京与埃及总统萨达特之间的和平谈判。由于卡特总统的鼓劲，沙龙努力配合总理贝京和外交部长达扬，为促成埃以和约的达成做出了贡献。但沙龙一面促成埃以和约，却一面在约旦河西岸和西奈半岛扩建犹太人定居点，其目的不言自明。

政坛走马。1990~1992年，沙龙任沙米尔政府住房部长，1996年利库德集团领袖内塔尼亚胡上台后任命他为基础设施部长。1998年10月~1999年7月沙龙任外交部长期间，促成以巴达成《怀伊协议》，但在执行和落实上就施展拖字诀了，致使协议不了了之。1999年9月，沙龙当选利库德集团领导人。

六　两度组阁本性难移

狂热思想。沙龙在其狂热的爱国主义和民族主义思想支配下,曾雄心勃勃地要在整个西岸地区建立新定居点的"沙龙计划",以色列将约旦河西岸领土永久并入以色列版图。沙龙也因此被冠以"犹太人定居点总设计师"的称谓。正是这些定居点不断毒化巴以关系,导致多次武装冲突,事实上成为阻挡和平进程的毒瘤。

和平外衣与强硬立场。2000年9月底,正当巴以谈判进入关键时刻,绰号"推土机"的沙龙强行"参观"耶城阿克萨清真寺,引发巴以之间持续的大规模流血冲突。截至2003年5月已经造成3100多人丧生(其中2400多人是巴勒斯坦人),几万人受伤。2001年3月,沙龙战胜巴拉克上台后,表示愿意恢复同巴勒斯坦的谈判,前提是暴力和恐怖活动必须停止。在谈判中有三条"红线",即统一、不可分割的耶路撒冷是以色列永久的首都;巴勒斯坦难民不准返回家园;以色列必须在约旦河西岸和加沙保留一些"安全区",如约旦河谷等。尽管他曾一度认可巴勒斯坦建国的权利,但事实证明这都是他灵活反应战略的一部分而已。美国总统布什在中东问题上奉行"超脱"政策,继续偏袒以色列。"9·11"事件后,沙龙政府执意要将巴勒斯坦人民反以起义等同于恐怖主义,巴以冲突陷入空前危机。布什政府于2002年6月宣布中东和平新计划,2002年12月,中东问题国际会议正式为"路线图"计划定稿,但迟迟未予公布。

古稀之年难知天命。2003年2月底,沙龙第二次组阁成功。2003年4月30日,"路线图"计划正式公布,美国虽然极力推动该计划的实施,沙龙也几度做出让步姿态。但巴以局势仍严重恶化,阿拉法特命运堪忧,"路线图"计划濒临破灭。沙龙继续在有关问题上持强硬态度和铁拳政策:继续围困阿拉法特,扬言驱逐甚至清除他;继续修建隔离墙和大规模扩建犹太人定居点;继续执行打击巴勒斯坦激进组织领导人的"定点清除"政策;继续关押几千名巴勒斯坦囚犯;等等。2003年10月4日,海法遭遇恶性自杀性爆炸后,沙龙正酝酿激烈行动,以军首先轰炸了叙利亚境内的"杰哈德"训练营地。鉴于沙龙本人的一贯立场和他面临的国内压力，按照沙龙一生奉行的铁血政策，他至多会在斗争方式上采用温和与灵活的一面，不会收拢骨子里强硬的一面。2004 年 11 月沙龙的老对手阿拉法特去世后，他继续在保持对巴优势、努力维护以色列既得成功的前提下推进巴以谈判。

关键时刻命运弄人。2004 年，沙龙游说美国总统布什接受"单边行动计划"，并于后来实际上基本取代了"路线图"计划。出于以色列的安全考虑，他于 2005 年下半年顶住压力完成了从加沙与约旦河西岸定居点撤军的"单边行动计划"，并努力使隔离墙走向成为划定以巴边界的既成事实。2005 年末，他脱离利库德集团，领导组建新党——前进党并宣布参加 2006 年 3 月举行的提前大选，角逐总理，表现出众望所归之势，甚至工党前主席佩雷斯也不惜代价支持沙龙，认为在当时的情况下只有沙龙可以推动实现巴以和平。但沙龙的身体状况不佳突然带来巨大变数，严重影响着他本人的政治前途，也冲击着以色列政坛和中东和平进程的发展。2006 年的局势发展也恰好很不顺利，正应了一些判断。

七　铁血冷心温情一面

铁血待异族。沙龙自小受到的犹太复国主义教育使他对阿拉伯人包括妇孺在内并不手软，为了个人的提拔，他多次制造大大小小的惨案。虽冠以维护国家安全和反恐的名义，但滥杀无辜毕竟是严重污点。1953 年，沙龙在耶路撒冷旅担任营指挥官时，立功心切，命令士兵杀害了经常到与以色列交界的水井里取水的两名约旦妇女，吸引约旦军队炮击，以军借机还击，造成更多平民死亡。沙龙曾受命率领新组建的 101 突击队袭击位于加沙的埃尔布吉巴难民营，15 户阿拉伯难民全部被杀戮。1953 年 10 月，为报复阿拉伯人杀害犹太人，以色列最高当局决定派突击队与伞兵营一起袭击只有 2000 户居民的约旦小城基布亚，包括妇孺在内的 69 人被杀害，但沙龙把事件嫁祸于犹太定居者。以色列在"六·五战争"中攻占西奈半岛后，就任南部军区司令的沙龙以打击恐怖分子为名，采取野蛮手段驱逐和血腥镇压当地阿拉伯平民，使得半岛一片凄凉。一系列惨案引起国际社会的极大愤慨和抗议，以色列也表示歉意和遗憾，但事情最后都不了了之，以色列出于内外政策和国家利益需要，沙龙反而受到庇护和重用。

"贝鲁特屠夫"。1982年9月以军入侵黎巴嫩将巴解战士赶走后，在黎巴嫩基督教民兵的配合下，48小时内血洗了夏蒂拉和萨布拉两个巴勒斯坦难民营包括妇孺在内的1500多名难民，造成震惊世界的大惨案。国际社会强烈谴责，沙龙一时臭名昭著，阿拉伯世界骂他是"贝鲁特屠夫"。在巨大的舆论压力下，以色列总理贝京只好于1983年2月解除沙龙的国防部长职务。但贝京很快又任命他为不管部长。

儿女情长。沙龙对阿拉伯人极其冷酷，对自己的家庭和妻儿则表露出脉脉温情。沙龙娶过两个妻子，她们是姐妹。第一个妻子玛格丽特是沙龙1947年在卡法·马拉尔农业学校任教官时认识的，是他的学员。当时年轻的沙龙英俊潇洒，是女学员青睐的对象，玛格丽特漂亮可爱，是来自匈牙利的犹太移民，沙龙对她一见钟情并穷追不舍，按照沙龙的作战逻辑，玛格丽特很快成为俘虏。1953年3月，沙龙和作为精神病护士的玛格丽特喜结良缘。沙龙在101部队负伤住院后也是她悉心照料，兵败米特拉山口被派往英国学习时，也有玛格丽特和幼小的儿子格尔陪伴，沙龙无论在春风得意还是寂寞失意时都会体会到家庭的温暖。但不幸还是于1962年降临，玛格丽特遭遇车祸身亡，沙龙痛心疾首。玛格丽特的妹妹莉莉是在沙龙身边成长的，一直崇拜沙龙并在沙龙的伞兵旅里当过兵。6岁的格尔需要照料，小家伙天真的童言拉近了两人的爱慕之情，34的沙龙就这样娶了28岁的小姨子做夫人，莉莉陪伴他后来的军事和政治生涯，莉莉生性活泼刚强，帮了沙龙不少忙，并相继给沙龙生了两个儿子。可惜莉莉也于2000年因患癌症去世，沙龙在自己功成名就时常常回忆起爱妻。也是祸不单行，大儿子格尔11岁时与邻居的儿子偷出沙龙的猎枪玩耍，邻居的儿子在玩弄中不小心走火打中格尔使其身亡，沙龙将儿子安葬在前妻的墓地旁时，不禁泪流满面，号啕大哭。在2001年竞选总理时，沙龙比较器重的二儿子奥姆利带领竞选班子立下了汗马功劳，沙龙自豪地说，要是早听儿子的话，他20年前就当总理了。

这就是沙龙，对强硬的以色列人而言，沙龙一直是以色列的保护神，每一次重大战役都少不了沙龙保驾，他们对他的崇拜近乎狂热。爱好和平的中派和左派则认为，沙龙有刚强、爱国、睿智的一面，是一位关键时刻力挽狂澜的常胜将军，但同时也是一名残忍过头的战争狂人。阿拉伯人则形容他是"恶魔""屠夫"，手上沾满了无辜阿拉伯人的鲜血。国际社会几次强烈抨击他杀害无辜的行为。

第十一章
中国与中东国家的友好交往与合作

第一节　政治关系与道义基础

中东地区战略位置独特而重要，中东地区的局势关系到全世界的安全与稳定。可以说，推动中东地区实现和平稳定、发展繁荣符合地区国家和国际社会的利益。

绵延和蔓延一年多的"阿拉伯之春"，首先是一场自发的民生革命。从发生动荡、政权更迭或局势依然很不稳定的阿拉伯国家看，它们之所以动荡，是因为多年来其政府没有解决好发展问题，经济发展停滞，腐败和裙带关系盛行，民众失业率高、收入低，面对各种社会矛盾和生活压力，苦不堪言。久之，就积累激发成为危机，并且就有快速爆炸性和蔓延性。另外，中东的热点、部落、民族、宗教以及教派等形形色色的各类矛盾被充分激发，相互交织和刺激，无疑加重了形势的严重性。同时，美国、欧盟、俄罗斯等国际大国力量在中东也有许多战略利益，它们千方百计地影响有关热点和变革进程，尤其是美欧的政策不能不吊起一些国家反对派的胃口。

叙利亚局势动荡正在呈现加剧和复杂态势，而且还在继续发展。内部政治力量对话无法进行，相互都不接纳、不认可。叙利亚内战苗头已经开启，更大的混乱乃至更多的平民遭难，在今后几个月都是可能的。叙利亚局势不免让地区国家和国际社会忧心忡忡。安理会、阿拉伯国家联盟等重要组织，继续推动政治解决叙利亚问题，反对动武。中方主张要通过和平的方式来解决叙利亚问题，有关各方应该尽快停止暴力活动，开启具有包容性的政治对话和谈判进程，共同找到解决叙利亚危机的办法和出路。在阿拉伯国家联盟框架下解决叙利亚问题，是当前仍有可行性的方案，所以中方支持阿拉伯国家联盟的斡旋和调解。

作为安理会常任理事国，中国发挥了积极作用。一方面，通过不同的方式做叙利亚当局和反对派的工作。另一方面，在联合国等国际多边场合，中国旗帜鲜明地反对干涉叙利亚的内政，和其他金砖国家一起倡导维护中东和平与稳定。某些西方国家对中国极尽无端指责与中伤之能事，但如果将其言论与中方主张对照，就能很容易看出中国政府和人民真心希望叙利亚人民好。中国提倡要让他们免受暴力行动的伤害，阻止流血悲剧的继续上演；用副作用最小、后遗症最少、成效最牢固的方式化解危机的深层次根源；通过对话和改革，推动民众诉求有序表达，推动问题妥善解决。

叙利亚可能是一个分水岭，叙利亚出现一个结果后中东局势可能出现一个平台期和间歇期。与已经发生政权变更的一些专制共和国家相比，中东地区的君主国，不论他们有多专制或相对宽松，反倒在这次世界和中东风潮中保住了政权，维护了国家稳定。这个现象值得思考。当然，中东局势发展远未最终结束，今后仍会不时出现高点与低点起伏。有先见之明的政治家，一般会提前开启战略性改革进程，着眼于提高民众福祉，改善民生，改善社会环境和政治民主水平，让民众更加满意。

伊朗核问题最近特别值得瞩目。以色列总理、总统前后脚访问美国，受到奥巴马接见，并就伊朗形势展开长谈。美国与以色列、以色列内部、美国内部都在是否军事打击伊朗方面存在分歧，预计最终动武的可能性不大。现在世界每天将近40%的石油从霍尔木兹海峡输送到世界各地，一旦这个地区发生战争，将是一场灾难，因此必须反对使用武力来解决有关分歧和矛盾。同时，制裁本身并不能解决分歧和矛盾，也不利于通过和谈的方式去解决分歧和矛盾。

中国主张维护核不扩散体系，反对伊朗发展核武器，同时也肯定伊朗和平利用核能的权利，劝有关国家要保持冷静和克制，不要激化矛盾。中国仍在认真严格地执行安理会有关对伊朗的制裁决议，但反对欧美单独发起的对伊朗制裁以及单方面制裁，防止伤害伊朗民生。中伊经贸、能源等领域的合作一直充满希望，是正常透明的，对推动两国经济发展、密切经贸利益起到了重要作用。而且中国与伊朗的长期合作从不损害第三方利益，因此中国也不会接受第三方要求制止中国与伊朗发展经贸合作的无理要求。

中方处理中东问题一向有自己的原则，这些原则的基础是和平共处五项原则、独立自主、互不干涉内政，将发展中国家视作重要的依托力量，并反对霸权主义和强权政治。在中东，中国一向根据事情的是非曲直来做出判断，决定立场和政策，权衡道义和利益。中国关注有关国家内部动荡给人民造成的人道灾难，呼吁这些国家当局及反对派首先停止暴力、停止屠杀，开启包容性政治谈判进程。可以说，中国相信这些国家的人民有能力、有办法找到解决问题的途径，找到适合本国的政治体制和经济发展的模式。中国与中东国家交往，绝不仅限于获得石油。不论是产油国家还是非产油国家，中国都与之在互相尊重和平等互利的基础上推动推进各领域的合作。

中国希望地区有关各方能够通过政治对话，避免诉诸武力，共同推动形势走向缓和。中方一贯坚定支持巴勒斯坦人民的合法权益，特别是巴勒斯坦独立建国大业。巴勒斯坦于2011年9月向联合国提交了希望成为联合国成员的申请，安理会围绕这一问题进行了讨论，巴勒斯坦"入联"问题还处于一种搁置状态。中国在巴勒斯坦加入联合国教科文组织等问题上投了赞成票。今后，中方将会继续努力推动巴以和谈进程，争取使其取得实质进展。埃及是最早跟新中国建交的阿拉伯和非洲国家，中埃战略合作关系一定会继续发展。中国在2011年7月宣布承认南苏丹，跟南苏丹的关系开局良好。

2014年4月8日，中国国家主席习近平在北京同以色列总统佩雷斯举行会谈。两国元首就发展中以关系深入交换意见，一致决定推动双边友好交流合作取得更大发展。

习近平表示，中华民族和犹太民族长期友好相处，特别是第二次世界大战期间，共同反对法西斯和军国主义，相互支持，结下深厚友谊。中以两国建交以来，政治关系友好，务实合作卓有成效。中方愿同以方继续保持高层交往，早日建立中以政府间经济技术合作机制，加强农业、能源、环保、教育、医疗、科技创新等领域的交流与合作，不断深化友谊与合作。中国对中以关系发展前景充满信心。习近平指出，当前，以巴和谈进入关键阶段，既面临机遇，也存在不少困难。希望以方着眼和平大局，拿出战略智慧，早做勇敢决断，同巴方及国际社会一道，推动和谈早日取得实质进展。中方将一如既往地发挥建设性作用。

佩雷斯表示，以色列钦佩中国爱好和平，中国人民自强不息，沿着自己选择的发展道路，取得了了不起的成就。相信中国梦的实现必将为世界和平与发展创造更多机遇。以方希望加强同中国的友好合作关系，愿同巴方及国际社会共同努力，克服困难，推进和谈。希望中方为劝和促谈继续发挥重要作用。[①]

阿富汗是中东外围地带的重要国家。2014年10月28日，中国国家主席习近平在北京同阿富汗总统加尼举行会谈。习近平强调，中方重视发展中阿战略合作伙伴关系，支持阿富汗实现平稳过渡与和平重建。

习近平祝贺加尼就任阿富汗总统，欢迎他上任不久即把中国作为正式出访的首个国家并出席阿富汗问题伊斯坦布尔进程北京外长会开幕式。习近平指出，目前，阿富汗正在经历政治、安全、经济三重过渡，中方支持阿方维护国家独立、主权和领土完整，支持"阿人主导、阿人所有"的和平和解进程，希望看到一个团结、稳定、发展、友善的阿富汗，这符合阿富汗人民的根本利益，也是地区国家和国际社会的共同期待。习近平强调，中方承办伊斯坦布尔进程第四次外长会，是阿富汗新政府成立后首个涉阿富汗问题的国际会议，中方愿意同阿方密切配合，推动会议取得积极成果，争取地区国家和国际社会对阿富汗的支持。中方支持阿富汗融入地区合作，欢迎阿方积极参与丝绸之路经济带建设。

加尼表示，阿富汗人民渴望早日实现和平、稳定、发展，感谢中国对阿富汗和平进程与经济重建的支持，特别感谢习近平主席派特使出席他的就职典礼，表明对阿富汗新政府的支持。阿方视中方为可靠的战略伙伴，

[①] 钱彤：《习近平同以色列总统佩雷斯举行会谈》，新华网北京2014年4月8日电。

钦佩中国保持稳定和发展,相信中国能够帮助阿富汗加快发展。阿方愿意在和平共处五项原则的基础上,发展阿中长期战略合作伙伴关系。①

双方还发表关于深化中阿战略合作伙伴关系的联合声明。双方忆及中阿久经考验的传统友谊,对阿富汗开展和平重建以来中阿关系取得的长足发展感到满意。双方决定在新时期进一步深化中阿战略合作伙伴关系,推进在政治、经济、人文、安全以及国际地区事务中的合作。双方同意充分发挥中阿经贸合作联委会机制的作用,尽早在华召开经贸联委会第二次会议,探讨扩大和深化两国经贸投资合作。双方认为,艾娜克铜矿项目和阿姆河盆地油田项目对促进阿富汗经济自主发展具有重要意义,双方愿通过友好协商,推动这两个项目取得实质进展,为帮助阿富汗发展经济、改善民生发挥积极作用。中方鼓励有实力的中资企业赴阿富汗参与经济建设,在基础设施建设、农业以及包括水电站建设在内的资源和能源开发等领域同阿方开展合作。阿方将根据其法律法规,为中国在阿富汗投资尽可能提供便利。

中方重申支持阿富汗和平重建进程,2014年中国政府向阿方提供5亿元的无偿援助,并签署《中华人民共和国政府与阿富汗伊斯兰共和国政府经济技术合作协定》。未来三年(2015~2017年),中方将向阿富汗提供总额15亿元的无偿援助。中方将积极支持阿方加强能力建设,未来五年将为阿富汗培训3000名各领域的专业人员。阿方对中方长期以来为阿富汗和平重建提供的真诚帮助表示衷心感谢。阿方欢迎丝绸之路经济带倡议。作为古丝绸之路的历史传统过境路线,阿富汗愿与中方密切合作,共同推进丝绸之路经济带建设。双方认为,丝绸之路经济带建设对促进中阿互利合作和地区互联互通具有重要意义。

中阿两国将以2015年中阿建交60周年作为"中阿友好合作年",以此为契机,举行一系列纪念活动。双方同意在文化、教育、青年、妇女、公民社会、媒体等领域加强交流与合作,进一步增进两国人民之间的了解和友谊。中方将邀请阿方派团来华出席第十四届亚洲艺术节。中方将继续鼓励和支持阿方学生来华学习,未来五年将通过各种渠道向阿方提供500

---

① 张朔:《习近平同阿富汗总统加尼举行会谈》,中新网北京2014年10月28日电。

个中国政府奖学金名额。

双方坚决反对任何形式的恐怖主义、极端主义、分裂主义以及有组织犯罪行为，同意加强两国安全领域的交流与合作。为应对国际、地区形势发生的深刻复杂变化，双方将加强在国际和地区机制内的协调与合作，就重大国际和地区问题保持沟通，协调立场。

第二节 经贸合作：创新求进、深化拓展

从1956年中国与埃及建交到1990年中国与沙特建交，中国与所有阿拉伯国家建立并保持了良好的外交关系。经过50多年的共同努力，中阿经贸合作已进入全方位、多领域的全面合作阶段。双边贸易、工程承包、劳务合作、双向投资、人员培训等领域合作都取得积极进展。经贸关系的迅猛发展，带动了文化、教育、体育和卫生等各领域的交流与合作蓬勃发展。中国已同所有阿拉伯国家签订《文化合作协定》，"中文热"持续升温。但中阿经贸关系依然需要创新求进，不断拓展深化。同时，必须注意前瞻调研和及时应对，努力规避形势动荡冲击等各类风险。

一 中阿经贸合作的历史纽带与现实需求

（一）中阿友谊追溯久远

伊斯兰教产生之前，古老的丝绸之路就把中阿两个民族联系在一起。早在公元前139年和公元前119年，张骞两次奉命出使西域，开辟了闻名遐迩的"丝绸之路"。据史记《大宛列传》记载，公元前120年，汉武帝派使臣到达黎轩，即现在埃及的亚历山大。有埃及艳后之称的托勒密王朝末代女王克娄巴特拉（公元前69年~公元前30年）非常喜欢中国丝绸做的衣服。从7世纪开始，阿拉伯人沿陆上和海上丝绸之路到中国经商的同时，也传播了伊斯兰教。中国明朝的郑和七下西洋，其庞大船队到过许多阿拉伯国家，浩浩荡荡下西洋的同时具有文化交流与商品交流的双重功效。

（二）中阿关系不断升温

1956年，埃及、叙利亚等国与新中国建交，拉开了阿拉伯国家与中国友好交往的帷幕。20世纪60年代，周恩来总理提出了中国处理同阿拉伯各国关系的五项原则，为中阿友好合作关系奠定了牢固基础。2004年1月，中国国家主席胡锦涛在访问埃及期间，提出建立中阿新型伙伴关系的原则，"中国和阿拉伯国家同属发展中国家，双方一直保持着深厚的传统友谊。我们在和平共处五项原则基础上已建立起真诚、互利的友好合作关系，在政治上是相互支持的好兄弟，在经济上是互利合作的好伙伴，在国际事务中是协调配合的好朋友"。[1] 这段话概括了21世纪中阿关系的时代内涵，指明了中阿关系在新阶段的历史定位。2008年，在巴林举行的第三届部长级会议上，双方提出建立面向和平与可持续发展的中阿新型伙伴关系。2010年5月14日，中阿发表宣言，将双方关系提升为全面合作、共同发展的战略合作关系。

应中国国家主席习近平邀请，埃及总统阿卜杜勒·法塔赫·塞西于2014年12月22~25日对中国进行了国事访问。两国元首就中埃双边关系及深化两国各领域合作进行了正式会谈，并就共同关心的国际和地区问题交换意见。在国际和地区形势发生重大变化的背景下，此次访问具有重要意义。

双方发表《中华人民共和国和阿拉伯埃及共和国关于建立全面战略伙伴关系的联合声明》。两国元首强调，中国和埃及是战略合作伙伴，双方在政治、经贸、人文、军事、执法等领域及国际和地区层面的长期合作取得了重要成果，并不断得到巩固和加强。同时，中埃两国合作潜力巨大，两国互利合作仍然具有很强的发展后劲。两国致力于推动双边关系在更广领域取得更大发展，这符合中埃两国人民的利益，有利于实现地区和世界的安全、和平与稳定。鉴于两国高水平的双边关系，在1999年宣布建立的战略合作关系基础上，两国元首决定将双边关系提升为全面战略伙

---

[1] 齐彬：《胡锦涛访阿盟总部 建议加强中阿在四方面的合作》，中新网开罗2004年1月30日电。

伴关系。

双方强调，实现中东地区的和平与稳定符合地区各国人民的根本利益，也有利于世界的和平与发展。中方赞赏和支持埃方在解决巴勒斯坦问题等地区重大问题上发挥关键性作用，支持埃方关于建立"中东无大规模杀伤性武器区"的倡议。埃方赞赏中方在巴勒斯坦问题等地区重大问题上秉持的客观公正立场和所起的建设性作用，欢迎中方参与国际社会为实现地区和平所做的努力。双方愿加强协调、合作，共同维护地区的和平、稳定。

双方赞赏中阿合作论坛、中非合作论坛作为中国同阿拉伯和非洲国家开展对话合作、实现共同发展的平台所发挥的重要而有效的作用，将继续共同努力，推动上述两论坛的建设和发展。

中方赞赏埃及作为伊斯兰合作组织轮值主席国为促进该组织发展、维护伊斯兰国家利益所发挥的积极作用。埃方愿继续努力，促进中国同伊斯兰国家友好合作关系的发展。

（三）中阿本着平等互利、共同发展的原则开展经贸合作

阿拉伯国家是我国实施"市场多元化"战略和"走出去"战略的重要地区；中国和22个阿拉伯国家有16亿人口，经济总量和贸易规模可观；中阿经济都保持着良好的发展势头，相近的发展水平和共同的发展需要有力地推动了贸易增长，带来了重要机遇。同时，中国的科技水平更易为阿拉伯国家所接受和掌握；中国的商品物美价廉，深受阿拉伯国家人民的欢迎。今天，中国已有2000多万名穆斯林，也是中阿友好交往的重要纽带和依托。苏格兰皇家银行驻香港经济学家贝哲民认为，石油占中阿双边贸易的40%，但其他贸易需求也很强烈，比如"9·11"恐怖袭击后许多国家收紧对阿拉伯人签证（中国除外），如今到中国浙江义乌从事商贸活动的阿拉伯人猛增至每年20万人。即便油价只有30美元/桶，中阿关系仍将继续迅猛发展。[①] 2001年后，阿拉伯主权财富基金将投资从美国分散开来，开始密切关注中国的发展。

---

① 《崛起中的中国和阿拉伯世界愈行愈近》，路透中文网，2009年5月11日，http://cn.reuters.com/article/specialEvents2/idCNChina－4459120090511。

二 从宏观到具体，中阿经贸合作业绩骄人

（一）高层高度重视框定战略合作框架

2000年3月，阿拉伯国家联盟外长理事会通过决议，提出成立"中阿合作论坛"的建议，对此中方给予高度重视。2004年9月14日，中国-阿拉伯国家合作论坛首届部长级会议在阿拉伯国家联盟总部开罗举行，双方签署了《中国-阿拉伯国家合作论坛宣言》和《中国-阿拉伯国家合作论坛行动计划》两个文件，标志着中阿合作论坛正式启动。2006年，中国国家主席胡锦涛访问沙特、摩洛哥，国务院总理温家宝访问埃及；沙特国王阿卜杜拉、埃及总统穆巴拉克、阿尔及利亚总统布特弗利卡、也门总统萨利赫等访华；中阿合作论坛第二届部长级会议在北京成功举行。

（二）建立了集体对话与区域合作机制

中阿于2004年成立了中国-阿拉伯国家合作论坛，并于2006年5月在北京召开第二届部长级会议，提出促进中阿经贸合作的具体规划和举措。2006年9月在中国厦门举行石化合作研讨会，2007年在约旦安曼举行第二届"中阿合作论坛"企业家大会。2010年5月，中阿在天津举行"中阿合作论坛"，温家宝总理发表主旨演讲。2010年6月，"武汉-中东海湾四国经贸洽谈会"在武汉举行；中国和海湾阿拉伯国家合作委员会战略对话首届部长级会议在北京举行，时任中国国家副主席习近平会见代表。双方一致认为，启动战略对话机制有利于进一步深化互信、加强互利合作、促进双方在国际组织内的磋商与协调。2010年8月，首届中国-阿拉伯国家商务合作论坛在北京举行，该论坛旨在搭建一个中阿企业家对话平台，扩大中阿经贸投资合作。紧随其后，河北保定举办第二届中阿商务合作论坛。2010年9月，首届中阿经贸论坛在中国宁夏举行，宁夏与阿拉伯国家的经贸合作实现了新突破，共签订合作项目10个，总投资额达27.46亿元。

（三）双边贸易突飞猛进

2004 年，中阿贸易额为 367.1 亿美元，2006 年为 654.7 亿美元，2008 年达 1328 亿美元，短短 4 年时间增长了近 3 倍。即便遭遇金融危机，2009 年中阿贸易额仍然达到 1074 亿美元，贸易进出口总体平衡。[1] 进入 21 世纪，中国从阿拉伯国家进口石油数量大幅度增加。2006 年中国从阿拉伯国家进口石油 5821.63 万吨，占全年进口石油总量的 40.1%；进口石油价值为 267.38 亿美元，占全年进口石油总价值的 40.3%。2006 年中国进口石油超过 100 万吨以上的阿拉伯国家就有 8 个。

（四）双向投资持续增长

2003 年中国在阿拉伯国家的直接投资只有 1726 万美元，截至 2008 年，阿拉伯国家在华累计实际投资达到 15 亿美元，中国在阿拉伯国家累计投资 26.5 亿美元。据英国路透社报道，2010 年 6 月，投资 50 亿美元的炼油厂在中国福建南部开始加工原油，沙特的阿美石油公司拥有该厂 25% 的股份。[2] 中阿在工程承包和劳务输出方面也取得很大进展。中国在苏丹、阿尔及利亚、叙利亚、阿曼、阿联酋、也门、沙特等国的资源开发领域投资额累计达数十亿美元，投资领域还包括家电、轻工和服装等。

（五）各类双边贸易投资协定如雨后春笋般诞生

迄今，中国已与除索马里以外的 21 个阿拉伯国家签署了双边政府经济、贸易和技术合作协定，并启动了经贸混委会机制，定期或不定期地召开混委会；中国已与 16 个阿拉伯国家签署了投资保护协定，与 11 个阿拉伯国家签署了避免双重征税协定。[3]

---

[1] 唐继赞：《"中阿合作"互利双赢》，《瞭望新闻周刊》2010 年第 20 期。
[2] 《崛起中的中国和阿拉伯世界愈行愈近》，路透中文网，2009 年 5 月 11 日，http://cn.reuters.com/article/specialEvents2/idCNChina-4459120090511。
[3] 陈勇：《中国-阿拉伯国家：稳步迈进的战略伙伴关系》，新华网北京 2007 年 12 月 16 日电。

三 推动中阿经贸合作良性拓展与深化

(一)理顺关系、相辅相成,从战略高度统筹规划

把握好多组关系。协调平衡政治与经济、国家与地方、政府与企业、国有与民营、能源与非能源、国内与国外、软硬实力的关系,处理好当前与长远、务虚与务实、拓展与深化、付出与获得、数量与质量的关系。形成合力、相得益彰,各部门各方面之间要相互支持和配合,杜绝倾销压价和各自为战。同时,要注意互利双赢、共同提高,造福双方的广大民众,打下坚实的合作基础,营造良好的合作氛围,推动中阿经贸合作真正可持续发展。

重视提高产品质量,进一步提升国家形象。不要将阿拉伯市场作为次品和清仓产品的出口地。中国产品应该在自身质量上多下功夫,切不可短视。国内有关部门应当加强对出口产品质量的监管控制以及检验监督工作,采取适当措施,如建立出口信用记录(黑名单)等办法。对于屡教不改的公司取消其资格,并可根据法律给予惩罚。[①] 在实施海外作业时要注意保护中国海外人员的安全、理顺与当地政府和民众的关系,保护当地环境、促进当地经济发展,遵守当地法律法规、尊重当地风俗习惯,以展示国家良好形象。

加强涉及中阿经贸合作领域的人才建设。提升中阿贸易需要经历从研究到实践、从实践到研究的过程。要围绕法律、科技、语言等方面大量培养专门人才。中方已做出一些努力,截至2005年底,中国累计为阿拉伯国家培训各类管理和技术人员2620人次。当时,双方决定建立人力资源开发合作机制,中方于2006~2008年的三年内,在经贸、能源、交通、教育、外交、农业、环保、文化等领域以及双方商定的其他领域,每年为阿拉伯国家培训500名各类人才。中方企业发展中,人才也是问题。中阿

---

① 《大阿拉伯自由贸易区及加强我同阿拉伯国家贸易的建议》,商务部网站,2005年4月22日,http://finance.sina.com.cn。

贸易方面缺乏法律人才，中国企业因此面临法律风险和发展瓶颈，2010年9月，宁夏中阿经贸论坛主题之一就是如何培养合作人才，可以在这些方面加强探讨交流。

广泛发挥研究力量，群策群力，为中阿经贸合作提供智力支持。发挥北京、上海、西北、西南的政府机构以及学术院校、团体的研究力量，如外交部、商务部以及北京外国语大学、上海外国语大学、兰州大学、云南大学等相关部门和学术机构都可以充分提供智力支持。有关商会、协会也要加强对国内相关产业的指导。阿拉伯国家实际上千差万别，个性差异很大，国内很多公司对阿拉伯国家的详细情况可能并不了解，以至于不敢做生意、不屑做生意。有关的商会、协会和机构应充分利用各经商处的优势，深入当地市场进行调研，推动更多的国内公司更深入详细地了解中东市场，并尽最大努力规避各类风险。同时，考虑如何加大对中国知名品牌的支持和宣传力度，多推销、多扶持、多展销。

必须高度重视中东地区局势存在的脆弱性和不稳定性。中东政治与经济形势紧密相关，政治与安全局势很容易冲击经济形势，进而影响中阿之间的经贸关系。例如，2010年底突尼斯局势动荡并导致本·阿里政权更迭，之后埃及局势剧烈动荡，总统穆巴拉克于2011年2月被迫辞职。继而，利比亚、也门、摩洛哥、约旦、巴林、阿尔及利亚等阿拉伯国家也出现程度不同的局势动荡，严重影响阿拉伯世界的经济与发展环境，必然在一段时间内冲击中阿经贸合作的良性发展。利比亚国内的派别冲突和局势动荡尤其严重，对中国在利比亚的经济利益和人员安全造成比较严重的影响，好在中国政府及时应对，调动多路力量从利比亚及时安全撤出1.6万多名华人华侨。因此，对阿拉伯国家局势发展和经济环境要加强深入的前瞻性调研，并做好充分的准备和预案，最大限度地保障中国的经贸、投资利益不受损害或减少损失，保障既往合同和协定的延续性，保障中国在阿拉伯国家的人员安全。

（二）抓住机遇、促成经贸合作飞跃，并采取相应的促进措施

中东经济增长势头良好，为推进中阿经贸合作提供了机遇。

有针对性地进行梳理分类，发挥一些阿拉伯国家的合作排头兵作用。

有些阿拉伯国家地处沿海，有些处于内陆，有些海洋和陆地优势兼有。要针对阿拉伯国家的地缘优势，结合其资源优势、消费能力、国土面积和国家实力，有针对性地促进双边经贸投资合作。不仅要着眼于石油资源丰富的国家，尤其还要探讨研究如何加强与资源次丰富国家、资源贫乏国家的经济合作，拓展合作领域、深化合作内容、挖掘合作潜力。继续发挥一些阿拉伯国家"领头羊"的作用，引领中阿经贸合作不断跃升。以沙特和阿联酋为代表的重点市场将继续发挥"领头羊"的作用，2006 年中沙双边贸易额达 201.4 亿美元，中阿（阿联酋）双边贸易额达 142 亿美元，2009 年中国从沙特进口原油 4195 万吨。中国在沙特劳务工程市场上也有不俗表现，中国在沙公司达到 88 家，中国员工 2 万余人，在建项目 100 个，合同金额 117 亿美元，正在跟踪项目 77 个，金额达 229 亿美元。[①]

重视解决与具体阿拉伯国家间的贸易不平衡问题。不断完善有关政策，鼓励更多公司特别是知名公司，利用大阿拉伯自由贸易区零关税的优势，到劳动力便宜、法律法规健全、生产能力相对落后的阿拉伯国家建立公司，扩大对阿拉伯国家的出口，并向与该国签署自由贸易协定的美欧地区出口。[②] 苏格兰皇家银行驻中国香港经济学家贝哲民也提醒，从政治上来说，亚洲其他国家与阿拉伯世界的关系比中国更牢固，但北京必须确保其"走出去"政策不要造成产品淹没阿拉伯市场，从而破坏当地的就业和对华好感。

积极利用阿拉伯石油富国的对外投资能力。由于石油储量和出口量大，阿拉伯国家尤其是海湾国家拥有雄厚的金融资本，将在国外寻求合适的投资合作伙伴。国际金融危机背景下伊斯兰金融逆势增长，其金融资产可望从 2005 年的 7000 亿美元飙升至 2015 年的 2.8 万亿美元。2010 年 7 月据沙特《半岛报》报道，在海湾十大银行俱乐部里沙特占有绝对优势，按市值排序沙特有 6 家银行进入前十名，另外还有科威特 2 家、卡塔尔 1 家、巴林 1 家。其中沙特拉吉赫银行排名第一，市值达 309.92 亿美元。沙特沙

[①] 《我驻沙特大使杨洪林：中沙关系处于历史最好发展时期》，http://news.xinhuanet.com/world/2010-05/12/c_1294648_2.htm。

[②] 《大阿拉伯自由贸易区及加强我同阿拉伯国家贸易的建议》，商务部网站，2005 年 4 月 22 日，http://finance.sina.com.cn。

美银行市值为142.76亿美元，按市值计为沙特和海湾第二大银行。科威特国家银行市值为140.38亿美元，卡塔尔国家银行市值为123.67亿美元。

由于中国不断优化投资环境，阿拉伯国家也在提升对中国的投资需求。科威特、阿联酋、沙特、突尼斯等国家不断加大对华投资力度，且潜力很大。截至2006年，阿拉伯国家在华实际投资10亿美元，主要投资在轻工、建材、房地产等行业。中国天津走在了前列，截至2010年上半年，阿拉伯国家在天津的投资项目共计50余个；天津企业在埃及、阿联酋、阿曼、苏丹等国的投资项目则有60余个。仅天津百万吨乙烯项目总投资额就达183亿元，由中国石化与沙特基础工业公司按股比50∶50组建公司负责运营。①

（三）能源合作为例：在纵向领域内深化内涵、丰富内容

能源合作对中阿关系的全面发展依然起着重要作用。随着中阿经贸关系的深入发展，能源合作越来越重要。中阿能源合作既面临机遇，又面临挑战。挑战主要来自西方国家的干扰、形势的变化和双方合作中出现的摩擦，但机遇远远大于挑战。沙特已经成为中国在中东地区最大的贸易合作伙伴和能源供应国，两国在能源方面的合作正在深入发展。阿曼是中国从阿拉伯国家进口石油的第二大国，中国已成为阿曼原油的最大买方。中国与苏丹能源合作起步较晚，但发展迅速，成效显著，被称为新时期互利合作的楷模。阿尔及利亚素有"北非油库"之称，是非洲石油天然气的重要生产国。

中阿能源合作的发展趋势不仅是中方进口油气，而且是向合作多元化方向发展。中阿能源合作多元化还体现在能源及其相关领域双向投资、共同合作方面，并体现在由能源合作带动的其他领域。如海湾国家主要向中国输出石油、天然气及相关产品。另有统计显示，2009年中国与海湾国家的能源贸易额接近680亿元。而中国又是拥有13亿人口的巨大市场。这几年海湾国家有意加强对中国的投资，也希望吸引中国企业到海湾国家投资，2009年中国和海湾国家的相互投资已达到500亿元。

---

① 田齐、杨娜娜：《天津与阿拉伯国家合作：百余项目促双赢》，中新社天津2010年5月11日电。

阿拉伯国家是中国推动石油进口和通道多元化的重要着眼点。虽然中国的石油国际依存度接近50%，但中国的能源主体是煤炭，中国的能源总体自给率依然较高。然而必须看到，今后不可避免地要从世界各地进口大量石油和天然气，因此分散进口能源产地、拓展能源通道攸关中国的能源安全。阿拉伯国家是中国重要的石油进口地，其分量短期内难以下降。但从中东到中国的石油通道相对单一，大多经过海洋运输。要考虑分散运输通道风险，开创中阿能源运输通道的新思维。在经历霍尔木兹海峡、马六甲海峡的线路基础上，可以考虑增加几个方向的海路联运：海湾国家或伊拉克－伊朗－中亚国家能源管线－中国新疆；海湾国家或伊拉克－伊朗－巴基斯坦－中国新疆；海湾国家或伊拉克－阿拉伯湾－孟加拉湾－缅甸－中国云南；海湾国家或伊拉克－阿拉伯湾－巴基斯坦港口－巴基斯坦内陆－中国新疆。

（四）从能源到非能源、从经济到人文，全面拓展合作外延

阿拉伯国家是中国实施"走出去"战略的重要区域。阿拉伯产油国也认识到单一石油经济的弊端，开始未雨绸缪，推动非石油产业发展。如阿联酋重要城市迪拜2009年非石油产品出口额同比增长23%。过去5年来，迪拜非石油产品出口额增加了近50%。传统金属及贵金属、加工食品、塑料和橡胶产品占迪拜2009年出口总额的87%，其中贵金属和宝石及其相关产品出口额自2007年以来一直居于首位。[①] 迪拜机场自由贸易区2009年产值增长30%，吸引了许多大型跨国公司。在互惠互利、共同发展原则的指导下，中阿双方互相投资，合资兴建联合项目。截至2006年底，中国公司在阿拉伯国家完成承包劳务营业额275.1亿美元，涉及住房、通信、交通、石油、化工、渔业和医疗卫生等领域。此外，两国在旅游、航空、银行等方面的合作也不断取得进展，合作范围不断扩大。

中阿贸易结构多样化明显，从能源、资源到非能源合作不断拓展。除共同推动建立公正合理的新秩序等经济战略合作外，经济合作涵盖能源、经贸、基建、劳务、金融、科技、食品、旅游等许多方面。中国的出口商

---

① 孙瑞军：《迪拜2009年非石油产品出口额大幅上升》，新华网阿布扎比2010年2月23日电，http://finance.qq.com/a/20100223/006563.htm。

品主要是机电产品、纺织服装、鞋类、轮胎、旅行用品及箱包等,以机电产品为代表的高技术和高附加值产品在我国对阿出口产品中的比重继续增加;进口商品主要是原油、化工原料、化肥、成品油等。近年来,人文交流趋于紧密,覆盖文化、教育、体育、宗教、民间等领域,这将是深化和拓展中阿经贸合作的重要纽带。

科技与旅游合作前景远大。中国的科技适合阿拉伯国家,阿拉伯国家对开展科技合作的兴趣很大。中阿双方表示,应在科技特别是高新技术领域进行合作,共同开发研发项目,推动双方研究机构建立合作渠道;应在农业、环保等领域开展合作,交流经验。在旅游方面,中东多个国家已经成为中国公民旅游的目的国,中国已与迪拜、沙迦、科威特、多哈等多个中东繁华的国际大都市开通直航。中东各国尤其是摩洛哥等能源次丰富国家,把拓展中国客源市场作为振兴其本国旅游业发展的关键。该国旅游局长说,每年来自中国的游客不到1万人次,发展潜力巨大。

四 缜密和稳健推进中阿经贸合作

中东政治与经济形势紧密相关,政治与安全局势很容易冲击经济形势,进而影响中阿之间的经贸关系。中阿经贸合作面临国家政局动荡、地区局势不稳、其他国家挤压等诸多程度不同的风险。中阿经贸关系需要拓展深化,但必须高度重视中东局势的脆弱性和不稳定性及其影响。

应当看到,2010年以来,突尼斯、埃及、利比亚、叙利亚、也门以及部分海湾国家的政治风潮和局势动荡,其幕后诱因主要是国内的经济与社会问题,如贫富差距、腐败等方面。由于内外因互动,这些国家正面临东欧剧变20年来西方参与和推动的转型与动荡新浪潮。未来在伊斯兰世界等发展中国家范围内的可能性发展不容忽视,这可能会影响中国的海外经贸合作等诸多海外利益。例如,在利比亚局势动荡时,虽然中国及时大规模撤侨,但经贸投资利益遭受了比较严重的损失。

局势动荡短期内影响中阿经贸合作,长期看仍可望回归平衡。因为中国与广大阿拉伯国家一向关系良好。从发生动荡和权力更迭的国家情况和历史文化看,这些国家的政体和道路选择不会完全脱离国情而照搬外来体制，不至于大幅度调整外交政策，仍将对华保持正常国家关系。中国的国际地位和影响客观上是有力砝码。中国是联合国安理会常任理事国，是发展迅速、国际影响持续上升的新兴大国，是地区与世界和平发展的重要推动力量。中国仍要积极稳健地推动中阿经贸合作。

为了维护中国的海外利益和人员安全，必须采取各种切实举措和前瞻思维，努力规避形势动荡冲击等各类风险。要对阿拉伯国家局势发展和经济环境加强深入和前瞻调研，做好做透对象国的法律、社会以及生态环境调研，做好充分准备和预案，最大限度地保障中国的经贸、投资利益不受损害或减少损失，保障既往合同的延续性，保障中国人员安全。阿拉伯国家是中国推动石油进口和通道多元化的重要着眼点，分散进口产地、拓展能源通道、保护运送通畅当然非常重要。中国的海外投放和维护力量建设不能不提上日程，一些战略思维面临完善、深化和更新。

统筹规划推动中阿经贸合作，要理顺关系，使其相辅相成，从能源到非能源、从经济到人文，全面拓展合作外延。各方面要相互支持，杜绝倾销压价和各自为战。重视提高产品质量，进一步提升国家形象。在实施海外作业时注意理顺与当地政府和民众的关系，保护当地环境，促进当地发展，展示国家良好形象。加强中阿经贸合作领域的人才建设，发挥研究力量，为经贸合作提供智力支持。

第三节　超越外部围堵的能源安全战略

进入21世纪的第二个十年以来，国际形势稳中有乱，经济全球化进程在曲折中深入发展，国际能源安全问题日益突出。世界能源短缺国特别是世界大国纷纷从战略高度，通过各种渠道和方式维护海外能源安全。虽然国际能源形势短期严峻，但长期来看仍谨慎乐观。当前和今后较长时期，伴随中国现代化进程的稳步推进，中国能源缺口将在现有基础上进一步增大，能源供求矛盾进一步突出，能源问题已经并将继续成为影响和制约中国现代化进程的关键要素之一。

一　国际能源安全总体形势谨慎乐观

在世界能源供求格局中，能源蕴藏丰富国家，其地位和影响日益突出。能源安全问题涉及政治利益、安全利益与发展利益，不仅是经济和发展问题，也作为政治和安全问题深刻影响着世界形势和大国战略。许多国际会议讨论能源问题，许多国家交往也高度关注这一问题。

（一）能源是支撑世界发展的决定性资源，世界能源总量相对充足但地缘分布严重失衡，客观上成为影响国际能源安全的隐忧

石油和天然气是多数国家的主要能源支撑，尤其是西方发达国家的经济增长长期直接依赖廉价畅通的石油供应。俄罗斯新闻社经济研究中心分析家按欧佩克《2011年世界石油平均日产量及其供应》的资料评估认为，俄罗斯位居世界第一，其石油总产量为5.09亿吨；沙特位居世界第二，其石油总产量为4.65亿吨；美国位居世界第三，其石油总产量为3.5亿吨；中国位居世界第四，其石油总产量为2.07亿吨；伊朗位居世界第五，其石油总产量为1.8亿吨。居世界第六至第十位的依次是：加拿大、墨西哥、巴西、伊拉克和科威特。[1] 据统计，全球石油剩余的探明储量为1805亿吨。就探明储量分布而言，世界前10名中有6名在中东，中东的探明储量占世界总量的62%，沙特、伊朗、伊拉克、科威特和阿联酋的探明储量分别占世界的22.0%、11.0%、9.7%、8.3%和8.2%。欧亚地区的俄罗斯和哈萨克斯坦的探明储量分别占世界的6.0%和3.3%。非洲的利比亚和尼日利亚的探明储量分别占世界的3.3%和3.0%，阿尔及利亚和安哥拉的探明储量也分别占世界的1%左右。在美洲，美国石油探明储量占世界的2.5%，委内瑞拉占6.5%，墨西哥和巴西等国的储量也很可观。中国的石油探明储量仅占世界的1.4%。全球天然气探明储量为180亿立方米，其中中东和欧亚大陆地区分别占40.6%和35.7%，俄罗斯、伊朗、沙特的天然气探明储量分别占26.7%、15.3%和14.4%。据估计，世界

---

[1] 孙永祥：《石油产量TOP 10国家排名微有变动》，《中国经济导报》2012年2月18日。

石油储采比至少可维持 50 年以上①（中东地区为 90 多年），而且随着勘探和开采技术的不断进步，石油储采比还将继续提高。但世界能源的生产和消费在地缘分布上严重失衡，80% 的探明储量分布在中东、北非、欧亚和北美地区，而世界石油消费的近 80% 则集中在北美、亚太和欧洲。② 世界能源的不可再生性及其地缘分布的严重失衡，使能源因素成为各国制定对外政策和处理外交关系的重要参考要素之一。

（二）国际油价高低互换的规律不止一次得到体现，油价供求平衡态势相对稳定

20 世纪 70 年代，阿拉伯国家发起的"石油战争"导致国际石油价格高涨。然而，尽管随后几十年的经济发展很快，增量以倍数计，对石油的需求势头强劲，但到 20 世纪 90 年代甚至直到 2003 年伊拉克战争之前，国际石油价格长期徘徊在 8～22 美元/桶，石油价格不仅没有随着经济高速发展而成正比例上升，反而出现大幅度下滑并长期低迷，所以说经济增长不一定必然导致油价攀升。非经济因素在本轮国际油价疯涨中起了主要作用，经济增长拉动能源需求带来的影响有限，据测算，仅投机商炒作一个因素就导致油价上涨 30%。考虑到国际原油储量充足，伴随美国对外政策调整、国际形势逐步稳定以及各国国内措施的跟进，国际石油价格终将回归合理价位和相对低位。事实上，2008 年底国际油价一度跌破 40 美元/桶，至 2012 年国际油价在 80～100 美元/桶徘徊（美元已经大幅贬值）。2012 年，世界原油市场供大于求的状况日趋明显。进入 2012 年第二季度后，由于制裁伊朗造成的恐慌心理不断被市场消化，加上国际原油供大于求的情况日见明显，国际油价掉头向下。2012 年 6 月下旬，伦敦布伦特原油价格一度跌至 90 美元/桶以下。欧佩克原油价格 6 月底跌至 94 美元/桶以下，创 18 个月低点。③ 中东一些国家在 2011 年大幅增产的

---

① 徐小杰：《世界能源安全与大国能源外交》，http://www.jfdaily.com.cn/pdf/051218/jf08.pdf。
② 马永红、张葵叶：《我国油田企业提升国际竞争力的紧迫性》，《集团经济研究》2007 年第 1 期。
③ 王振华：《国际油价 2012 年下半年将呈跌势》，新华社开罗 2012 年 7 月 25 日电。

基础上继续采取增产措施,加之利比亚原油出口恢复较快,这些因素导致国际原油市场上出现供大于求的情况。虽然欧佩克规定的各成员生产限额为日均3000万桶,但实际日均产量可能高达3100万~3200万桶。这是造成世界原油市场供大于求的主要原因之一,也是可能拉低2012年下半年国际油价的重要因素之一。① 中国国际期货高级分析师刘亚琴认为,欧佩克国家石油维持高产,美国页岩油产量增加,使得非欧佩克国家产油量不断上升,2013年石油供应并不存在压力。②

(三)能源问题是经济和发展问题,也日益成为重大政治和安全问题,诸多内外因素搅动,国际能源安全形势依然存在比较严峻的一面

能源生产和消费国对能源安全的理解有所不同,产油国希望油价保持在适当高水平或以利于其经济发展,而消费国则希望以可以接受的价格获取稳定的石油供应。鉴于世界石油总量相对充足,生产和消费双方的需求在常态交易状况下应可望满足。但世界经济发展强劲、地区形势动荡、大国激烈争夺、产油国形势不稳、国际投机商炒作等诸多因素及其互动,严重威胁国际能源安全。2001年以来具有浓厚石油财团支持背景的布什政府极力推行新保守主义,单边主义和黩武心态强烈,领衔发起"反恐"并相继发动阿富汗战争和伊拉克战争,对伊朗持续进行军事威慑,导致国际形势和地区局势发生剧烈变化,中东、中亚、非洲等地区广受冲击;而具有大国操纵影子的国际石油炒家趁机兴风作浪,哄抬油价,牟取暴利。加之布什政府放任美元贬值、世界经济发展等因素,国际石油价格从2003年初的20多美元/桶骤然攀升到2005年的70多美元/桶,2007年10月达到98美元/桶,2008年6月逼近140美元/桶,2008年7月11日达到147美元/桶。2012~2013年,地缘政治危机依然是推动油价上行的最危险因素。与此同时,欧美等经济体延续宽松货币政策,提高市场流动性,加大了投机基金炒作油价的可能。③

---

① 王振华:《国际油价2012年下半年将呈跌势》,新华社开罗2012年7月25日电。
② 刘雪、王蔚:《油价仍处上升通道,"定价改革"时机正好》,新华社上海2013年1月6日专电。
③ 刘雪、王蔚:《油价仍处上升通道,"定价改革"时机正好》,新华社上海2013年1月6日专电。

二 世界大国能源战略的借鉴意义

世界大国尤其是发达国家在制定能源战略、维护能源安全方面积累了不少经验,普遍注重内外兼顾、多元并举、综合协调,其能源战略既有许多共性,也有各自特点。

(一)大力开展能源外交,力求能源供应国和供应渠道多元化,重视能源供应通道和军事力量建设

第一,各国高度重视海外能源多元化战略。1990年以前,美国石油进口中31%来自中东,16%来自中南美,11%来自加拿大。① "9·11"事件发生后,美国对能源战略做了较大调整。2006年美国从非洲和中东进口石油的比例均占22%,但从非洲的实际进口量要多于中东,非洲成为美国石油的第一大进口来源地,加拿大已经取代沙特成为美国最大的原油供应国。中国石化工业联合会常务副会长李寿生指出,美国的石油对外依存度已经从十几年前的70%~80%下降到50%以下,尤其是对中东石油的依存度,已经从2003年的28%下降到2010年的约15%。② 美国总统奥巴马甚至宣布,未来10年将把石油进口量再减少1/3。日本年消费石油2.4亿吨,其中2亿吨要从中东进口。日本还大力投资中亚、俄罗斯和非洲。③ 日本重新提出要提高在石油丰富地区的原油自主开采率,由15%提高到40%。欧盟对石油的稳定需求量为每年6亿吨,对外依存度也非常高。欧盟国家天然气供应的44%来自俄罗斯,27%来自阿尔及利亚,挪威提供24%;而原油供应的18%来自俄罗斯,28%来自中东。印度石油年产量为3700万吨,而需求量为1.2亿吨,对外依存度达到70%,在依靠周边油气资源的基础上,快速向非洲和拉美扩展。第二,大国的能源外交体现出各自特性。美国注重现实主义和实力基础,甚至不惜把自己的游戏规则强加给盟友欧

---

① 王锐:《欧美发达国家应对高油价的策略及对中国的启示》,《北方经济》2007年第1期。
② 于达维:《中国石油进口半数来自中东 美国中东依存度仅15%》,中财网,2012年2月15日,http://www.cfi.net.cn/p20120215001571.html。
③ 王锐:《欧美发达国家应对高油价的策略及对中国的启示》,《北方经济》2007年第1期。

洲和日本;① 美国高度重视能源维护的军事力量建设，还不断加强对重要海峡和运河的控制。日本政府以经济援助为先导以改善国家形象，企业随后跟进前往这些国家进行勘探开发；日本强调外交的中立性，积极参与国际性组织和区域对话。2011年俄罗斯石油产量达到5.13亿吨，其能源外交也带有平衡色彩，在继续稳定欧洲市场的同时，大力开辟非欧洲市场。

（二）世界大国为获取稳定可靠且经济的能源，不惜动用各种手段展开竞争，甚至不惜发动战争

在中亚，美国策划并建成从里海经过阿塞拜疆、格鲁吉亚、土耳其到达地中海的"西线石油管道"，同时考虑从土库曼斯坦经过阿富汗、巴基斯坦进入阿拉伯海的"南线石油管道"，以绕开俄罗斯的控制。② 俄罗斯也不甘示弱，总统普京早在2002年就提出建设欧亚能源联盟，力图从资源、管道、市场等方面全面控制中亚能源。除了伊朗等少数国家外，美国基本上主导着中东石油供应。俄罗斯与欧洲、独联体国家之间也围绕油气问题而经常发生不愉快。石油输出国组织"欧佩克"与世界能源进口大国之间也不断围绕石油定价权而展开斗争，美国长期以来一直谋求操纵国际石油价格。日本与中国、印度也存在能源竞争。日本在修建俄罗斯远东石油管线、东海油气问题上与中国展开争夺。③ 日本企业在政府的优惠政策扶持下，纷纷在埃及、安哥拉和阿尔及利亚等国展开勘探和开采石油。

（三）大国也注意寻求能源合作与协调，争取某种形式的共赢

1974年建立的国际能源署（IEA）曾经很好地促进了经济合作与发展组织成员之间的能源合作，该组织在建立紧急石油储备、国际合作机制方面提供指导，协调了各国行为，增加了抵御能源风险的能力。相比之下欧盟的能源合作非常成功。欧盟指定了确保能源供应安全、提高能源产业国

---

① 徐小杰：《世界能源安全与大国能源外交》，http://www.jfdaily.com.cn/pdf/051218/jf08.pdf。
② 秦宣仁：《国际大环境及大国能源外交运筹》，《石油经济》2004年第1期。
③ 秦宣仁：《国际大环境及大国能源外交运筹》，《石油经济》2004年第1期。

际竞争力和可持续发展三大战略目标，从基础设施和监管规则入手，建设统一、竞争、开放的能源市场，同时指定了共同的能源政策，动用集体资源为共同利益服务，大大提高了欧盟在能源领域的国际谈判地位。欧盟尤其注意同国际能源署的合作，[①] 在国际能源论坛同"欧佩克"保持密切对话，与美国的能源合作和协调也比较紧密，欧洲和俄罗斯之间也有正常的能源合作机制。在亚太地区，多种能源合作思路正在展开。

三 中国能源之路的得与失

中国维护海外能源安全方面的经验和教训兼而有之，中国在发展与能源丰富国家的关系，以及在国际能源外交格局中开创新局面、维护中国海外能源安全方面仍面临不少问题和挑战。

（一）伴随中国经济持续快速健康发展，中国的现代化进程稳步推进，能源问题日益突出并成为制约中国经济和社会发展、涉及国家安全的重大问题

2003 年中国取代日本，成为全球仅次于美国的第二大石油消费国。2005 年中国石油产量为 1.82 亿吨，居世界第 9 位；石油剩余探明储量为 25 亿吨，居世界第 12 位。[②] 但中国能源消费主体仍是煤炭，占 67%。今后随着中国经济和社会发展加速，能源短缺特别是石油短缺问题将进一步突出。1995～2005 年，中国石油年消费量年均增长 5.25%，同期国内石油产量增速缓慢，对外石油需求增长迅速。2005 年石油消费量超过 3.27 亿吨，进口原油 1.47 亿吨，对外石油依存度接近 50% 大关。中国石化工业联合会常务副会长李寿生用"对外依存度大幅提升、供求形势极为复杂"来形容中国的石油供应态势。[③] 2011 年，中国石油表观消费量达 4.7

[①] 徐小杰：《世界能源安全与大国能源外交》，http://www.jfdaily.com.cn/pdf/051218/jf08.pdf。

[②] 《中国快速发展不会造成世界能源紧张》，马凯在"博鳌亚洲论坛2005年会"上的发言。

[③] 于达维：《中国石油进口半数来自中东 美国对中东依存度仅15%》，中财网，2012 年 2 月 15 日，http://www.cfi.net.cn/p20120215001571.html。

亿吨，增速虽低于近十年 7.1% 的平均增速，同比增长仍然达到 4.5%。原油表观消费量估计为 4.54 亿吨，同比增长 3.4%。石油和原油的对外依存度双破 55%。① 中国的海外石油主要来自中东和非洲，进口份额分别为 51% 和 24%。伊朗原油占中国原油进口总量的 11% 左右。预计到 2015 年，中国的海外油气产量将可以达到 2.5 亿吨。据《2011 年国内外油气行业发展报告》预计，2020 年中国石油对外依存度将达到 67%，2030 年还可能升至 70%。该报告指出，过高的石油对外依存度不利于能源安全而且容易受制于人。② 原石油部长王涛曾特别强调自力更生思想的重要性，任何时候都不能放松。他认为，从保证能源安全角度看，应把国际依存度保持在 25% 以内为宜。③ 但中国石油国际需求相比美国仍有很大距离，据预测，2030 年中国的原油进口量才相当于美国 2000 年的进口水平。

（二）中国在维护石油安全方面取得了不少成绩，但也的确有一些深刻的教训

第一，在一定时期内曾忽视了立足国内、居安思危的指导原则，造成关键时刻临急被动。20 世纪 60 年代，中国实现石油自给，1978 年中国石油产量突破 1 亿吨，中国石油自给水平保持到 1993 年，之后重新成为石油进口国。20 世纪 90 年代以来直到 2003 年，国际油价长期徘徊在 8～22 美元/桶，油价低廉给中国即时购买提供了诸多便利，也导致对及早和趁机建设战略石油储备的重要性估计不足；④ 同时忽视了立足自力更生、支撑发展的宝贵经验，对国际石油即时依赖非常严重。而一旦遭遇油价急速上升，石油进口局面即刻面临相当被动。战略卖家和投机商以及西方大国趁机抬高价格并大肆渲染"中国石油威胁论"。第二，战略石油储备和运输通道建设方面仍有需要改进之处。1994 年，国内就有学者提出中国应

---

① 于达维：《中国石油进口半数来自中东　美国对中东依存度仅 15%》，中财网，2012 年 2 月 15 日，http://www.cfi.net.cn/p20120215001571.html。
② 于达维：《中国石油进口半数来自中东　美国对中东依存度仅 15%》，中财网，2012 年 2 月 15 日，http://www.cfi.net.cn/p20120215001571.html。
③ 王涛在 2004 年世界石油大会首次青年论坛新闻发布会上的讲话，http://www.sinopecnews.com.cn/news/2004-10/19/content_196760.htm。
④ 王海滨、李彬：《中国对能源安全手段的选择与新安全观》，《当代亚太》2007 年第 5 期。

该充分利用国际石油低廉的有利形势,建设战略石油储备。之后有更多研究人员呼吁,但中国真正开始战略石油储备库建设是在2004年,2006年8月才开始向镇海石油基地注油。特别是在选址方面存在一些战略不足,第一期4个库址全部在东部沿海,忽视了战时安全。[1] 以往的能源项目外交多注重短、平、快效果,较少考虑本地区的长远发展和地区关系,缺乏全局性规划分析,并曾错失机遇。20世纪90年代中期,俄罗斯曾经急于向中国出口石油以赚取资金,中国许多公司当时并不感兴趣。[2] 而油价处于高位时,中国想从俄罗斯获取石油,俄罗斯却存在一定戒心。

(三)一度忽视认真调研以及影响油气资源的各种因素

第一,中国与能源蕴藏丰富国家的能源贸易合作进展顺利,但与有关国家的能源合作存在众多变数和牵制。中国要争夺现有石油资源需要付出很大努力。俄罗斯对中亚产油国的控制比较牢固;中国在非洲油气开发中具有自身优势,但仍然受到西方公司的激烈竞争;美国对中国的戒心严重,中国海洋石油总公司竞购美国优尼科公司失利就反映了这一点,战时美国还可以通过控制中东石油和石油通道来对中国进行制裁和封锁;中国的石油国际依存度非常高但缺乏定价权,往往成为炒作目标。[3] 第二,中国从欧亚进口石油仍面临风险和变数。中俄能源合作经历了10多年,但近年来在争取更多和更加长期安全稳定的石油供应问题上进展比较缓慢。据预测,今后10~20年内,即便中国与俄罗斯和中亚的能源合作进展顺利,其对中国石油安全的贡献也只占8%~17%。[4] 尤其是在日本和西方国家插手后,俄罗斯经常表现出变幻不定、决而不行、待价而沽。

四 内外并举,努力维护中国能源安全

面对中国经济发展和新的能源需求趋势,针对当今世界能源和地缘政

---

[1] 王海滨、李彬:《中国对能源安全手段的选择与新安全观》,《当代亚太》2007年第5期。
[2] 秦宣仁:《国际大环境及大国能源外交运筹》,《石油经济》2004年第1期。
[3] 耿群:《投机资金使国际油价中短期保持强势》,《新财富》2007年第3期。
[4] 吴磊:《关于中国-中东能源关系发展的若干思考》,《阿拉伯世界》2007年第1期。

治格局，要内外并举，着眼长远进行战略谋划，开创有中国特色的能源安全新局面，切实维护中国的能源安全。

（一）明确并落实中国的能源资源主权意识

能源主权既是政治主权也是经济主权，其战略意义凸显，各国高度重视维护或争夺资源、能源主权。近年来，国际能源资源市场一些所谓的能源或资源大鳄、行霸，不断联合起来对付中国，中国吃了许多亏而无可奈何。其中包括缺乏国际定价权等因素，但我方在谈判中过于分散也是重要原因。国家要进行长远的统一规划并协调资源、能源谈判，必须适当使用中国的资源与能源"撒手锏"，政府应该对战略稀缺资源进行统制，使之成为与世界大国尤其是西方国家进行博弈的战略资源杠杆。不要老是担心不利于"和谐世界"建设，老是怕惹恼了那些居心不良的供应方或定价谈判方。要坚决维护我们的领土领海主权完整，这与国家领土领海主权、能源资源安全息息相关。同时，开源固然非常重要，但节流更加重要和必要，尤其要大力提高杜绝污染和保护环境的意识。对于中国的人口问题，还要彻底改变对"人口太多是包袱"的理解误区，只要大力优化教育、社会、人才政策和体制，13亿人口其实是中华民族最宝贵、最丰富的人力财富，是世界其他国家所不能企及的战略优势。

（二）培养战略与前瞻思维和忧患意识，扎实做好国内能源发展支撑，尽可能降低石油国际依存度

第一，加大勘探力度和投入，提高石油自给能力。尽管勘探难度比较大，但中国仍具备成为石油强国的潜力。中国的石油资源平均探明率为38%，其中海洋石油探明率为22%，远低于73%的世界平均探明率和75%的美国石油探明率，中国西部和海洋油气资源潜力巨大。[①] 跟踪世界技术前沿，研发和提升中国的页岩气开采和利用技术。第二，改善能源结构，实现能源供应多元化。保持各种能源的相对均衡发展，稳步发展煤炭

[①] 保育均、周天勇、夏徐迁：《我国石油能源安全的思考和建议》，《经济研究参考》2007年第3期。

产业，延缓用石油替代煤炭的进程。但由于北方煤炭富集区普遍缺水，应停止耗费水源并污染环境的煤变油项目。通过立法、税收、设立政府部门等方式，切实推进节能新技术，充分利用水力、风力、地热、可燃冰、太阳能、潮汐能等可再生能源。据估计，中国南海北部的可燃冰储量达到我国陆地石油总量的一半左右，1立方米可燃冰可释放出200立方米甲烷气体，其能量密度是煤的10倍。① 第三，提高能源效率，降低能耗。据美国麦肯锡咨询公司预测，中国政府已经开始积极有效地利用能源，采取切实可行的方法，到2010年实现GDP能耗降低20%，从多方面入手提高能源产出率，有助于使中国的能源需求从4.4%放缓到2020年的2.8%。② 第四，在国内常规油气资源增长潜力不大的情况下，要提高中国的石油自给能力。上海石油学会高级顾问瞿国华认为，一方面是加快开发非常规油气资源，另一方面是争取海外油气权益。2011年，在全球油气行业并购降温的情况下，中国在海外并购的油气资产超过200亿美元，仅次于2010年的257亿美元，是历史第二高。③

（三）从战略高度冷静判断国际油价大趋势，重视战略石油储备，但要选择介入时机，积极推动进口来源和通道多元化

第一，在中国不能加入国际油价定价机制、不能获得定价权的情况下，如果在国际油价高位急躁出击会上当，给西方的"中国能源威胁论"制造口实，也要承受巨额资金损失。此时应该有独立判断，兼听则明，辩证地分析西方表里不一的舆论炒作。第二，在油价高位时必要的石油进口用于发展需求，抓紧推进战略储备库建设，在油价适度的低价位考虑增大购买量进行石油储备。要注意政府作用与民间资本的结合，国家储备和民间储备都很重

---

① 保育均、周天勇、夏徐迁：《我国石油能源安全的思考和建议》，《经济研究参考》2007年第3期。
② 麦肯锡环球研究所：《推动中国能源效率实现跨越式进步》，http：//www.mckinsey.com/mgi/publications/Curbing_Global_Energy/index.asp。
③ 于达维：《中国石油进口半数来自中东　美国对中东依存度仅15%》，中财网，2012年2月15日，http：//www.cfi.net.cn/p20120215001571.html。

要。① 要寻求通过综合战略策略,争取国际油价发言权和干预,打破西方大国对资源控制权的垄断,把国内市场上的价格风险尽可能释放到国际市场。② 第三,对中国的海外合作重点国家做出划分,对待战术资源国,在外交上应该不同于对待战略资源国。而针对其他消费大国,在外交上也应该有所区别。积极发展与海上和陆地能源通道国的关系,中国现在进口石油的89%依靠外国油轮运输,我们需要有自己的远洋海军。大力提升中国石油产业的国际竞争力,有计划地建立一批海外油气生产供应基地。要加强实际情况调查,不要盲目和急躁出击。在实施海外作业时要注意保护中国人员安全,理顺与当地政府和民众的关系,保护当地环境,促进当地经济发展。第四,让世界了解中国和平发展的真实目标以及中国能源需求的真实状况。中国的石油对外依存度的确较高,但中国的能源主体是煤炭,中国的能源总体自给率达到92%,能源总体对外依存度仅仅是8%。中国的进口份额不可能左右国际石油价格的变化,更不会引起国际石油价格的暴涨,③ "中国能源威胁论"更是无稽之谈。中国的能源需求是发展的客观需要,当然不是威胁,而是世界经济发展的有力拉动因素。

(四)大力推进能源节能减排

中国自身在节能减排方面也继续做出巨大努力。据统计,2010年中国单位GDP能耗比2005年累计下降19.1%,相当于少排放二氧化碳14.6亿吨以上,全国二氧化硫排放量减少14.29%,全国化学需氧量排放量减少12.45%。2009年,中国提出到2020年单位GDP温室气体排放比2005年下降40%~45%。2011年,中国明确要求到2015年单位GDP二氧化碳排放量要比2010年降低17%。④ 中国经济社会发展仍处于工业化、城市化快速发展的阶段,中国还有1.5亿贫困人口,还面临着繁重的发展

---

① 甄冠楠:《浅析我国的石油战略储备制度》,中国法学会环境资源法学研究会2006年年会与学术研讨会论文集,2006。
② 王锐:《欧美发达国家应对高油价的策略及对中国的启示》,《北方经济》2007年第1期。
③ 马凯:《把国际油价高企归罪于中国没有道理》,《经济日报》2006年11月8日。
④ 李五洲:《中国用实际行动表明是应对气候变化的积极行动者》,中国网南非德班2011年11月30日讯。

重任，中国做到这些方面着实不易。显然，在考察中国的排放量等指标时，必须把中国的排放总量放在多种因素里来考虑，包括人均、历史累计的排放以及中国特殊的发展阶段。中国用实际行动表明，中国是应对气候变化的积极行动者。中国的减排目标不与任何国家的减排目标挂钩，完全出于中国的自觉和自愿。2011年11月德班气候大会期间，中国宣布将从适应气候变化基础设施建设、适应气候变化技术推广、节能和可再生能源产品技术的推广应用及能力建设四个方面为发展中国家提供帮助。中国首席谈判代表表示，中国理解小岛国、最不发达国家、非洲国家的一些关切，中国不仅感同身受，也将尽可能帮助它们。中国已为发展中国家援建200个清洁能源和环保项目；为太平洋岛屿国家援建130多个项目；为非洲援建100个小水电、太阳能、沼气等小型清洁能源项目和小型打井供水项目。[1]

（五）警惕虚假的炒作理论——"石油峰值论"和"石油枯竭论"

过去数年，一些一度流行的观点认为，世界石油储量有限，石油产出的最高峰值已经过去，石油接近枯竭的年限即将到来，国际油价再也不会低于100美元/桶。实际上，国际石油价格从2008年底回归到30～40美元/桶，即便在2012年美元大幅贬值的背景下，也不过在100美元/桶上下徘徊，而且人们发现世界石油的后备储量依然是丰富的，石油开采期限依然很长，并不存在已经过去的所谓"石油开发峰值"。2012年，美国宣布页岩气大规模开采技术已经成熟，将在较大程度上降低美国对国际石油的依赖，油价很难维持高位。实际上，早在2008年底石油高价大潮退去之后，人们就发现在高价炒作的话题和言论背后，有许多巨大的推手和势力在操纵。俗话说，谎言重复一千遍也成了"真理"，这些被操纵的话题和论调的确迷惑并欺骗了世界许多国家的许多受众。而西方国家的一些金融、石油大亨和寡头，通过国内的商界、学界和政界的吹鼓手，已经从广

---

[1] 李五洲：《中国用实际行动表明是应对气候变化的积极行动者》，中国网南非德班2011年11月30日讯。

大其他国家尤其是中国等发展中大国攫取了巨大利益。对石油进口存在巨大需求的一些大国，仅 2008 年中期从 120 多美元/桶的高价位，恐慌性地大量进口石油并囤积一项，就蒙受了巨额损失。一定要加强对国际能源及资源供求和利用的长远性规划和战略研究，切忌短期跟风。在不合常理的、被人为抬高的高位，就要暂缓大量从国际市场购进，积极考虑国内能源开发。一定要走出常规的所谓"买涨不买跌"的通俗消费心理，从战略角度考量。

五　中国要抓住国际油价大跌的战略机遇

2014 年 12 月，国际石油价格频跌，美国纽约和英国伦敦的原油期货价格一路下跌。截至 2014 年 12 月中旬，不到一个月时间，国际石油价格已经从 80 多美元/桶迅速跌落到 50 多美元/桶，下跌速度之快超乎绝大多数人的预料。世界石油输出国组织集体讨论石油价格问题，沙特等石油大腕最终决定不会减产，维持现有产量。可以预见，在国际石油供过于求的总体态势下，石油价格会继续下跌，谷底有望维持在 30~40 美元/桶。

之所以出现这个自 2008 年底以来极其少见的低价位，一是因为石油开采成本本身就不高，20 世纪 90 年代国际石油价格长期徘徊在 8~15 美元/桶。即便维持在 30 多美元/桶的价格，沙特等产油大国依然有钱可赚。二是因为全球经济总体低迷态势短期内难有改观，石油需求攀升幅度不大。包括中国等新兴经济体在内，经济发展追求的是质量和效益，而不是速度和数量，这一结构性转型不能不影响世界经济总量的抬升和油气需求的预期。三是因为国际石油已探明储量和总体储量依然丰富，总体是很富足的，单是中东地区石油探明储量就足够开采 90 多年。

在乌克兰危机持续发酵、美俄斗法的背景下，媒体鼓噪的美国等西方国家操纵降低石油价格、打压俄罗斯的"阴谋论"，有其逻辑合理性，也有一定的可能性，因为油价在如此短的时间内暴跌，本身就是不正常的。需要看到的是，国际油价降低对俄罗斯经济造成比较严重的冲击，但也不能过高估计这种影响。对此，俄罗斯总统普京已经于 2014 年 12 月 18 日在记者招待会上公开强硬表态，俄罗斯不会听任别人摆布，不会做"玩具熊"而是要做一只"北极熊"。俄罗斯经济拥有乐观的基础来适应低油价,即便油价跌到 40 美元/桶,俄罗斯也可以应付。俄罗斯在能源、军事等方面,后续可能有一些对美国等西方国家构成较大压力的出奇招数。从俄罗斯自身条件和天然禀赋来看,俄罗斯是一个资源自我循环能力很强的大国和强国,外来制裁和压力对俄罗斯而言影响有限,俄罗斯的抗压能力是极强的。

还有分析认为,美国和沙特要联手打压伊朗。笔者认为这种可能性不大。近期美国等西方国家与伊朗关系出现较大幅度缓和,伊朗核问题六方会谈处于取得实质进展的前夜。因为美国等西方阵营需要联手伊朗共同打击威胁更大的"伊斯兰国"恐怖国家。沙特与伊朗关系不睦已有几十年,其实质分歧是宗教教派分歧,不可弥合。但沙特十年来对高油价无动于衷,为什么要选在此时压低油价去打压伊朗呢?没有理由,也没有必要。

但是,正如前十年国内外的油价"推手""吹鼓手"一再鼓吹"国际石油低价时代一去不复返"而在油价走势上犯下战略判断错误一样,近期在国内外同样还有一批人大肆鼓吹所谓"石油高价时代一去不复返",这同样是对国际油价走势判断的战略性错误,是不负责任的人云亦云和跟风炒作。国际石油价格有望在 30~40 美元/桶徘徊半年到一年,但受中东地区地缘政治动荡、美国对外政策不断调整、世界经济复苏需求、石油输出国组织可能减产干预等因素的影响,这种价格低潮绝对不会持续太久。国际油价较长时期内很可能回归 80~100 美元/桶的相对高位。

因此,那种指望国际油价长期维持低位、中国可以不必大幅储备石油的论调误国误民。当前国际油价已经进入战略储备的黄金窗口期,30~60 美元/桶都可以接受。要抓住战略机遇,推动国有、民营等各类储备主体进入国际石油采购市场大幅吃进,利用和填饱国内的各类人工或天然储备库。机会稍纵即逝,一旦失去时机,可能要再等 8~10 年,悔之莫及!

在国际油价维持低位之时,中国已经签订的高油价供应协约显得有些吃亏,中国一些能源伙伴的财力也显得捉襟见肘。但相比今后长期的巨量石油需求和支出资金,中国那些协约资金损失根本算不上什么。总体而言,国际油价低位对中国是天大利好和战略机遇。中国是大国,有长远的和平发展目标,要实现全民建设小康社会和中华民族伟大复兴,在节能降耗的同时，势必长期大量需要国际石油，尤其需要足够量的战略石油储备。

就中国的资源相对匮乏和人均量不足而言，中国的战略石油储备量保持在 90 天、180 天乃至一年都丝毫不为过。而根据公布的数量，现在不过区区 10 天而已。因此，在国际油价低位窗口期大规模购进战略储备石油，是一项十分紧迫的重大战略任务。

类似的思维还包括趁国际铁矿、黄金等各类战略资源价格全面低位之机大量购进，进行天然和人工库存储备。这方面的储备成本比不远的将来再度高价购进时所费资金要少得多、实惠得多，国家也会感到踏实和稳健得多。对来自国内外形形色色的阻挠和烟幕弹，国家必须保持头脑清醒，警惕各界的买办内外勾结、损公肥私，不要被存在私利和别有用心的言论所迷惑，要吸取过去数年的类似教训。同时，中国还必须抓住战略机遇，推动对石油、铁矿石等各类国际战略资源价格的影响力和定价权。

后　记
分析中东问题要避免跟风

2001年"9·11"事件发生至今，如果仔细观察，对比历史，并不难判断美国政策和国际时局的发展轨迹及今日之结局。基于独立思考的逆向思维，往往会发现有一些端倪和可循的规律。在诸多事件发生之前，笔者的多次预测曾与当时的主流看法相左。但事实发展说明，独立思考与坚持是有裨益的。

2001年底，美国发动阿富汗战争前，当时在国内外许多媒体上，不知道有多少人分析认为——阿富汗是个内陆山国，民风强悍，历经10年抗击苏联入侵，游击战争经验丰富，美国军队要是进去，怕是有去无回，出不来了。但笔者认为，如此看法却没有看到"此一时彼一时也"。世界已经缺失了两大阵营的幕后对抗，那么美国在军事上尽快拿下阿富汗，还不是易如反掌？当年阿富汗凭什么持久抗击苏联？是因为美国在背后撑腰！果然，仅1个多月时间，美国的军事行动便结束了。因为苏联早就垮台了，美国是世界唯一的超级老大。

2001年12月，美国气势如虹，行将对阿富汗展开行动，战争进展势如破竹，当全美国和全世界多数人为美国布什政府大声叫好和欢呼的时候，当全世界认为美国的实力终于顺利爆发并顺利推进时，笔者预言"美国必将为政府的一意孤行继续付出代价"，几年过后，美国国内的狂热和盲动必将遭遇彻底和全面的反省，尤其在支持反恐问题上，美国社会将出现大规模反思,反思为什么越反越恐。因为从根源上看,布什政府的错误是战略选择的错误,一时逞强但难以持久,必定要在泥潭中打滚。

伊拉克战争也是一样的。2003年3月20日开战之前,不是都预测说萨达姆雄兵几十万人,尤其是共和国卫队系其精锐,美军要吃尽苦头、做好比较大的牺牲准备吗?事实如何呢?美军从发起军事进攻到军事占领巴格达和一些重要城市,之后结束大规模战斗,也就持续了三个星期(当时笔者预测1个月左右),与阿富汗战争时间相仿。因为美国和伊拉克的军事实力,尤其是军事质量根本就不对称。更严重的是,与阿富汗一样,伊拉克也缺少冷战时期那种两大阵营对抗的幕后支持背景。

因此,必须看到美国的实力尤其是军事实力是不可忽视的。它要达到一个或几个军事目标或许并不难。这正是美国军事上的真正厉害之处。但也要看到,很多时候,军事手段在许多领域可能失灵,无法达到预期目标,甚至适得其反。例如,美国随后在伊拉克、阿富汗以及整个大中东地区遭遇持续至今的一系列棘手难题,进退不得、骑虎难下。布什政府中尤其是新保守主义设计师们或许一开始就忽视了重要的一点:军事手段有时无法解决政治、民族、宗教和文明问题,反而很可能使之进一步激化。

进一步看,2005年以来,包括国内许多分析在内,世界都迷惑于西方的舆论蛊惑而数次预言美国要对伊朗和朝鲜动武的时候,笔者则坚持认为美国对伊朗和朝鲜将慎用武力,不会动武。因为伊朗的常规军事力量甚至大规模杀伤性武器水平,已非阿富汗和伊拉克可比了。15万名美军都收拾不了伊拉克残局,而要想对付总体实力四五倍于伊拉克的伊朗,没有50万人的军队恐怕是摆不平的,更何况还有其他许多军事或非军事的牵制因素。

有人戏谑说,美国进攻伊拉克,就是因为萨达姆不仅真的没有WMD(大规模杀伤性武器),而且敞开胸怀让人家查了个够,朝鲜和伊朗内心才有了新九九。有分析认为,美国对朝鲜调门比此前低得多了,军事进攻概率已基本归零,朝鲜已经一劳永逸地获得了基本的国家安全。如果美国真要显示制止核试验的战略意志,对朝鲜动武完全可以达到这一目的,但朝鲜核试验后,美国却一改此前的战争叫嚣,继续和平谈判。

有人担心朝鲜核试验后东亚安全局势出现恶性的连锁反应。日本,或许韩国必定会饱受刺激,要大力发展核武器。但这样的看法忽视了一个基本事实:"二战"结束以来,日本崛起真正的阻挡是谁?是美国!美国曾在东亚遭遇最顽强的、最令美国人感到不可理解的敌人是谁?是日本!美国会让日本拥有核武器吗?事后,时任美国国务卿赖斯已经第一站到日本进行公开发言反对了。

萨达姆的束手就擒也并非不可预料。2003年12月以前的很长时间,大多数的说法和猜测是,萨达姆是阿拉伯世界的萨拉丁,是阿拉伯世界的英雄,不会被美军抓住以免受辱。他肯定会在被美军抓获前自杀成仁,激发阿拉伯人抗击侵略的雄心和勇气。但笔者窃以为,不要用己方的思维去衡量其他民族、其他人,尤其是一个已经习惯于统治的人,其内心未必如此英豪。笔者不希望预测成真,倒真希望萨达姆是个英雄。可惜,最终结果还是令人失望。

2005年9月,正值油价连续疯涨,处于高位,大多数预测认为能源廉价时代彻底结束,甚至担心石油将超过100美元/桶。而笔者认为,国际油价将会在3~4年内持续下跌,下跌谷底很可能出现在2009年之后。为什么?许多分析认为石油价格疯涨到70多美元/桶主要是需求旺盛、石油日益枯竭等原因所致,而为什么2000年石油价格还在10多美元/桶徘徊呢?世界经济增长等因素能在几年内使油价涨到70多美元/桶?

其实,根源是布什政府的新保守主义政策搅动了国际形势和油市。只要美国改变单边霸权政策,国际社会的紧张神经得到舒缓,油价自然也就随之下跌。因为石油储量问题远非渲染的那样严重。油价飙升,既不是因为世界经济发展太快(年增长率根本没有那么快),也不是因为世界能源马上就要枯竭了,而是因为个别大国的操弄和炒作。实际上,自2008年下半年以来,国际油价已经持续下跌,2009年一度跌落到40美元/桶,之后长期在100美元/桶上下波动,到2014年底再度直线下滑并跌破50美元/桶,国际油价继续下滑并回归2009年价格谷底的可能性依然存在。

以上意在说明,很多时候,少数或极少数的看法未必是错误的,而敢于坚持的勇气则来自对客观事实的独立判断,来自知识积累和综合分析,尤其不要跟风和人云亦云。再者,分析问题不能局限于问题本身,要看到更广阔的世界背景才有利于做出正确判断。然而,创新应有尺度,切忌有另一种倾向。坚持创新性见解并不是要盲目创新,不是为了刻意标新立异和故意危言耸听，而是一定要尊重事实并客观理性，遵循实事求是的原则。在这方面，要克服一些姑且称之为"学术逆反"的心理。

对那些即便经过多少人验证并成熟的观点，当然也可有怀疑甚至是逆反而试图做出新解释，不否认这些新看法有一些真知和新意，但如果不下功夫，或者非要刻意标新立异，也往往流于肤浅和不成熟。也有人奉行拿来主义，喜欢机械地搬用西方国际关系理论而不加分析，常常是"南橘北枳"。最终能够克服这个心理过程回头看的时候，或许感到当初追求新潮的文章，显得幼稚、可笑，甚至是假命题，也就逐步培养起平衡而不走偏执的研究心理、方法和学术主见。

真的创新，不同于肤浅的标新立异和耸人听闻，一定要基于客观扎实的功底。其基本的原则就是：不论观点新旧，不论名家与否，只唯是否符合事实、是否合乎逻辑。

图书在版编目(CIP)数据

博弈大中东/齐云平著.—北京：社会科学文献出版社，2015.1

(印度洋地区研究丛书)

ISBN 978-7-5097-6589-0

Ⅰ.①博… Ⅱ.①齐… Ⅲ.①中东问题-研究 Ⅳ.①D815.4

中国版本图书馆 CIP 数据核字 (2014) 第 228937 号

·印度洋地区研究丛书·

博弈大中东

著　　者 / 齐云平

出 版 人 / 谢寿光
项目统筹 / 恽　薇　蔡莎莎
责任编辑 / 冯咏梅

出　　版 / 社会科学文献出版社·经济与管理出版中心 (010) 59367226
　　　　　地址：北京市北三环中路甲29号院华龙大厦　邮编：100029
　　　　　网址：www.ssap.com.cn
发　　行 / 市场营销中心 (010) 59367081　59367090
　　　　　读者服务中心 (010) 59367028
印　　装 / 三河市尚艺印装有限公司

规　　格 / 开　本：787mm×1092mm　1/16
　　　　　印　张：19.75　字　数：312千字
版　　次 / 2015年1月第1版　2015年1月第1次印刷
书　　号 / ISBN 978-7-5097-6589-0
定　　价 / 79.00元

本书如有破损、缺页、装订错误，请与本社读者服务中心联系更换

版权所有 翻印必究